PROCESSO CIVIL

O GEN | Grupo Editorial Nacional – maior plataforma editorial brasileira no segmento científico, técnico e profissional – publica conteúdos nas áreas de concursos, ciências jurídicas, humanas, exatas, da saúde e sociais aplicadas, além de prover serviços direcionados à educação continuada.

As editoras que integram o GEN, das mais respeitadas no mercado editorial, construíram catálogos inigualáveis, com obras decisivas para a formação acadêmica e o aperfeiçoamento de várias gerações de profissionais e estudantes, tendo se tornado sinônimo de qualidade e seriedade.

A missão do GEN e dos núcleos de conteúdo que o compõem é prover a melhor informação científica e distribuí-la de maneira flexível e conveniente, a preços justos, gerando benefícios e servindo a autores, docentes, livreiros, funcionários, colaboradores e acionistas.

Nosso comportamento ético incondicional e nossa responsabilidade social e ambiental são reforçados pela natureza educacional de nossa atividade e dão sustentabilidade ao crescimento contínuo e à rentabilidade do grupo.

Exame Nacional da
Magistratura ENAM

Coordenação
Cleber Masson

PROCESSO CIVIL

2ª edição revista e atualizada

ALEXANDRE CÂMARA

MARCELO RIBEIRO

- Os autores deste livro e a editora empenharam seus melhores esforços para assegurar que as informações e os procedimentos apresentados no texto estejam em acordo com os padrões aceitos à época da publicação, e todos os dados foram atualizados pelos autores até a data de fechamento do livro. Entretanto, tendo em conta a evolução das ciências, as atualizações legislativas, as mudanças regulamentares governamentais e o constante fluxo de novas informações sobre os temas que constam do livro, recomendamos enfaticamente que os leitores consultem sempre outras fontes fidedignas, de modo a se certificarem de que as informações contidas no texto estão corretas e de que não houve alterações nas recomendações ou na legislação regulamentadora.

- Fechamento desta edição: *02.09.2024*

- Os Autores e a editora se empenharam para citar adequadamente e dar o devido crédito a todos os detentores de direitos autorais de qualquer material utilizado neste livro, dispondo-se a possíveis acertos posteriores caso, inadvertida e involuntariamente, a identificação de algum deles tenha sido omitida.

- **Atendimento ao cliente: (11) 5080-0751 | faleconosco@grupogen.com.br**

- Direitos exclusivos para a língua portuguesa
  Copyright © 2025 by
  Editora Forense Ltda.
  Uma editora integrante do GEN | Grupo Editorial Nacional
  Travessa do Ouvidor, 11 – Térreo e 6º andar
  Rio de Janeiro – RJ – 20040-040
  www.grupogen.com.br

- Reservados todos os direitos. É proibida a duplicação ou reprodução deste volume, no todo ou em parte, em quaisquer formas ou por quaisquer meios (eletrônico, mecânico, gravação, fotocópia, distribuição pela Internet ou outros), sem permissão, por escrito, da Editora Forense Ltda.

- Capa: Carla Lemos

```
CIP-BRASIL. CATALOGAÇÃO NA PUBLICAÇÃO
SINDICATO NACIONAL DOS EDITORES DE LIVROS, RJ

C172p
2. ed.

    Câmara, Alexandre
        Processo civil / Alexandre Câmara, Marcelo Ribeiro ; coordenação Cleber
    Masson. - 2. ed. - [2. Reimp.] - Rio de Janeiro : Método, 2025.
        368 p. ; 24 cm.          (Exame nacional da magistratura - ENAM)

        "material suplementar"
        ISBN 978-85-3099-536-2

        1. Processo civil - Brasil. 2. Direito processual civil - Brasil. 3. Serviço público -
    Brasil - Concursos. I. Ribeiro, Marcelo. II. Masson, Cleber. III. Título. IV. Série.

24-93341              CDU: 347.91/.95(81)

Meri Gleice Rodrigues de Souza - Bibliotecária - CRB-7/6439
```

Apresentação

O Exame Nacional da Magistratura (ENAM) foi criado pela Resolução n. 531, editada pelo Conselho Nacional de Justiça (CNJ) no dia 14 de novembro de 2023.

Suas finalidades consistem em (a) instituir habilitação nacional como pré-requisito para inscrição nos concursos da magistratura, de modo a garantir um processo seletivo idôneo e com um mínimo de uniformidade; (b) fazer com que o processo seletivo valorize o raciocínio, a resolução de problemas e a vocação para a magistratura, mais do que a mera memorização de conteúdos; e (c) democratizar o acesso à carreira da magistratura, tornando-a mais diversa e representativa.

Trata-se de exame eliminatório (e não classificatório) cuja aprovação é imprescindível à inscrição preliminar em concursos de todas as carreiras da magistratura. Não há necessidade de superar as notas de relevante parcela dos demais candidatos. Basta alcançar a pontuação mínima exigida, a saber, 70% para a ampla concorrência, ou 50%, no caso de candidatos autodeclarados negros ou indígenas.

A prova, de caráter objetivo, abrange as seguintes disciplinas: Direito Administrativo, Direito Civil, Direito Constitucional, Direito Empresarial, Direito Penal, Direito Processual Civil, Direitos Humanos e Noções Gerais de Direito e Formação Humanística.

Na condição de coordenador da presente coleção, escolhemos professores qualificados, com indiscutível experiência na preparação para provas e concursos públicos. Bruno Betti Costa, Monica Queiroz, Rafael de Oliveira Costa, Alexandre Gialluca, Alexandre Freitas Câmara, Marcelo Ribeiro, Valerio Mazzuoli e Alvaro de Azevedo Gonzaga são expoentes da docência, reconhecidos por toda a comunidade jurídica.

Os livros que integram esta coleção visam à preparação objetiva e completa para o ENAM, fornecendo as informações necessárias para a sua aprovação, inclusive com a utilização de recursos didáticos diferenciados, consistentes em quadros e gráficos repletos de conteúdo.

Além disso, as obras não se esgotam nos textos impressos. Você, leitora ou leitor, tem acesso ao Ambiente Virtual de Aprendizagem (AVA), dotado de materiais complementares, questões para treino e aperfeiçoamento do aprendizado, bem como a vídeos com dicas dos autores.

Bons estudos e muito sucesso nessa jornada. Conte conosco!

Cleber Masson

Promotor de Justiça em São Paulo. Doutor e Mestre em Direito Penal pela Pontifícia Universidade Católica de São Paulo (PUC/SP). Professor de Direito Penal no Curso G7 Jurídico. Palestrante e conferencista em todo o Brasil.

Sumário

CAPÍTULO 1 – NORMAS FUNDAMENTAIS DO PROCESSO CIVIL   1

1. A compreensão do processo civil a partir de princípios constitucionais...   1
2. Princípio do devido processo..   2
3. Princípio da igualdade   3
4. Princípio do juízo natural..   4
5. Princípio da inafastabilidade do controle jurisdicional............................   6
6. Princípio do contraditório   8
7. Princípio da cooperação (comparticipação)   10
8. Princípio da boa-fé...   11
9. Princípio da fundamentação das decisões judiciais   12
10. Princípio da duração razoável do processo...   15
11. Princípio da eficiência   16
12. Princípio da legalidade..   17
13. Princípio da proporcionalidade ou razoabilidade   19

CAPÍTULO 2 – PROCESSO. CONCEITO. PRESSUPOSTOS PROCESSUAIS   25

1. Processo   25
2. Teorias sobre o processo...   25
   - 2.1. Modelo adversarial de processo   28
   - 2.2. Modelo inquisitivo de processo   28
   - 2.3. Modelo comparticipativo de processo..   28

3. Conceito e natureza jurídica 29
4. Classificação do processo 29
5. Objeto do processo 30
6. Pressupostos processuais 32

CAPÍTULO 3 – AÇÃO, JURISDIÇÃO E COMPETÊNCIA 39

1. Ação 39
   1.1. Teorias sobre a ação 39
   1.2. Conceito de ação. A ação como direito ao processo 41
   1.3. "Condições da ação" 43
   1.4. Classificação da ação 46
2. Jurisdição 47
   2.1. Conceito de atividade jurisdicional 47
   2.2. Características essenciais 48
   2.3. Espécies de jurisdição 49
   2.4. Jurisdição voluntária e contenciosa 50
   2.5. Cooperação judiciária nacional 51
3. Competência 52
   3.1. Conceito 52
   3.2. Critérios de fixação 53
   3.3. Incompetência absoluta e relativa 56
   3.4. Causas de modificação 56
   3.5. Declaração de incompetência 58
   3.6. Conflito de competência 59

CAPÍTULO 4 – LITISCONSÓRCIO. INTERVENÇÃO DE TERCEIROS ... 63

1. Litisconsórcio 63
   1.1. Classificação do litisconsórcio 63
   1.2. Dinâmica do litisconsórcio 69
2. Intervenção de terceiros: noções gerais 70
   2.1. Assistência 72
   2.2. Denunciação da lide 74
   2.3. Chamamento ao processo 80
   2.4. Intervenção resultante do incidente de desconsideração da personalidade jurídica 80
   2.5. Intervenção do *amicus curiae* 83

CAPÍTULO 5 – JUIZ. MINISTÉRIO PÚBLICO. DEFENSORIA PÚBLICA. ATOS PROCESSUAIS. NEGÓCIOS PROCESSUAIS 87

1. O Estado-juiz. Poderes, deveres e imparcialidade do juiz 87
2. Ministério Público 93
3. Defensoria Pública 95
4. Fatos, atos e negócios processuais 96
   - 4.1. Fato, ato e negócio jurídico 96
   - 4.2. Fatos processuais 97
   - 4.3. Atos do processo e atos processuais 98
   - 4.4. Classificação dos atos processuais 98
   - 4.5. Forma dos atos processuais (tempo, lugar e modo dos atos processuais) 100
   - 4.6. Inexistência, invalidade e ineficácia dos atos processuais 102
5. Negócios processuais 106

CAPÍTULO 6 – PARTES E PROCURADORES 117

1. As partes 117
   - 1.1. Deveres dos sujeitos do processo 118
   - 1.2. Responsabilidade das partes por dano processual 121
   - 1.3. As partes e o custo do processo 123
   - 1.4. A gratuidade de justiça 134
   - 1.5. Sucessão das partes e dos procuradores 137
2. O advogado (privado e público) 139

CAPÍTULO 7 – PETIÇÃO INICIAL. RESPOSTA DO RÉU 143

1. Petição inicial: conceito e requisitos 143
   - 1.1. Indeferimento da petição inicial 149
   - 1.2. Improcedência liminar do pedido 150
2. Resposta do réu 152
   - 2.1. Contestação 152
   - 2.2. Revelia 157
   - 2.3. Reconvenção 159
3. Providências preliminares 161
   - 3.1. Especificação de provas 162
   - 3.2. Réplica 163

4. Julgamento conforme o estado do processo 164
    4.1. Extinção e redução do processo 164
    4.2. Julgamento "antecipado" total ou parcial do mérito 165
    4.3. Decisão de saneamento e organização do processo 167

CAPÍTULO 8 – TEORIA GERAL DA PROVA. PROVAS EM ESPÉCIE... 175

1. Conceito de prova 175
2. Objeto da prova 178
3. Destinatários da prova 180
4. Ônus da prova 184
5. Meios de prova 186
6. Provas em espécie 187
    6.1. Ata notarial 187
    6.2. Depoimento pessoal 188
    6.3. Confissão 189
    6.4. Exibição de documento ou coisa 191
    6.5. Prova documental 193
        6.5.1. Documentos eletrônicos 198
    6.6. Prova testemunhal 199
    6.7. Prova pericial 203
    6.8. Inspeção judicial 207

CAPÍTULO 9 – AUDIÊNCIAS DE AUTOCOMPOSIÇÃO, INSTRUÇÃO E JULGAMENTO 211

1. Despacho liminar positivo e audiência prévia de autocomposição..... 211
    1.1. Audiência prévia de autocomposição e os meios consensuais de resolução de conflitos 212
2. Audiência de instrução e julgamento 214

CAPÍTULO 10 – SENTENÇA. COISA JULGADA 219

1. Conceito de sentença 219
    1.1. Sentenças terminativas e definitivas 220
    1.2. Elementos 230
        1.2.1. Relatório 231
        1.2.2. Fundamentação 232
        1.2.3. Dispositivo 236

2. Coisa julgada 237
   2.1. Coisa julgada formal e coisa julgada material 238

CAPÍTULO 11 – RECURSOS: DISPOSIÇÕES GERAIS 243

1. Teoria geral dos recursos 243
   1.1. Conceito 243
   1.2. Classificação 245
   1.3. Juízo de admissibilidade e juízo de mérito 248
      1.3.1. Requisitos de admissibilidade dos recursos 250
   1.4. Efeitos dos recursos 259
      1.4.1. Efeitos da interposição 259
      1.4.2. Efeitos do julgamento 262

CAPÍTULO 12 – TUTELAS PROVISÓRIAS 267

1. Conceito e espécies 267
2. Tutela de urgência não satisfativa (tutela cautelar) 268
3. Tutela de urgência satisfativa (tutela antecipada) 279
4. Tutela da evidência satisfativa 283
5. Tutela da evidência não satisfativa 286

CAPÍTULO 13 – EXECUÇÃO – PARTE GERAL 289

1. Execução em geral 289
2. Partes no procedimento executivo 294
   2.1. Competência 298
   2.2. Requisitos da execução 300
3. Título executivo 300
   3.1. Títulos executivos extrajudiciais 309

CAPÍTULO 14 – LIQUIDAÇÃO E CUMPRIMENTO DE SENTENÇA 315

1. Liquidação de sentença 315
2. Cumprimento de sentença 321
   2.1. Introdução e disposições gerais 321
   2.2. Cumprimento de sentença no caso de obrigação pecuniária ... 322
      2.2.1. Cumprimento provisório 323
      2.2.2. Cumprimento definitivo 325

   2.2.3. Cumprimento de sentença no caso de prestação alimentícia 328

   2.2.4. Cumprimento de sentença contra a Fazenda Pública... 331

 2.3. Cumprimento de sentença nos casos de obrigação de fazer, não fazer e entregar coisa... 333

CAPÍTULO 15 – IRDR E INCIDENTE DE ASSUNÇÃO DE COMPETÊNCIA 341

1. Incidentes de formação concentrada de padrões decisórios vinculantes – considerações gerais 341
2. O incidente de resolução de demandas repetitivas................... 341
3. O incidente de assunção de competência............................... 351

Capítulo 1

Normas Fundamentais do Processo Civil

1. A COMPREENSÃO DO PROCESSO CIVIL A PARTIR DE PRINCÍPIOS CONSTITUCIONAIS

O sistema processual, conforme o art. 1º do CPC, deve ser pensado, interpretado e aplicado a partir da Constituição.

Partindo, portanto, de uma nova matriz teórica, pós-positivista, atualmente ancorada pelas diretrizes constitucionais e comprometida com o Estado Democrático de Direito, foi possível pensar um *modelo constitucional de processo*, formado por uma série de princípios e regras que, a partir dos Direitos Fundamentais, disciplinam o Processo Civil brasileiro.

Os *princípios* são normas jurídicas que estabelecem objetivos a serem alcançados, sendo uma exigência de justiça, ou de correção, ou de alguma outra dimensão da moralidade. Essas diretrizes são construídas democraticamente no espaço público, consolidando referências interpretativas que viabilizam a entrega de respostas constitucionalmente adequadas ao caso concreto, mediante o histórico institucional.

Há, fundamentalmente, **duas diferenças entre os princípios e as regras**. A primeira é que *regras* são aplicáveis à base do "tudo ou nada", aplicável ou não a um determinado caso concreto, enquanto princípios têm "dimensões de peso". Assim, quando o aplicador do Direito se depara com um caso em que há duas regras incompatíveis, ambas aplicáveis, será preciso determinar que apenas uma delas se aplica ("tudo"), enquanto a outra não pode ser aplicada ("nada"), sendo mesmo o caso de, muitas vezes, dizer-se que uma das regras incompatíveis é inválida, ineficaz ou foi revogada. É o que se dá, por exemplo, quando se identifica uma incompatibilidade entre uma regra proveniente de lei e outra proveniente de um decreto, pois este é hierarquicamente inferior àquela, a qual sempre deverá prevalecer.

Já com os *princípios*, ainda que pareça haver uma colisão entre eles, daí não poderá jamais resultar a invalidade, ineficácia ou revogação de um pelo outro. O que haverá é a necessidade de identificar-se qual deles é o aplicável ao caso concreto, o que deve ser feito por meio da construção de decisões judiciais dotadas de integridade e coerência (art. 926 do CPC). Tal decisão será considerada a "resposta correta" para o caso concreto.

A outra diferença entre as regras e os princípios está em que estes, sozinhos, não solucionam casos concretos tal qual aquelas, apenas direcionando a decisão, embora não de maneira conclusiva.

2. PRINCÍPIO DO DEVIDO PROCESSO

O princípio constitucional do devido processo tem sede no art. 5º, LIV, da Constituição da República, segundo o qual "ninguém será privado da liberdade ou de seus bens sem o devido processo legal".

A expressão *"devido processo legal"* é uma tentativa de tradução do inglês *due process of law*. A origem mais remota dessa garantia é a Seção 39 da *Magna Charta Libertatum*, diploma normativo inglês editado em 1215, apontado como uma espécie de "primeira Constituição". No entanto, a expressão mencionada só apareceria numa versão de 1354, editada no reinado de Eduardo III da Inglaterra.

A garantia do *due process of law* surgiu como um mecanismo de proteção da vida (*put to Death*), da liberdade (*taken, nor imprisoned*) e da propriedade (*put out of Land or Tenement*). Exatamente assim se formou o texto constitucional brasileiro, no qual o "devido processo legal" deve ser observado para que alguém seja privado de sua liberdade ou de seus bens. Modernamente, porém, a garantia do devido processo é compreendida de modo muito amplo, sendo preciso examiná-la em seus dois aspectos (ou dimensões): substancial e processual.

O devido processo substancial é o princípio por meio do qual se controla o arbítrio do Legislativo e a discricionariedade dos atos do Poder Público, com o objetivo de realizar um exame de razoabilidade e de racionalidade das normas jurídicas e dos atos do Poder Público. Trata-se de uma fusão entre o princípio da legalidade e o da razoabilidade para o controle da validade dos atos normativos e da generalidade das decisões estatais, cujo estudo incumbe ao Direito Constitucional, e não ao Direito Processual.

> **Importante**
>
> A garantia constitucional do devido processo é aquela em que o processo se desenvolve em conformidade com a Constituição e, por isso, é possível afirmar a existência de um direito fundamental ao devido processo constitucional.

Deve-se observar que, no ordenamento jurídico brasileiro – que consagra de modo expresso uma série de outros princípios do processo vistos como corolários do princípio do devido processo –, o princípio de que ora se trata acaba por funcionar como uma espécie de cláusula de encerramento, a incidir em casos não cobertos por disposições consagradoras de garantias específicas, como a do contraditório e ampla defesa (art. 5º, LV, da CRFB), a do juiz natural (art. 5º, LIII, da CRFB) ou a da publicidade dos atos do processo (art. 5º, LX, da CRFB) e outras.

3. PRINCÍPIO DA IGUALDADE

O princípio da igualdade, positivado no *caput* e no inciso I do art. 5º da Constituição Federal, integra o modelo constitucional de processo civil brasileiro. Também é destacado no preâmbulo e na enumeração dos objetivos fundamentais da República (art. 3º, III): "erradicar a pobreza e a marginalização e reduzir as desigualdades sociais e regionais". No art. 4º, V, se fala em "igualdade entre os Estados" como princípio regente das relações internacionais mantidas pelo Brasil. Mas é no pleonástico *caput* do art. 5º que a obsessão se torna mais evidente. Afinal, depois de afirmar que "todos são iguais perante a lei", o texto afirma que essa igualdade se dá "sem distinção de qualquer natureza".

Tradicionalmente, a doutrina brasileira trata do princípio da igualdade a partir de uma visão aristotélica: *tratar igualmente os iguais e desigualmente os desiguais, na medida de suas desigualdades*. Esta, porém, é uma afirmação baseada em ideias absolutamente imprecisas, já que não existem mecanismos seguros para medir tais desigualdades.

Daí a razão pela qual houve quem buscasse outros modos de tratar do princípio da igualdade, tal qual Ronald Dworkin, para quem esse princípio consiste em exigir que a todos se trate com igual consideração. Para esse jusfilósofo, a igualdade é preservada quando ninguém inveja a parcela de trabalho e recompensa que outros tenham alcançado.

Pois é exatamente para assegurar que no processo todos sejam tratados com igual respeito e consideração que o art. 7º do CPC estabelece que "[é] assegurada às partes paridade de tratamento em relação ao exercício de direitos e faculdades processuais, aos meios de defesa, aos ônus, aos deveres e à aplicação de sanções processuais". Portanto, é exigido que as partes tenham meios equivalentes para exercer seus direitos e faculdades processuais, atuando com *paridade de armas*. Casos iguais ou análogos devem se submeter, então, ao mesmo regramento processual e receber do Judiciário respostas iguais. Tem-se aí a igualdade processual, que se manifesta de três modos distintos: *igualdade de equipamentos, igualdade de procedimentos, igualdade de resultados*.

Justificam-se, então, situações em que se estabelecem tratamentos diferenciados para os sujeitos do processo, como se dá no caso de serem duplicados os prazos processuais para os assistidos da Defensoria Pública, ou quando se inverte o ônus da prova em favor de parte que, por alguma razão, seja vulnerável. Esses casos de tratamento diferenciado são mecanismos de construção de um processo equilibrado, em que não se permite que o resultado final favoreça a parte mais forte simplesmente por ela o ser.

Do princípio da igualdade resulta, também, o *direito à diferença*, entendido como respeito à diversidade. Essa dimensão significa que sua proporção emancipatória – de modo a articular as exigências do reconhecimento e da distribuição – aduz uma igualdade que reconheça as diferenças e uma diferença que não produza, alimente ou reproduza desigualdades. É, pois, a partir do princípio da igualdade que se chega ao reconhecimento da visibilidade das diferenças, capaz de conduzir a uma plataforma emancipatória e igualitária.

Além do já citado art. 7º, vale destacar o art. 139, I (poder-dever do juiz de assegurar às partes igualdade de tratamento); o art. 167, § 2º (necessidade de se observar a igualdade entre conciliadores e mediadores de mesma área de atuação profissional quando da distribuição de processos entre eles); e o art. 285 (observância de *rigorosa igualdade* na distribuição de processos entre juízes). Contudo, o texto do CPC também prevê casos de tratamento diferenciado, como no art. 139, VI (possibilidade de o juiz dilatar prazos processuais em favor de uma das partes, adequando-os às necessidades do conflito).

4. PRINCÍPIO DO JUÍZO NATURAL

Princípio cuja observância é necessária para que se desenvolva um processo compatível com o moderno Estado Democrático de Direito, o princípio do juiz natural (ou do juízo constitucional, como mais apropriadamente deveria ser designado) exige que o tribunal esteja investido de jurisdição e o juiz seja determinado previamente conforme critérios abstratos.

Presente em diversas Constituições modernas, no Brasil, cuja atual Constituição também foi promulgada após o país livrar-se de um regime ditatorial, o princípio do juízo natural encontra-se expresso nos incisos XXXVII ("não haverá juízo ou tribunal de exceção") e LIII ("ninguém será processado nem sentenciado senão pela autoridade competente") do art. 5º da Constituição Federal.

Por força do princípio do juízo natural, então, o processo deve se instaurar e se desenvolver perante um órgão jurisdicional cuja competência tenha sido prefixada.

O juiz natural, no sistema brasileiro, equivale à garantia de que ninguém pode ser subtraído de seu juiz *constitucional*, de sorte que se considera juiz natural o órgão judiciário cujo poder de julgar derive de fontes constitucionais.

A Constituição da República do Brasil, ao tratar do Poder Judiciário, não se limita a dizer que estruturas o compõem (art. 92); quais seriam os princípios que regem a atuação da Magistratura (art. 93); como se dá a composição dos Tribunais (art. 94); ou quais são as garantias da Magistratura (art. 95). A Carta brasileira vai muito além disso, e estabelece, entre as diversas estruturas que compõem o Poder Judiciário, uma verdadeira *divisão de trabalho*, fixando o que pode, por ora, ser chamado de *sistema de competências constitucionais*.

Assim é que, no texto constitucional, podem ser encontradas as competências constitucionais do STF (art. 102), do STJ (art. 105), dos Tribunais Regionais Federais (art.

108), dos juízos federais de primeira instância (art. 109), da Justiça do Trabalho (art. 114), dos órgãos da Justiça Eleitoral (art. 121) e da Justiça Militar (art. 124), sendo certo que a competência constitucional da Justiça dos Estados é residual, a elas incumbindo todos aqueles casos que não se enquadram nas áreas de atuação das demais estruturas componentes do Poder Judiciário.

> **Importante**
>
> Modificações posteriores do texto constitucional, evidentemente, são legítimas (desde que feitas através de emendas constitucionais regularmente aprovadas), mas só se aplicam a fatos ocorridos depois delas. Afasta-se aqui, pois, a ideia segundo a qual a norma processual se aplica de imediato e alcança os processos em curso. Disposição nova sobre competência constitucional só alcança fatos que venham a ocorrer depois de sua entrada em vigor. Assim, por exemplo, uma hipotética emenda constitucional que viesse a transferir para a Justiça Federal competências que hoje são da Justiça Estadual só seria aplicável a fatos ocorridos depois de sua entrada em vigor. O ajuizamento de alguma demanda depois do início da vigência da emenda, mas que verse sobre fatos ocorridos antes dela, deverá se dar perante a Justiça Estadual, pois este é o juízo natural da causa.

> **Jurisprudência**
>
> O Supremo Tribunal Federal não tem tratado da matéria nos termos aqui expostos. Basta ver o que ocorreu quando da edição da Emenda Constitucional nº 45: diante da alteração de competências constitucionais, tendo ocorrido a transferência, para a Justiça do Trabalho, de uma série de competências que anteriormente eram da Justiça Estadual, entendeu o STF que as novas disposições eram imediatamente aplicáveis, inclusive aos processos em curso (STF, CC 7.204/MG, rel. Min. Ayres Britto, j. 29.06.2005), desde que ainda não tivesse sido proferida a sentença na data da entrada em vigor da Emenda (e, claro, os processos em que já houvesse sentença continuariam na Justiça Estadual). Tal decisão, segundo o próprio STF afirmou na altura, foi proferida por uma questão de "política judiciária" (expressão que seria posteriormente repetida no julgamento do AI 634.728 AgR/GO, rel. Min. Ayres Britto, j. 01.06.2010), tendo tal entendimento se consolidado no Enunciado nº 22 de súmula vinculante: "A Justiça do Trabalho é competente para processar e julgar as ações de indenização por danos morais e patrimoniais decorrentes de acidente de trabalho propostas por empregado contra empregador, inclusive aquelas que ainda não possuíam sentença de mérito em primeiro grau quando da promulgação da Emenda Constitucional 45/2004".

> **Atenção**
>
> A solução preconizada pelo STF cria, a rigor, um novo problema: dois processos distintos, referentes a fatos ocorridos ao mesmo tempo, que tenham tramitado com velocidades diferentes, podem ter tratamento absolutamente distinto. Basta pensar que seria possível um permanecer na Justiça Estadual (por já ter sido nele proferida a sentença) e o outro seguir para a Justiça do Trabalho (sem sentença prolatada). Assim, sob o pretexto de assegurar o respeito ao juízo natural (constitucional), ter-se-ia uma violação do princípio da igualdade.

Daí a necessidade de se considerar que em casos nos quais se tenha a alteração, por Emenda Constitucional, de disposições normativas sobre competência constitucional, a nova disposição, resultante da Emenda, só pode ser aplicada a processos que versem sobre fatos ocorridos após a sua entrada em vigor.

5. PRINCÍPIO DA INAFASTABILIDADE DO CONTROLE JURISDICIONAL

Expresso no inciso XXXV do art. 5º da Constituição Federal, segundo o qual "a lei não excluirá da apreciação do Poder Judiciário lesão ou ameaça a direito", este princípio é ressignificado no art. 3º, *caput*, do CPC (cuja dicção é "não se excluirá da apreciação jurisdicional ameaça ou lesão a direito"). O CPC acabou por ampliar a concepção de acesso ao Poder Judiciário, em que outros atores participam: conciliadores, mediadores, árbitros, plataformas *on-line* e todo o sistema multiportas. Devemos considerar ainda a inversão da ordem de destaque das tutelas que hoje evidencia a prevenção e depois a reparação. Tem-se aí uma garantia normativa de pleno e universal acesso à jurisdição.

Em primeiro lugar, a garantia da inafastabilidade da jurisdição assegura a todas as pessoas a possibilidade de comparecer perante um órgão jurisdicional para deduzir uma pretensão qualquer em face de outra pessoa, cabendo ao Estado, em contrapartida, dar uma resposta (não necessariamente favorável). O ordenamento jurídico brasileiro, então, não permite a criação, por lei, de filtros de acesso ao Judiciário que impeçam a dedução de algum tipo de pretensão.

É preciso examinar a tradicional (e correta) afirmação segundo a qual não se exige, para o acesso à jurisdição, um prévio esgotamento das instâncias administrativas, pois a Constituição Federal extirpou do sistema jurídico brasileiro a denominada "jurisdição condicionada" – exigência de que o exercício da atividade jurisdicional se condicione ao prévio esgotamento das instâncias administrativas.

Existem, porém, exceções legítimas a isso: uma delas é a regra que se constrói a partir do disposto no art. 217, § 1º, da Constituição Federal, que exige o prévio exaurimento das instâncias da Justiça Desportiva para que se abra o acesso ao Judiciário.

Outra exceção, não expressamente prevista na Constituição, é a do § 1º do art. 7º da Lei nº 11.417/2006, que exige o prévio esgotamento das instâncias administrativas para que se admita a reclamação (dirigida ao STF) contra atos comissivos ou omissivos da Administração Pública que contrariem enunciados de súmula vinculante (veja-se, por exemplo, a decisão proferida pelo Plenário do STF no julgamento da Rcl 14.343 AgR/CE, rel. Min. Teori Zavascki, j. 27.02.2014), embora não esteja prevista na própria Constituição, mas em lei específica.

Pelo fato de os enunciados de súmula vinculante serem de observância obrigatória também pelos órgãos de Administração Pública, é razoável supor que a parte, por meio de um recurso administrativo, consiga corrigir a decisão equivocada, fazendo incidir no caso concreto o entendimento firmado na súmula vinculante, sem necessidade de provocar-se a atuação do STF.

Não se confunde com a (na maioria das vezes inconstitucional) obrigatoriedade de esgotamento das instâncias administrativas a "exigência de indeferimento do requerimento administrativo para que exista necessidade de ir a juízo". Há casos, porém, em que essa necessidade só se manifesta depois de haver um requerimento administrativo indeferido (tácita ou implicitamente). Por exemplo, no caso de alguém pretender obter em juízo a revisão de um benefício previdenciário. Ora, se não foi sequer formulado um requerimento administrativo, não se pode afirmar a necessidade concreta da instauração do processo judicial.

Assim decidiu o STF no julgamento do RE 631.240/MG, rel. Min. Roberto Barroso, j. 03.09.2014. Vale mencionar que no aludido acórdão o STF fez, de forma expressa, distinção entre a exigência de se formular um requerimento administrativo que venha a ser indeferido (ainda que tacitamente, pelo decurso do prazo legal para seu exame) e a exigência de exaurimento da via administrativa.

Jurisprudência

O mesmo raciocínio pode ser empregado em outros casos, como aqueles em que se busca cobrar indenização devida em função do sistema de seguro DPVAT sem que antes se tenha formulado requerimento administrativo de regulação do sinistro junto à seguradora responsável pelo pagamento da indenização (como decidiu o STJ, por exemplo, ao julgar o AgRg no REsp 936.574/SP, rel. Min. Paulo de Tarso Sanseverino, j. 02.08.2011).

O art. 3º do CPC, ao reafirmar a já constitucionalmente assegurada inafastabilidade do controle jurisdicional, afirma (em seu § 1º) que "é permitida a arbitragem, na forma da lei". Há uma importante discussão acerca da natureza – jurisdicional ou não – da arbitragem. Sempre sustentei ser a arbitragem um fenômeno sem natureza jurisdicional (embora possa ser considerada um *equivalente da jurisdição*), por entender que a atividade jurisdicional é, por definição, uma atividade exercida pelo Estado. Independentemente de sua natureza, é preciso reconhecer sua plena compatibilidade com o princípio constitucional da inafastabilidade do controle jurisdicional, pois o processo arbitral só é adequado para a solução de conflitos quando sua utilização resulta de uma convenção celebrada pelas partes (art. 3º da Lei nº 9.307/1996).

Do mesmo modo, não afronta o princípio da inafastabilidade do controle jurisdicional a possibilidade – que, nos termos dos §§ 2º e 3º do art. 3º do CPC, deve mesmo ser estimulada – de emprego de meios de solução consensual dos conflitos, como a conciliação e a mediação, considerados como os mais adequados para a resolução de diversos tipos de litígios, como os de família, de vizinhança ou societários. Contudo, uma vez que nem todos os litígios serão resolvidos por via do consenso, faz-se necessária a garantia do acesso à jurisdição.

6. PRINCÍPIO DO CONTRADITÓRIO

Previsto no inciso LV do art. 5º da Constituição, o princípio do contraditório é, de todos os princípios que compõem o modelo constitucional do processo civil brasileiro, o mais importante, pois é o único que integra o próprio conceito de processo, o qual deve ser entendido como um *procedimento em contraditório*. Daí a própria essência do processo: ser um procedimento do qual, além do autor do ato final, participam, em contraditório entre eles, os destinatários dos efeitos de tal ato.

> **Importante**
>
> O contraditório é, então, a *característica própria* do processo, concepção perfeitamente compatível com o modelo constitucional brasileiro de processo, em que o contraditório tem de ser observado sem qualquer ressalva, limitação ou restrição.

Nessa visão inicial, o princípio do contraditório, porém, era tido como uma garantia meramente formal, composta por um binômio: direito de informação e direito de manifestação. Chiovenda, por exemplo, afirmava que normalmente não se pode dispor sobre uma demanda sem ouvir ou citar devidamente a parte contra a qual se propôs (*audiatur et altera pars*). Já Carnelutti postulava que, uma vez que cada uma das partes tem interesse na justiça do resultado do processo só nos limites em que este o favorece, entende-se que uma garantia principal de dita justiça deve consistir na colaboração de ambas, a qual, dada a oposição de seus interesses, desenvolve-se mediante o *contraditório*.

Fica claro, assim, que a visão clássica do princípio do contraditório o vislumbrava como a mera garantia formal de que as partes seriam informadas de tudo que acontece no processo e, por consequência, poderiam manifestar-se, atuando como garantia de ciência bilateral dos atos e termos processuais e possibilidade de contrariá-los. Essa definição, apresentada nos anos 1930, influenciou autores muito mais recentes, inclusive em trabalhos escritos depois da atual Constituição, como Ada Pellegrini Grinover, para quem o contraditório se desdobra em dois momentos: a informação e a possibilidade de reação.

Essa visão clássica do princípio do contraditório, porém, está já há muito tempo ultrapassada. O contraditório meramente formal não é compatível com o paradigma do Estado Democrático de Direito, imposto pelo art. 1º da Constituição da República, por força do qual se impõe a necessidade de participação efetiva dos interessados na construção dos provimentos (isto é, dos atos de poder) capazes de afetar suas esferas jurídicas. É que, como afirma Habermas, no princípio da soberania popular, segundo o qual todo o poder do Estado emana do povo, o direito subjetivo à participação, com igualdade de chances, na formação democrática da vontade, vem ao encontro da possibilidade jurídico-objetiva de uma prática institucionalizada de autodeterminação dos cidadãos. Esse princípio forma a conexão entre o sistema dos direitos e a construção de um Estado de Direito.

Conforme a concepção de democracia desenvolvida por Dworkin, é preciso uma teoria da participação igualitária para verificar se uma decisão é ou não democrática. Partindo-se dessa matriz teórica, a compreensão constitucional do contraditório demandará uma atualização, superando seus aspectos formais para melhor dialogar com nossa Constituição.

Modernamente, tem-se visto no contraditório mais do que uma garantia meramente formal, reconhecendo-se a existência de uma perspectiva substancial, na qual pode ser compreendido como direito de participação com influência e garantia de não surpresa. Essa concepção surgiu a partir da doutrina alemã, que passou a ver no contraditório não mera garantia formal de bilateralidade de audiência, mas uma possibilidade de influência sobre o conteúdo das decisões e sobre o desenvolvimento do processo, com inexistentes ou reduzidas possibilidades de que o resultado surpreenda as partes. Há algumas décadas já se tem afirmado que o assim chamado julgamento surpresa é um câncer na administração do Direito, já que ele mina a confiança daqueles que procuram por justiça no Direito. E pode ser evitado apenas se o dever de esclarecimento do tribunal for decisivamente expandido e institucionalizado em todo estágio do procedimento.

É preciso, então, compreendê-lo como uma garantia de que as decisões (ou, mais amplamente, os resultados do processo, pois é preciso também considerar a atividade executiva, que não se destina a produzir decisões) sejam produzidas sem que se apresentem como capazes de surpreender as partes. E isso só se consegue com a garantia de que as partes poderão efetivamente participar, com influência, de sua formação.

Trata-se, pois, de considerar o contraditório como o "direito de ser ouvido" – muito mais do que uma mera garantia (formal) do direito de manifestar-se. O tribunal deve, na realidade, escutar e estar disposto a ter em conta as exposições feitas quando for chegado o momento de produzir a decisão.

Disso tudo resulta a garantia de que todas as partes do processo têm o direito de atuar, exercendo influência sobre o resultado final, isto é, sobre a decisão e sobre o convencimento do juiz. Em razão dessa moderna concepção de contraditório, passou-se à exigência de consagrar formas adequadas de comparticipação ou de colaboração dinâmica das partes no curso do processo inteiro, de modo que lhes é sempre concedida, sobre bases paritárias, uma *possibilidade efetiva de influir, com sua própria atividade de defesa, na formação do convencimento do juiz* e, portanto, sobre o *iter* formativo da decisão jurisdicional.

Justifica-se, portanto, o dever do juiz de fazer observar o contraditório, trazendo para o debate as questões cognoscíveis de ofício (como, aliás, expressamente consta do art. 10 do CPC). Assim, deparando-se o juiz com a possibilidade de fundamentar decisão em matéria que não tenha sido suscitada pela parte (mas que esteja autorizado a conhecer de ofício), deverá abrir às partes oportunidade para se manifestarem sobre tal matéria.

7. PRINCÍPIO DA COOPERAÇÃO (COMPARTICIPAÇÃO)

O princípio da cooperação é expressamente mencionado no art. 6º do CPC. Não se trata de um dever imposto a cada um dos sujeitos do processo para que se ajudem mutuamente, já que o processo é um ambiente conflituoso. O vocábulo *cooperação*, assim como *colaboração*, também empregado em sede doutrinária, transmitem a ideia de auxílio, ajuda, sendo talvez responsáveis pela equivocada compreensão do princípio , daí a preferência pelo vocábulo *comparticipação*, o qual, por sua vez, não transmite a ideia de ajuda, mas de participação conjunta.

A ideia fundamental que se busca transmitir com esse princípio é que existe uma norma a impor que, no processo, a construção do resultado se dê pela participação conjunta de todos os seus sujeitos, os quais compõem uma *comunidade de trabalho*. Evidentemente, cada sujeito do processo tem, em sua atuação, uma finalidade distinta, devendo ser desempenhada da melhor maneira possível.

Do princípio da cooperação resultam alguns ônus e deveres para os sujeitos do processo: a) de participação da instrução; b) de prevenção ou advertência; c) de esclarecimento; d) de consulta; e) de auxílio.

Por força do ônus ou dever de participar da instrução, impõe-se a todos os sujeitos do processo participar da construção do resultado do processo. Assim, por exemplo, as partes têm o ônus de produzir provas, enquanto o órgão jurisdicional tem o dever de admitir todas as relevantes para o processo. Em sede executiva, fala-se de um dever do executado de indicar onde estão seus bens penhoráveis (art. 774, V, do CPC).

Por força do dever de advertência, incumbe ao juiz prevenir as partes sobre a existência de vícios processuais, abrindo espaço para sua correção (arts. 139, IX, e 317 do

CPC). Assim é que, por exemplo, ao determinar a emenda da petição inicial, incumbe ao juiz indicar com precisão a correção a ser feita (art. 321 do CPC).

O ônus e o dever de esclarecimento indicam que as partes têm o encargo (e o juiz tem o dever) de se manifestar no processo de forma a se fazer compreender. Assim, por exemplo, o juiz pode convidar as partes a esclarecer suas alegações (art. 357, § 3º, do CPC), enquanto o órgão jurisdicional tem o dever de esclarecer pronunciamentos obscuros (art. 1.022 do CPC).

Já o dever de consulta liga-se à ideia de que o princípio do contraditório veda a prolação de decisões-surpresa. Assim, sempre que o órgão jurisdicional pretender se valer de fundamentos que não tenham sido ainda debatidos no processo, deverá consultar as partes, submetendo esse fundamento ao debate.

Por fim, o dever de auxílio incumbe ao órgão jurisdicional a obtenção de informações que aos jurisdicionados não é possível obter por conta própria, como se tem, por exemplo, nos casos previstos no art. 319, § 1º, ou no art. 772, III, do CPC.

Não se pode, também, deixar de dizer que o princípio da cooperação cria o ambiente perfeito para os negócios processuais.

8. PRINCÍPIO DA BOA-FÉ

Expressamente previsto no art. 5º do CPC, segundo o qual "[a]quele que de qualquer forma participa do processo deve comportar-se de acordo com a boa-fé", este princípio foi originariamente desenvolvido no campo do Direito Privado, mas posteriormente se expandiu para alcançar todas as áreas do ordenamento jurídico, inclusive o Direito Processual. Na linguagem jurídica, pode designar dois fenômenos distintos, os quais devem ser diferenciados pela qualificação que se lhes atribui: boa-fé *subjetiva* e boa-fé *objetiva*.

A boa-fé subjetiva é tão somente um *estado de fato*, consistente na ausência de má-fé, de malícia, do sujeito que pratica um ato. A boa-fé subjetiva é, evidentemente, fenômeno relevante para o desenvolvimento do processo, tanto que em diversas situações são impostas sanções processuais àqueles que atuam de má-fé (como se dá, por exemplo, nos casos de litigância de má-fé, nos termos dos arts. 79 e seguintes do CPC). Não é da boa-fé subjetiva, porém, que se tratará aqui.

Apenas a boa-fé objetiva é um princípio e, portanto, dotada de função normativa no sistema. Pode-se definir o princípio da boa-fé como a exigência normativa de que todos aqueles que participam do processo se comportem da forma que é socialmente reconhecida como correta. E daí resulta que a boa-fé objetiva tem, no sistema processual (assim como no sistema jurídico como um todo), três diferentes funções: (i) prescrever uma determinada estrutura normativa; (ii) servir como cânone interpretativo; (iii) ser um *standard* comportamental.

Dizer que a boa-fé objetiva prescreve uma estrutura normativa é afirmar que ela constitui, efetivamente, um princípio, tendo, por isso, natureza de norma jurídica. Daí decorre que a violação da boa-fé implica consequências jurídicas (como a perda da possibilidade de praticar um ato processual).

A boa-fé é, também, um vetor a ser empregado na interpretação de atos processuais. Assim, por exemplo, o art. 322, § 2º, do CPC expressamente impõe que se interprete o pedido formulado pela parte com apoio na boa-fé. Do mesmo modo, o art. 489, § 3º, do CPC determina que a interpretação da sentença se faça com base nesse princípio.

A boa-fé é um padrão de comportamento. É que em um processo compartipativo, no qual todos os seus sujeitos compõem uma comunidade de trabalho, o modo como cada um se comporta gera nos demais legítima confiança e expectativas que precisam ser normativamente protegidas, talvez o mais importante aspecto do princípio da boa-fé no campo do processo.

9. PRINCÍPIO DA FUNDAMENTAÇÃO DAS DECISÕES JUDICIAIS

Estabelece o inciso IX do art. 93 da Constituição que todas as decisões proferidas pelos órgãos do Poder Judiciário serão fundamentadas, sob pena de nulidade, exigência repetida no art. 11 do CPC. Trata-se de previsão expressa do *princípio da fundamentação das decisões judiciais*.

A fundamentação é um discurso de justificação da decisão judicial. Com base em Dworkin, qualquer conjunto de leis e decisões pode ser explicado histórica, psicológica ou sociologicamente, mas a consistência exige uma justificação – e não uma explicação – plausível e não fictícia. Cumpre salientar que a exigência constitucional é de *fundamentação*, e não de mera motivação (explicação). A distinção entre motivação e justificação, aliás, é conhecida até mesmo a partir da sabedoria popular, que consagrou o dito "isso explica, mas não justifica". Não obstante, muitos autores, e até mesmo o próprio texto do CPC, empregam fundamentação e motivação como sinônimos.

A motivação é um discurso feito pelo tomador da decisão a fim de que ele explique para si próprio – e sem a pretensão de convencer ninguém – as razões pelas quais a tomou. Já a fundamentação, como discurso de justificação, é usada pelo tomador da decisão para demonstrar para os destinatários de seu pronunciamento (e, no caso da decisão judicial, para toda a sociedade) que aquela era mesmo a decisão a ser tomada no caso, isto é, a correta (a melhor possível). Doutrinariamente, a fundamentação da decisão tem por função permitir a verificação da legitimidade, validade e justiça da decisão judicial.

A exigência de fundamentação tem por primeira finalidade demonstrar que a decisão de um caso concreto é juridicamente correta, respeitando o princípio da legalidade (de observância imposta pelo art. 8º do CPC). É preciso que as decisões judiciais sejam fundamentadas para que se possa verificar se o pronunciamento está, ou não, revestido da legalidade necessária, já que a atividade jurisdicional exige a correta atuação do ordenamento jurídico nos casos concretos, incumbindo aos órgãos jurisdicionais, sempre, observar o direito objetivo vigente. Daí, aliás, a ligação entre a fundamentação das decisões judiciais e o controle desses pronunciamentos.

Portanto, o controle da decisão judicial que é viabilizado pela sua fundamentação não é apenas aquele exercido pelo seu órgão revisor (em grau de recurso). Caso contrário, decisões irrecorríveis não precisariam ser fundamentadas. Contudo, a fundamentação da decisão permite também o que se chama de *controle difuso* da decisão judicial, exercido por toda a sociedade.

A fundamentação, então, não pode ser concebida somente como trâmite de um controle "institucional" (ou seja, nos limites e na forma disciplinada pelo sistema de recursos), mas também, e especialmente, como instrumento destinado a tornar possível um controle generalizado e difuso sobre o modo como o juiz administra a justiça. Isso implica que os destinatários da fundamentação não são apenas as partes, seus advogados e o juiz do recurso, mas também a opinião pública compreendida seja no seu complexo, seja como opinião das pessoas.

Por conseguinte, a fundamentação da sentença não é o caminho que levou o juiz a decidir, mas sim a explicação, a justificação político-jurídica que o juiz dá de por que chegou àquela conclusão.

A fundamentação das decisões, então, deve ser substancial, completa, sendo incompatível com o devido processo constitucional a emissão de pronunciamentos apenas *formalmente fundamentados* (por exemplo, uma decisão que dissesse algo como "presentes os requisitos, defere-se a medida postulada"). É exatamente para assegurar a fundamentação substancial, completa, exigida pelo modelo constitucional de processo, que o § 1º do art. 489 do CPC enumera uma série de situações em que a decisão é tida como tão mal fundamentada que se pode mesmo equipará-la a uma decisão desprovida de qualquer fundamentação.

Por isso, não se considera fundamentada a decisão judicial que se limita a indicar, reproduzir ou parafrasear ato normativo, sem explicar sua relação com a causa ou a questão decidida. Perceba-se que, evidentemente, não é proibido indicar, reproduzir ou parafrasear atos normativos em decisões judiciais. Só não se admite que o texto empregado para fundamentar a decisão *se limite* a isso. Basta pensar, por exemplo, em uma decisão que se limitasse a dizer algo como "art. 300 do CPC: defiro a tutela de urgência" ou "presentes a probabilidade do direito e o fundado receio de que a demora do processo gere risco para seu resultado útil, defiro a tutela de urgência". Decisões assim não se justificam juridicamente, já que não permitem verificar se a conclusão a que se chegou foi acertada.

A mesma crítica pode ser dirigida às decisões que empregam conceitos jurídicos indeterminados (como "ordem pública" ou "razoabilidade") sem explicar o motivo concreto de sua incidência no caso. Em situações assim, o conceito jurídico indeterminado acaba por se tornar um argumento retórico, sem qualquer valor como fundamentação da decisão judicial. É preciso, em outras palavras, que a decisão judicial dê concretude ao conceito indeterminado, demonstrando não só como ele é compreendido, mas as razões pelas quais ele é aplicado no caso concreto. Também se equipara à decisão não fundamentada aquele pronunciamento jurisdicional em que se invocam fundamentos que se prestariam a justificar qualquer outra decisão. É o caso, por exemplo, de pronunciamentos que afirmam coisas do tipo "indefere-se por falta de amparo legal" ou "ausentes os requisitos, indefere-se a medida postulada". Textos assim poderiam ser usados em qualquer caso – *o que serve para justificar qualquer decisão, na verdade não serve para justificar decisão alguma*.

Também é nula, por ausência de fundamentação (ou melhor, por ser tão mal fundamentada que se equipara a uma decisão absolutamente desprovida de qualquer fundamentação), aquela que não enfrenta todos os argumentos deduzidos no processo capazes, em tese, de infirmar a conclusão adotada pelo órgão julgador.

Esse é um caso que exige análise cuidadosa. Frequentemente, encontra-se na jurisprudência a afirmação de que o órgão julgador não estaria obrigado a examinar todos os argumentos da parte se já encontrou algum fundamento que sirva para sustentar sua decisão.

Ora, se a parte apresenta diversos argumentos e um deles é acolhido, sendo suficiente para justificar uma decisão que a favoreça, evidentemente não há para o órgão jurisdicional qualquer dever de examinar os demais argumentos, que se limitariam a *confirmar* a decisão proferida. Pois é apenas nesse sentido que se pode admitir como correta tal afirmação.

Assim, se o autor de uma demanda postula a retomada de um imóvel alugado por dois diferentes fundamentos (por exemplo, cometimento de infração contratual pelo locatário e necessidade de retomada do imóvel para uso de descendente), e se cada um deles é – como no exemplo que acaba de ser figurado – suficiente para a decretação do despejo, basta o acolhimento de um deles para que já se possa julgar procedente o pedido formulado, não havendo qualquer necessidade de exame, pelo órgão julgador, do outro fundamento.

De outro lado, porém, se a parte deduz vários fundamentos e um deles é rejeitado, impõe-se ao órgão julgador o *dever* de examinar os demais fundamentos que, em tese, poderiam, caso acolhidos, levar a conclusão diferente. É que só é legítimo decidir contrariamente aos interesses de uma das partes se todos os seus argumentos foram rejeitados. Assim, deixar de apreciar argumentos que poderiam, em tese, *infirmar* as conclusões do pronunciamento judicial vicia a decisão, tornando-a não fundamentada.

Por fim, reputam-se não fundamentadas as decisões judiciais que trabalham mal, equivocadamente, com padrões decisórios como precedentes e enunciados de súmula, seja quando se limitam a invocá-los, mas não indicam seus fundamentos determinantes nem demonstram que eles se aplicam ao caso em julgamento, seja quando deixam de aplicá-los sem indicar razões que justifiquem a existência de distinção entre os casos ou a superação do precedente ou enunciado de súmula. O "mal do ementismo" se dá quando o jurista trata a ementa do acórdão como se fosse o próprio precedente, não se dando ao trabalho de examinar o conteúdo da decisão judicial que invoca.

10. PRINCÍPIO DA DURAÇÃO RAZOÁVEL DO PROCESSO

Exige a Constituição que o resultado do processo seja alcançado em tempo razoável, conforme previsão do inciso LXXVIII do art. 5º, reproduzido também nos arts. 4º e 6º do CPC. Trata-se de garantia também reconhecida em importantes documentos transnacionais, como é o caso do Pacto de São José da Costa Rica (a Convenção Americana de Direitos Humanos), que a consagra em seu art. 8º, 1: o direito à duração razoável do processo não pode levar à supressão das garantias processuais das partes. Há, pois, uma perfeita harmonia entre o princípio da duração razoável e a garantia do devido processo constitucional.

O princípio da duração razoável do processo deve ser compreendido à luz da ideia de eficiência. Resulta daí, pois, a exigência de que o processo demore todo o tempo necessário, mas não demasiadamente, para produzir resultados constitucionalmente legítimos e para que não haja violação da qualidade na prestação jurisdicional.

O que se busca combater não é o tempo de duração do processo, mas sua dilação indevida.

É preciso combater as chamadas "etapas mortas" do processo, tempos perdidos entre um ato e outro (por exemplo, o tempo excessivo que uma serventia judicial pode levar para juntar um documento aos autos ou para remeter os autos à conclusão do juiz). Também é preciso assegurar a necessária observância dos prazos processuais não só pelas partes, mas também pelo órgão jurisdicional e pelo Ministério Público.

Ademais, faz-se absolutamente necessário construir mecanismos de aceleração do procedimento (as técnicas de improcedência liminar e de julgamento monocrático dos recursos, por exemplo).

Um dos mais graves problemas da duração do processo é o que se pode chamar de ônus do tempo, assim entendida a carga resultante da demora do processo e que tem de ser suportada pelas partes, pois, como regra geral, todo o ônus do tempo costuma recair sobre a parte demandante.

Muitas vezes, ao réu não interessa nada que o processo tenha tramitação célere, pois, sendo-lhe impossível prever com certeza qual será o resultado final do processo, saberá, pelo menos, que durante todo o tempo de sua tramitação será preservada a situação jurídica que lhe favorece.

Daí é que surge a necessidade de que sejam criados mecanismos de redistribuição do ônus do tempo, que façam com que, em certas circunstâncias, este se transfira para o demandado. É o que se dá, por exemplo, nos casos de tutela da evidência, que permite que o demandante, independentemente da existência de uma situação de urgência, obtenha em caráter provisório aquela própria situação jurídica que busca obter ao final do processo. Consequência da efetivação desse tipo de medida é que se inverte a lógica inicial, passando a recair sobre o demandado o ônus da demora, passando a ser dele o interesse em fazer com que o processo tenha andamento célere para o fim de assegurar o retorno ao estado anterior, com a revogação da tutela provisória de evidência.

Outro fator importante é o combate às condutas protelatórias, como se dá com a responsabilização por litigância de má-fé (arts. 79 e 80 do CPC) e por atos atentatórios à dignidade da justiça (arts. 77, §§ 2º e 3º, 161, 334, § 8º, 774, 903, § 6º, e 918, parágrafo único, todos do CPC).

Além disso, é preciso criar mecanismos eficientes de responsabilização do Estado pela demora excessiva do processo, como existe em ordenamentos jurídicos europeus.

11. PRINCÍPIO DA EFICIÊNCIA

O art. 8º do CPC impõe que se observe, como norma fundamental do processo civil brasileiro, o *princípio da eficiência*, tradicionalmente visto sob a ótica do Direito Administrativo (a Constituição só se refere a ele quando trata da atuação da Administração Pública, tal qual o art. 37). É possível dizer que a eficiência não pode ser entendida apenas como maximização financeira, mas sim como um melhor exercício das missões de interesse coletivo que incumbem ao Estado, que deve obter a maior realização prática possível das finalidades do ordenamento jurídico, com os menores ônus possíveis, tanto para o Estado como para os cidadãos.

Pois é exatamente nessa linha que se pode definir eficiência como a razão entre um resultado desejado e os custos necessários para sua produção. Evidentemente, quando se trata do processo civil, não se levam em conta apenas os custos econômicos, mas todo e qualquer dispêndio, de tempo e energia, necessário para a produção dos resultados esperados do processo. Logo, tais ideias aproximam o conceito de eficiência do processo civil do que tradicionalmente se chamou de *princípio da economia processual*.

Pois a produção de resultados eficientes, o que implica também – mas não só – a observância do princípio da duração razoável do processo, só será possível quando se conseguir promover a remoção de diversos obstáculos à efetivação da garantia do devido processo. Se a eficiência é uma razão entre o resultado desejado e os meios empregados para sua obtenção, então só se pode cogitar de eficiência se o resultado desejado é obtido. E o resultado almejado pelo sistema processual não é uma sentença qualquer, mas uma decisão capaz de realizar o direito material, não só por sua declaração, mas também por sua realização prática. Daí, aliás, o disposto no art. 4º do CPC, segundo o qual as partes têm o direito de obter, em prazo razoável, a solução integral do mérito, aí incluída a atividade satisfativa.

Trata-se, pois, do que vem sendo chamado de *princípio da primazia da resolução do mérito*, incluída a realização da atividade satisfativa do direito, sobre o reconhecimento de nulidades ou outros obstáculos à produção do resultado normal do processo civil. Consequência disso é que, toda vez que se encontrar um vício sanável ou um obstáculo superável à resolução do mérito do processo, deverão ser envidados esforços no sentido de corrigir o vício, de modo a viabilizar a produção do resultado esperado. Não é por outra razão, aliás, que o art. 139, IX, do CPC impõe ao juiz o dever de "determinar o suprimento de pressupostos processuais e o saneamento de outros vícios processuais".

A extinção do processo sem resolução do mérito e a decretação de nulidades processuais, portanto, devem ser vistas como fenômenos absolutamente excepcionais. A apreciação do mérito e a realização prática do direito material – com o emprego do menor dispêndio de tempo e energia possível – é o que se espera de um sistema processual eficiente.

Há, no CPC, uma série de disposições destinadas a permitir que os resultados almejados da atividade processual possam ser alcançados de forma eficiente. Veja-se, a título de exemplo, o disposto no art. 938, § 3º, que permite ao relator de um recurso em que se verifica a necessidade de produção de prova que não tenha sido colhida na instância inferior, converter o julgamento em diligência para colher a prova faltante, prosseguindo-se com a apreciação do mérito do recurso, sem que haja necessidade de anular a decisão e determinar o retorno dos autos à instância de origem (para que se colhesse a prova e se proferisse nova decisão, que certamente geraria novo recurso, realizando-se com isso muito mais atividade processual do que se faria normalmente necessário para a produção do resultado). Outro bom exemplo de regra de implementação do princípio da eficiência se encontra no art. 282, § 1º, do CPC, por força do qual não se decreta a nulidade do ato processual se este não causar prejuízo à parte.

12. PRINCÍPIO DA LEGALIDADE

Exige o art. 8º do CPC que, na aplicação do ordenamento jurídico, o juiz respeite o princípio da legalidade. Trata-se de princípio basilar do Estado Democrático de Direito, paradigma estabelecido pelo art. 1º da Constituição para a compreensão de todo o ordenamento jurídico pátrio.

O art. 5º, II, da Constituição prevê o princípio da legalidade ao estabelecer que ninguém será obrigado a fazer ou deixar de fazer alguma coisa senão em virtude de lei, reiterado por diversas vezes ao longo do texto constitucional. É o que se dá, por exemplo, no art. 5º, XXXIV, *a*, que garante o direito de petição ao Poder Público contra qualquer ilegalidade; no art. 37, que impõe à Administração Pública a observância do princípio da legalidade; no art. 5º, XXXIX, que assegura o direito fundamental à legalidade penal; no art. 150, I, que impõe a estrita observância do princípio da legalidade tributária.

Por princípio da legalidade deve-se entender a exigência de pleno respeito ao Estado de Direito, no qual se observa o império da lei como exigência de respeito à soberania popular (da qual todo o poder emana, como diz o art. 1º, parágrafo único, da Constituição).

É que no Estado Democrático de Direito toda atividade estatal está submetida à lei e ao Direito. E isso, evidentemente, inclui a atividade jurisdicional, de modo que os juízes têm de decidir com rigorosa observância ao princípio da legalidade. Deve-se ter claro, aqui, que por lei (e por legalidade) se faz referência ao ordenamento jurídico como um todo, e não só à lei em sentido formal. Significa isso dizer, pois, que a decisão judicial deve levar em conta a Constituição Federal, as estaduais, as leis, os tratados internacionais, as medidas provisórias e quaisquer outros atos jurídicos (como os negócios jurídicos ou os estatutos de companhias, por exemplo) que sejam capazes de produzir efeitos vinculativos, inclusive os enunciados de súmula vinculante e os precedentes vinculantes. Em outras palavras, a exigência de observância do ordenamento jurídico como um todo, ou seja, o conjunto de normas jurídicas constitucionais e infraconstitucionais (regras e princípios) vigentes no sistema jurídico brasileiro.

Deve-se sempre respeitar a supremacia constitucional. Daí a inadmissibilidade de decisões que estejam amparadas em outros critérios, distintos da legalidade estrita, e que trazem para o campo da jurisdição decisões arbitrárias, discricionárias, fundadas em valores pessoais do juiz ou em uma suposta correção moral do Direito.

A justiça que se busca realizar através da jurisdição consiste, única e exclusivamente, no estrito respeito ao ordenamento jurídico, ainda que dele o juiz desgoste. Em outros termos, textos de normas democraticamente instituídos são *ius civile*. Quando eles são respeitados no trabalho cotidiano dos juristas (tratamento do caso, decisão com caráter de obrigatoriedade, controle e revisão) como vinculantes e observados de forma séria no tocante ao método, o trabalho jurídico permanece no discurso do Direito popular, não resvalando para um *ius honorarium*.

Os demais poderes, Executivo e Judiciário, não estão apenas instituídos para serem controlados conforme o Estado de Direito, também devendo se comprometer com a democracia. O povo ativo elege os seus representantes; do trabalho destes resultam (entre outras coisas) os textos das normas; estes são, por sua vez, implementados nas diferentes funções do aparelho do Estado; os destinatários dos atos são potencialmente todos, a saber, o povo enquanto população. Tudo isso forma uma espécie de ciclo de atos de legitimação, que em nenhum lugar pode ser interrompido (de modo não democrático).

Esse é o lado democrático do que foi denominado *estrutura de legitimação*. Do contrário, afirmar que os agentes jurídicos estariam democraticamente vinculados e que aqui o povo ativo estaria atuante, ainda que apenas de forma mediada, não é a mesma coisa. É verdade que o ciclo da legitimação, mesmo que de forma não democrática, foi interrompido a esta altura. Parece plausível ver nesse caso o papel do povo de outra maneira, *como instância global da atribuição* de legitimidade democrática.

A constituição moderna de uma democracia em um Estado de Direito não permite mais *nenhum* direito (*e.g.,* judicial) que se desliga das diretivas das leis democraticamente promulgadas (*e.g.,* como "direito jurisprudencial" livremente criado). Vale o registro de que em muitos ordenamentos as decisões judiciais são proferidas "em nome do povo", e isso em razão da circunstância de que em diversos Estados Democráticos de Direito há uma exigência de que assim se afirme de modo expresso.

No Brasil, não há essa exigência formal, mas, se a Constituição estabelece que *todo poder emana do povo,* então parece evidente que as decisões judiciais são proferidas em nome do povo, com apoio no poder que dele emana, razão pela qual se impõe a mais estrita observância do ordenamento jurídico pelos juízes e tribunais.

13. PRINCÍPIO DA PROPORCIONALIDADE OU RAZOABILIDADE

Encerra-se o rol das normas fundamentais do direito processual civil brasileiro com o princípio da proporcionalidade ou razoabilidade. Tais termos se referem, na verdade, a um só e mesmo princípio, razão pela qual esses vocábulos podem ser considerados fungíveis, intercambiáveis, sinônimos.

Dito isso, impõe-se esclarecer a concepção de proporcionalidade (ou razoabilidade) que se adota nesta obra: garantia contra excessos ou insuficiências na proteção aos direitos fundamentais.

Essa é uma visão do princípio da proporcionalidade (razoabilidade) compatível com o que até aqui se tem sustentado acerca da absoluta impossibilidade de decisões discricionárias, de modo que se rejeita qualquer ligação entre esse princípio e uma suposta possibilidade de realização de juízos de ponderação que, a rigor, são incompatíveis com o paradigma do Estado Democrático de Direito. Deve ser visto, então, a partir do que pode ser considerado uma *bipartição*: proibição de proteção deficiente e proibição de excesso. Em outros termos, o princípio da proporcionalidade assegura que o direito fundamental não seja aniquilado por ausência de proteção adequada (proibição de proteção deficiente), mas garantindo também que sua realização não leve à destruição de direitos fundamentais de outros sujeitos (proibição de excesso).

Veja-se, por exemplo, o caso da fixação de multas pelo descumprimento de decisões judiciais. O art. 536 do CPC estabelece que a multa, além de compatível com a obrigação (o que significa dizer que não há sentido em aplicar-se multa para constranger o devedor a cumprir uma decisão quando a multa não é adequada a cumprir esse papel, o que aconteceria, por exemplo, no caso de o cumprimento da decisão não depender de ato a ser praticado pela parte, mas pelo próprio Judiciário, ou por um órgão que atue como seu auxiliar, como um cartório extrajudicial), tem de ser suficiente.

Essa suficiência implica dizer que a multa não pode ser baixa a ponto de não exercer contra o devedor qualquer pressão efetiva (pense-se, por exemplo, no caso de se impor a uma poderosa instituição financeira uma multa de R$ 1,00 por dia de atraso no cumprimento da obrigação, o que não faria qualquer pressão efetiva sobre ela), nem pode ser alta a ponto de não ter qualquer força coercitiva (como se daria no caso de se impor a uma pessoa de capacidade patrimonial mediana uma multa de R$ 1.000.000,00 por dia de atraso no cumprimento da decisão, de modo que o devedor, não tendo patrimônio suficiente para garantir o pagamento sequer de um dia de multa, acabaria por considerar que não há diferença entre atrasar um dia ou um ano no cumprimento da decisão).

Pois todo o sistema processual civil é ordenado a partir do princípio da razoabilidade, não se admitindo a outorga, a quem quer que seja, de proteção deficiente ou excessiva. Assegura-se, desse modo, o pleno equilíbrio entre todos os sujeitos do processo.

EM RESUMO:

Princípios devem ser vistos como normas jurídicas que estabelecem objetivos a serem alcançados, sendo uma exigência de justiça, ou de correção, ou de alguma outra dimensão da moralidade.

Importante	As normas são consideradas gênero, e os princípios são considerados sua espécie.
Princípio do devido processo	Art. 5º, inc. LIV, da CF/1988.
Princípio da igualdade	Art. 5º, *caput* e inc. I, da CF/1988 e art. 7º do CPC.
Isonomia substancial	Serve como vetor legislativo para embasar uma série de dispositivos processuais, destacando-se dentre eles: os prazos diferenciados para o Poder Público, a gratuidade da justiça, a Defensoria, os procedimentos especiais, as tutelas provisórias e possíveis ajustes.
Princípio do juízo natural	Art. 5º, incs. XXXVII e LIII, da CF/1988.
Importante	"Não há impedimento, nem suspeição de ministro, nos julgamentos de ações de controle concentrado, exceto se o próprio ministro firmar, por razões de foro íntimo, a sua não participação."

Importante	Essa foi a orientação fixada pela maioria do Plenário ao resolver questão de ordem suscitada pelo presidente, em ação direta de inconstitucionalidade, acerca da não aplicabilidade da regra, após o Ministro Marco Aurélio arguir a impossibilidade de sua participação no julgamento, considerado o Código de Processo Civil (CPC) [art. 144, III, VIII e § 3° (1)] (Informativo 989 do STF).
Princípio da inafastabilidade do controle jurisdicional	Art. 5°, inc. XXXV, da CF/1988 e art. 3°, *caput*, do CPC.

Sistematizando, podemos concluir que: (1) o princípio da inafastabilidade é previsto na CF e se impõe sobre a legislação infraconstitucional; (2) pode haver flexibilidade da inafastabilidade pelo próprio texto constitucional, a exemplo da justiça militar e da justiça desportiva; (3) o STF, interpretando esse mandamento, vem concluindo pela compatibilidade de exigirmos uma dinâmica prévia de consenso, quer pela via administrativa, quer pelas plataformas virtuais, antes da tradicional via judicial.

STF, RE 631.240 (ac. previdenciárias e medicamentos) **STJ, REsp 1.349.453** (ac. exibição de contratos bancários)	1. A instituição de condições para o regular exercício do direito de ação é compatível com o art. 5°, XXXV, da Constituição. Para se caracterizar a presença de interesse em agir, é preciso haver necessidade de ir a juízo. 2. A concessão de benefícios previdenciários depende de requerimento do interessado, não se caracterizando ameaça ou lesão a direito antes de sua apreciação e indeferimento pelo INSS, ou se excedido o prazo legal para sua análise. É bem de ver, no entanto, que a exigência de prévio requerimento não se confunde com o exaurimento das vias administrativas.
Princípio do contraditório	Art. 5°, inc. LV, da CF/1988 e art. 10 do CPC.

CPC, art. 489, § 1°: Não se considera fundamentada qualquer decisão judicial, seja ela interlocutória, sentença ou acórdão, que:

IV – não enfrentar todos os argumentos deduzidos no processo capazes de, em tese, infirmar a conclusão adotada pelo julgador.

CPC, art. 373, § 1°: Nos casos previstos em lei ou diante de peculiaridades da causa relacionadas à impossibilidade ou à excessiva dificuldade de cumprir o encargo nos termos do *caput* ou à maior facilidade de obtenção da prova do fato contrário, poderá o juiz atribuir o ônus da prova de modo diverso, desde que o faça por decisão fundamentada, caso em que deverá dar à parte a oportunidade de se desincumbir do ônus que lhe foi atribuído.

Importante	Contraditório agora implica influência e não surpresa. O resultado prático pode ser exemplificado pela vedação às decisões surpresas e pela necessária consideração dos argumentos evocados pelas partes. Nesse sentido, destacam-se os arts. 373, § 1º, e 489, § 1º, do CPC, que, respectivamente, tratam da prévia comunicação, caso haja inversão do ônus da prova, e da fundamentação das decisões judiciais que, sob pena de nulidade, devem considerar os argumentos deduzidos no processo.
Princípio da cooperação (comparticipação)	Art. 6º do CPC.
Princípio da boa-fé	Art. 3º, inc. I, da CF/1988 e art. 5º do CPC.

Art. 80. Considera-se litigante de má-fé aquele que:

I – deduzir pretensão ou defesa contra texto expresso de lei ou fato incontroverso;

II – alterar a verdade dos fatos;

III – usar do processo para conseguir objetivo ilegal;

IV – opuser resistência injustificada ao andamento do processo;

V – proceder de modo temerário em qualquer incidente ou ato do processo;

VI – provocar incidente manifestamente infundado;

VII – interpuser recurso com intuito manifestamente protelatório.

Art. 81. De ofício ou a requerimento, o juiz condenará o litigante de má-fé a pagar multa, que deverá ser superior a 1% e inferior a 10% do valor corrigido da causa, a indenizar a parte contrária pelos prejuízos que esta sofreu e a arcar com os honorários advocatícios e com todas as despesas que efetuou.

Princípio da fundamentação das decisões judiciais	Art. 93, inc. IX, da CF/1988 e art. 11 do CPC.

Importante	A fundamentação, hoje, pauta-se pelas lições do art. 489, § 1º, do CPC, que afirma, categoricamente, ser nula qualquer decisão que: (1) se limite a indicar, reproduzir ou parafrasear ato normativo, sem explicar sua relação com a causa ou a questão decidida; (2) empregue conceitos jurídicos indeterminados, sem explicar o motivo concreto de sua incidência no caso; (3) invoque motivos que se prestariam a justificar qualquer outra decisão; (4) não enfrente todos os argumentos deduzidos no processo capazes de, em tese, infirmar a conclusão adotada pelo julgador; (5) se limite a invocar precedente ou enunciado de súmula, sem identificar seus fundamentos determinantes nem demonstrar que o caso sob julgamento se ajusta àqueles fundamentos; ou, ainda, (6) deixe de seguir enunciado de súmula, jurisprudência ou precedente invocado pela parte, sem demonstrar a existência de distinção no caso em julgamento ou a superação do entendimento.
Princípio da duração razoável do processo	Art. 5º, inc. LXXVIII, da CF/1988 e arts. 4º e 6º do CPC.

O art. 190 do CPC prevê a possibilidade de as partes plenamente capazes alterarem prazos processuais, quando o direito discutido admitir autocomposição. Em termos práticos, isso significa que o tempo do processo pode, ao final, ser negociado, com ganho de celeridade para o exercício da jurisdição.

Princípio da eficiência	Art. 8º do CPC.
Princípio da legalidade	Art. 5º, inc. II, da CF/1988 e art. 8º do CPC.
Princípio da proporcionalidade ou razoabilidade	Art. 8º do CPC.

Capítulo 2

Processo. Conceito. Pressupostos Processuais

1. PROCESSO

O conceito de processo é complexo, exigindo não só uma breve exposição das mais importantes teorias acerca dele, mas também uma análise dos modelos conhecidos (adversarial, inquisitivo e comparticipativo), para, então, estabelecer-se seu conceito e natureza jurídica.

Em seguida, será preciso tratar da classificação, a fim de deixar claras quais são as espécies existentes no sistema processual civil moderno, seguida de seu objeto e pressupostos.

2. TEORIAS SOBRE O PROCESSO

Durante a fase imanentista (ou civilista) do desenvolvimento histórico do Direito Processual, o processo era visto como um procedimento, ou seja, como uma sequência ordenada de atos, aqui percebidos como mera extensão do direito material. Os **praxistas** – juristas que não tinham grandes preocupações teóricas – dedicaram-se ao estudo do que hoje se denominaria "prática forense".

A fase do procedimentalismo (ou praxismo) foi superada, na Europa, com o aparecimento da teoria **contratualista**, segundo a qual o processo é um contrato. Baseada em um texto de Ulpiano, e defendida, entre outros, por Pothier, essa teoria explicava o processo por meio da *litiscontestatio*, instituto do Direito Romano, que se caracteriza por ser o contrato pelo qual as partes aceitam de comum acordo a fórmula que tenha sido deferida pelo magistrado.

A *litis contestatio*, porém, não é capaz de explicar o processo moderno, bastando para confirmar tal assertiva lembrar que o demandado é trazido ao processo, por meio da citação, e dele se torna parte ainda que contra sua vontade, o que permite afirmar que o réu é *sujeito do processo* e *sujeito ao processo*.

Essa teoria foi substituída pela teoria quase contratualista do processo, que o via como um quase contrato. Criada no século XIX por Arnault de Guényvau, baseava-se na ideia de que deveria ser enquadrado, a todo custo, entre as categorias de direito privado. Não sendo o processo um contrato nem um delito, restava o conceito de quase contrato como único capaz de explicar a natureza do instituto que ora se estuda. Essa teoria, obviamente, não teve grande aceitação e, assim como a anterior, tem apenas valor histórico.

Em 1868, o jurista alemão lançou seu famoso livro intitulado *Die Lehre von den Processeinreden und die Processvoraussetzungen*, livremente traduzido para "Teoria das exceções processuais e dos pressupostos processuais". Nessa obra, considerada pela unanimidade dos estudiosos como a "certidão de nascimento" da ciência processual, foi desenvolvida a ideia, já encontrada em forma embrionária em escritos anteriores, de que o processo é uma relação jurídica: **teoria da relação processual**.

Essa teoria é o desenvolvimento da ideia de que *iudicium est actus trium personarum, iudicis, actoris et rei*. Para a teoria do processo como relação jurídica, essa é uma relação intersubjetiva, ou seja, uma relação entre pessoas, dinâmica, de direito público, e que tem seus próprios sujeitos e requisitos (nomeados por Bülow de pressupostos processuais). Tal relação jurídica teria como conteúdo uma outra, de direito material (a *res in iudicium deducta*), e teria por fim permitir a apreciação desta pelo Estado-juiz.

A teoria da relação processual, porém, jamais foi uma unanimidade. Buscou superá-la, por exemplo, James Goldschmidt, com a teoria do processo como situação jurídica, que apresentou críticas à teoria então dominante que acabaram sendo, em grande medida, absorvidas pelos defensores da teoria da relação processual. Afirmava Goldschmidt que o conceito de relação jurídica processual não teria nenhuma transcendência e que o processo não deve ser considerado como uma série de atos isolados, mas sim um complexo de atos encaminhados a um mesmo fim, ainda quando haja vários sujeitos, não chegando a ser, por isso, uma relação jurídica.

Dizia ainda ser evidente que a peculiaridade jurídica do fim do processo determina a natureza do efeito de cada ato processual. Mas nem um nem outro constituem uma relação jurídica, e o objeto comum a que se referem todos os atos processuais, desde a demanda até a sentença, e que em realidade constitui a unidade do processo, é seu objeto, via de regra, o direito subjetivo material que o autor faz valer. Segundo esse doutrinador, o processo seria composto por uma série de situações jurídicas ativas, capazes de gerar para seus sujeitos deveres, poderes, faculdades, ônus e sujeições. Criaria, ainda, uma situação de expectativa quanto à prolação de um provimento favorável.

A teoria do processo como situação jurídica foi extremamente relevante para que a teoria da relação processual chegasse ao estágio de desenvolvimento posteriormente alcançado. Em outras palavras, passou-se a sustentar que o processo seria uma relação jurídica, mas que essa relação seria capaz de gerar para seus sujeitos uma série de poderes, deveres, faculdades, ônus e sujeições.

Cap. 2 – Processo. Conceito. Pressupostos Processuais

Essa teoria é, porém, concebida a partir de uma premissa fundamental: a de que o Estado-juiz ocupa no processo uma posição de superioridade. Não é por outra razão, aliás, que nas representações gráficas da relação processual sempre se põe o juiz (que ali aparece como agente estatal) em uma posição mais elevada que a das partes. E essa ideia serve de sustentação à conhecida proposição segundo a qual o processo seria um instrumento da jurisdição.

O paradigma do Estado Democrático de Direito, porém, é incompatível com essas ideias. O processo não é e não pode ser visto como um mecanismo de realização de escopos estatais. Afinal, se o processo é, necessariamente, o devido processo (como impõe a Constituição), e se o (devido) processo é um repositório de garantias e direitos fundamentais, então o processo é, na verdade, um fenômeno contrajurisdicional, a ser empregado como método destinado a permitir o controle da atividade jurisdicional. A função do processo no sistema jurídico é assegurar que o resultado da atividade estatal se dará em conformidade com a Constituição e as leis, respeitadas todas as garantias das partes, limitando o poder do Estado-juiz. Portanto, não pode mais ser visto como uma relação processual.

Outra teoria importante é a conhecida teoria estruturalista do processo, desenvolvida pelo jurista italiano Elio Fazzalari, para quem o processo seria um procedimento desenvolvido em contraditório. Ensina Fazzalari que procedimento é uma sequência de normas, destinadas a regular uma conduta, qualificando-a como lícita ou devida, e que enunciam, como pressuposto de sua própria incidência, o cumprimento de um ato prévio, regulado por outra norma da mesma série, e assim sucessivamente até a norma regulamentadora de um "ato final", em relação ao qual todos os atos precedentes podem se dizer "preparatórios". Quando esse procedimento é regulado de modo a admitir a participação de todos aqueles cuja esfera jurídica será atingida pelos efeitos do ato final, e se tal participação se dá em simétrica paridade, então esse procedimento compreende o "contraditório", fazendo-se mais articulado e complexo. Nessa hipótese, do gênero "procedimento" pode-se individualizar a espécie "processo".

Essa teoria parece ser a única compatível com o paradigma do Estado Democrático de Direito e com o modelo constitucional de processo brasileiro, firmado sobre os princípios do devido processo constitucional e do contraditório. É a única capaz de conceituar um processo que segue um modelo comparticipativo, policêntrico, capaz de permitir que se inibam os exageros do hiperpublicismo inerente à teoria da relação processual e se veja no processo um mecanismo em que, por meio da participação paritária de todos os seus sujeitos, se limitam os poderes do Estado-juiz, permitindo-se a construção comparticipativa dos resultados do processo.

Alguns processualistas brasileiros, como Cândido Dinamarco, tentaram fundir a teoria de Fazzalari com a teoria da relação processual, afirmando ser o processo um *procedimento em contraditório animado pela relação processual*, o que não é possível, por se tratar de duas teorias incompatíveis entre si.

Definir qual é a teoria sobre o processo que se deve acolher, porém, exige antes que sejam conhecidos os três modelos de processo que já foram empregados ao longo da história, de modo a verificar qual teoria é capaz de explicar como o processo vem sendo regulado no Brasil, a partir do modelo constitucional brasileiro de processo civil e das normas fundamentais previstas na Constituição e no CPC.

2.1. Modelo adversarial de processo

O modelo adversarial foi empregado em ordenamentos jurídicos fundados no paradigma do Estado Liberal.

Tem como características: (i) igualdade formal dos cidadãos; (ii) escritura; (iii) princípio dispositivo; (iv) imparcialidade e comportamento passivo do juiz.

A mais marcante é a posição passiva do juiz. Como ensina Michele Taruffo, há uma impossibilidade de que o juiz influa sobre a pesquisa da verdade em torno dos fatos da causa – incapacidade do juiz de controlar a dinâmica da dialética das partes –, eliminando as degenerações que derivam da lógica da desigualdade sobre o plano de suas posições processuais.

No processo adversarial, toda a condução do processo, inclusive em relação à atividade probatória, fica nas mãos das partes. O juiz é um "árbitro passivo", quase que um espectador privilegiado do processo, a quem cabe solucionar eventuais conflitos que surgem no curso do processo e, ao final, proferir sentença.

Esse é um modelo de processo típico de Estados que pouco ou nada interferem nos destinos da sociedade e, por isso mesmo, não pode ser adotado no Estado brasileiro.

2.2. Modelo inquisitivo de processo

O *modelo inquisitivo de processo* é próprio do paradigma do Estado Social.

Rompe-se com o paradigma liberal e com o modelo adversarial de processo, iniciando-se um sistema baseado no protagonismo judicial. Pois é esse modelo de processo que vai legitimar o desenvolvimento da teoria da relação processual, anteriormente examinada, a qual é baseada na supremacia do juiz sobre as partes, ficando estas subordinadas àquele. O ápice dessa concepção é a ideia de *instrumentalidade do processo*, desenvolvida por Cândido Rangel Dinamarco.

2.3. Modelo comparticipativo de processo

A Constituição da República de 1988 estabeleceu, em seu art. 1º, que o Brasil se constitui em Estado Democrático de Direito.

Este é não apenas um Estado de Direito, em que se observa o princípio da legalidade (ou, mais propriamente, da juridicidade), mas é também, e essencialmente, um Estado em que isso se dá de forma democrática. E ele se propõe a ser um paradigma de Estado que busca o meio-termo entre o que há de melhor nos dois paradigmas anteriores, havendo a busca do equilíbrio entre os interesses públicos e os privados.

Pois em um Estado assim – como é o caso brasileiro – é preciso adotar um modelo de processo equilibrado, que nem é "coisa das partes" (como no processo adversarial) nem é "instrumento da jurisdição", de caráter hiperpúblico (como no processo inquisitorial). Pois é aí que aparece o *processo comparticipativo* (ou cooperativo, para empregar terminologia próxima do art. 6º do CPC).

3. CONCEITO E NATUREZA JURÍDICA

O processo é, pois, um procedimento que se desenvolve em contraditório.

Veja-se que não existe processo apenas em sede jurisdicional. Também é legítimo falar em processo administrativo (e, neste, o art. 5º, LV, da Constituição expressamente assegura o contraditório) ou legislativo. Há, também, processos na esfera privada, como o arbitral (e o art. 21, § 2º, da Lei de Arbitragem determina a observância obrigatória do princípio do contraditório), ou no processo de exclusão, por uma associação, de algum associado (como se vê pelo art. 57 do Código Civil). O Direito Processual, todavia, dedica-se exclusivamente ao estudo do processo jurisdicional.

Sua natureza jurídica de procedimento é resultado do seu aspecto em contraditório. O processo é uma espécie do gênero procedimento (o qual nem sempre se desenvolve em contraditório, então chamados de meros procedimentos), como o inquérito civil, e aqueles nos quais se observa o contraditório, estes, sim, verdadeiramente processos.

4. CLASSIFICAÇÃO DO PROCESSO

Existem dois tipos fundamentais de processo, se levarmos em conta a finalidade a que se dirigem: **processo de conhecimento (cognitivo)** e **processo de execução (executivo)**.

Processo de conhecimento é aquele que tem por fim a produção de uma decisão judicial declaratória da existência ou inexistência de um direito afirmado pela parte. Caracteriza-se por uma atividade intelectiva (chamada cognição), que permite ao órgão jurisdicional produzir sua decisão. Tem por objeto imediato a produção de uma sentença de mérito, em que se vai declarar se o direito material alegado pela parte existe ou não.

Essa sentença, ao resolver o mérito do processo, será declaratória da existência ou inexistência do direito. A essa declaração, porém, pode-se somar algo mais (como uma condenação, ou a constituição de uma nova situação jurídica), mas toda sentença de mérito é declaratória da existência do direito material.

Distinto é o **processo de execução**, que se caracteriza pela realização de atividades materiais de transformação da realidade, tendo por fim transformar em realidade prática aquilo que deveria ter acontecido. Assim, se o devedor não pagou ao credor aquilo que devia em função de uma obrigação, será possível ao credor (desde que exista título executivo) postular em juízo, em nome próprio, a satisfação de seu crédito.

> **Atenção**
>
> No direito processual civil brasileiro é preciso reconhecer a existência de um terceiro tipo de processo: o *sincrético* (posicionamento que não parece ser adotado nas bancas de concurso). Divide-se em duas fases: a de conhecimento (ou cognitiva) e a de cumprimento de sentença.
>
> Trata-se, então, e a rigor, de um processo que consiste na fusão dos outros dois tipos, o de conhecimento e o de execução.

5. OBJETO DO PROCESSO

Chama-se objeto do processo aquilo que tradicionalmente se designou (terminologia inclusive empregada na lei processual) de mérito da causa ou mérito do processo. É aquilo que se põe diante do juiz (do latim *ob* – diante de – e *jactum* – jato, aquilo que se lança ou se coloca).

A doutrina, ao analisar a temática aqui abordada, da conceituação do objeto do processo, divide-se em três posições fundamentais: alguns autores que identificam o objeto do processo e a lide; outros que colocam o objeto do processo no plano das questões, ou complexo de questões referentes à demanda; e, por fim, os que se valem da demanda, ou de situações externas ao processo e a ele trazidas por meio da demanda para identificar o objeto do processo.

A primeira das posições referidas considera que **lide** e objeto do processo são conceitos equivalentes. Essa colocação, porém, parece levar a uma contradição insolúvel. Isso porque a lide é elemento acidental da jurisdição, sendo inegável a existência de processos em que não há lide.

Outro setor da doutrina conceitua o objeto do processo assimilando esse conceito ao de questões de fundo do processo. Essa concepção é inaceitável por confundir o mérito com as questões de mérito. Como é aceito pela melhor doutrina, as partes, ao longo do processo, vão trazendo a juízo suas razões, e cada uma delas corresponde a um ponto (cada uma das alegações produzidas pela parte). Toda vez que sobre um ponto instaura-se controvérsia, surge uma questão (um ponto controvertido). Assim, pode haver questão de fato e de direito, bem como questão de mérito e questão processual.

O juiz, ao longo do processo, resolve as questões que lhe são submetidas, a fim de poder, após isso, decidir o mérito. Em outras palavras, quando o juiz vai se pronunciar sobre o mérito, já terá resolvido todas as questões, o que mostra a impropriedade da equiparação do objeto do processo às questões de mérito. Não fosse assim, os fundamentos da decisão deveriam ser alcançados pela coisa julgada, o que é expressamente excluído pelo art. 504 do CPC.

Há também quem equipare o objeto do processo à demanda. Não parece correta essa posição. Demanda é o ato inicial de impulso da atuação do Estado-juiz, não parecendo capaz de constituir o mérito da causa, mas tão somente de veiculá-lo. Apesar de a demanda apresentar o objeto do processo, ela não é o mérito, mas um pressuposto processual.

Vários são, de outro lado, os autores que veem o mérito como algo externo ao processo, e que para ele é trazido por meio da demanda. Equiparam o objeto do processo à *res in iudicium deducta*, ou seja, à relação jurídica de direito substancial trazida ao processo.

A melhor doutrina, divergindo das anteriormente apresentadas, vem afirmando que o objeto do processo é a pretensão (exigência de submissão do interesse alheio ao interesse próprio). A pretensão processual é trazida ao processo por meio da demanda, e revelada pelo pedido do autor.

Admitir que a pretensão material (e não a processual) é o objeto do processo é reconhecer a existência de um conceito a rigor inaceitável, o de pretensão material. Esse conceito, expressamente referido pelo Código Civil vigente, seria – segundo os que defendem sua existência – o poder jurídico que tem o credor de exigir do devedor que realize uma prestação. Admitir a existência desse poder como algo distinto do direito material, porém, seria admitir a existência de uma figura híbrida, meio substancial e meio processual (já que tal poder, de natureza material, só poderia se fazer valer processualmente), o que é inaceitável diante da autonomia científica do direito processual.

Outra solução não há, a não ser aceitar que o mérito da causa, o objeto do processo, seja formado pela pretensão processual. Tem-se, pois, por objeto do processo a pretensão processual, assim entendida a exigência do demandante no sentido de obter um fazer, ou, com mais precisão, a intenção manifestada pelo demandante de obtenção de um provimento capaz de lhe assegurar tutela processual. Julgar o mérito é julgar essa pretensão, manifestada em juízo por meio de um pedido.

Note-se que a pretensão não é o pedido – sendo este apenas a sua manifestação no processo –, mas a intenção, elemento volitivo e subjetivo. Pedido é o meio de declaração da vontade de se obter determinado resultado em juízo, ou, em outros termos, manifestação processual da pretensão.

> **Atenção**
>
> Não se ache que o fato de todo processo conter mérito significa que todo processo contém julgamento do mérito. Há casos em que o processo é extinto sem resolução do mérito (porque falta uma das "condições da ação", por exemplo), além de se verificar que no processo executivo não há julgamento do mérito jamais (mas isso não é verdade na fase executiva do processo sincrético, a chamada fase de cumprimento de sentença, já que a impugnação à execução, incidente desse módulo processual, pode provocar discussões acerca do mérito).
>
> Além disso, não se pode confundir o objeto do processo com o objeto da cognição, ou seja, com o complexo de questões submetidas à análise do juiz, e que contém, entre seus elementos integrantes, o mérito da causa, ao lado de outros elementos, como as "condições da ação" e as questões sobre o processo (como os pressupostos processuais).

6. PRESSUPOSTOS PROCESSUAIS

Tradicionalmente, a expressão pressupostos processuais é empregada pela doutrina em sentido amplo, compreendendo os pressupostos em sentido estrito, aqui definidos como os elementos necessários para sua existência; os requisitos, identificados como exigências formais para atestar sua formação válida e regular; e, por fim, as condições, que se referem ao plano de eficácia. A ausência de algum pressuposto de existência implica a própria inexistência jurídica do processo. Nesse caso, deve o juízo, por ato meramente administrativo, determinar o cancelamento da distribuição e de todos os registros referentes àquele "processo". Perceba-se que, nesse caso, não se pode cogitar de uma sentença de extinção do processo, pois não se pode extinguir o que não existe.

Presentes todos os pressupostos de existência, será preciso verificar se foram preenchidos os requisitos de validade. A ausência, nesse caso, implica a extinção do processo (existente) sem resolução do mérito, nos termos do art. 485, IV, do CPC.

Impende ter claro, porém, que, verificada a ausência, sempre será preciso apurar a possibilidade de correção do vício para que o processo possa seguir regularmente em direção ao provimento de mérito. Apenas no caso de não vir a ser sanado o vício é que o processo deverá ser extinto. Resulta isso da aplicação do princípio da primazia da resolução do mérito, por força do qual só se deve mesmo extinguir um processo sem que se dê ao objeto deste uma definição (ou, no caso dos procedimentos executivos, sem que se alcance a satisfação do crédito exequendo) quando não for possível superar o obstáculo à produção desse resultado. É por isso, então, que o art. 139, IX, impõe ao juiz que determine o suprimento dos pressupostos processuais (expressão empregada de forma ampla, para compreender os já citados pressupostos em sentido estrito, requisitos e condições) e que saneie outros vícios do processo. Na mesma linha, o art. 488 prevê que o juiz sempre deverá resolver o mérito do processo nos casos em que sua definição favoreça a mesma parte que seria tutelada pela extinção do processo sem resolução do mérito.

São pressupostos processuais em sentido estrito, atrelados, portanto, ao plano de existência: um *juízo investido de jurisdição*, *partes* e uma *demanda*. Sem qualquer destes não haverá processo. Presentes esses pressupostos de existência, o desenvolvimento válido e regular do processo exigirá a competência do juízo e a imparcialidade do juiz, a *capacidade processual das partes* e a *regularidade formal* da demanda já ajuizada.

O primeiro pressuposto processual é um *juízo investido de jurisdição*. Processos outros, de naturezas distintas, têm seus próprios pressupostos de existência e de validade. No caso de se ajuizar demanda perante um órgão administrativo, não haverá processo jurisdicional.

A investidura de cada uma das Justiças é pressuposto processual, pois corresponde à exigência de que o processo tramite perante o *juiz natural*, o qual deve corresponder ao juízo com "competência constitucional" pré-constituída.

Todo processo deve desenvolver-se perante seu juiz natural. Perceba-se que a competência não está vinculada ao princípio do juiz natural. Assim, no caso de o processo instaurar-se na "Justiça certa", mas na "Vara errada", estar-se-á diante de um caso de incompetência, mas isso não afetará a existência do processo, já que o juízo cível, por integrar a Justiça Estadual, pertence ao juiz natural da causa. Nesse caso, há um vício menos grave, de falta de competência, sem qualquer afronta às normas constitucionais (mas com violação de norma infraconstitucional).

A Constituição veda a existência de juízo ou tribunal de exceção (art. 5º, XXXVII). Daí se extrai a exigência de que o juiz natural seja um juízo com investidura pré-constituída.

Eventuais mudanças de investidura (por Emenda Constitucional) só podem alcançar fatos posteriores, não podendo retroagir para alcançar fatos a ela anteriores, sob pena de violar-se a garantia do juiz natural.

O segundo pressuposto processual é que o processo tenha *partes*. Para que exista processo, é preciso que ele tenha *partes* (pelo menos duas), pois não se admite que alguém vá a juízo "contra si mesmo". O processo exige que alguém demande em face de outrem, formulando uma pretensão que, se acolhida, irá beneficiá-lo, alcançando de forma negativa a esfera jurídica de outrem. Aquele que pretende o resultado benéfico e aquele que será alcançado por eventual resultado desfavorável, então, precisam participar (em contraditório) do processo de construção do resultado. Sem a presença de pelo menos duas partes, portanto, não existe processo.

Vale registrar, aqui, porém, a excepcional possibilidade de haver processo com uma parte só (isto é, processo sem demandado), em casos expressamente previstos.

Têm capacidade de ser parte ou personalidade judiciária todas as pessoas naturais e jurídicas e, além delas, os chamados "entes formais", assim entendidos os entes despersonalizados que recebem da lei capacidade de ser parte, como é o caso do espólio, da massa falida e do condomínio edilício, entre outros. Tendo demandante e demandado capacidade de ser parte, é preciso verificar se está presente a *capacidade para estar em juízo*. É que, na forma do disposto no art. 70, "[t]oda pessoa que se encontre no exercício de seus direitos tem capacidade para estar em juízo", complementando esta ideia o art. 71 ao afirmar que "[o] incapaz será representado ou assistido por seus pais, por tutor ou por curador, na forma da lei".

Verificada a incapacidade para ser parte, deverá o juízo, suspendendo o processo, designar prazo razoável para que seja sanado o vício. Não sendo corrigido o defeito, e estando o processo na instância originária, este será extinto se faltar capacidade ao demandante para estar em juízo (art. 76, § 1º, I); se for o demandado a não ter corrigido o vício, será considerado revel (art. 76, § 1º, II), prosseguindo o processo em direção ao provimento de mérito.

Daí se extrai que, na verdade, apenas a capacidade para estar em juízo do demandante é verdadeiramente um pressuposto de validade do processo. Regularmente citado o demandado e não comparecendo este a juízo de forma regular (isto é, caso ele seja incapaz, terá de ser representado ou assistido), o processo poderá seguir normalmente, embora o demandado seja considerado revel.

Seguindo, exige-se das partes *capacidade postulatória*, assim entendida a aptidão para dirigir petições ao órgão jurisdicional. Estabelece o art. 103 que "[a] parte será representada em juízo por advogado regularmente inscrito na Ordem dos Advogados do Brasil". Casos há, porém, em que é possível postular em causa própria, ainda que não se tenha habilitação para advogar.

Para o caso de falta de capacidade postulatória, aplica-se tudo quanto foi dito anteriormente acerca da falta de capacidade para estar em juízo. Verificando o juízo (de ofício ou por provocação da outra parte) que alguma das partes não está representada em juízo por quem tenha capacidade postulatória, deverá ser suspenso o processo para sanar-se o vício (art. 76), sob pena de extinguir-se o processo se faltar capacidade postulatória ao demandante, ou de seguir o processo à revelia, se ao demandado faltar quem o represente adequadamente (art. 76, § 1º). Caso essa verificação se dê em instância recursal, porém, será o caso de não se admitir o recurso interposto por recorrente que não tenha (e não corrija a falta) capacidade postulatória, ou de mandar desentranhar dos autos as contrarrazões (se o vício é identificado pelo lado do recorrido).

Por fim, o terceiro pressuposto processual é a existência de uma demanda. A existência do processo exige que se tenha proposto uma *demanda* (ato inicial de exercício da ação). É que, sendo inerte a jurisdição (a qual não pode ser exercida, ao menos como regra geral, de ofício), só poderá haver processo se ocorrer uma provocação (art. 2º). "Processo" que se instaure de ofício (ressalvados os excepcionalíssimos casos em que isso é expressamente permitido, como se dá no caso do processo de restauração de autos, nos termos do art. 712) é, na verdade, processo inexistente, devendo o órgão jurisdicional determinar, *por ato administrativo*, o cancelamento de sua distribuição e de todos os seus registros.

Sem demanda, portanto, não pode haver processo. E é esse o momento adequado para se recordar que toda demanda é identificada por três elementos (os elementos identificadores ou constitutivos da demanda): partes, causa de pedir e pedido.

Partes da demanda são aquele que a propõe (demandante) e aquele em face de quem ela é proposta (demandado). Quando a demanda instaura um processo cognitivo, o demandante costuma ser chamado de autor e o demandado de réu. No processo de execução, usa-se exequente e executado.

Causa de pedir é o conjunto de fatos essenciais em que se funda a pretensão deduzida em juízo pelo demandante. Fatos essenciais, apenas, já que muitas vezes o demandante narra, em sua petição inicial, fatos que são irrelevantes para a resolução do caso submetido ao processo.

Observe-se que a causa de pedir é formada exclusivamente por fatos (já que o direito processual civil brasileiro adota, a respeito da causa de pedir, a chamada *teoria da substanciação*). Outros elementos, como os argumentos normativos (por exemplo, a afirmação de que incide no caso um determinado dispositivo de lei, ou que certa lei não pode ser aplicada ao caso por ser inconstitucional), não integram a causa de pedir.

Pode-se dividir a causa de pedir em *remota* (o fato ou conjunto de fatos constitutivo do direito alegado pelo demandante) e *próxima* (o fato ou conjunto de fatos de que resulta o interesse de agir).

É preciso observar que há uma falha constantemente vista na doutrina e na jurisprudência a respeito desse tema. É que o art. 319, III, do CPC exige que a petição inicial indique "os fatos e fundamentos jurídicos do pedido", e muito frequentemente se vê a afirmação de que aí estaria a exigência de que a petição inicial indicasse a causa de pedir. Há mesmo quem diga que os fatos seriam a causa de pedir remota e os fundamentos jurídicos comporiam a causa de pedir próxima (como disse, por exemplo, o Min. Ricardo Villas Bôas Cueva, do STJ, no voto que proferiu no REsp 1.634.069/SP). E há, também, quem diga exatamente o contrário (como está no voto do Min. Moura Ribeiro, também do STJ, proferido no AgInt no REsp 1.364.494/SP). Pois ambos os entendimentos estão equivocados, já que apenas os fatos compõem a causa de pedir, tanto a remota quanto a próxima. Fundamentos jurídicos não integram a causa de pedir (e, exatamente por isso, não vinculam o juiz, que pode se valer de outros fundamentos em sua decisão).

Aliás, se assim não fosse, seria incompreensível a previsão, contida no art. 10, de que o juiz poderia decidir com base em fundamentos que não tivessem sido invocados pelas partes. É que, se for admitida a ideia de que os fundamentos jurídicos compõem a causa de pedir, então o juiz estaria a eles vinculado, não podendo agregar outros, sob pena de decidir fora dos limites da demanda ajuizada.

A causa de pedir, pois, é formada *exclusivamente* por fatos. Os fatos constitutivos do direito alegado pelo demandante formam a causa de pedir remota; os fatos geradores do interesse processual integram a causa de pedir próxima (e vale observar que, tomando-se o momento do ajuizamento da demanda como marco de referência, a causa de pedir remota é formada pelos fatos mais antigos, enquanto a causa de pedir próxima é formada por fatos ocorridos mais próximo ao ajuizamento da petição inicial).

Por fim, **pedido** é a manifestação processual de uma pretensão (assim entendida a intenção de submeter o interesse alheio ao próprio). É por meio do pedido, portanto, que se define o objeto do processo, o mérito. Por essa razão, aliás, é que as sentenças de mérito costumam, na prática forense, ser proferidas com o uso de uma terminologia que faz alusão ao pedido (julgando-o procedente ou improcedente). Se é o pedido que veicula a pretensão processual, então é por meio do pedido que se define qual é o mérito do processo a ser resolvido pela atividade jurisdicional.

Não há demanda sem pedido, e este se divide em *imediato* e *mediato*. Pedido imediato é o provimento jurisdicional postulado; pedido mediato, o bem da vida pretendido. Assim é que, no caso de alguém ir a juízo para postular a condenação do demandado a pagar uma quantia em dinheiro, o pedido imediato é a sentença e o pedido mediato, o dinheiro que se pretende receber.

Sem demanda, como dito, não há processo (ressalvados os casos de processo que se pode instaurar de ofício, como é a hipótese da restauração de autos). E, para que o processo possa desenvolver-se de modo válido, é preciso que a demanda tenha sido *regularmente formulada*. É que a demanda é ato que se pratica por meio de um instrumento denominado *petição inicial*, e a lei processual exige que toda petição inicial preencha uma série de requisitos indispensáveis (como se pode ver, por exemplo, no art. 319 do CPC, que enumera os requisitos da petição inicial do procedimento comum do processo de conhecimento). A falta de algum requisito implica a irregularidade formal da demanda. Quando isso ocorre, é preciso dar ao demandante oportunidade para sanar o vício (emendando a petição inicial). Não sendo sanado o defeito, porém, deve a inicial ser indeferida, extinguindo-se o processo sem resolução do mérito (art. 485, I, do CPC).

EM RESUMO:

Modelos do processo

Modelo adversarial	No modelo adversarial de processo, próprio do Estado Liberal, podem ser identificadas as seguintes características: (i) igualdade formal dos cidadãos; (ii) escritura; (iii) princípio dispositivo; (iv) imparcialidade e comportamento passivo do juiz. Assim, toda a condução do processo, inclusive em relação à atividade probatória, fica nas mãos das partes. O juiz é um "árbitro passivo", quase que um espectador privilegiado do processo, a quem cabe solucionar eventuais conflitos que surgem no curso do processo e, ao final, proferir sentença.

Modelos do processo

Modelo inquisitivo	Sistema baseado no protagonismo judicial. Esse modelo de processo vai legitimar o desenvolvimento da teoria da relação processual, a qual é baseada na supremacia do juiz sobre as partes, ficando estas subordinadas àquele. E o ápice dessa concepção é a ideia de *instrumentalidade do processo*, desenvolvida por Cândido Rangel Dinamarco, ao sustentar a ideia de que o processo é um *procedimento em contraditório animado pela relação processual*, e que o processo tem escopos jurídicos, políticos e sociais, de modo que o processo passa a ser visto como um instrumento de realização das finalidades estatais (CPC de 1973).
Modelo comparticipativo ou cooperativo	Constrói-se um novo tipo de processo, em que se configura uma verdadeira comunidade de trabalho, policêntrica, em que todos os atores do processo, juntos, realizam as atividades necessárias para que o processo produza o melhor resultado possível - que pode ser considerado a resposta correta para o caso submetido à apreciação do Judiciário (art. 6º do CPC).
Conceito e natureza jurídica do processo	O processo é, pois, um procedimento que se desenvolve em contraditório. Tem-se, aí, um procedimento (sequência de normas, destinadas a regular uma conduta, qualificando-a como lícita ou devida, e que enunciam, como pressuposto de sua própria incidência, o cumprimento de um ato prévio, regulado por outra norma da mesma série, e assim sucessivamente até a norma regulamentadora de um "ato final", em relação ao qual todos os atos precedentes podem dizer-se "preparatórios") em que se assegura aos interessados no resultado final a garantia de que poderão participar de todo o procedimento exercendo influência sobre o resultado e não sendo por ele surpreendidos. Esse procedimento que se desenvolve em contraditório é, portanto, o próprio processo.

Classificação do processo quanto à finalidade

Processo de conhecimento	É um processo que se caracteriza por uma atividade intelectiva (chamada cognição), que permite ao órgão jurisdicional produzir sua decisão. E seu objetivo é a produção de uma decisão (a sentença) destinada a permitir a declaração (ou seja, o acertamento) da existência ou inexistência do direito afirmado pela parte. Pode-se, então, definir o processo de conhecimento como aquele que tem por objeto imediato a produção de uma sentença de mérito, em que se vai declarar se o direito material alegado pela parte existe ou não. O processo de conhecimento, então, é um *processo de sentença*, ou seja, um processo cujo objeto (imediato) é a prolação de uma sentença.

Classificação do processo quanto à finalidade	
Processo de execução	Tem por fim transformar em realidade prática aquilo que deveria ter acontecido, mas não aconteceu. Dito de outro modo, o processo de execução tem por fim *fazer com que aquilo que deve ser, efetivamente seja*. Assim, se o devedor não pagou ao credor aquilo que devia em função de uma obrigação, será possível ao credor (e desde que exista título executivo) postular em juízo, em nome próprio, a satisfação de seu crédito. E o processo que se destina a promover essa transformação fática, retirando bens do patrimônio do demandado e satisfazendo o crédito do demandante, é o processo executivo.
Processo sincrético	Trata-se de um processo dividido em duas fases: a primeira, chamada simplesmente de fase de conhecimento (cognitiva), destinada exatamente a essa atividade e à formação de uma decisão declaratória da existência ou inexistência do direito material alegado pela parte; e a segunda, chamada de fase de cumprimento de sentença, destinada à execução da obrigação cuja existência e exigibilidade tenham sido reconhecidas pela decisão judicial proferida na fase cognitiva do processo. Trata-se, então, de um processo que consiste na fusão dos outros dois tipos, o de conhecimento e o de execução.
Objeto do processo	Chama-se objeto do processo aquilo que tradicionalmente se designou de mérito da causa ou mérito do processo. Em síntese, pode-se dizer que o objeto do processo é aquilo que se põe diante do juiz.
Pressupostos de existência	Sem algum destes não haverá processo (investidura do *juízo, partes e uma demanda*).
Pressupostos de validade	Presentes os pressupostos de existência, o desenvolvimento válido e regular do processo exigirá *a competência do juízo, a capacidade processual e postulatória das partes, e a regularidade formal da demanda*.

Capítulo 3

Ação, Jurisdição e Competência

1. AÇÃO

1.1. Teorias sobre a ação

Apesar de não haver consenso doutrinário acerca do conceito de ação, é inegável que é um dos institutos fundamentais do Direito Processual, uma vez que, em razão da inércia da jurisdição, o Estado só poderá – como regra geral – exercer aquela função após a provocação do interessado, a qual se dá mediante o exercício da ação.

Dentre todas as concepções existentes sobre a ação, a primeira que merece destaque é a chamada **teoria civilista ou imanentista da ação**, já superada, mas que exerceu grande influência sobre a doutrina, principalmente até meados do século XIX. Essa teoria é reflexo de uma época em que não se considerava ainda o Direito Processual como ciência autônoma, sendo o processo civil mero "apêndice" do Direito Civil. Por essa concepção, a ação era considerada o próprio direito material depois de violado, sendo vista como elemento constitutivo do direito subjetivo.

Essa teoria começou a ser superada com a famosa polêmica "Windscheid × Muther", ocorrida em meados do século XIX. Dessa polêmica, surgiu a noção de que o direito material e o direito de ação seriam distintos, este último devendo ser entendido como um direito à prestação jurisdicional. Surgem a partir daí inúmeras teorias sobre a ação, todas elas com esse caráter dualista, ou seja, todas defendendo a autonomia do direito de ação em relação ao direito material.

A segunda é a **teoria concreta da ação, ou teoria do direito concreto de agir**. Foi a primeira a defender a já anunciada autonomia do direito de ação, afirmando ser um direito distinto do direito material, o que não é difícil de ser constatado.

A teoria concreta da ação, porém, afirmava que o direito de ação só existiria se existisse também o direito material. Assim, a ação só existia naqueles casos em que o resultado final do processo fosse favorável ao autor, pois apenas nos casos em que se reconhecesse a existência do direito material se reconheceria a existência do direito de ação. Defendem os adeptos dessa teoria que a ação seria o direito de se obter em juízo uma sentença favorável.

As teorias até aqui examinadas foram superadas pela teoria abstrata da ação, ou teoria do direito abstrato de agir, desenvolvida pelo jurista alemão Heinrich Degenkolb e o húngaro Alexander Plósz. A **teoria abstrata da ação, ou teoria do direito abstrato de agir**, considera que o direito de ação seria, simplesmente, o direito de provocar a atuação do Estado-juiz. Para essa concepção da ação, esse seria um direito inerente à personalidade, sendo certo que todos seriam seus titulares, o que significa dizer que todos teriam o direito de provocar a atuação do Estado-juiz, a fim de que se exerça a função jurisdicional.

Todavia, a teoria dominante no Brasil é a **teoria eclética da ação**, criada pelo jurista italiano Enrico Tullio Liebman, que a sistematizou de início durante os anos em que viveu no Brasil, na década de 1940, tendo sido definitivamente desenvolvida quando voltou à Itália.

A teoria eclética da ação tem, também, natureza abstrata, visto que não condiciona a existência do processo à do direito material afirmado pelo autor. Em outras palavras, para a teoria eclética, assim como para a teoria abstrata, a ação existe ainda que o demandante não seja titular do direito material que afirma existir. Difere, porém, a teoria eclética da abstrata por considerar a existência de uma categoria estranha ao mérito da causa, denominada condições da ação. Para a teoria que ora se examina, o direito de ação só existe se o autor preencher tais "condições", devendo o processo ser extinto, sem resolução do mérito, se alguma delas estiver ausente (hipótese em que se tem o fenômeno que se costuma designar por "carência de ação").

> **Importante**
>
> A teoria eclética encontrou guarida no direito positivo brasileiro, estando consagrada no art. 485, VI, do CPC, segundo o qual se extingue o processo sem resolução do mérito quando não concorrer qualquer das condições da ação. Além disso, trata-se de teoria com grande aceitação doutrinária no Brasil e no exterior. Há que se afirmar que a teoria eclética, embora permaneça dominante, sofreu algumas alterações ao longo do tempo que a fizeram se distanciar da concepção original formulada por Liebman. Assim é que autores mais modernos afirmam que as "condições da ação" não são requisitos de existência daquele direito, mas sim do seu legítimo exercício. Afirmam esses autores que o direito de ação, como qualquer posição jurídica de vantagem, pode ser exercido de forma legítima ou de forma abusiva. As "condições da ação" seriam, então, os requisitos do legítimo exercício da ação, e a "carência de ação" deverá ser vista não mais como "inexistência", mas como "abuso" do direito de ação.

1.2. Conceito de ação. A ação como direito ao processo

As teorias anteriormente apresentadas tratam, na realidade, de conceitos diferentes, sendo perfeitamente compatíveis entre si. Exclua-se, tão somente, a teoria imanentista da ação (que nega a existência autônoma do poder de ação, considerando-a uma manifestação do direito substancial). Além disso, a teoria do direito potestativo de agir não pode ser aceita, por afirmar ser a ação voltada contra o réu, que a ela se sujeita. As demais teorias, porém, são – como afirmado – compatíveis entre si.

A teoria abstrata da ação, segundo a qual todos têm poder de ação, de forma incondicionada, vê na ação a capacidade de provocar a atuação do Estado-juiz. Tal poder, efetivamente, existe, e não é negado por qualquer das outras teorias. A teoria eclética, por sua vez, define a ação como o poder de obter um provimento de mérito, poder este que só estaria presente se o autor preenchesse as "condições da ação". A ausência de qualquer dessas "condições" deve levar à extinção do processo sem resolução do mérito, o que – ao menos no Direito brasileiro – é algo que realmente precisa ser admitido, já que o CPC afirma existir tal causa de extinção anômala do processo (art. 485, VI). Por fim, a teoria concreta da ação vê nesta o direito de obter no processo um resultado favorável, só existindo se o demandante tiver razão no plano do direito substancial. Tal direito existe, é óbvio, e só quem demonstre ter razão, no plano do direito substancial, faz jus a um provimento favorável.

Verifica-se aqui, pois, uma verdadeira escalada de posições entre os três distintos fenômenos explicados pelas três teorias. Em primeiro lugar, o poder de demandar (explicado pela teoria abstrata), também chamado de "ação incondicionada" ou "ação abstrata", que é o poder de provocar a instauração do processo. Tal poder a todos pertence, já que qualquer pessoa pode demandar por qualquer fundamento e em busca de qualquer objeto, pouco importando se tem ou não razão, ou se preenche ou não as "condições da ação".

Em um segundo momento, verifica-se a presença do poder de ação, também chamado de "ação condicionada" (explicada pela teoria eclética). Esse é o poder de provocar a prolação de um provimento de mérito, obtendo-se a extinção normal do processo. Tal poder só está presente se o demandante preencher as "condições da ação". Pode, assim, perfeitamente acontecer de alguém ter o poder de demandar e não ter o poder de ação, por lhe faltar alguma das "condições da ação". Nesse caso, então, o demandante terá "ação incondicionada", mas não terá "ação condicionada", o que acarretará a extinção anômala do processo, sem a emissão de um provimento de mérito.

Por fim, o direito à tutela jurisdicional, também chamado de "ação concreta" (conceito explicado pela teoria concreta da ação), diz respeito ao direito de obter um resultado final favorável e se trata de posição jurídica de que só será titular aquele que, no plano do direito substancial, demonstre ter razão. Assim sendo, pode perfeitamente ocorrer um caso em que alguém que tenha "ação abstrata" e "ação condicionada" não tenha a "ação concreta" ou, em outras palavras, pode ocorrer de o demandante ter o poder de demandar e o poder de ação, mas não ter direito à tutela jurisdicional, o que acarretará a improcedência de seu pedido.

Conclui-se, pois, que as teorias referidas (abstrata, eclética e concreta) são compatíveis entre si, não se podendo reconhecer a existência de verdadeira divergência entre seus defensores, já que cada uma delas se dedica ao estudo de uma diferente posição jurídica de vantagem. Tratam elas, respectivamente, do poder de demandar, do poder de ação e do direito à tutela jurisdicional.

> **Importante**
>
> O fato de que o poder de ação não pode deixar de ser visto como uma garantia fundamental, inserida no plano dos direitos humanos. Trata-se do direito de acesso aos tribunais, assegurado expressamente pelo art. 8º da Convenção Americana de Direitos Humanos (Pacto de São José da Costa Rica), a que o Brasil aderiu e, portanto, integra o direito objetivo brasileiro (e que também pode ser encontrado no art. 6º da Convenção Europeia de Direitos do Homem, a Convenção de Roma, de 1950). Tal garantia está, ainda, consagrada no art. 5º, XXXV, da Constituição, e se manifesta sob a forma de princípio constitucional do sistema processual brasileiro, o princípio da inafastabilidade do controle jurisdicional.

A síntese de tudo isso é que o "direito" (ou melhor, poder) de ação é uma garantia fundamental, reconhecida como integrante do elenco dos direitos humanos. E pode ser conceituado como o poder jurídico de atuar ao longo do processo, ocupando posições jurídicas ativas, destinadas a estimular o exercício da atividade jurisdicional do Estado. Em outros termos, a ação é o "direito" ao processo e à jurisdição, a todos assegurado.

Dessa definição se extrai uma evidente ligação entre *ação* e *processo*. É que o direito de ação se exerce *no processo*, atuando neste em contraditório, de modo a buscar influir na formação do resultado da atividade processual. Pode-se mesmo dizer que o direito de ação é o direito de participar, em contraditório, do processo. Essa forma de compreender a ação a afasta da visão equivocada de que seria uma espécie de "direito de dar início ao processo", o que se esgotaria com o ajuizamento da petição inicial. Em verdade, o direito (ou poder) de ação é exercido por ambas as partes e ao longo de todo o processo. Sempre que alguém atua no processo ocupando uma posição ativa, buscando influenciar na formação do seu resultado, estar-se-á diante de um ato de exercício do direito de ação.

O direito de ação é, então, o direito de, participando do processo em contraditório, buscar obter um resultado jurisdicional favorável. Esse direito, porém, existe mesmo que seu titular não tenha, efetivamente, o direito material alegado (e é por essa razão que se pode afirmar que a posição aqui sustentada defende uma visão abstrata da ação). Também aquele que não tem o direito material que alegue possuir será titular do direito de ação.

O que se quer dizer com isso é que aquele que fique vencido no processo tem o direito de não ser vencido além dos limites do direito de que o vencedor é titular. E é para ver respeitado esse direito que se deve reconhecer que também quem não tem razão no plano do direito material é titular do poder de ação.

1.3. "Condições da ação"

O exercício do direito de ação será regular se preenchidos dois requisitos, tradicionalmente conhecidos como "condições da ação": *legitimidade* e *interesse* (art. 17). Inicialmente é preciso tratar da legitimidade. E para isso impõe ter claro que o ordenamento jurídico atribui às pessoas algumas aptidões (para praticar certos atos ou para ocupar determinadas posições jurídicas), pois existem aptidões genéricas (*capacidade*) e específicas (*legitimidade*). Dizer que alguém não tem legitimidade, portanto, é dizer que não pode praticar aquele ato determinado, ou não pode ocupar aquela específica posição jurídica, embora esteja genericamente habilitado a praticar atos jurídicos ou a ocupar posições jurídicas.

Legitimidade (no plano do direito processual) é a aptidão para ocupar, em um certo caso concreto, uma posição processual ativa. Exige-se tal requisito não só para demandar (aquilo a que se costuma referir como "legitimidade para agir"), mas para praticar qualquer ato de exercício do direito de ação. Um ato processual só pode ser praticado validamente por quem esteja legitimado a fazê-lo. Faltando legitimidade, o ato deve ser considerado inadmissível (e, no caso de a demanda ter sido ajuizada por quem não esteja legitimado a fazê-lo, o processo deverá ser extinto sem resolução do mérito, nos termos do art. 485, VI).

A legitimidade é atribuída aos sujeitos da relação jurídica deduzida no processo. Assim, aquele que afirma, na petição inicial, ser o titular do direito material que pretende fazer valer em juízo é o *legitimado ativo ordinário* para a demanda. De outro lado, aquele que é indicado, na petição inicial, como sendo o sujeito passivo da relação posta em juízo será o *legitimado passivo ordinário*.

Não se pode, porém, deixar de fazer referência à *legitimidade extraordinária*, assim entendida a legitimidade atribuída *pelo ordenamento jurídico* a quem não é sujeito da relação jurídica deduzida no processo (art. 18). Também se admite a atribuição de legitimidade extraordinária por negócio processual (*legitimidade extraordinária negocial*).

Sempre que um legitimado extraordinário *está em juízo*, ocupando um lugar que normalmente seria ocupado pelo legitimado ordinário, ocorre o fenômeno chamado *substituição processual*. Nesse caso, estabelece o parágrafo único do art. 18 que o substituído (isto é, aquele que é titular da posição jurídica que está a ser defendida no processo pelo substituto processual, dotado este de legitimidade extraordinária) poderá intervir no processo, na qualidade de *assistente litisconsorcial*, para ajudá-lo a obter resultado favorável.

A legitimidade extraordinária pode ser exclusiva, concorrente ou subsidiária. É exclusiva quando apenas o legitimado extraordinário pode ir a juízo, mas não o legitimado ordinário. A proibição que se faça ao titular do interesse de ir a juízo pleitear sua tutela, porém, é inconstitucional, o que faz concluir que não se pode admitir a existência de legitimidade extraordinária exclusiva nos casos em que exista um legitimado ordinário, por ferir a garantia constitucional da inafastabilidade do acesso ao Judiciário. Admite-se, de outro lado, a existência de legitimidade extraordinária exclusiva, no sistema constitucional vigente, apenas nos casos em que inexista um titular do direito subjetivo ou da posição jurídica de vantagem afirmada, como na "ação popular", em que a legitimidade do cidadão é extraordinária, mas não há legitimado ordinário, uma vez que o interesse submetido à tutela jurisdicional é um interesse supraindividual.

Tem-se a legitimidade extraordinária concorrente quando tanto o legitimado ordinário quanto o extraordinário podem ir a juízo isoladamente, sendo certo que poderão eles também demandar em conjunto, formando, assim, litisconsórcio facultativo.

Por fim, tem-se legitimidade extraordinária subsidiária quando o legitimado extraordinário só pode ir a juízo diante da omissão do legitimado ordinário em demandar.

Além da legitimidade, o regular exercício do direito de ação exige a presença de outro requisito, o *interesse de agir (interesse processual)*, que pode ser definido como a utilidade da tutela processual postulada. Significa isso dizer que só se pode praticar um ato de exercício do direito de ação (como demandar, contestar, recorrer etc.) quando o resultado que com ele se busca é útil.

> **Atenção**
>
> O interesse processual não se confunde com o interesse primário, substancial, que se busca fazer valer em juízo. Este diz respeito ao mérito do processo, não se inserindo no plano das "condições da ação".

A aferição do interesse de agir se dá pela verificação da presença de dois elementos: *necessidade da tutela jurisdicional* ("interesse-necessidade") e *adequação da via processual* ("interesse-adequação").

Haverá interesse-necessidade quando a realização do direito material afirmado pelo demandante não puder se dar independentemente do processo. É por essa razão que faltaria interesse de agir quando se pretendesse demandar em juízo a cobrança de dívida ainda não vencida. Como nesse caso seria possível a realização do direito material independentemente de processo (já que a dívida poderia ser espontaneamente paga até a data do vencimento), o processo judicial não é necessário e, pois, faltaria interesse de agir.

Além disso, impõe-se o uso de via processual adequada para a produção do resultado postulado. Assim, por exemplo, aquele que não dispõe de título executivo não tem interesse em demandar a execução forçada de seu crédito, pois não é esta a via processual adequada para aqueles que não apresentem um título hábil a servir de base à execução (arts. 783 e 803, I). Vale observar, porém, que o contrário não é verdadeiro, isto é, aquele que dispõe de título executivo (extrajudicial) pode, ainda assim, propor demanda cognitiva, a fim de obter um título executivo judicial (art. 785), presente, desse modo, o interesse-adequação.

Do mesmo modo, aquele que pretende fazer valer em juízo um direito (oponível contra o Poder Público) resultante de fatos demonstráveis por prova documental pré-constituída ("direito líquido e certo") poderá valer-se da via processual do mandado de segurança. Caso, porém, o demandante postule em juízo afirmando, já na sua petição inicial, que pretende produzir outros meios de prova, como a testemunhal ou a pericial, o mandado de segurança não será via processual adequada e, portanto, faltará interesse de agir.

A aferição das "condições da ação" se faz por meio de uma técnica conhecida como *teoria da asserção*. Consiste a técnica no seguinte: ao receber a petição inicial, o juiz se deparará com uma série de alegações ali deduzidas, as quais não sabe ele (com a única ressalva dos fatos notórios) se são ou não verdadeiras. Vale, aqui, observar que o juiz – sempre ressalvados os fatos notórios, que são de conhecimento geral da sociedade, e isso evidentemente inclui o juiz – não pode ter conhecimento privado acerca dos fatos da causa que terá de apreciar. É que seu conhecimento dos fatos precisa ser *construído processualmente*, o que se dá por meio da participação das partes em contraditório. Desse modo, admitir um juiz que conheça os fatos da causa por conta de elementos que lhe tenham sido apresentados *antes e fora do processo* viola a garantia constitucional do contraditório e, por conseguinte, leva ao desenvolvimento de um processo que não está afinado com o modelo constitucional estabelecido para o direito processual civil brasileiro.

O juiz, então, ao receber a petição inicial, depara-se com uma série de alegações que não sabe se são ou não verdadeiras, pois para a aferição das "condições da ação" ele deve estabelecer um juízo hipotético de veracidade dessas alegações.

Estabelecido o juízo hipotético de veracidade das alegações contidas na petição inicial, incumbe ao juiz verificar se, admitidas elas como verdadeiras, seria o caso de acolher a pretensão deduzida. Caso a resposta seja afirmativa, estão presentes as "condições da ação". De outro lado, verificando-se que não se poderia acolher a pretensão deduzida em juízo, mesmo que fossem verdadeiras todas as alegações deduzidas na petição inicial, estará a faltar alguma "condição da ação" e, por conseguinte, deverá o processo ser extinto sem resolução do mérito (art. 485, VI).

A adoção da técnica da asserção permite afirmar que as "condições da ação" funcionam como um mecanismo de filtragem de demandas temerárias. Aquele que propõe uma demanda que não pode ser acolhida nem mesmo se todas as suas afirmações vierem a ser reputadas verdadeiras terá ido temerariamente a juízo e, portanto, não pode ver o objeto do processo que instaurou resolvido. Apenas demandas que em tese poderiam ser acolhidas, isto é, apenas demandas viáveis, é que devem ter seu mérito resolvido. Nesses casos, portanto, deverá haver a regular instrução do processo, de modo que as decisões fundadas em valoração de prova serão decisões sobre o mérito do processo (enquanto as decisões fundadas apenas no exame das alegações [asserções] contidas na petição inicial são decisões sobre as "condições da ação").

Um dado importante é que as "condições da ação" podem ser objeto de controle, de ofício ou por provocação das partes, em qualquer tempo e grau de jurisdição (art. 485, § 3º). Assim, o exame de sua presença, inclusive após a produção de prova, e até mesmo em grau de recurso. O que define se a decisão proferida pelo órgão jurisdicional tem por objeto as "condições da ação" (afirmando sua presença ou ausência) ou o mérito da causa (declarando procedente ou improcedente o pedido) não é o momento em que é prolatada, mas a técnica empregada para proferi-la. Caso se trate de uma decisão que se limitou ao exame, *in statu assertionis*, das alegações contidas na petição inicial, estar-se-á diante de um pronunciamento sobre as "condições da ação". De outro lado, se tiver havido exame de material probatório, a fim de se verificar se as alegações contidas na petição inicial eram mesmo verdadeiras ou não, estar-se-á diante de um provimento de mérito (de procedência ou de improcedência do pedido).

A jurisprudência do Superior Tribunal de Justiça tem acolhido a teoria da asserção, aplicando-a de modo absolutamente preciso.

Em síntese, então, as "condições da ação", requisitos do legítimo exercício do poder de ação, são aferidas por meio de uma técnica por força da qual o juiz deve receber as afirmativas contidas na petição inicial como se fossem verdadeiras, verificando se a pretensão do demandante deverá ou não ser acolhida (considerando as "condições da ação" presentes se a resposta a essa questão for afirmativa). Assim se conseguirá promover a filtragem de demandas temerárias, só se permitindo o regular desenvolvimento processual em casos nos quais a demanda é viável e, caso venha a ficar demonstrado que todas as asserções contidas na petição inicial eram mesmo verdadeiras, o pedido deverá ser acolhido. A partir daí, então, deverá haver a apreciação da prova que venha a ser produzida e, com base no exame da prova, se deverá julgar o pedido formulado pelo demandante procedente ou improcedente, resolvendo-se o mérito do processo.

1.4. Classificação da ação

A doutrina moderna só costuma admitir como cientificamente adequada a classificação que leva em conta a espécie de tutela processual pleiteada pelo demandante, razão pela qual se fala em "ações de conhecimento (ou cognitivas) e de execução".

A doutrina costuma definir a "ação de conhecimento" como aquela em que se pretende obter pronunciamento de uma sentença que declare entre os contendores quem tem razão e quem não tem, o que se realiza mediante determinação da regra jurídica concreta que disciplina o caso que formou o objeto do processo. É frequente se encontrar uma subclassificação dessa espécie, dividindo-se a "ação de conhecimento" em meramente declaratória, constitutiva e condenatória, de acordo com o tipo de sentença pretendida pelo demandante. Essa é, porém, uma classificação das sentenças de mérito, e não propriamente uma classificação das ações.

A "ação de execução", por sua vez, costuma ser definida como aquela em que se pretende que o Estado realize os atos por meio dos quais se exterioriza a atuação de uma atividade de agressão patrimonial, de modo que, sob o impulso da "ação executiva", o órgão jurisdicional põe suas mãos no patrimônio do devedor e satisfaz o direito do credor com os bens que ali se encontram.

Não se pode deixar de afirmar que a ação é, em termos puramente científicos, insuscetível de classificações. Sendo a ação o poder de provocar o exercício da jurisdição, e sendo esta una, também uma será aquela. Tal classificação, portanto, deve ser mantida por razões de ordem didática, uma vez que liga o exercício concreto do poder de ação ao tipo de tutela processual pretendida ou à pretensão que se quer fazer valer em juízo.

2. JURISDIÇÃO

2.1. Conceito de atividade jurisdicional

Como sabido, jurisdição é uma das três funções classicamente atribuídas ao Estado, ao lado da função legislativa e da administrativa. É função estatal por definição e, portanto, não se pode aceitar a tese da natureza jurisdicional de outros mecanismos de resolução de conflitos, como é o caso da arbitragem e da mediação. Equivalentes da jurisdição não têm natureza verdadeiramente jurisdicional.

Nem se pode simplesmente dizer que jurisdição é uma atividade de "dizer o Direito" (ou seria jurisdicional a atividade do advogado que dá um parecer afirmando se quem lhe consulta tem ou não determinado direito). Atividades não estatais destinadas a produzir resultados que se equiparam ao do exercício da jurisdição são *equivalentes jurisdicionais*, mas não têm natureza verdadeiramente jurisdicional.

Jurisdição é a *função estatal de solucionar as causas que são submetidas ao Estado, por meio do processo, aplicando a solução juridicamente correta*. Trata-se, como já dito, de uma função estatal, exercida diante de causas, isto é, de casos concretos. O Judiciário não julga teses, mas causas. E o ato jurisdicional que dá solução à causa precisa ser construído por meio do processo, entendido como procedimento em contraditório.

Há, aqui, um ponto a ser considerado: não cabe ao órgão jurisdicional, seja ele qual for, fixar teses em abstrato. Isso não é atividade jurisdicional. O Judiciário julga casos concretos, e as teses por ele fixadas têm necessariamente de ser fundamentos de decisões baseadas nestes. O Judiciário não é, pois, "órgão de consulta" (ressalvada a competência do Tribunal Superior Eleitoral para apreciar consultas que lhe são dirigidas em tese, nos termos do art. 23, XII, do Código Eleitoral, que fixa sua competência em atendimento ao disposto no art. 121 da Constituição, havendo disposição equivalente para os Tribunais Regionais Eleitorais no art. 30, VIII, do Código Eleitoral).

A jurisdição é, em outros termos, a *"jurisconstrução"* (perdoe-se o neologismo) de um resultado juridicamente correto para a causa submetida ao processo. E o resultado precisa ser juridicamente legítimo. Não pode o juiz "inventar" a solução da causa. Ninguém vai ao Judiciário em busca de uma solução a ser inventada pelo juiz. O que se busca é o reconhecimento de um direito que já se tem (e daí a natureza declaratória da jurisdição). Cabe ao juiz, então, dar à causa uma solução conforme ao Direito. A discricionariedade judicial é absolutamente incompatível com o Estado Democrático de Direito, pois seriam casos de "indiferentes jurídicos". Afinal, quando se reconhece um poder discricionário, o que se faz é reconhecer que, diante de duas ou mais respostas possíveis, *todas legítimas*, pode o titular do poder de decidir *escolher qualquer delas* (sendo, pois, juridicamente indiferente qual das alternativas é a escolhida).

Ora, no Estado Democrático de Direito não se pode admitir que uma causa seja submetida ao Judiciário e sua solução seja indiferente, podendo o juiz livremente escolher entre diversas decisões possíveis, todas corretas. Existe, para cada causa, *uma resposta correta*, uma decisão constitucionalmente legítima, e só ela pode ser a proferida em cada caso concreto. Esse resultado juridicamente correto, constitucionalmente legítimo, do processo, é o resultado da atividade jurisdicional.

2.2. Características essenciais

A jurisdição tem três características essenciais: *inércia*, *substitutividade* e *natureza declaratória*.

Por inércia da jurisdição entende-se a exigência, estabelecida pelo ordenamento jurídico, de que o Estado só exerça função jurisdicional mediante provocação (art. 2º). Ressalvados os casos expressamente previstos, em que se admite a instauração do processo de ofício pelo juiz (art. 712), o processo jurisdicional só se instaura quando protocolada uma petição inicial (art. 312).

Consequência da inércia da jurisdição é a necessidade de congruência entre a demanda e o resultado do processo, não podendo este ser mais amplo, objetiva ou subjetivamente, do que aquela.

Do mesmo modo, não pode o juiz proferir sentença fundada em fatos que não integram a causa de pedir, ou decidir sem respeitar os estritos limites do pedido formulado (deixando de examinar algo que tenha sido postulado, concedendo mais do que foi pedido ou resultado distinto daquele que tenha sido pretendido). Têm-se, nesses casos, sentenças que são chamadas de *citra petita* (aquém da demanda), *ultra petita* (mais do que se pediu) e *extra petita* (diversa daquilo que foi postulado).

A inércia da jurisdição, portanto, implica não só a vedação (como regra geral) a que se exerça essa atividade estatal sem provocação, mas também estabelece uma exigência de congruência entre os limites da provocação e os possíveis resultados da atividade jurisdicional.

A segunda característica é a substitutividade. Uma vez que a jurisdição é uma função estatal exercida em razão da vedação da autotutela, não é autorizado, *a priori*, que cada pessoa pratique, de mão própria, os atos necessários à satisfação de seus interesses. A atuação jurisdicional, porém, não se limita a substituir a atuação do que tem razão e não pode agir de mão própria, mas também aquele que não tem. A substitutividade inerente à função jurisdicional permite que por meio do processo sejam produzidos resultados que tornam dispensável a atuação das partes.

A terceira e última característica essencial da jurisdição é sua natureza declaratória. Por meio da jurisdição o Estado não cria direitos subjetivos, mas reconhece direitos preexistentes, sendo sua atividade essencialmente declaratória de direitos. Exemplos da veracidade dessa afirmação são a usucapião e o inventário e a partilha.

Existe, contudo, a sentença constitutiva, capaz de criar, modificar ou extinguir relações jurídicas. Apesar de sua força criadora, não podem ser consideradas exceção à regra de que a jurisdição não cria direitos, pois, mesmo que crie novas relações jurídicas, nunca criará direitos subjetivos.

2.3. Espécies de jurisdição

A jurisdição é una e indivisível. Portanto, suas espécies costumam ser apresentadas com fins didáticos, sendo extremamente importantes para que se possa travar contato com as diferentes manifestações da função jurisdicional do Estado.

Quanto ao tipo de pretensão submetida ao Estado-juiz: penal e civil.

> **Importante**
>
> Pode-se dividir a jurisdição civil em três subespécies: trabalhista, coletiva e civil propriamente dita (subsidiária), sendo a primeira estudada pelo Direito Processual do Trabalho, a segunda pelo Direito Processual Coletivo e a terceira pelo Direito Processual Civil. A jurisdição civil propriamente dita, a rigor, ainda pode ser objeto de outra divisão, falando-se em jurisdição pública e jurisdição civil *stricto sensu* (a que se referem o Direito Processual Público e o Direito Processual Civil em sentido estrito), distinguindo-se uma da outra pela natureza das questões de mérito.

Quanto ao grau em que ela é exercida: jurisdição inferior (competência originária; primeiro grau de jurisdição) e superior (competência recursal; segundo grau de jurisdição).

Quanto ao órgão que a exerce: jurisdição especial (pretensões de natureza determinada – Justiça do Trabalho, Justiça Militar e Justiça Eleitoral) e comum (pretensões de quaisquer naturezas – Justiça Estadual e Justiça Federal).

Uma última forma de classificação da jurisdição e sem dúvida a mais relevante de todas: jurisdição contenciosa e jurisdição voluntária.

2.4. Jurisdição voluntária e contenciosa

Jurisdição voluntária é a atividade de natureza jurisdicional exercida em processos cujo objeto seja uma pretensão à integração de um negócio jurídico, cuja validade e eficácia dependem de um ato judicial que o complemente, aperfeiçoando-o.

Já a *jurisdição contenciosa* é, na verdade, a "jurisdição não voluntária", que se dá a partir de qualquer pedido formulado que não seja de mera integração de negócio jurídico.

Segundo a "teoria clássica", também chamada de administrativista, a jurisdição voluntária não teria natureza de jurisdição, mas sim de função administrativa, por não ser destinada a compor lides, ou por não ser substitutiva, ou ainda por não ter natureza declaratória, mas constitutiva, além do fato de que os provimentos emitidos pelo Estado nessa hipótese não alcançam jamais a autoridade de coisa julgada. Portanto, não se poderia falar em processo, havendo ali mero procedimento, não se podendo falar em partes, mas em interessados.

A essa teoria, porém, se opõe outra, mais moderna, conhecida por teoria revisionista, ou jurisdicionalista, que vê na jurisdição voluntária uma forma de exercício da função jurisdicional, respondendo, com êxito, a todos os argumentos empregados pela teoria clássica para negar natureza jurisdicional à jurisdição voluntária.

À afirmação de que inexiste lide na jurisdição voluntária, responde-se que a lide, como já dito anteriormente, não é essencial – mas meramente acidental – ao exercício da jurisdição.

Quanto à ausência de substitutividade, é substitutiva da atividade das partes, uma vez que a lei impede que os titulares dos interesses ali referidos possam livremente negociá-los, devendo o juiz exercer uma atividade que originariamente não lhe cabia, substituindo, assim, a atividade dos titulares dos interesses em jogo.

Quanto à natureza constitutiva da jurisdição voluntária, é adequada a explicação apresentada para as sentenças constitutivas de jurisdição contenciosa, em que o Judiciário atua com base em um direito preexistente à modificação operada.

No que diz respeito ao argumento segundo o qual não seria jurisdição por seus provimentos não serem alcançados pela coisa julgada, cumpre salientar que tal atributo não diz respeito a todos os provimentos jurisdicionais, vide as decisões concessivas de tutela provisória.

Cap. 3 – Ação, Jurisdição e Competência

> **Importante**
>
> O vigente CPC não reproduz o art. 1.111 do CPC de 1973: "a sentença [de jurisdição voluntária] poderá ser modificada, sem prejuízo dos efeitos já produzidos, se ocorrerem circunstâncias supervenientes". Possível, então, considerar que no ordenamento vigente as decisões proferidas nos processos de jurisdição voluntária são aptas a alcançar a autoridade de coisa julgada, tornando-se imutáveis e indiscutíveis.

A jurisdição voluntária é verdadeira atividade jurisdicional (jurisdição *stricto sensu*), devendo seu provimento ser produzido por meio de um verdadeiro *processo*, em que sejam respeitadas todas as garantias inerentes ao modelo constitucional do direito processual civil brasileiro. Haverá aí, e este é um aspecto fundamental, um *procedimento em contraditório*.

2.5. Cooperação judiciária nacional

O Código de Processo Civil trata, nos arts. 67 a 69, da cooperação judiciária nacional, isto é, dos meios pelos quais distintos órgãos jurisdicionais brasileiros cooperam entre si (dever de cooperação recíproca).

> **Importante**
>
> É fundamental conhecer a Resolução nº 350/2020 do CNJ, que estabelece diretrizes e procedimentos sobre a cooperação judiciária nacional entre os órgãos do Poder Judiciário, sendo o principal marco normativo da cooperação judiciária no Direito brasileiro.

A cooperação deve acontecer também entre órgãos de distintas hierarquias (art. 2º da Resolução nº 350 do CNJ) e entre órgãos jurisdicionais e arbitrais, mediante "carta arbitral" (art. 69, § 1º, do CPC c/c art. 22-C da Lei de Arbitragem).

A cooperação de um juízo pode ser pedida por outro órgão jurisdicional para a prática de qualquer ato processual (art. 68), devendo ser o pedido prontamente atendido (art. 69, *caput*). Sempre que um órgão jurisdicional pedir a outro, no curso do processo, a prática de algum ato de cooperação, deverão as partes ser intimadas (art. 3º da Resolução nº 350 do CNJ), o que resulta diretamente do princípio constitucional do contraditório, não existindo forma específica para tal (art. 69).

A Resolução nº 350 do CNJ também faz alusão a um tipo especial de ato concertado, que chama de *ato conjunto*, no qual há a possibilidade de dois ou mais juízos convencionarem a prática de um ato que produzirá efeitos, simultaneamente, em dois ou mais processos.

A Resolução nº 350 do CNJ também regula uma modalidade de cooperação que não tem previsão expressa no CPC, mas que é de enorme importância: a *cooperação interinstitucional*, assim entendida aquela entre o Poder Judiciário e instituições que lhe são estranhas.

3. COMPETÊNCIA

3.1. Conceito

Define-se a competência como o conjunto de limites dentro dos quais cada órgão do Judiciário pode exercer legitimamente a função jurisdicional. O exercício da função jurisdicional por um órgão do Judiciário em desacordo com os limites traçados por lei será ilegítimo, considerando-se, então, que aquele juízo é incompetente.

É possível, aqui, traçar uma comparação entre a regulamentação da atuação das partes e a do órgão jurisdicional no processo. Enquanto as partes precisam, para que se possa chegar ao resultado a que se dirige o processo, de uma aptidão genérica (*capacidade processual*) e de uma aptidão específica (*legitimidade de parte*), do órgão estatal que atua no processo como Estado-juiz se exige uma aptidão genérica para atuar (a própria *jurisdição*) e, também, uma aptidão específica (a *competência*).

> **Importante**
>
> A jurisdição é exercida, no Brasil, por diversos órgãos (os *juízos* ou órgãos *jurisdicionais*). Entre eles há uma divisão de trabalho, estabelecida a partir de critérios definidos em lei (como a matéria e o território). Registre-se que se fala em lei, aqui, em sentido amplo, podendo as normas de competência ser encontradas na Constituição da República, em leis federais (inclusive – e principalmente – no CPC), nas leis estaduais de organização judiciária e nas Constituições dos Estados (art. 44).

É exatamente por isso que o art. 42 do CPC estabelece que "as causas cíveis serão processadas e decididas pelo [juízo] nos limites de sua competência", ressalvado às partes o direito de instituir, na forma da lei, o juízo arbitral. A competência é manifestação do modelo constitucional de processo, já que, nos termos do art. 5º, LIII, da Constituição, "ninguém será processado nem sentenciado senão pela autoridade competente".

Nos termos do art. 43 do CPC, a competência é determinada no momento da propositura da demanda, sendo irrelevantes as modificações do estado de fato ou de direito ocorridas posteriormente. Trata-se da regra da perpetuação da competência (*perpetuatio iurisdictionis*). Excetua-se a regra da perpetuação da competência, porém, quando o órgão jurisdicional em que tramitava originariamente o processo for suprimido ou quando se alterarem as regras de "competência absoluta".

3.2. Critérios de fixação

A competência é fixada por meio de três critérios: *territorial, funcional e objetivo*, estando apenas o primeiro expressamente no CPC, no capítulo "Da competência".

O critério territorial permite determinar o lugar em que o processo deverá se instaurar e se desenvolver. A regra geral acerca desse critério é a que resulta da interpretação do art. 46, por força do qual as demandas fundadas em direito pessoal ou em direito real sobre bens móveis deverão ser propostas, em regra, no foro de domicílio do réu. Usa-se aqui, evidentemente, o conceito de domicílio do Direito Civil, sendo imperioso fazer-se remissão ao art. 70 e seguintes do Código Civil.

Se forem dois ou mais os réus, tendo eles domicílios diferentes, podem ser demandados no foro de qualquer deles, à escolha do autor (art. 46, § 4º). Sendo incapaz o réu, a competência será do foro do domicílio de seu representante ou assistente (art. 50), o que nada mais significa do que afirmar que ao réu incapaz se aplica a regra geral da competência do foro do domicílio do demandado, por força do que dispõe o art. 76, parágrafo único, do Código Civil.

Sendo ré uma pessoa jurídica, a competência territorial será do foro de sua sede (art. 53, III, *a*) e, versando a causa sobre obrigações contraídas por agências ou sucursais, o foro de onde estas se acham localizadas (art. 53, III, *b*). Já no caso de ser demandada sociedade ou associação sem personalidade jurídica, a demanda será proposta no lugar em que ela exerça suas atividades (art. 53, III, *c*). E, na hipótese de demanda em que se postula reparação de dano praticado em razão do ofício notarial ou registral, a competência será do foro da sede da serventia (art. 53, III, *f*).

Caso o demandado tenha mais de um domicílio, poderá o demandante livremente escolher entre os foros concorrentemente competentes (art. 46, § 1º). E, caso incerto ou desconhecido o domicílio do réu, poderá a demanda ser proposta onde ele se encontre ou no foro de domicílio do autor (art. 46, § 2º). Quando o demandado não tiver domicílio ou residência no Brasil, a demanda deverá ser proposta no domicílio do autor. E, se ambas as partes residirem fora do País, todos os foros brasileiros serão concorrentemente competentes para a causa (art. 46, § 3º).

A regra geral (do foro do domicílio), porém, comporta exceções, sendo a mais importante a prevista no art. 47, por força do qual, "[p]ara as ações fundadas em direito real sobre imóveis, é competente o foro de situação da coisa", isto é, o foro em que esteja situado o imóvel. Pode o autor, todavia, optar pelo foro do domicílio do réu ou por foro de eleição se a causa não versar sobre propriedade, vizinhança, servidão, divisão e demarcação de terras ou nunciação de obra nova.

A competência territorial para os processos relacionados à sucessão *causa mortis* (inventário e partilha, arrecadação, cumprimento de disposições de última vontade, impugnação ou anulação de partilha extrajudicial) e para todos os processos em que o espólio é demandado é o do último domicílio do autor da herança, pouco importando o lugar em que se tenha dado o falecimento (art. 48). No caso em que o autor da herança não tinha domicílio certo, a competência é do foro da situação dos bens imóveis (e se houver imóveis localizados em diferentes foros, qualquer deles é competente). Por fim, no caso de não haver imóveis no espólio, os processos poderão instaurar-se em qualquer foro em que sejam localizados bens (móveis) que integrem o monte (art. 48, parágrafo único).

Demandas propostas em face do ausente devem ser propostas no lugar em que ele teve seu último domicílio conhecido, foro este também competente para a arrecadação, o inventário e partilha e para o cumprimento de suas disposições testamentárias (art. 49).

Nos processos instaurados por demanda proposta pela União, por Estado ou pelo Distrito Federal, a competência é do foro do domicílio do demandado (arts. 51 e 52). Porém, sendo ela a demandada, o processo poderá instaurar-se no foro do domicílio do autor, no de ocorrência do ato ou fato que originou a demanda, no de situação da coisa ou no do Distrito Federal ou da capital do ente federado (arts. 51, parte final, e 52, parte final).

Por fim, o art. 53 traz uma série de disposições relevantes acerca da fixação de competência territorial. Além disso, será competente o foro do domicílio da vítima de violência doméstica e familiar, nos termos da Lei nº 11.340/2006 – "Lei Maria da Penha" (art. 53, I, *d*, acrescentado ao CPC pela Lei nº 13.894/2019).

Quanto a esta última hipótese, acrescida posteriormente ao texto normativo do CPC, surge uma questão interessante: é que passa a ser possível que um mesmo caso se enquadre em duas das alíneas deste art. 53, I. Basta pensar no caso de um divórcio em que a mulher é vítima de violência doméstica (o que atrai a alínea *d*, sendo competente o foro do domicílio dela), havendo filho incapaz do casal que esteja sob a guarda do pai (a atrair a incidência da alínea *a*, sendo então competente o foro do marido). Nesse caso, deve-se considerar haver uma concorrência de foros competentes, podendo o processo tramitar em qualquer um. Também aqui merece crítica o texto legal, já que deveria ter sido estabelecida uma prevalência de um desses dois foros.

Já nos processos que versem sobre direitos previstos no Estatuto da Pessoa Idosa (Lei nº 10.741/2003), é competente o foro da residência da pessoa idosa (pouco importando saber qual a posição ocupada pelo idoso no processo), nos termos do art. 53, III, *e*, disposição esta que derroga o disposto no art. 80 do Estatuto da Pessoa Idosa que fixava a competência do foro do domicílio (e não o da residência) da pessoa idosa para tais causas. Isso é extremamente importante, uma vez que o idoso pode ser incapaz (o que atrai a incidência do art. 76, parágrafo único, do Código Civil) e ter residência em lugar diferente daquele em que seu representante legal fixou domicílio.

Para o processo que tenha por objeto reparação de danos, é competente o foro do lugar do ato ou fato (art. 53, IV, *a*). Tratando-se de reparação de dano sofrido em razão de acidente de veículos, são concorrentemente competentes o foro onde tenha ocorrido o evento e o do domicílio do autor (art. 53, V).

É também da competência do foro do lugar do ato ou fato conhecer de causas em que seja réu administrador ou gestor de negócios alheios (art. 53, IV, *b*).

Em todos os casos previstos no art. 53, porém, será possível também demandar-se no foro do domicílio do réu, o qual deve ser considerado concorrentemente competente para conhecer de tais causas.

Pelo critério *funcional*, a competência interna é fixada levando-se em conta uma divisão de *funções* a ser exercida, por mais de um juízo, dentro do mesmo processo, ou ainda o fato de incumbir a um só juízo, por conta da *função* exercida em um determinado processo, atuar também em outro, que àquele seja ligado. O critério funcional de fixação da competência a distribui entre diversos órgãos quando as diversas funções necessárias num mesmo processo, ou coordenadas à resolução de um mesmo caso, são atribuídas a juízes diversos ou a órgãos jurisdicionais distintos (competência por graus; cognição e execução; medidas provisórias e definitivas, entre outras).

De outro lado, existe *competência funcional entre processos* nos casos em que a competência para conhecer de um determinado processo é fixada em razão do fato de que certo órgão jurisdicional já tenha atuado em outro processo.

Assim é que se pode ter competência funcional em um único processo ou em processos diversos, sendo que no primeiro caso pode-se distribuir a competência funcional no plano horizontal (entre órgãos que exercem o mesmo grau de jurisdição) e no plano vertical (entre órgãos que exercem graus de jurisdição diversos).

Por fim, o *critério objetivo* de fixação da competência permite que esta seja fixada em razão do *valor da causa*, da *pessoa* ou da *matéria*. O modo como essas competências são fixadas, porém, é determinado pelas leis de organização judiciária, variando – no caso das Justiças Estaduais – de um ente federado para outro.

O primeiro elemento a ser examinado para a determinação da competência pelo critério objetivo é o valor da causa (art. 291 do CPC), pois cabe às normas locais de organização judiciária estabelecer uma divisão de trabalho entre os diversos órgãos do Judiciário que leve em consideração esse valor.

O mesmo se diga com relação à natureza da causa, sendo possível a criação, pelas normas locais de organização judiciária, de juízos especializados, competentes para apreciar apenas algumas matérias determinadas, como as varas de família, de registros públicos e de órfãos e sucessões. Há que se criar, também, juízos com competência residual (varas cíveis).

Por fim, é possível determinar a competência pelo critério objetivo, levando-se em conta a pessoa da parte, tal qual a competência da Vara da Fazenda Pública.

3.3. Incompetência absoluta e relativa

Dentre os critérios de fixação da competência, alguns são criados em razão de interesse público (ou de interesse privado especialmente relevante), e outros com o fim de proteger precipuamente interesses particulares. Aos primeiros, dá-se o nome de critérios absolutos de fixação da competência, e aos segundos, de critérios relativos. São critérios absolutos de fixação da competência os que a determinam tendo em conta a matéria, a pessoa e o critério funcional. São, de outro lado, critérios relativos o da competência em razão do valor da causa e a competência territorial.

Exceção a isso é a competência prevista nos §§ 1º e 2º do art. 47 do CPC, que determina um critério de fixação da competência que, embora territorial, é de ser considerado um critério absoluto.

Assim, sendo proposta demanda perante juízo incompetente, por exemplo, em razão do território, sua incompetência será relativa. No caso de se desrespeitar critério absoluto, como o da competência em razão da matéria, ter-se-á o fenômeno conhecido como incompetência absoluta.

> **Atenção**
>
> Há que se frisar que existe um equívoco muito comum na prática forense, com reflexos até no texto normativo, de se fazer referência a "competência absoluta" e a "competência relativa". Trata-se, como dito, de forma errônea de se fazer referência ao fenômeno. Quando a demanda é proposta perante juízo competente, este é simplesmente competente. O mesmo não se dá nos casos em que a demanda é ajuizada perante órgão jurisdicional incompetente.

A incompetência relativa admite prorrogação da competência, enquanto a incompetência absoluta, não.

> **Importante**
>
> Além disso, a incompetência absoluta pode ser reconhecida de ofício, em qualquer tempo e grau de jurisdição (art. 64, § 1º), já a relativa não, pois depende de alegação na primeira oportunidade que o interessado em seu reconhecimento tenha para manifestar-se nos autos para ser conhecido (art. 65).

3.4. Causas de modificação

São quatro as causas de modificação da competência: "conexão", continência, vontade e inércia.

A primeira causa de modificação da competência é a *"conexão"*, definida no art. 55 como a *identidade de objeto ou de causa de pedir entre duas ou mais demandas*. Estando em curso processos instaurados por demandas conexas – e ainda não tendo sido proferida sentença em qualquer deles (art. 55, § 1º) –, serão eles reunidos para julgamento conjunto. A reunião se dará no juízo prevento (art. 58), que as decidirá simultaneamente. A prevenção do juízo é fixada pelo primeiro registro ou pela primeira distribuição de petição inicial (art. 59).

A segunda causa de modificação da competência é a continência, definida no art. 56 do CPC, e que nada mais é do que uma espécie qualificada (ou especial) de conexão. Assim é que se dá a continência entre duas ou mais demandas quando lhes forem comuns as partes e a causa de pedir, exigindo-se ainda que o pedido formulado em uma delas seja mais amplo que o formulado na outra, devendo este estar contido naquele.

Vale registrar, aliás, que a continência entre demandas só é verdadeira causa de modificação da competência quando a demanda continente tenha sido proposta posteriormente à demanda contida, caso em que a reunião dos processos será sempre obrigatória (já que aí sempre existirá risco de decisões conflitantes ou contraditórias). Caso a demanda continente tenha sido proposta anteriormente, o processo da demanda contida deverá ser extinto sem resolução do mérito (art. 57), por absoluta ausência de interesse de agir.

Outra causa de modificação da competência (e que, por óbvio, também só pode alcançar os critérios relativos de fixação da competência) é a existência de uma *convenção de eleição de foro* (arts. 62 e 63). Podem as partes, então, eleger um foro que lhes pareça mais conveniente, o qual passa a ser competente para conhecer das causas entre elas. A eleição de foro exige forma escrita e tem de referir-se especificamente a um determinado negócio jurídico.

Cumpre ressaltar que a eleição de foro não permite modificação de critérios de fixação de competência absoluta, mas somente pode alterar os critérios relativos de competência.

A Lei nº 14.879/2024 alterou o § 1º do art. 63, que passou a vigorar com a seguinte redação: "eleição de foro somente produz efeito quando constar de instrumento escrito, aludir expressamente a determinado negócio jurídico e guardar pertinência com o domicílio ou a residência de uma das partes ou com o local da obrigação, ressalvada a pactuação consumerista, quando favorável ao consumidor".

A mesma lei também acrescentou o § 5º ao 63, segundo o qual o "ajuizamento de ação em juízo aleatório, entendido como aquele sem vinculação com o domicílio ou a residência das partes ou com o negócio jurídico discutido na demanda, constitui prática abusiva que justifica a declinação de competência de ofício".

Portanto, a novidade legislativa vincula a escolha do local de ajuizamento da ação ao domicílio ou residência das partes ou ao negócio jurídico que se discute na demanda, a fim de se evitar a prática abusiva da escolha de "foro aleatório".

Deve-se dizer desde logo que a eleição de foro é um *negócio processual típico*, não dependendo, para valer e produzir efeitos, da concordância ou aprovação do órgão jurisdicional. A este cabe, fundamentalmente, exercer controle de sua validade e eficácia, na forma do disposto no parágrafo único do art. 190 do CPC e do que se expõe imediatamente a seguir.

Por fim, prorroga-se a competência do juízo relativamente incompetente no caso de não arguir o réu a incompetência na primeira oportunidade de que disponha para se pronunciar nos autos (art. 65), resultando a prorrogação da *inércia do réu, que não alegou a incompetência relativa na contestação*.

Há pelo menos mais três causas de modificação da competência previstas na lei processual, as quais podem modificar, inclusive, competências absolutas.

O primeiro desses casos é o que resulta da instauração do incidente de assunção de competência (art. 947), por força do qual um órgão colegiado mais amplo assume a competência que a princípio seria de órgão colegiado menos amplo de um Tribunal. É o que se dá, por exemplo, quando o Plenário do STF assume uma competência que a princípio seria de alguma das turmas. Essa é uma causa de modificação que altera um critério absoluto (funcional) de fixação de competência.

Outro caso, análogo ao anterior, é o que resulta da admissão do incidente de resolução de demandas repetitivas, já que o órgão colegiado responsável por resolver o incidente deverá, também, na forma do disposto no art. 978, parágrafo único, julgar o processo de que o incidente tenha se originado (e que funcionará como processo-piloto). Também aqui se modifica competência funcional, absoluta.

Por fim, pode haver alteração de competência por concertação (art. 69, § 2º, VI). Aqui, dois ou mais juízos deverão convencionar, por meio da prática de ato concertado – modalidade de ato de cooperação judiciária nacional –, a concentração em um só juízo, de processos repetitivos. Tem-se, aqui, o reconhecimento, pelos próprios juízos, de uma *competência adequada* para resolver os diversos processos repetitivos, evitando-se, desse modo, uma dispersão decisória.

A modificação de competência por concertação pode levar à modificação de competências relativas ou absolutas. Não se pode, porém, admitir que por concertação se modifiquem "competências constitucionais". É que não se pode, com base em uma disposição normativa infraconstitucional, modificar-se uma competência que é estabelecida por disposição constitucional.

3.5. Declaração de incompetência

Reconhecida a incompetência, será proferida uma decisão que a declara.

Na declaração de incompetência absoluta, conforme o disposto no art. 64, § 1º, do CPC, deve o juízo, de ofício, declará-la, sendo possível a declaração *ex officio*, provocada pelas partes, em qualquer tempo e grau de jurisdição, por mera petição (mas, se for alegada já na contestação, deverá figurar como defesa preliminar ao mérito do processo).

Declarada a incompetência absoluta (o que sempre dependerá de prévia oitiva das partes, ainda que o juízo conheça da questão de ofício, por força da vedação de decisão surpresa), deverão os autos do processo ser remetidos ao juízo competente, na forma do art. 64, § 3º.

Já a incompetência relativa não pode ser declarada de ofício, cabendo ao réu alegá-la *na contestação*.

Declarada a incompetência relativa (depois de o juízo ouvir o demandante sobre a alegação deduzida pelo demandado), os autos serão remetidos ao juízo competente (art. 64, § 3º).

Uma vez reconhecida a incompetência, seja ela absoluta ou relativa, os atos decisórios que tenham sido praticados pelo juízo incompetente são nulos. Ressalva-se, evidentemente, o ato que declarou a incompetência, por força da regra de "competência sobre competência" – todo juízo é competente para apreciar sua própria competência.

Os demais atos decisórios que o juízo incompetente tenha anteriormente proferido, porém, são nulos, o que não resulta, todavia, automaticamente, na ineficácia do ato. É que, ressalvada a possibilidade de no próprio pronunciamento que reconheceu a incompetência se ter decidido em sentido contrário, as decisões anteriormente proferidas pelo juízo incompetente permanecem produzindo efeitos até que outra decisão sobre a mesma matéria venha a ser proferida, se for o caso, pelo juízo competente, fenômeno conhecido como *translatio iudicii*.

Isso é especialmente importante em casos envolvendo tutelas de urgência, tal qual em situações em que o juízo é distante daquele em que a medida urgente deverá ser efetivada.

Importante

Nesse caso, poderá o demandante postular a medida de urgência perante juízo incompetente, mesmo sabendo que provavelmente essa incompetência virá depois a ser reconhecida, e obter a tutela de urgência que se revela necessária. A decisão concessiva da tutela de urgência, nesse caso, permanecerá eficaz até que o juízo competente a ratifique, modifique ou revogue.

3.6. Conflito de competência

Pode ocorrer alguma hipótese em que haja dúvida quanto a qual seja o juízo competente para determinado processo. Nessas situações, surge um conflito de competência, cabendo ao tribunal apreciar a questão e apontar o juízo verdadeiramente competente.

Aspecto interessante do tema é que o conflito de competência é um problema cuja solução se dá por meio da instauração de um procedimento incidental ao processo chamado de *conflito de competência* (arts. 951 a 959 do CPC).

Há conflito de competência, nos termos do art. 66 do CPC, quando dois ou mais juízos se declaram competentes para um mesmo processo (conflito positivo); quando dois ou mais juízos se consideram incompetentes para um mesmo processo, atribuindo um ao outro a competência (conflito negativo), ou quando entre dois ou mais juízos surge controvérsia acerca da reunião ou separação de processos (sendo esse conflito positivo ou negativo, conforme a hipótese).

Identificado um conflito de competência, deverá instaurar-se o *incidente de resolução de conflito de competência*.

EM RESUMO:

AÇÃO	
Teorias da ação	
Civilista ou imanentista	A ação seria o próprio direito material em movimento, tanto no aspecto civil como no âmbito jurisdicional. O processo não era um ramo autônomo.
Concretista	A ação é um direito exercido contra o Estado, a fim de provocá-lo, para o exercício da jurisdição, e só existe se o resultado final for favorável.
Abstrata	A ação é o direito de provocar a atuação do Estado, a fim de que se exerça a jurisdição, e existe, qualquer que seja o resultado. É, simplesmente, o direito de obter um pronunciamento jurisdicional.
Eclética	A ação, assim como na teoria abstrata, não depende do direito material para existir. Há, entretanto, a categoria das condições da ação, que o autor deve observar para assegurar sua existência, do contrário, ele seria carecedor de ação.
Eclética II	A ação segue sendo o direito de provocar o Estado e existe, mesmo sem o direito material. Mantém-se a categoria das condições da ação. Todavia, aqui, elas são requisitos para que o provimento final seja de mérito.
CPC/2015	Uma primeira linha defende a permanência das condições e a manutenção da Teoria Eclética II, que hoje consagraria a legitimidade para a causa e o interesse de agir. A segunda corrente compreende que essas exigências formais, para o exame do mérito, hoje integram os pressupostos processuais.

AÇÃO

Elementos da ação

Parte	Autor: quem postula x Réu: em face de quem se postula. Nesses casos, atua-se com parcialidade. Há, também, a possibilidade de haver parte incidente ou parte no incidente, o que acontece, por exemplo, quando o juiz passa a se defender da arguição de impedimento ou suspeição.
Causa de pedir	Remota: o fato que desenlaça a relação jurídica afirmada em juízo pelo poder de ação, e tudo o mais que for necessário para afirmar a suposta titularidade de um direito, por parte do autor. Próxima: a relação jurídica deduzida e afirmada em juízo, em que o autor aparece como titular de um direito ou interesse, e o réu, como titular de um dever, obrigação ou estado de sujeição.
Pedido	O pedido é o elemento nuclear da ação, e deve traduzir o efeito jurídico pretendido. Perceba que deve haver correlação lógica entre o pedido e a causa de pedir.

COMPETÊNCIA

Competência absoluta e relativa	O STJ fixou a Tese 1.030, que versa sobre a possibilidade de o autor, no âmbito do Juizado Especial Federal Cível, renunciar expressamente, para fins de atribuição do valor da causa, ao montante excedente do limite de 60 salários mínimos, previstos no art. 3°, *caput*, da Lei n° 10.259/2001. Com isso, conclui-se que a competência, nesse juizado, é absoluta para valores compreendidos dentro da previsão legal, não havendo opção para o jurisdicionado demandar a justiça comum federal; mas admite que, caso o valor seja superior ao limite, ele possa renunciar ao excedente e, assim, demandar o Juizado.
Foro de eleição	A possibilidade de o juiz conhecer de ofício da cláusula de eleição de foro abusiva, antes da citação do réu, está prevista no art. 63, § 3°, do CPC/2015 e excepciona a Súmula n° 33 do STJ, que, sobre o tema, afirma: "A incompetência relativa não pode ser declarada de ofício". Trata-se, aqui, de preclusão *pro judicato*.

INCOMPETÊNCIA ABSOLUTA X RELATIVA

Absoluta	Relativa
Atende a interesse público.	Atende a interesse particular.
Não pode ser alterada pelas partes (norma cogente).	Pode ser alterada pelas partes.

INCOMPETÊNCIA ABSOLUTA X RELATIVA	
Absoluta	**Relativa**
O juiz deve conhecer de ofício.	O juiz não conhece de ofício (Súmula nº 33 do STJ), com ressalva para a cláusula de eleição de foro abusiva.
Mudança superveniente implica deslocamento para o novo juízo.	Mudança superveniente não desloca para o novo juízo.
Espécies: matéria, pessoa, função e valor [quem pode (–) não pode (+)].	Espécies: território e valor [quem pode (+) pode (–)]. *Competência absoluta para os JEF (valor) e para as hipóteses do art. 47 (território).
Não é alterada por conexão ou continência.	Pode ser alterada por conexão ou continência.
Pode-se arguir a qualquer tempo, pois não se submete à preclusão.	Deve ser alegada na primeira oportunidade, sob pena de preclusão.
Ambas devem ser arguidas pelo réu em preliminar de contestação.	
Autor e réu podem arguir.	Somente o réu pode arguir.

Capítulo 4

Litisconsórcio. Intervenção de Terceiros

1. LITISCONSÓRCIO

O litisconsórcio se dá quando, em um processo, há pluralidade de demandantes ou de demandados.

Pode formar-se o litisconsórcio por três diferentes razões (*três figuras do litisconsórcio*, conforme o art. 113 do CPC):

- **Litisconsórcio por comunhão de direitos ou obrigações:** quando os demandantes ou demandados forem titulares do *mesmo* direito ou devedores da *mesma* obrigação.
- **Litisconsórcio por conexão de causas:** quando os litisconsortes cumularem (ou quando em face deles forem cumuladas) demandas conexas pelo objeto ou pela causa de pedir.
- **Litisconsórcio por afinidade de questões:** quando duas ou mais pessoas se litisconsorciarem para ajuizar demandas cumuladas (ou quando em face delas forem ajuizadas tais demandas cumuladas) com base em um elemento de fato ou de direito que lhes seja afim.

1.1. Classificação do litisconsórcio

Quatro são as formas de se classificar esse fenômeno.

Quanto à posição que ocupa, pode o litisconsórcio ser: **ativo** (quando, no processo, encontram-se diversos autores demandando em face de apenas um réu); **passivo** (quando um autor demanda em face de vários réus); **misto** – também chamado recíproco (quando diversos autores demandam em face de vários réus).

Outro critério de classificação do litisconsórcio leva em consideração a força *aglutinadora das razões de sua formação*, ou seja, algum motivo leva à formação do litisconsórcio, pois em algumas hipóteses a razão de formação do litisconsórcio tem uma *força aglutinadora* muito intensa, capaz de fazer com que a constituição de um processo litisconsorcial seja inevitável. Nesses casos, o processo só pode desenvolver-se até seu desfecho normal, com a produção de um resultado final de mérito, se o litisconsórcio estiver formado (*litisconsórcio necessário*). Em outros casos, a força aglutinadora da razão de formação do litisconsórcio não é tão intensa, sendo apenas possível que o litisconsórcio se forme, mas nada impedindo que o processo se desenvolva sem ter caráter litisconsorcial (*litisconsórcio facultativo*).

Resulta a necessariedade do litisconsórcio do fato de em alguns casos a legitimidade *para a causa* ser plúrima, isto é, pertencer a um grupo de pessoas, de modo tal que só estará presente no processo a parte legítima se todo o grupo estiver reunido no processo.

O litisconsórcio necessário é, via de regra, passivo, pois o Direito Processual Civil brasileiro está construído sobre dois pilares de sustentação: o direito de acesso ao Judiciário e a garantia da liberdade de demandar.

Portanto, o litisconsórcio ativo não é necessário, mas facultativo.

> **Atenção**
>
> A única exceção a essa norma é a do litisconsórcio necessário ativo, que resulta de negócio processual celebrado entre as partes, no qual o objeto é o próprio processo (negócios processuais ou convenções processuais).

Nos casos, porém, em que a natureza da relação jurídica impõe a presença de todos os seus sujeitos no processo, essa presença pode se dar em qualquer dos lados do processo. Assim sendo, aqueles que não quiserem propor a demanda deverão ser incluídos no lado passivo da demanda.

Não se exige, contudo, a presença de todos os sujeitos da relação jurídica de direito material na posição passiva do processo quando se estiver diante de algum caso em que se tenham demandas concorrentes. Trata-se daquela hipótese em que há várias pessoas legitimadas a propor a mesma demanda (com a mesma causa de pedir e o mesmo pedido).

São três as causas da necessariedade (duas delas previstas no art. 114 do CPC): a existência de expressa determinação legal no sentido de sua formação (*litisconsórcio necessário por disposição de lei*); a natureza incindível da relação jurídica substancial controvertida no processo (*litisconsórcio necessário pela natureza da relação jurídica*); e a existência de negócio jurídico processual que crie um litisconsórcio necessário (*litisconsórcio necessário convencional*).

Por dizer respeito às "condições da ação" (mais especificamente à legitimidade *para ser parte*), incumbe ao juiz verificar de ofício se estão ou não presentes no processo todos aqueles que nele devem figurar como litisconsortes necessários. Se algum estiver ausente, o juiz determinará ao demandante que requeira a citação de todos os que ainda não integram o processo, dentro do prazo que lhe assinar, sob pena de extinção do processo (art. 115, parágrafo único, do CPC).

Cap. 4 – Litisconsórcio. Intervenção de Terceiros

> **Atenção**
>
> Pode ocorrer, porém, de não se perceber que um litisconsórcio necessário que deveria ter sido formado não se constituiu, vindo-se a proferir sentença de mérito. Nesse caso, sempre será possível a invalidação da sentença em grau de recurso (já que é possível conhecer-se da questão relativa à ausência, no processo, da parte legítima de ofício, em qualquer tempo e grau de jurisdição, nos termos do disposto no art. 485, § 3º, do CPC). Transitada em julgado a sentença, porém, deve-se ter por sanada sua nulidade (em razão da assim chamada *eficácia sanatória geral da coisa julgada*).
>
> A sentença de mérito transitada em julgado que tenha sido proferida em processo no qual não tenha sido citado alguém que deveria dele ter participado como litisconsorte necessário, porém, mesmo depois de transitada em julgado, é *ineficaz* – trata-se de uma sentença absolutamente incapaz de produzir efeitos (ineficácia absoluta). Daí falar-se em sentença *inutiliter data*.

No caso de litisconsórcio necessário pela natureza da relação jurídica, haverá ineficácia absoluta de toda a sentença (o art. 115, I, do CPC fala em sentença nula, mas é caso de ineficácia). Já no caso de litisconsórcio necessário por disposição de lei, a ineficácia é subjetivamente relativa, mera *inoponibilidade*, não podendo a sentença produzir efeitos que alcancem aqueles que não foram citados (art. 115, II, do CPC).

> **Atenção**
>
> Conforme parte minoritária da doutrina, sendo a sentença ineficaz, mas não inválida, ela não será alcançada pela coisa julgada material, tendo em vista que esta só se dá sobre sentenças aptas a produzir efeitos. O entendimento majoritário é de que há coisa julgada material porque esta não incide sobre os efeitos da sentença, mas sobre seu conteúdo. Embora a sentença seja ineficaz, ela é incapaz de modificar a realidade, alterando o *status quo* anteriormente existente e, por isso, sendo inapta para atribuir a alguma das partes a tutela processual pretendida (e aparentemente concedida). Assim sendo, nada impede que a mesma demanda seja novamente ajuizada, agora com a presença de todos os litisconsortes necessários. É preciso insistir em um ponto: transitada em julgado sentença de mérito proferida em processo em que faltou citar um litisconsorte necessário (e unitário), tal sentença será absolutamente ineficaz. Não produzirá ela qualquer efeito, nem em relação a quem ficou de fora do processo, e tampouco em relação aos que dele tenham participado.

No caso de litisconsórcio necessário simples (não unitário), a ineficácia é relativa, não sendo a sentença oponível aos que não foram citados (e, pois, não participaram do processo). O raciocínio aplicável aqui é o mesmo da hipótese anterior, mas com a limitação subjetiva da ineficácia. A ineficácia da sentença de mérito proferida nessas condições pode ser reconhecida por qualquer meio processual idôneo (qualquer remédio processual capaz de permitir que a ineficácia da sentença possa ser suscitada, em caráter principal ou em caráter incidental).

A formação do litisconsórcio facultativo depende da vontade de quem demanda. Tem-se aí, então, outra espécie de litisconsórcio quanto ao poder aglutinador das razões que provocam o fenômeno. A demanda, portanto, poderá ser proposta por vários demandantes, ou em face de diversos demandados.

> **Atenção**
>
> Nos casos de litisconsórcio facultativo, seria possível que, em vez de se ter um processo único com pluralidade de sujeitos em um dos lados (ou em ambos) do processo, se tivesse uma série de processos autônomos, cada qual com apenas um demandante e um demandado.

Vale lembrar a regra contida no § 1º do art. 113 do CPC, responsável por regular a *limitação do litisconsórcio multitudinário*, que se dá nos casos em que o número de litisconsortes facultativos em um determinado processo é tal que dificulta a defesa dos interesses das partes ou impede a rápida entrega do resultado do processo. Não há uma fixação prévia de quantos litisconsortes formam uma multidão, pois caberá ao juiz, diante do caso concreto, dizer o que é ou não excessivo para o processo em que se formou a coligação de partes.

Considerando-se que entre os objetivos da existência do litisconsórcio encontra-se a eficiência processual, com a possibilidade de se obter um resultado mais efetivo do processo, o litisconsórcio multitudinário contraria esses fins, sendo, assim, desejável a sua limitação. Por essa razão, o art. 113, § 1º, do CPC permite a limitação do litisconsórcio facultativo (apenas).

Caberá ao juiz, no caso concreto, estabelecer quem permanece no processo e quem dele será excluído, observada a exigência de prévio contraditório e por decisão fundamentada, e devendo a decisão ser proferida com o fim de permitir que se assegure uma mais tempestiva produção de resultados do processo, com amplas garantias, para ambas as partes, de defesa de seus interesses. Essa limitação pode ocorrer na fase de conhecimento, na liquidação de sentença ou em sede executiva (seja no caso de processo de execução, seja em sede de cumprimento de sentença). A limitação poderá ser feita de ofício ou a requerimento da parte. Havendo requerimento, este poderá ser formulado pelo demandado no prazo da resposta, e interromperá o prazo para oferecimento desta. Trata-se de interrupção de prazo, e não de mera suspensão, o que faz com que, formulado o requerimento de limitação, seja restituído por inteiro ao demandado o prazo de que dispõe para responder à demanda.

Determinada a limitação do litisconsórcio multitudinário, o processo deverá ser desmembrado em tantos processos quantos se façam necessários para acomodar adequadamente todos os demandantes (Enunciado nº 386 do FPPC), sendo certo que nenhum deles poderá ser prejudicado por eventual demora resultante do desmembramento. Por tal razão, considera-se que a interrupção da prescrição retroage à data da propositura da demanda original (Enunciado nº 10 do FPPC). Admite-se, porém, que, em vez de limitar o número de litisconsortes quando este trouxer prejuízo ao direito de defesa, o juízo decida pela ampliação de prazos, na forma do art. 139, VI, de forma a assegurar o amplo exercício da defesa e, se for o caso, o desmembramento pode ser deixado para a fase de cumprimento de sentença (Enunciado nº 116 do FPPC).

O terceiro critério de classificação do litisconsórcio é o que permite analisar o fenômeno *quanto ao regime de tratamento dos litisconsortes*, segundo o qual o litisconsórcio pode ser *unitário* e *simples* (ou comum).

O litisconsórcio é unitário quando todos os litisconsortes têm, obrigatoriamente, de obter o mesmo resultado no processo (art. 116, que fala em decidir-se o mérito de modo uniforme para todos os litisconsortes). E não é por outra razão que, nos termos do art. 117, havendo litisconsórcio unitário, os litisconsortes não são tratados em suas relações com a parte adversa "como litigantes distintos", mas sim "como se fossem uma só parte". Os atos e omissões de um litisconsorte, porém (tratando-se de litisconsórcio unitário, claro), não poderão prejudicar os demais.

Importante

A unitariedade do litisconsórcio deriva, sempre, da natureza incindível da relação jurídica substancial deduzida no processo. Tal incindibilidade, então, é causa de dois fenômenos distintos e inconfundíveis: ela faz com que o litisconsórcio seja *necessário* e, também, *unitário*. Todavia, nem todo litisconsórcio necessário é unitário.

De outro lado, nem todo litisconsórcio unitário é necessário. E isso não obstante ser incindível a relação jurídica substancial, pois existem casos em que ocorre a *dispensa da necessariedade*. São as situações em que, embora incindível a relação jurídica substancial (e, por conseguinte, unitário o litisconsórcio que se forme entre seus sujeitos), o ordenamento jurídico dispensa a formação necessária do litisconsórcio, admitindo a resolução do mérito ainda que o processo não seja litisconsorcial. É o que se tem, por exemplo, no caso de litisconsórcio unitário ativo. O que se pode afirmar, porém, é que o litisconsórcio unitário é, *em regra*, também necessário.

Ao lado desse primeiro regime de tratamento dos litisconsortes (litisconsórcio unitário), há uma segunda espécie, chamado *litisconsórcio simples ou comum*. Neste, existe a possibilidade de decisões divergentes em relação a cada um dos litisconsortes.

> **Atenção**
>
> Perceba agora como identificar o litisconsórcio num caso concreto. Para tanto, considere uma ação proposta pelo Ministério Público para a dissolução de casamento. Como autor, teremos o MP e, como réus, os cônjuges.
>
> Aqui, o litisconsórcio será: **passivo**, uma vez que formado por dois réus; **inicial**, pois é constituído já com a propositura da demanda; **unitário**, já que a hipótese não admite decisões diferentes, com a anulação de casamento somente para um dos cônjuges; e, ainda, **necessário**, já que, pela natureza da relação jurídica, a comunhão incindível de direitos e deveres inexoravelmente colocará ambos sob os efeitos da decisão judicial.

Por fim, quanto ao momento de sua formação, o litisconsórcio comporta duas espécies: litisconsórcio inicial ou originário, e litisconsórcio ulterior ou superveniente.

A regra é o litisconsórcio originário, mas há casos, porém, de litisconsórcio superveniente, como se tem no chamamento ao processo e em razão da sucessão processual.

O fenômeno da intervenção litisconsorcial voluntária, no curso do processo, se dá com a presença de litisconsorte sendo pessoa estranha à formação originária do processo – terceiro em face das partes. O interveniente exerce, pois, ação própria, indo a juízo em defesa de interesse próprio, e pleiteando para si a tutela processual. O fenômeno é muito frequente em processos nos quais o demandante postula, e obtém, tutela provisória, motivo que leva outras pessoas (que poderiam ter sido litisconsortes originários) a pretender seu ingresso no feito, como litisconsortes supervenientes, a fim de receber os efeitos benéficos daquela decisão proferida liminarmente.

> **Atenção**
>
> A intervenção litisconsorcial voluntária pode parecer incompatível com nosso ordenamento, já que, com essa intervenção, o interveniente estaria escolhendo o juízo onde tramitaria seu processo, elegendo livremente o juiz a que sua causa será submetida, o que viola o devido processo constitucional. É sabido que há casos polêmicos, em que alguns juízes concedem liminares, protegendo desde logo o direito do demandante, enquanto outros magistrados negam a concessão de tutela provisória logo ao início do processo nas mesmas hipóteses. Nesses casos, tem-se revelado frequente que, proposta uma demanda, e sendo concedida a liminar, outras pessoas pretendam intervir como litisconsortes no processo, com o único fim de assegurar, desde logo, a extensão para si da liminar já proferida, desaparecendo, assim, o risco de ver sua demanda distribuída a um juízo onde

decisão análoga não seria proferida. Essa escolha de juízo viola flagrantemente a garantia constitucional do devido processo, razão pela qual não pode ser admitida tal modalidade de intervenção.

1.2. Dinâmica do litisconsórcio

O exame do processo litisconsorcial exige que se analise o que pode ser chamado de *dinâmica do litisconsórcio*. O que se busca é determinar que consequências o litisconsórcio produz sobre o andamento do processo.

Em primeiro lugar, há que se fazer menção à regra da independência (ou da autonomia) dos litisconsortes, consagrada no art. 117 do CPC, segundo o qual "[o]s litisconsortes serão considerados, em suas relações com a parte adversa, como litigantes distintos, exceto no litisconsórcio unitário, caso em que os atos e as omissões de um não prejudicarão os outros, mas os poderão beneficiar".

Trata-se de regra aplicável somente ao litisconsórcio comum (ou simples), sendo incompatível com o litisconsórcio unitário. Mesmo no litisconsórcio comum, contudo, o princípio não será observado integralmente. A independência dos litisconsortes, propugnada pelo art. 117, é relativa, havendo casos em que, mesmo no litisconsórcio comum, os atos ou omissões de um dos litisconsortes gerarão seus efeitos em relação aos demais.

Tal relatividade do princípio da independência dos litisconsortes decorre de causas ligadas à própria lógica do processo, que exige harmonia nos pronunciamentos judiciais. É certo que no litisconsórcio comum a decisão da causa não será uniforme em relação a todos os litisconsortes, mas viola o bom senso aceitar a ideia de que o juiz poderia considerar, em sua sentença, que determinado fato, ao mesmo tempo, ocorreu (para o litisconsorte que conseguiu prová-lo) e não ocorreu (para os demais litisconsortes), ou, ainda, que o juiz adote, em sua sentença, teses jurídicas antagônicas para cada um dos litisconsortes. Haverá casos, pois, em que a atuação de um dos litisconsortes produzirá efeitos em relação aos demais.

Há, aliás, casos em que o próprio Código de Processo Civil prevê que a atuação de um litisconsorte produzirá efeitos sobre os demais, como nos casos dos arts. 345, I, e 919, § 4º.

Já no litisconsórcio unitário, em que a decisão de mérito será obrigatoriamente uniforme em relação a todos os litisconsortes, o que se dá em razão da incindibilidade da relação jurídica de direito material deduzida no processo, a conduta de um litisconsorte terá, naturalmente, implicações no destino dos demais. Assim é que, no litisconsórcio unitário, atos haverá que, praticados por apenas um dos litisconsortes, aproveitarão a todos (art. 1.005 do CPC, aplicável apenas ao litisconsórcio unitário). Da mesma forma, alguns atos só serão eficazes se praticados por todos os litisconsortes.

Se a confissão for feita por somente um dos litisconsortes (comum), ela não prejudica os demais, sendo valorada, ao final, no conjunto probatório. Aplica-se aqui a independência dos litisconsortes. Se a confissão vier de um litisconsorte (unitário), devemos concluir ser esta uma conduta alternativa, sendo eficaz, ainda que não praticada por todos os litisconsortes. Como já superamos a época em que a confissão era prova plena com sobreposição sobre as demais, também aqui seu valor será percebido ao final, pelo contexto probatório.

Por fim, o exame da dinâmica do litisconsórcio exige a análise do impacto que a formação dessa coligação de partes tem sobre os prazos processuais. Pois aí incide o disposto no art. 229 (*caput* e parágrafos), de modo que litisconsortes que tenham advogados diferentes, de escritórios distintos, terão prazo em dobro se os autos do processo não forem eletrônicos.

Importante observar que, no caso de litisconsórcio passivo, pode acontecer de um (ou alguns) dos litisconsortes ter constituído um advogado e não ter condições de saber se os outros também o fizeram. Nesse caso, o prazo para oferecimento da resposta (se o processo tramitar em autos eletrônicos, evidentemente) será computado em dobro, mas, se só os réus que estão representados pelo mesmo advogado contestarem, constatada a revelia dos demais, então a partir daí os prazos não serão mais duplicados (ressalvada, porém, a possibilidade de que a atuação de advogados distintos passe a ocorrer de forma superveniente, caso em que os prazos passarão a ser contados em dobro a partir da juntada aos autos não eletrônicos do instrumento de mandato do novo advogado).

2. INTERVENÇÃO DE TERCEIROS: NOÇÕES GERAIS

Visto o litisconsórcio, passa-se agora a outra manifestação do fenômeno genericamente intitulado "pluralidade de partes", a intervenção de terceiros, a qual consiste no ingresso, num processo, de quem não é parte.

Justifica-se a existência das diversas modalidades de intervenção de terceiros pelo fato de o processo poder produzir efeitos sobre a esfera jurídica de interesses de pessoas que lhe são estranhas.

Além dos casos expressamente previstos em lei, é admissível a criação de figuras interventivas atípicas mediante a celebração de negócios jurídicos processuais. Assim, pode-se admitir a celebração de negócio processual através do qual as partes convencionem admitir a intervenção, como assistente, de alguém que não tem interesse jurídico na causa, mas mero interesse econômico. É também admissível que, por negócio processual, as partes convencionem que nenhuma delas requererá a intervenção forçada de um terceiro (como seria, por exemplo, uma convenção processual que exclua a possibilidade de qualquer das partes promover denunciação da lide). Não se pode, porém, celebrar negócio processual para proibir terceiro de intervir voluntariamente no processo, já que não podem as partes negociar sobre prerrogativas de terceiros estranhos à convenção.

Cap. 4 – Litisconsórcio. Intervenção de Terceiros

É de se observar, porém, que o terceiro se torna parte no momento em que intervém. O terceiro, que não é parte da demanda, torna-se – com a intervenção – parte do processo. Adota-se, pois, um conceito *cronológico* de intervenção de terceiros, que permite afirmar que *o terceiro só é terceiro antes da intervenção*.

> **Atenção**
>
> Note-se, porém, que não se pode considerar intervenção de terceiro o ingresso no processo de um litisconsorte necessário que se encontrava ausente. Isso porque o litisconsorte necessário é parte originária, que deveria figurar no processo desde o início, não se podendo considerá-lo terceiro.

Apesar de o terceiro, ao intervir, tornar-se *parte do processo*, nem sempre será ele *parte da demanda*, pois em algumas modalidades de intervenção de terceiro o interveniente não assume nem a posição de demandante nem a de demandado (como se dá, por exemplo, nas assistências). Em outros casos, porém, o terceiro interveniente se torna parte da demanda, como acontece no chamamento ao processo, em que o chamado vira réu, assumindo uma posição passiva na demanda que deu origem ao processo (e, assim, litisconsorciando-se ao demandado original).

O CPC regula, no título da intervenção de terceiros (arts. 119 a 138), cinco figuras distintas: assistência, denunciação da lide, chamamento ao processo, intervenção resultante do incidente de desconsideração da personalidade jurídica e intervenção do *amicus curiae*.

As modalidades de intervenção de terceiro podem ser divididas em dois grupos: intervenções voluntárias (assistência, recurso de terceiro e intervenção do *amicus curiae*) e intervenções forçadas (denunciação da lide, chamamento ao processo, intervenção resultante da instauração do incidente de desconsideração da personalidade jurídica e intervenção de terceiro no processo de alimentos).

> **Atenção**
>
> Há uma diferença entre a intervenção do *amicus curiae* e as demais intervenções voluntárias. É que o *amicus curiae* pode ser convidado a intervir no processo, de ofício pelo juiz ou a requerimento de alguma das partes. Trata-se de mero convite, e ele só intervém no processo se esta for sua vontade. Daí dizer-se que se trata de intervenção voluntária. As demais intervenções voluntárias (assistência e recurso de terceiro), porém, além de voluntárias, são *espontâneas*, já que não se cogita da realização de qualquer convite, não se exortando o terceiro a ingressar no processo. É ele, terceiro, que espontaneamente, sem qualquer tipo de estímulo externo, vem ao processo e nele requer seu ingresso.

> **Importante**
>
> É de se notar, também, que as intervenções forçadas são necessariamente provocadas por alguma das partes, não podendo jamais ser determinadas de ofício pelo juiz. Pode o autor provocar a denunciação da lide e a intervenção que resulta do incidente de desconsideração da personalidade jurídica, enquanto o réu pode suscitar qualquer das três modalidades de intervenção forçada: denunciação da lide, chamamento ao processo e intervenção resultante do incidente de desconsideração da personalidade jurídica.

2.1. Assistência

Define-se assistência como uma intervenção *ad coadjuvandum* (intervenção *para ajudar*). Intervenção de terceiro, voluntária por excelência, a assistência permite ao terceiro interveniente (*assistente*) ingressar no processo para ajudar uma das partes da demanda (*assistido*) a obter sentença favorável (art. 119). Trata-se de modalidade de intervenção típica dos processos cognitivos – já que tem por objetivo permitir que o assistente auxilie o assistido na busca de uma *sentença favorável*.

> **Importante**
>
> A assistência é cabível a qualquer tempo, e em qualquer grau de jurisdição, podendo o assistente ingressar no processo em qualquer de suas fases, e o receber no estado em que se encontra. É, porém, incompatível com os procedimentos executivos (ou na fase de cumprimento de sentença), assim como é inadmissível no processo dos Juizados Especiais Cíveis (art. 10 da Lei nº 9.099/1995).

O assistente poderá auxiliar o assistido somente a partir do momento em que seja admitido no processo, não lhe sendo possível praticar atos relativos a estágios anteriores do processo, que para o assistido já estariam preclusos (art. 293).

São duas as espécies de assistência, diferindo entre si pelo tipo de interesse jurídico revelado pelo terceiro interveniente: assistência simples ou adesiva (arts. 121 a 123) e assistência litisconsorcial ou qualificada (art. 124). Não é qualquer interesse que legitima a intervenção do assistente, mas apenas o interesse *jurídico* (art. 119).

Na assistência litisconsorcial, o terceiro tem, no dizer do CPC, relação jurídica com o adversário do assistido (art. 124), não sendo outra senão a própria relação de direito material deduzida no processo. Trata-se de uma relação jurídica plúrima, que não impede que os demais titulares ingressem no processo, com o fim de auxiliar aquele cuja vitória lhes interessa.

É de se notar que, a despeito da redação do art. 124 do CPC, o assistente litisconsorcial não é litisconsorte, mas mero assistente, que não adquire a posição de autor e tampouco a de réu, mantendo-se como pessoa estranha à demanda. Torna-se parte apenas no processo, podendo exercer as mesmas faculdades que são outorgadas pelo sistema aos litisconsortes. Assim, por exemplo, assistente e assistido disporão de prazos em dobro, desde que tenham advogados distintos, de escritórios de advocacia diferentes, para se manifestar no processo que tramite em autos não eletrônicos. Da mesma forma, a participação do assistente litisconsorcial será essencial para a eficácia de atos como a convenção para a suspensão do processo, a transação e a desistência da ação.

Já na assistência simples, o terceiro é sujeito de relação jurídica diversa da deduzida no processo, mas a ela subordinada, conexa ou dependente.

Na assistência simples, a intervenção não impede o assistido de praticar atos dispositivos, como renúncia, desistência e outros equiparados (art. 122). Afinal, não seria legítimo considerar que o assistente simples – que não é titular da relação jurídica deduzida no processo – estivesse autorizado a impedir seu titular de dispor sobre seus próprios interesses.

Tanto o assistente simples como o litisconsorcial atuam como auxiliares do assistido, sujeitando-se aos mesmos ônus que ele, e podendo exercer os mesmos poderes (art. 121).

> **Importante**
>
> Note-se que, embora o dispositivo normativo citado encontre-se na seção do CPC que trata da assistência simples, é ele aplicável, também, à assistência litisconsorcial. Afinal, se o assistente simples tem *os mesmos poderes processuais* que o assistido, não faria sentido imaginar que o assistente litisconsorcial também não os tenha.
>
> Fica ele, porém, sujeito aos mesmos ônus processuais, o que implica dizer que terá de observar todas as exigências que ao assistido são impostas para que seus atos sejam admitidos no processo.

Por outro lado, é aplicável apenas à assistência simples a regra contida no parágrafo único do art. 121, segundo o qual, revel o assistido (ou por qualquer outro modo omisso), o assistente será seu substituto processual. Tal dispositivo não se aplica à assistência litisconsorcial, pois, uma vez que é tratado "como se fosse" litisconsorte, a ele se aplica, naturalmente, o disposto no art. 345, I, do CPC: a contestação por ele oferecida impede a produção dos efeitos da revelia em face do assistido. Ademais, o assistente litisconsorcial é titular da própria relação jurídica deduzida no processo e, portanto, estará ele no processo a defender exclusivamente o seu próprio interesse, de modo que é ele legitimado ordinário.

Requerendo o terceiro sua intervenção como assistente (simples ou litisconsorcial), deverá o juiz ouvir as partes já integrantes do processo, no prazo de quinze dias. Não havendo impugnação, o requerimento será decidido (e, embora diga o texto normativo que, não havendo impugnação, será deferida a intervenção, é possível indeferi-la se ficar constatada a inexistência de interesse jurídico que a legitime). Havendo, porém, impugnação por qualquer das partes, deverá o juiz autorizar a produção de provas e, após a produção destas, decidirá o incidente, o qual não constitui causa de suspensão do processo.

Tendo o assistente simples intervindo no processo e nele sido proferida sentença de mérito, o trânsito em julgado desta implicará a produção de um efeito conhecido como *eficácia da intervenção* (art. 123). Fica ele, pois, alcançado por uma *eficácia preclusiva da coisa julgada*, que impede que, em processo futuro, se volte a discutir não só o que foi efetivamente decidido, mas, também, os fundamentos da sentença. Não se produz a eficácia da intervenção, porém, se o assistente demonstrar (no processo posterior) que, (i) pelo estado em que recebeu o processo ou pelas declarações e atos do assistido, foi impedido de produzir provas suscetíveis de influir na sentença; ou (ii) desconhecia a existência de alegações ou de provas das quais o assistido, por dolo ou culpa, não se valeu (*exceptio male gesti processus*). Essa disposição, não obstante o silêncio da lei, também se aplica ao assistente litisconsorcial, que – embora tratado como se fosse litisconsorte – não é parte da demanda, não sendo, por isso, alcançado diretamente pela coisa julgada, mas tão somente pela eficácia da intervenção.

2.2. Denunciação da lide

A denunciação da lide, modalidade de intervenção forçada de terceiro, pode ser provocada por qualquer das partes da demanda, e é admissível nos casos previstos no art. 125. Por meio dela, ajuíza-se uma demanda regressiva condicional, destinada a permitir que o denunciante exerça, perante o denunciado, no mesmo processo, um direito de regresso que tenha a eventualidade de vir a sucumbir na demanda principal.

Note-se, então, que a denunciação da lide consiste em demanda nova, mas que não dará origem a um novo processo, visto que essa modalidade de intervenção de terceiro se desenvolverá na mesma base procedimental em que se desenvolve a causa principal.

Afirme-se ainda, e desde logo, que, embora a denunciação da lide seja, de ordinário, dirigida a um terceiro, estranho ao processo, admite-se que se denuncie a lide a quem já é parte, o que se dará, por exemplo, quando entre os réus haja relação de garantia. Nesse caso, admite-se que um dos litisconsortes denuncie a lide ao outro.

Afirma o *caput* do art. 125 que a denunciação da lide é, nos casos ali previstos, *admissível*. Essa redação é perfeitamente compatível com o disposto no seu § 1º, que deixa claro que o direito de regresso não exercido por meio da denunciação poderá ser atuado em processo autônomo sempre que a denunciação for indeferida, deixar de ser promovida ou não for permitida (como se dá, por exemplo, nos processos que tramitam perante os Juizados Especiais, em que é vedada qualquer modalidade de intervenção de terceiros). Em outras palavras, a ausência de denunciação da lide gera apenas a preclusão do direito de a parte promovê-la, sendo possível buscar exercer o direito de regresso, posteriormente, por meio do ajuizamento de demanda autônoma (Enunciado nº 120 do FPPC).

A primeira hipótese em que a denunciação da lide é admissível é aquela em que a demanda regressiva é dirigida ao *alienante imediato*, no processo relativo à coisa cujo domínio foi transferido ao denunciante, a fim de que possa exercer os direitos que da evicção lhe resultam, o que remete diretamente ao disposto no art. 450 do CC – não sendo possível realizar-se a denunciação *per saltum* diretamente em face de algum alienante anterior.

Trata o inciso I do art. 125 da denunciação da lide oferecida por aquele que, num processo, vê questionado seu direito de propriedade sobre um bem que lhe foi transferido por terceiro. Cabe, nesse caso, a denunciação da lide ao alienante, para que a sentença que reconhece que a parte (denunciante) não é titular do domínio regule também a relação entre este e aquele que lhe transferiu a coisa, definindo a existência ou não dos direitos decorrentes da evicção.

Outro caso é aquele em que o terceiro está obrigado, por lei ou pelo contrato, a indenizar, por força de direito de regresso, o prejuízo do que for vencido no processo. É o que se dá, por exemplo, no processo em que o demandante postula reparação de danos causados em acidente de trânsito, sendo admissível que o demandado denuncie a lide à sua seguradora (a qual, por força de contrato, tem o dever de indenizar o segurado se este sucumbir na causa). O inciso II do art. 125 se refere a uma hipótese de cabimento da denunciação da lide que sempre gerou grande controvérsia. Isso porque a doutrina (e a jurisprudência) se dividiu, historicamente, em duas correntes, uma restritiva e outra extensiva quanto à interpretação dessa hipótese.

Os termos do inciso II do art. 125, porém, são *louvavelmente genéricos*. Esses termos, incapazes de permitir qualquer tipo de distinção pelo intérprete (afinal, como é sabido, onde a lei não distingue não é lícito ao intérprete distinguir), têm como consequência inafastável a adoção de uma interpretação mais extensiva, segundo a qual a denunciação da lide é adequada tanto nos casos de garantia própria como nos de garantia imprópria.

Tema que não pode deixar de ser abordado, quando se examina a extensão da incidência do inciso II do art. 125 do CPC, é o da possibilidade de o Estado, em demanda em que se busca sua responsabilização civil, com base no disposto no art. 37, § 6º, da Constituição da República, denunciar a lide ao seu agente, causador do dano cuja reparação é pretendida.

> **Jurisprudência**
>
> O STF firmou sua jurisprudência no sentido de que a demanda de reparação de danos não pode ser proposta pela vítima diretamente em face do agente que supostamente o teria causado, não sendo esse agente público legitimado passivo, tampouco havendo solidariedade (STF, ARE 90.331 AgR/RS, rel. Min. Dias Toffoli).

O fato de não ser obrigatória a denunciação da lide não pode ser interpretado no sentido de que ela seria proibida nesses casos. Ademais, não há caso de denunciação da lide em que não se traga para o processo alguma matéria nova, estranha ao que seria objeto da cognição caso a denunciação não fosse promovida. Afinal, toda denunciação da lide traz para o debate a existência do direito de regresso, o que não seria apreciado pelo juízo se a denunciação da lide não tivesse sido feita.

O STJ usa como argumento para não admitir a denunciação da lide nesses casos o fato de que essa intervenção de terceiro tornaria o processo mais moroso, em detrimento da vítima do dano. Ora, mas toda denunciação da lide, por trazer para o processo um novo sujeito e uma nova demanda, torna o processo mais demorado. Fosse correto esse argumento, então a conclusão teria de ser a de que a denunciação da lide nunca pode ser admitida. Ademais, o princípio da duração razoável do processo não é uma garantia só do demandante, mas de todas as partes. E com certeza será muito mais razoável o tempo despendido em um só processo (no qual se julgam desde logo as duas demandas, a originária e a regressiva) do que o tempo que se gastaria com dois processos.

A isso tudo se junta o fato de que, admitida a denunciação da lide, se terá uma só instrução probatória, diferentemente do que acontecerá se a denunciação não for admitida e se fizer necessária toda uma nova atividade de produção de provas no processo que posteriormente viesse a ser instaurado.

Admitir a denunciação da lide nesses casos, portanto, gera uma maior eficiência do processo, o que está em plena conformidade com o disposto no art. 8º do CPC.

Outro caso que gera muita discussão é o do cabimento da denunciação da lide nos processos regidos pelo Código de Defesa do Consumidor. É que, com muita frequência, se encontra na jurisprudência a afirmação de que nesses processos jamais se poderia admitir a denunciação da lide feita pelo fornecedor (de produtos ou serviços) ao seu garantidor. Foi, por exemplo, o que o STJ decidiu ao julgar o AgInt no AREsp 1.265.464/SP, rel. Min. Raul Araújo, em que se afirmou que a vedação contida no art. 88 do CDC não se aplica apenas aos casos de responsabilidade civil por fato do serviço, mas a todas as hipóteses de acidente de consumo. É preciso divergir do entendimento do STJ, pois, em um caso em que, segundo o sistema do CPC, seria admissível a denunciação da lide, o Código de Defesa do Consumidor afirma o cabimento de chamamento ao processo.

A hipótese de que aqui se cogita é aquela em que, proposta demanda de reparação de danos por um consumidor em face de um fornecedor, pretende este trazer ao processo sua seguradora, com quem tenha contratado um seguro de responsabilidade civil perante terceiros, caso em que seria cabível o chamamento ao processo, e não a denunciação da lide, por força do que expressamente dispõe o art. 101, II, do CDC.

Feita essa ressalva, porém, o sistema processual do Código de Defesa do Consumidor é informado pelas disposições do CPC, por força do que dispõe o art. 1.046, § 2º. A regra geral, portanto, será o cabimento da denunciação da lide quando presente alguma hipótese de incidência do art. 125. Há, porém, uma exceção expressamente prevista (além daquela do art. 101, II, do CDC): é a previsão do art. 88 do CDC, segundo a qual a demanda regressiva não poderá ser proposta por denunciação da lide, mas somente em processo autônomo, "[n]a hipótese do art. 13, parágrafo único", do Código.

Jurisprudência

O próprio STJ já afirmou a impossibilidade de interpretação ampliativa de disposições normativas excepcionais (REsp 644.733/SC, redator do acórdão Min. Luiz Fux). É que as disposições normativas excepcionais *são de direito estrito, tendo sua aplicação limitada à hipótese nela expressa*, aplicando-se aos demais casos a regra geral.

O art. 88 do CDC só veda a denunciação da lide no caso previsto no art. 13, parágrafo único, da mesma lei, pois em seu *caput* estabelece que cabe ao comerciante responder perante o consumidor nos casos em que "o fabricante, o construtor, o produtor ou o importador não puderem ser identificados; [quando] o produto for fornecido sem identificação clara de seu fabricante, produtor, construtor ou importador; [ou quando] não conservar adequadamente os produtos perecíveis". Feita a denunciação da lide, poderá o denunciado promover uma denunciação sucessiva, contra quem o anteceda na cadeia dominial (art. 125, I) ou quem seja responsável por indenizá-lo (art. 125, II). Apenas uma denunciação sucessiva é admissível, e o denunciado sucessivo não poderá promover nova denunciação, só podendo exercer eventual direito de regresso perante outrem por meio de demanda própria, em processo autônomo (art. 125, § 2º).

A denunciação da lide pode ser promovida tanto pelo autor (petição inicial) como pelo réu (contestação; art. 126).

Sendo a demanda regressiva condicional proposta desde a petição inicial em face do denunciado, não se pode verdadeiramente falar aqui em intervenção de terceiro, mas em um *litisconsórcio passivo originário eventual*, muito provavelmente havendo uma situação de conflito entre o réu da demanda principal e o denunciado, a quem interessa que o autor-denunciante se sagre vencedor na demanda principal (o que fará com que a demanda regressiva nem venha a ser julgada).

Já a denunciação promovida pelo réu é verdadeira e propriamente uma *intervenção de terceiro* (já que, originariamente, o denunciado é terceiro em relação ao processo), devendo ser requerida na contestação. Quando a denunciação da lide é feita pelo autor, deve-se promover inicialmente apenas a citação do denunciado. Este poderá, então, no prazo de que dispõe para oferecer resposta (quinze dias), não só contestar a demanda regressiva, mas apresentar elementos que reforcem a pretensão do autor em face do réu da demanda principal. É que ao denunciado interessa, antes de tudo, que o denunciante se sagre vencedor na demanda principal, o que fará com que a denunciação da lide sequer precise ser apreciada. Só depois de se dar ao denunciado essa oportunidade para agregar elementos à demanda do autor é que se deverá promover a citação do réu da causa principal.

Requerida a citação do denunciado pelo réu, deverá a diligência citatória ser promovida no prazo de trinta dias ou em dois meses, conforme o caso, sob pena de ficar sem efeito a denunciação (art. 131, *caput* e parágrafo único, a que remete a parte final deste art. 126). Significa isso dizer que incumbirá ao réu-denunciante fornecer, no prazo de trinta dias, os elementos necessários para que a citação do denunciado ocorra. Diz o art. 127 que, feita a denunciação pelo autor, o denunciado se torna seu litisconsorte, o que não é exato. Na verdade, o denunciado e o denunciante não são litisconsortes, pelo simples fato de que o denunciado não terá demandado nada em seu favor. Como sabido, há litisconsórcio nos casos em que existe *pluralidade de demandantes ou de demandados*. No caso em exame há apenas um demandante (o autor-denunciante), e o denunciado, nada tendo demandado para si, não é litisconsorte ativo.

Sendo a denunciação da lide uma demanda regressiva condicional que, no caso em exame, só será julgada se o autor-denunciante ficar vencido na demanda principal, ao denunciado interessa auxiliar o denunciante a obter sentença favorável. Atuará ele, portanto, na qualidade de *assistente* do denunciante (e não de seu litisconsorte), na forma prevista no art. 119. E o caso é de assistência simples, já que não há relação jurídica direta entre o denunciado e o adversário do assistido (ou, dito de outro modo, porque o denunciado não é um dos sujeitos participantes da relação jurídica deduzida no processo e sobre a qual litigam autor e réu).

> **Importante**
>
> Há dois diferentes vínculos entre denunciante e denunciado: em relação à demanda principal, o denunciado atua como assistente do denunciante. Na demanda regressiva o denunciado é o demandado (e o denunciante, por óbvio, é o demandante). E isso reforça a ideia, anteriormente apresentada, de despolarização do processo. Afinal, quando a denunciação da lide é feita pelo autor, existirão no processo (pelo menos) dois demandados, mas não se pode acreditar que eles ocupem, juntos, um só e mesmo "polo passivo". Os interesses deles serão conflitantes, embora sejam ambos demandados.

Ultrapassada a oportunidade para que o denunciado acrescente argumentos à petição inicial, deverá, finalmente, ser efetivada a citação do réu, que terá oportunidade para oferecer sua resposta à demanda do autor já acrescida dos argumentos que o denunciado tenha apresentado (art. 127).

Já no caso da denunciação da lide provocada pelo réu (art. 128), existem três distintas possibilidades previstas na lei: pode o denunciado, uma vez citado, oferecer contestação (art. 128, I); ficar revel (art. 128, II); ou confessar (art. 128, III).

Caso o denunciado ofereça contestação à demanda principal, afirma o texto legal que o processo seguirá com a formação de um litisconsórcio passivo entre denunciante e denunciado. O denunciado será *assistente simples* do denunciante. Aqui, pois, também se pode afirmar a existência de dois distintos vínculos entre denunciante e denunciado, atuando este como assistente daquele em relação à demanda principal, e sendo o denunciado demandado pelo denunciante na demanda regressiva.

Na hipótese de o denunciado permanecer revel, ao réu-denunciante é dado não mais praticar qualquer ato relacionado à demanda principal, não prosseguindo no exercício de sua defesa, e limitando sua atuação à demanda regressiva. Poderá o réu-denunciante, porém, optar por prosseguir em sua defesa, buscando obter uma sentença que lhe seja favorável.

Pode ocorrer, por fim, de o denunciado confessar os fatos narrados pelo demandante na petição inicial. Nesse caso, poderá o réu-denunciante prosseguir com sua defesa, buscando obter resultado favorável, ou poderá ele optar por aderir à confissão, admitindo como verdadeiros os fatos que lhe sejam desfavoráveis, limitando-se a postular a procedência do pedido regressivo que formulou.

Por fim, o parágrafo único desse art. 128 prevê a possibilidade de o autor promover a execução diretamente em favor do denunciado (nos casos de denunciação da lide feita pelo réu), o que conta com o apoio do Enunciado nº 121 do FPPC: "O cumprimento da sentença diretamente contra o denunciado é admissível em qualquer hipótese de denunciação fundada no inciso II do art. 125".

Tendo sido julgada a demanda principal de modo desfavorável ao denunciante, deverá o órgão jurisdicional, *na mesma sentença*, passar ao julgamento da demanda regressiva. Haverá, então, distintos capítulos de sentença: um para apreciação do mérito da causa principal; outro para apreciação do mérito da demanda regressiva.

De outro lado, caso o denunciante seja vencedor na causa principal, não se examinará o pedido formulado na demanda regressiva (denunciação da lide *prejudicada*). Também aqui haverá dois distintos capítulos de sentença: um com o julgamento da demanda principal (favorável ao denunciante); outro com a declaração de que a denunciação da lide não será apreciada.

Mesmo nesse caso em que a denunciação da lide fica prejudicada pelo fato de ter o denunciante saído vencedor na causa principal, porém, é preciso que – em outro capítulo de sentença – o juízo se manifeste sobre o custo econômico referente à denunciação da lide, condenando o denunciante a pagar ao denunciado as assim chamadas "verbas de sucumbência".

2.3. Chamamento ao processo

Denomina-se chamamento ao processo a intervenção forçada de terceiro que, provocada pelo réu, acarreta a formação de litisconsórcio passivo superveniente entre o demandado original (*chamante*) e aquele que é convocado a participar do processo (*chamado*). É admissível em processos cognitivos, nas hipóteses previstas no art. 130.

O chamamento ao processo está diretamente ligado às situações de garantia simples, isto é, àquelas hipóteses em que alguém deve prestar ao credor, perante quem é pessoalmente obrigado, o pagamento de um débito de que, afinal, não é ele o verdadeiro devedor, mas tão somente o garante, ligada à ideia de coobrigação. Nesses casos, aquele que for chamado a cumprir a integralidade da obrigação pode se voltar contra aquele que, na verdade, era o devedor de toda (ou de parte) aquela obrigação.

Verifica-se, facilmente, que o chamamento ao processo se revelará cabível nos casos de fiança e de solidariedade passiva. O chamamento ao processo implica ampliação subjetiva do processo, com a inclusão, como litisconsortes passivos supervenientes, dos chamados, tratando-se de uma faculdade do réu, devendo ocorrer na contestação. Deverá, então, o juiz determinar a citação dos chamados, aplicando-se subsidiariamente as regras acerca do ponto previstas para a denunciação da lide.

Formado o litisconsórcio passivo através do chamamento ao processo, este continuará a desenvolver-se em direção à sentença. Sendo esta de procedência do pedido formulado pelo autor, valerá como título executivo em favor do réu que satisfizer a dívida, a fim de que possa exigi-la por inteiro do devedor principal, ou a quota de cada um dos codevedores (art. 132). Se procedente o pedido, e tendo um dos réus (seja ele chamante ou chamado) efetuado o pagamento integral da dívida, poderá ele – valendo-se dessa mesma sentença como título executivo – buscar a satisfação do seu direito perante seu litisconsorte. Tendo sido o direito do autor satisfeito pelo fiador da obrigação principal (na hipótese prevista no art. 130, I), poderá ele exigir do afiançado o pagamento integral (mas evidentemente a recíproca não é verdadeira, e se o pagamento já tiver sido originariamente feito pelo afiançado, nada poderá ele exigir de seu fiador). Nas hipóteses previstas nos incisos II e III do art. 130, aquele que pagou poderá exigir dos demais o pagamento de suas quotas-partes.

2.4. Intervenção resultante do incidente de desconsideração da personalidade jurídica

O incidente de desconsideração da personalidade jurídica se trata de um incidente processual que provoca uma intervenção forçada de terceiro (o sócio ou a sociedade será citado e passará a ser parte no processo, ao menos até que seja resolvido o incidente). Caso se decida por não ser caso de desconsideração, aquele que foi citado por força do incidente será excluído do processo, encerrando-se, assim, sua participação. De outro lado, caso se decida pela desconsideração, o sujeito que ingressou no processo passará a ocupar a posição de demandado, em litisconsórcio com o demandado original.

> **Importante**
>
> O incidente de desconsideração da personalidade jurídica, então, pode acarretar uma ampliação subjetiva da demanda, formando-se, por força do resultado nele produzido, um litisconsórcio passivo facultativo superveniente.

O incidente de desconsideração da personalidade jurídica não pode ser instaurado de ofício, dependendo sempre de provocação da parte interessada ou, quando atue no processo, do Ministério Público (art. 133), em plena consonância com o art. 50 do Código Civil.

> **Importante**
>
> Apesar de não previsão expressa do art. 28 do CDC, é rejeitada a interpretação no sentido de que ali seria possível desconsiderar-se *ex officio* a personalidade jurídica.

Também o contrário é possível, buscando-se a desconsideração para viabilizar a extensão da responsabilidade patrimonial de modo a viabilizar que se alcancem os bens da sociedade para garantir o pagamento das dívidas do sócio. É a chamada "desconsideração inversa da personalidade jurídica", que há muito é acolhida no Direito brasileiro, também regida pelos arts. 133 a 137 do CPC.

> **Importante**
>
> O incidente de desconsideração da personalidade jurídica pode instaurar-se em qualquer tipo de processo, cognitivo ou executivo, seja qual for o procedimento observado, comum ou especial. Pode, ainda, instaurar-se em qualquer fase do desenvolvimento processual, inclusive na fase executiva (art. 134). É possível, inclusive, que o incidente se instaure perante os tribunais, pelo menos nos processos de competência originária, como se extrai do disposto no parágrafo único do art. 136, que prevê a possibilidade de decisão do incidente por relator.

Caso o incidente se instaure no curso de um processo cognitivo (ou na fase de conhecimento de um processo "sincrético"), e vindo a ser proferida decisão que desconsidere a personalidade jurídica, o sócio (ou a sociedade, no caso de desconsideração inversa) passará a integrar o processo como demandado. Consequência disso é que a sentença poderá afirmar sua condição de responsável pela obrigação, o que tornará possível fazer com que a execução atinja seu patrimônio, nos termos do art. 790, VI.

De outro lado, não tendo sido instaurado o incidente durante o processo de conhecimento, sempre será possível postular a desconsideração da personalidade jurídica na fase de cumprimento da sentença. Nesse caso, assim como ocorrerá quando o incidente for instaurado no curso de execução fundada em título extrajudicial, sendo proferida a decisão que desconsidera a personalidade jurídica, o sócio ou a sociedade assumirá a posição de executado, de modo que sobre seu patrimônio passará a ser possível incidir a atividade executiva. Uma vez instaurado o incidente, deverá o juiz determinar a anotação, no cartório do distribuidor, dos dados relativos não só ao fato de que o incidente foi instaurado, mas, também, o registro de quem são o requerente e o requerido (art. 134, § 1º). Isso impedirá que terceiros venham a celebrar negócios jurídicos destinados à aquisição de bens do requerido e, posteriormente, aleguem que foram adquirentes de boa-fé por não haver anotação de processo pendente contra o alienante do bem.

> **Atenção**
>
> É extremamente relevante determinar qual o momento em que se deve considerar instaurado o incidente. A petição pela qual se requer a instauração do incidente precisará necessariamente preencher alguns requisitos (art. 134, § 4º). Assim, vindo a petição a juízo, deverá ser realizado um juízo de sua admissibilidade e, caso ele seja negativo, não se instaurará o incidente.
>
> Nesse pronunciamento, então, incumbirá ao juiz determinar a expedição de ofício dirigido ao distribuidor, para que ali promova as necessárias anotações.
>
> Só assim se poderá viabilizar a incidência da regra extraída do art. 137, por força da qual as alienações ou onerações de bens realizadas pelo requerido já poderão ser consideradas em fraude de execução após a instauração do incidente.

Caso o demandante, já na petição inicial (de processo cognitivo ou executivo), postule a desconsideração da personalidade jurídica, a citação do sócio ou da sociedade já será requerida originariamente. Ocorrendo esse requerimento originário, a demanda terá sido proposta em face do indigitado devedor da obrigação (seja a sociedade, seja o sócio) e, também, em face de terceiro (o sócio ou a sociedade, conforme o caso) que, não obstante estranho à relação obrigacional deduzida no processo, pode ser considerado também responsável pelo pagamento. Formar-se-á, então, um litisconsórcio passivo originário entre a sociedade e o sócio, não havendo qualquer motivo para a instauração do incidente (art. 134, § 2º).

Uma vez instaurado o incidente, suspende-se o processo até sua resolução. Ressalva o § 3º do art. 134 a hipótese prevista no § 2º, algo absolutamente desnecessário, pois neste caso não se instaura o incidente.

Afirma o texto do art. 134, § 3º, que a instauração do incidente de desconsideração da personalidade jurídica implica a suspensão do processo. Trata-se, porém, de *suspensão imprópria*, pois a suspensão do processo é a sua *paralisação total e temporária*. Se o incidente de desconsideração da personalidade jurídica implicasse mesmo a suspensão do processo, ter-se-ia um paradoxo: o processo ficaria suspenso até a resolução do incidente, mas, de outro lado, não se poderia resolver o incidente porque o processo estaria suspenso.

Fica, de todo modo, ressalvada a possibilidade de prática de atos urgentes, destinados a impedir a consumação de algum dano irreparável, nos estritos termos do disposto no art. 314.

Cessa a suspensão imprópria a que se refere esse dispositivo quando o incidente for decidido, ainda que tal decisão esteja sujeita a recurso. É que o agravo de instrumento, recurso cabível na hipótese, não é – ao menos em regra – dotado de efeito suspensivo (art. 995). E o mesmo se diga do agravo interno, recurso adequado nos casos em que a decisão do incidente cabe, no tribunal, ao relator.

No ato de requerimento de desconsideração da personalidade jurídica, incumbirá ao requerente apresentar elementos mínimos de prova de que estão presentes os requisitos para a desconsideração (estabelecidos na lei substancial).

Assim, formulada a petição de requerimento de desconsideração da personalidade jurídica, e não encontrando o juiz elementos que lhe permitam formar juízo de probabilidade acerca da presença dos requisitos da desconsideração, deverá dar vista ao requerente, de modo que este tenha a chance de demonstrar ao juiz que tais requisitos estão presentes. E ao juiz caberá, após esse diálogo com o requerente, proferir decisão acerca da admissibilidade ou não do incidente. Só assim se terá pleno respeito ao princípio do contraditório, o qual é a nota essencial de caracterização do processo.

2.5. Intervenção do *amicus curiae*

O *amicus curiae* é um terceiro que ingressa no processo para fornecer subsídios ao órgão jurisdicional para o julgamento da causa. Pode ser pessoa natural ou jurídica, e até mesmo um órgão ou entidade sem personalidade jurídica (art. 138). Exige a lei, para que se possa intervir como *amicus curiae*, que esteja presente a *representatividade adequada* quanto ao interesse que busca ver protegido no processo. Na verdade, esta deve ser compreendida como uma "contributividade adequada", ou seja, o que se exige é a verificação de que aquele terceiro está capacitado para contribuir adequadamente para a construção do resultado do processo.

> **Importante**
>
> O *amicus curiae* não é necessariamente um "terceiro imparcial" – como é o Ministério Público que intervém como fiscal da ordem jurídica –, mas um sujeito que normalmente será parcial, e que tem por objetivo ver um interesse (que sustenta) tutelado. O que o distingue do assistente (que também intervém por ter interesse em que uma das partes obtenha sentença favorável) é a natureza do interesse que legitima a intervenção, pois o assistente é titular da própria relação jurídica deduzida no processo ou de uma relação jurídica a ela vinculada.

Trata-se de uma intervenção voluntária (já que, nos termos do art. 138, aquele que pretenda manifestar-se como *amicus curiae* pode requerer seu ingresso no processo), mas não necessariamente espontânea (já que pode se dar por requerimento das partes, inclusive do assistente, podendo também ser o terceiro convidado a participar de ofício pelo juiz ou relator).

> **Atenção**
>
> A intervenção não pode se dar em qualquer processo. Estabelece a lei processual que, para ser deferida a intervenção do *amicus curiae*, é preciso que haja "relevância da matéria, [especificidade] do tema objeto da demanda ou [repercussão] social da controvérsia", requisitos objetivos estes que devem ser reputados alternativos (Enunciado nº 395 do FPPC).

Uma vez deferida a intervenção do *amicus curiae*, deverá o interveniente ser intimado para manifestar-se no prazo de quinze dias (art. 138). Essa intervenção não implica alteração de competência nem autoriza a interposição, pelo *amicus curiae*, de recursos (ressalvados os embargos de declaração e o recurso contra a decisão que julga o incidente de resolução de demandas repetitivas, nos termos do art. 138, §§ 1º e 3º, bem assim da decisão que julga recursos repetitivos, conforme o Enunciado nº 391 do FPPC).

É recorrível, porém, a decisão que indefere a intervenção do *amicus curiae* (art. 1.015, IX), caso em que caberá agravo de instrumento (mas não a que a defere ou determina, nos termos expressos no *caput* do art. 138). Assim, o terceiro que requer sua admissão no processo como *amicus curiae* poderá recorrer da decisão que indefere seu ingresso.

Cap. 4 – Litisconsórcio. Intervenção de Terceiros

> **Atenção**
>
> É preciso ressaltar o entendimento contrário do STJ, que compreende ser irrecorrível tanto a decisão que admite como a decisão que inadmite a intervenção.
>
> No mesmo sentido defendido pelos autores, e, portanto, contrariando o entendimento do STJ, o Supremo Tribunal Federal, quanto ao ponto, já proferiu decisão (RE 597.165 AgR/DF, rel. Min. Celso de Mello) em sentido contrário.

Incumbe ao juiz ou relator, na decisão que admitir ou determinar a intervenção do *amicus curiae*, definir quais serão seus poderes processuais. Veem-se, então, duas grandes diferenças entre a atuação do assistente e a do *amicus curiae*: enquanto aquele pode recorrer de todas as decisões judiciais, este tem severas limitações recursais. Além disso, o assistente tem os mesmos poderes processuais que o assistido, enquanto o *amicus curiae* só tem os poderes que a decisão que admite sua intervenção lhe outorgar.

O próprio CPC prevê a atuação de *amici curiae* no incidente de arguição de inconstitucionalidade (art. 947), no incidente de resolução de demandas repetitivas (art. 980) e nos recursos especiais e extraordinários repetitivos (art. 1.035, § 2º). É que em todos esses casos a decisão a ser proferida terá eficácia vinculante, o que exige – como requisito da legitimação constitucional de tais decisões e de sua eficácia – um contraditório ampliado, fruto da possível participação de todos os setores da sociedade e do Estado que podem vir a ser alcançados.

Confirma-se, assim, a ideia de que a intervenção do *amicus curiae* é um poderoso mecanismo de democratização do processo judicial, já que abre um espaço de oportunidade para a participação daqueles que têm *contributividade adequada* na comunidade de trabalho destinada a produzir o resultado da atividade jurisdicional.

EM RESUMO:

LITISCONSÓRCIO: CLASSIFICAÇÃO

Polo da relação	Ativo, passivo ou misto.
Momento de formação	Inicial ou ulterior.
Objeto litigioso	Simples ou unitário.
Formação	Facultativo ou necessário.

INTERVENÇÃO DE TERCEIRO

Assistência

Simples	Litisconsorcial
– Interesse jurídico; – Intervenção espontânea; – O assistente tem relação jurídica com uma das partes, diferente daquela que se discute no processo.	– Interesse jurídico; – Intervenção espontânea; – O assistente é parte na relação jurídica discutida no processo ou é colegitimado extraordinário para defender a relação discutida no processo.

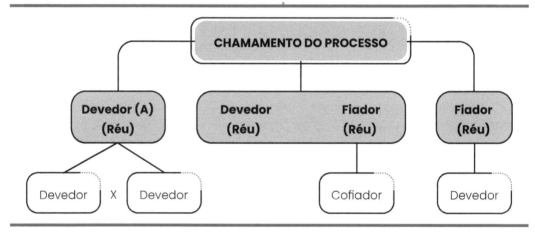

Amicus curiae

Por expressa disposição legal (art. 138, §§ 1º e 3º, do CPC), assegura-se ao *amicus curiae* legitimidade para recorrer da decisão que julgar o incidente de resolução de demandas repetitivas ou opor, também pela via recursal, embargos declaratórios.

Capítulo 5

Juiz. Ministério Público. Defensoria Pública. Atos Processuais. Negócios Processuais

1. O ESTADO-JUIZ. PODERES, DEVERES E IMPARCIALIDADE DO JUIZ

O Estado-juiz, no exercício de suas funções típicas, uma vez provocado, exercerá jurisdição para que, ao final do processo, observadas as garantias constitucionais, um ato decisório possa encerrar essa atividade, possivelmente resolvendo conflitos de interesses, ou integrando atividades particulares, para que produzam os efeitos almejados.

Estabelece o art. 139 que ao juiz cabe "dirigir" o processo. O dispositivo, compreendido no Estado Democrático de Direito, demanda do intérprete a percepção de que o juiz não é o polo central do processo, em torno do qual orbitam os demais sujeitos. Na verdade, deve-se ver o processo como um fenômeno *policêntrico*, em que juiz e partes têm a mesma relevância e juntos constroem, com a necessária observância do princípio constitucional do contraditório, seu resultado, incumbindo ao juiz estabelecer as diretrizes gerais, consoante as disposições legais.

É um poder-dever do juiz velar pela duração razoável do processo, evitando que este sofra dilações indevidas, bem como respeito ao princípio da igualdade.

Cabe também ao juiz prevenir ou reprimir qualquer ato atentatório à dignidade da justiça e indeferir postulações meramente protelatórias.

É dever do juiz, também, determinar todas as medidas (indutivas, coercitivas, mandamentais ou sub-rogatórias) necessárias para assegurar o cumprimento de ordem judicial. Observa-se, entretanto, seu caráter subsidiário às medidas executivas típicas. Além disso, é preciso ter claro que a aplicação dessas medidas não pode ser vista como uma punição ao devedor inadimplente, sendo meros mecanismos destinados a viabilizar a satisfação do direito do credor. Por isso são inaceitáveis decisões que determinam a apreensão de passaporte do devedor ou a suspensão da inscrição do devedor no CPF.

É preciso, então, recordar que o devedor responde pelo cumprimento de suas obrigações com *os seus bens* (art. 789), de modo que as medidas atípicas devem incidir sobre o patrimônio (e não sobre a pessoa) do devedor.

> **Atenção**
>
> A exceção fica por conta da execução de alimentos, em que se admite como medida executiva típica a prisão do devedor, o que legitima o emprego de medidas executivas atípicas menos gravosas do que a prisão (como retenção do passaporte do devedor). Como regra geral, porém, as medidas executivas atípicas devem ser patrimoniais, e só podem incidir sobre quem tenha bens, já que, como dito, não são um castigo, mas um mecanismo de ampliação da eficiência da execução.

Incumbe ao juiz, também, promover a autocomposição, preferencialmente com o auxílio de profissionais capacitados: os conciliadores e os mediadores.

Atribui a lei processual ao juiz o poder-dever de dilatar os prazos processuais (o qual só pode ser exercido antes do término do prazo a ser dilatado, nos termos do parágrafo único do art. 139) e alterar a ordem da produção dos meios de prova (determinando, por exemplo, que se ouçam as testemunhas antes da realização da prova pericial, em prol da eficiência), flexibilizando o procedimento para adequá-lo às necessidades do caso concreto e, com isso, assegurar uma mais efetiva proteção aos direitos (Enunciado nº 107 do FPPC: "O juiz pode, de ofício, dilatar o prazo para a parte se manifestar sobre a prova documental produzida").

É também dever do juiz exercer o poder de polícia processual, requisitando, sempre que necessário, força policial, além de poder valer-se da força de segurança interna dos fóruns.

Tem o juiz, também, o poder de determinar, a qualquer tempo, a intimação da parte para comparecer a fim de ser inquirida sobre os fatos da causa (caso em que não incidirá a assim chamada "pena de confesso", da qual só se pode cogitar quando se trata da colheita do depoimento pessoal a que se referem os arts. 385 e seguintes). O que se tem aí não é o depoimento pessoal, mas um *interrogatório livre*, destinado unicamente a permitir que o juiz se esclareça sobre algum fato relevante.

Atribui a lei ao juiz (art. 139, IX) o dever de determinar o suprimento dos pressupostos processuais e o saneamento de outros vícios do processo. Extrai-se daí a inegável existência de uma preferência do sistema pela resolução do mérito (podendo-se falar em um princípio da primazia da resolução do mérito), só sendo possível a extinção do processo sem sua resolução nos casos em que haja vício insanável ou em que o vício sanável não tenha sido sanado não obstante isto tenha sido possibilitado.

Há casos em que a lei expressamente determina que esse poder seja exercido, como se dá no caso em que o juiz abre prazo para que o autor emende a petição inicial (art. 321) ou quando se determina que o STJ e o STF criem oportunidade para a correção de vícios formais de pequena gravidade nos recursos excepcionais (art. 1.029, § 3º). Em outros casos, porém, o juiz deverá determinar a correção do vício, ou corrigi-lo ele próprio, com base no disposto nesse inciso IX.

Por fim, estabelece o inciso X do art. 139 que incumbe ao juiz – verificando a existência de diversas demandas individuais repetitivas – determinar a expedição de ofícios aos legitimados ativos para o ajuizamento de demanda coletiva, a fim de facilitar a propositura desta. Trata-se de disposição que, a rigor, já existia – de forma similar – no art. 7º da Lei de Ação Civil Pública, e que agora é ampliada (já que a disposição anterior só falava em remessa de peças ao Ministério Público) e que, espera-se, sirva para que, na prática, mais demandas coletivas sejam propostas. Além disso tudo, é do juiz o poder-dever de julgar a causa. E deste não poderá ele se eximir alegando a existência de obscuridade ou lacuna no ordenamento jurídico (art. 140). Incumbe ao juiz dar à causa a solução prevista no ordenamento jurídico, aplicando as regras e os princípios adequados para sua solução. Não pode o juiz decidir *contra legem*, sob pena de ofensa ao princípio da legalidade.

Impende, porém, observar o disposto no parágrafo único do art. 140 (segundo o qual ao juiz seria autorizado a decidir *por equidade* nos casos previstos em lei). O CPC só prevê expressamente a possibilidade de um julgamento que se dê "fora dos limites da legalidade estrita" nos procedimentos de jurisdição voluntária (art. 723, parágrafo único). Em outras leis, porém, há a previsão de novas hipóteses de julgamento por equidade (como se dá, por exemplo, no art. 928 do CC). É, porém, inadmissível que o juiz assim decida.

O juiz deverá, então, julgar a causa em conformidade com o ordenamento jurídico. E terá de fazê-lo "nos limites propostos pelas partes, sendo-lhe vedado conhecer de questões não suscitadas a cujo respeito a lei exige iniciativa da parte" (art. 141). Fica, então, o juiz limitado pelo poder que têm as partes de estabelecer os limites da controvérsia (*princípio dispositivo*), só podendo proferir decisões acerca daquilo que tenha sido por elas deduzido no processo (com a expressa ressalva das questões de ordem pública, assim entendidas aquelas que ao juiz é dado conhecer de ofício, suscitando seu debate independentemente de provocação das partes). Daí resulta uma necessária congruência entre os limites subjetivos e objetivos da demanda e a decisão que o Estado-juiz pode proferir, não se admitindo, por conseguinte, a prolação de decisões que sejam *ultra petita, extra petita* ou *citra petita*.

Caso o juiz se dê conta de que as partes tenham praticado uma *colusão processual*, isto é, que, de comum acordo, valeram-se do processo para praticar ato simulado ou para conseguir um resultado proibido pelo ordenamento, incumbe-lhe proferir decisão "que impeça os objetivos das partes" (em outros termos, incumbe ao juiz extinguir o processo sem resolução do mérito, ou julgar o pedido improcedente, conforme o caso), aplicando de ofício as sanções resultantes da litigância de má-fé (art. 142).

Responde o juiz por perdas e danos que cause aos demais sujeitos do processo (art. 143) quando exercer suas funções com dolo ou fraude (art. 143, I), ou quando recusar, omitir ou retardar, sem justo motivo, providência que deva ordenar de ofício ou a requerimento da parte (art. 143, II). Nos casos previstos no inciso II do art. 143, o juiz só responderá se, antes, a parte requerer expressamente que determine a providência e seu requerimento não for apreciado no prazo de dez dias (art. 143, parágrafo único). É preciso, então, que – uma vez ultrapassado o prazo legal para que o juiz determine a providência que lhe incumbia ordenar – o interessado formule um novo requerimento, específico, para ser apreciado no prazo de dez dias e, então, após o decurso do decêndio, poder-se-á considerar responsável o juiz pelos danos resultantes da demora.

Vale destacar, então, que em ambos os casos a responsabilidade civil do juiz é subsidiária, não respondendo diretamente perante a parte lesada. Esta deverá demandar em face da pessoa jurídica de direito público (União ou Estado, conforme o dano lhe tenha sido causado por um juiz federal ou estadual), e esta, caso venha a ser condenada, poderá exercer direito de regresso em face do magistrado. Deve-se admitir, nesse caso, que o ente público demandado denuncie a lide ao juiz, de modo que na mesma sentença sejam desde logo fixadas não só a responsabilidade da pessoa jurídica de direito público, mas também a do juiz.

> **Importante**
>
> Em nenhuma hipótese, porém, a responsabilidade civil do juiz poderá ser apurada no mesmo processo em que se afirme ter ele praticado o ato gerador de sua responsabilidade civil. A questão deverá ser objeto de apuração em processo autônomo, em que o juiz será parte e, por isso, lhe será assegurada ampla participação em contraditório na formação do resultado do processo. Há, então, duas possibilidades: ou a parte lesada demanda em face da União ou do Estado e, caso a pessoa jurídica de direito público fique vencida, ajuíza outra demanda, regressiva, em face do juiz; ou a parte lesada demanda em face da pessoa jurídica de direito público, e esta denuncia a lide ao juiz, tudo se resolvendo em um só processo.

Dividem-se as causas de afastamento do juiz por vício de parcialidade em dois grupos: *impedimento (mais grave)* e *suspeição (menos grave)*. Basta dizer que o pronunciamento judicial transitado em julgado que tenha sido proferido por juiz impedido pode ser impugnado por ação rescisória (art. 966, II), o que não acontece com o pronunciamento emanado de juiz suspeito.

Os casos de impedimento do juiz estão enumerados no art. 144 do CPC. Pois o juiz estará, em primeiro lugar, impedido de atuar no processo em que tenha intervindo como mandatário da parte, oficiado como perito, funcionado como membro do Ministério Público ou prestado depoimento como testemunha. Estará também impedido de atuar no processo aquele magistrado que nele já tenha atuado em outro grau de jurisdição. Fica ainda impedido o juiz de atuar no processo em que funciona, como advogado, defensor público ou membro do Ministério Público, seu cônjuge ou companheiro, ou qualquer parente seu, consanguíneo ou afim, em linha reta, ou na colateral até o terceiro grau (desde que o advogado, defensor público ou promotor de justiça já atuasse no processo antes do magistrado). O CPC estabeleceu, inclusive, que o impedimento existirá em casos nos quais seja parte algum cliente do escritório de advocacia em que atua o parente do juiz, mesmo quando representado por escritório de advocacia distinto.

Há impedimento do juiz quando é parte no processo ele próprio, seu cônjuge ou companheiro, ou algum parente seu, consanguíneo ou afim, em linha reta ou na colateral até o terceiro grau. E também há impedimento quando o juiz for sócio ou membro de direção ou administração de pessoa jurídica parte na causa (como se daria, por exemplo, em um processo em que seja parte uma associação de magistrados de que o juiz integre a diretoria).

Atenção

Dado importante é que a lei faz uma distinção entre sociedades e associações. No caso das sociedades, basta que o juiz seja sócio para estar impedido. De outro lado, no caso das associações, o impedimento só se manifesta quando o juiz for membro da administração ou direção.

É impedido o juiz que seja herdeiro presuntivo, donatário ou empregador de quem é parte na causa. Também é impedido o juiz quando figura como parte no processo uma instituição de ensino com a qual tenha relação de emprego ou resultante de um contrato de prestação de serviços. É, ainda, impedido o juiz quando seja ele, em processo distinto, parte adversa de quem é parte ou de seu advogado (e não só quando é o juiz quem "promov[e] a ação", como estabelece o inciso IX do art. 144, mas também quando o juiz é, no outro processo, o demandado).

Por fim, há impedimento à atuação, no processo, de juiz que seja parente de outro magistrado que já tenha atuado na mesma causa (sendo o parentesco por consanguinidade ou afinidade, em linha reta ou na colateral até o terceiro grau).

Quanto às causas de suspeição de parcialidade do juiz (art. 145), em primeiro lugar, o juiz é suspeito de parcialidade quando amigo íntimo ou inimigo de alguma das partes. Também é suspeito o juiz que receber presentes de pessoas que tiverem interesse na causa, antes ou depois de iniciado o processo, aconselhar alguma das partes acerca do objeto da causa ou subministrar meios para atender às despesas do processo.

Reconhece-se a suspeição do juiz quando for parte no processo algum credor ou devedor dele, de seu cônjuge ou companheiro, ou de parentes destes, em linha reta até o terceiro grau. Por fim, é também suspeito o juiz que de alguma forma seja interessado no resultado do processo em favor de alguma das partes.

Além de todas essas hipóteses, autoriza-se o juiz a declarar-se suspeito por motivo de foro íntimo, sem necessidade de declarar suas razões para tê-lo feito (art. 145, § 1º), hipótese que apenas o juiz pode levantar, de ofício.

O que se percebe, pela leitura da lei, é que apenas situações objetivamente descritas, como a do parentesco ou da amizade, são capazes de fazer com que se repute parcial o magistrado. Não há, no ordenamento processual, qualquer preocupação com os vieses cognitivos que podem afetar a formação da convicção do juiz, afastando sua parcialidade.

Não se admite que alegue suspeição do juiz aquele que lhe tenha dado causa. Tampouco pode alegar a suspeição aquele que já tenha praticado no processo algum ato que significa manifesta aceitação do magistrado (art. 145, § 2º).

Impedimento e suspeição do juiz podem ser declarados de ofício pelo magistrado. É permitido também às partes que aleguem o vício. A arguição do impedimento ou da suspeição deve ser feita no prazo de quinze dias a contar da ciência do fato, em petição específica dirigida ao próprio juiz da causa, em que se indicará especificamente o motivo da recusa, sendo possível a indicação de testemunhas e a juntada de documentos (art. 146).

> **Importante**
>
> Não há preclusão para a arguição de impedimento do magistrado, que pode ser arguido a qualquer tempo e grau de jurisdição, figurando, inclusive, como hipótese de ação rescisória; mas há preclusão para a arguição da suspeição, pois nessa última hipótese, vencido o prazo de quinze dias sem manifestação das partes, conclui-se por sua permanência sem qualquer vício processual.

Arguido o vício, pode ocorrer de o juiz, desde logo, reconhecer o impedimento ou a suspeição, caso em que remeterá os autos ao seu substituto legal. Não sendo esse o caso, porém, deverá o juiz determinar a autuação em apartado do incidente e, no prazo de quinze dias, apresentar suas razões (acompanhadas de documentos e rol de testemunhas, se houver), ordenando em seguida a remessa dos autos ao tribunal (art. 146, § 1º). O procedimento se justifica, já que nas arguições de impedimento e suspeição o magistrado é parte incidente ou parte no incidente, não lhe competindo julgá-lo. Pela mesma razão, a ele devem ser garantidos o contraditório e a ampla defesa.

O incidente de arguição de impedimento ou suspeição será, no tribunal, distribuído a um relator, que deverá declarar se atribui ou não efeito suspensivo ao incidente. Caso o efeito suspensivo não seja atribuído, o processo continuará a tramitar normalmente (art. 146, § 2º, I). Atribuído o efeito suspensivo, porém, o processo ficará paralisado até o julgamento do incidente (art. 146, § 2º, II). Enquanto não houver esse pronunciamento inicial do relator ou no caso de ser o incidente recebido com efeito suspensivo, eventual requerimento de tutela de urgência deverá ser dirigido diretamente ao substituto legal do juiz cujo impedimento ou suspeição se tenha arguido (art. 146, § 3º).

Verificando o tribunal que a arguição é improcedente, a rejeitará e determinará o arquivamento do incidente. Acolhida a alegação, determinará que o processo siga com o substituto legal do magistrado, condenando o arguido a pagar as custas do incidente (art. 146, § 5º). Nesse caso, permite-se ao juiz recorrer contra a decisão (o que exigirá a representação do juiz por advogado, já que o magistrado não tem capacidade postulatória).

Reconhecido o impedimento ou a suspeição, deve o tribunal fixar o momento a partir do qual o juiz não poderia ter atuado, decretando a nulidade dos atos que o juiz impedido ou suspeito não poderia ter praticado (art. 146, § 6º).

Tudo isso se aplica, no que couber, aos membros do Ministério Público, auxiliares da justiça e demais sujeitos imparciais do processo (art. 148), mas não às testemunhas (art. 148, § 4º), devendo o juiz da causa decidir o incidente, sem suspensão do processo (art. 148, § 2º). O impedimento e a suspeição das testemunhas se submetem a regime próprio (arts. 447 e 457, § 1º). No caso de impedimento ou suspeição de peritos, nas hipóteses em que se tenha nomeado um órgão especializado, este indicará o nome e a qualificação dos profissionais que participarão da atividade (art. 156, § 4º), a fim de que o impedimento ou suspeição possam ser aferidos.

> **Atenção**
>
> Considerando a necessidade de cooperação entre os atores do Poder Judiciário, o CNJ publicou a Resolução nº 441, de 24 dezembro de 2021, que instituiu a Visão Global do Poder Judiciário, em caráter permanente, que se destina a magistrados brasileiros que tenham interesse em atuar em órgãos diversos do tribunal de origem, onde se encontra sua vinculação ao qual se vinculam. Isso implica mudança temporária de lotação do magistrado, que seguirá auxiliando a unidade jurisdicional para o qual fora designado, em prejuízo da unidade inicial. Em termos práticos, essa resolução autoriza que um magistrado, vinculado ao TJBA, passe seis meses atuando no TJSP, o que, em âmbito doutrinário, já é conhecido como o juiz itinerante.

2. MINISTÉRIO PÚBLICO

A intervenção do Ministério Público no processo civil se dá nos termos do disposto na Constituição e nos arts. 176 a 181 do CPC. Instituição essencial para a administração da justiça, o MP atua na defesa da ordem jurídica, do regime democrático e dos direitos sociais e individuais indisponíveis (art. 176). Atua ele no processo civil de duas maneiras: como parte da demanda (demandante ou, o que é mais raro, demandado) e como "fiscal da ordem jurídica" (*custos legis*).

Destaca-se em primeiro lugar sua unidade (que, nos termos do art. 127, § 1º, da Constituição, é um dos princípios institucionais do Ministério Público). Em razão desse princípio, então, deve-se considerar que o MP é uno (assim como acontece com o Poder Judiciário), não obstante haja diversos órgãos ministeriais com atribuições distintas (do mesmo modo como há diversos órgãos jurisdicionais com competências distintas). Por essa razão, se o MP é autor ou réu de um processo, não se aplica o disposto no art. 179, I, do CPC, não se podendo cogitar de dar vista ao MP "depois das partes", pois, do contrário, haveria um desequilíbrio no contraditório.

Problema maior se tem quando o MP interpõe recurso contra uma decisão, o qual costuma ser interposto pelo órgão ministerial que tem atuação na instância em que foi proferida a decisão recorrida. Contudo, quando o processo chega ao tribunal, há um outro órgão ministerial, com atribuição para atuar na instância superior, que também precisa se manifestar. Acontece que, em um caso assim, ter-se-ia a manifestação do recorrente depois de ter sido aberta oportunidade para que o recorrido apresentasse suas contrarrazões, o que viola a igualdade das partes e o contraditório, afrontando-se, desse modo, o devido processo constitucional. Impõe-se, então, uma interpretação conforme a Constituição, devendo o tribunal proceder da seguinte maneira: chegando o recurso ao tribunal já com as manifestações do Ministério Público recorrente e do recorrido, abre-se vista dos autos ao Procurador de Justiça que atua pelo MP junto ao tribunal para manifestar-se sobre o recurso e, em seguida, dá-se nova vista ao recorrido para se manifestar a respeito do parecer ministerial. Evidentemente, se o MP é recorrido, nada disso é necessário, pois não há razão para ouvir-se o recorrente depois da manifestação do recorrido.

Quando atua como demandante, no exercício de suas atribuições constitucionais (art. 177) e legais, o Ministério Público é um demandante como outro qualquer, por exemplo, quando do ajuizamento de "ação civil pública" ou de "ação de improbidade administrativa". Será ele, porém, intimado para intervir como fiscal da ordem jurídica (art. 178) nas causas que, não sendo ele parte da demanda, envolvam interesse público ou social (não sendo suficiente para justificar a intervenção do MP o mero fato de a Fazenda Pública ser parte, nos termos do parágrafo único do art. 178); naquelas que envolvam interesse de incapaz; nas que envolvam litígios coletivos pela posse da terra; além de outros casos expressamente previstos na Constituição da República ou em lei (como se dá, *e.g.*, no processo do mandado de segurança, nos termos do art. 12 da Lei nº 12.016/2009, ou nos processos em que é parte uma mulher vítima de violência doméstica e familiar, nos termos do art. 698, parágrafo único).

Nos casos em que intervém como fiscal da ordem jurídica, o MP terá vista dos autos depois das partes, devendo ser intimado de todos os atos do processo (art. 179, I), podendo produzir provas, requerer as medidas processuais que considere pertinentes e recorrer (art. 179, II).

O Ministério Público, seja ele parte da demanda ou fiscal da ordem jurídica, tem prazo em dobro para a prática de atos processuais, que corre a partir de sua intimação pessoal (art. 180), a qual se dá por carga, remessa ou meio eletrônico (art. 183, § 1º, aplicável ao MP por expressa determinação do art. 180, *in fine*). Não será duplicado o prazo, porém, nos casos em que haja expressa previsão de um prazo para a manifestação do MP (art. 180, § 2º), como se tem, por exemplo, no art. 721 ou no art. 956 do CPC.

Findo o prazo para sua manifestação, com ou sem ela, o processo terá andamento (art. 180, § 1º), dependendo sua validade, nos casos de intervenção obrigatória do Ministério Público, de sua intimação, mas não de sua manifestação.

Responde o membro do Ministério Público – civil e regressivamente – quando agir com dolo ou fraude no exercício de suas funções (art. 181). Também aqui, portanto, o prejudicado deverá demandar em face da União ou do Estado (conforme tenha sido lesado por ato de membro do Ministério Público da União ou do Estado), tendo a Fazenda Pública direito de regresso contra o membro do Ministério Público (admitida, na hipótese, a denunciação da lide, nos termos do art. 125, II, do CPC).

3. DEFENSORIA PÚBLICA

A Defensoria Pública é uma instituição extremamente relevante para a defesa dos economicamente necessitados, e fundamental para a implementação da garantia constitucional de assistência jurídica integral e gratuita aos hipossuficientes econômicos. A ela incumbe, nos termos do art. 185, exercer a orientação jurídica, a promoção dos direitos humanos e a defesa dos direitos (individuais e supraindividuais) dos necessitados, em todos os graus de jurisdição, de forma integral e gratuita. Na maioria dos casos a atuação da Defensoria Pública se dá no patrocínio dos interesses de uma das partes do processo (seja demandante, demandado ou terceiro interveniente), a qual não tem condições de arcar com o custo da contratação de um advogado privado (e não encontra advogado privado disposto a atuar no processo *pro bono*). Há, porém, casos em que a Defensoria Pública atua no processo em nome próprio, como se dá quando é ela a demandante em "ação civil pública" (art. 5º, II, da Lei nº 7.347/1985), ou quando é ela a requerente da instauração de incidente de resolução de demandas repetitivas (art. 977, III, do CPC).

Além disso, a Defensoria Pública atua, no processo que versa sobre conflitos possessórios coletivos, como um defensor dos interesses da coletividade de hipossuficientes demandados, ainda que estes tenham advogado que patrocine sua causa. É o que se tem chamado de atuação da Defensoria Pública como *custos vulnerabilis* (ou seja, "guardião dos vulneráveis"), prevista no art. 554, § 1º, e no art. 565, § 2º, ambos do CPC. Essa intervenção, porém, e a rigor, não se diferencia da de um *amicus curiae* (CPC, art. 138), que pode atuar no processo de modo parcial, na defesa dos interesses de uma (ou mais) das partes de um processo.

A Defensoria Pública tem prazo em dobro para manifestar-se no processo (art. 186), o que se dá não só nos casos em que atue na representação processual de parte economicamente necessitada mas, também, quando a própria Defensoria Pública é parte. O prazo para a Defensoria tem início com a intimação pessoal do defensor público, que pode se dar por carga, remessa ou meio eletrônico (art. 186, § 1º c/c art. 183, § 1º).

Não haverá, porém, prazo em dobro naqueles casos em que a lei prevê expressamente um prazo próprio para a Defensoria Pública (art. 186, § 4º).

> **Atenção**
>
> Também terão prazo em dobro os escritórios de prática jurídica das Faculdades de Direito reconhecidas na forma da lei e as entidades que prestam assistência judiciária gratuita em razão de convênios firmados com a própria Defensoria Pública (art. 186, § 3º), já que essas entidades exercem funções análogas às da Defensoria Pública na defesa de interesses de pessoas hipossuficientes.

Muitas vezes é difícil o contato pessoal entre o defensor público e seu assistido. Por conta disso, prevê o art. 186, § 2º, a possibilidade de que o defensor requeira ao juiz que determine a intimação pessoal da parte assistida quando o ato processual depender de providência ou informação que somente por ela pode ser realizada ou prestada. Nesses casos, então, a intimação será feita por ato do próprio órgão jurisdicional.

Responde o defensor público – civil e regressivamente – quando agir com dolo ou fraude no exercício de suas funções (art. 187). Também aqui, portanto, incumbirá ao lesado demandar em face da União ou do Estado (conforme se trate de defensor público da União ou de Estado), e o Poder Público terá direito de regresso contra o defensor, o qual poderá ser exercido por meio de denunciação da lide.

4. FATOS, ATOS E NEGÓCIOS PROCESSUAIS

4.1. Fato, ato e negócio jurídico

O processo, extrinsecamente, revela-se como um procedimento, ou seja, como um complexo ordenado de atos.

Não se pode, porém, almejar uma adequada sistematização do tema sem que sejam analisados alguns conceitos prévios, os de *fato jurídico*, *ato jurídico* e *negócio jurídico*. Após uma breve resenha sobre esses três conceitos, se poderá passar a tratar de sua aplicação ao campo processual.

Fato jurídico é todo acontecimento capaz de produzir consequências no mundo do Direito. Assim, por exemplo, um casamento, o nascimento, a morte, um contrato, todos estes são fatos jurídicos. Conceito amplo, capaz de abrigar espécies tão distintas entre si como as arroladas *supra*, denomina-se a essa categoria, tradicionalmente, fato jurídico *lato sensu*.

Os fatos jurídicos *lato sensu*, por sua vez, dividem-se em fatos jurídicos em sentido estrito e atos jurídicos. Fato jurídico *stricto sensu* é todo acontecimento capaz de produzir consequências jurídicas e que se produza independentemente de uma vontade humana lícita. Assim, entre os fatos jurídicos *stricto sensu* encontram-se eventos naturais, como a morte e o nascimento, e os atos ilícitos (embora seja relevante advertir que é polêmica a inclusão dos atos ilícitos entre os fatos jurídicos em sentido estrito, como aqui se fez).

Os atos jurídicos, por sua vez, podem ser definidos como os atos de vontade humana, realizados em conformidade com o direito, e que tendem à produção de efeitos jurídicos. Diz-se que os atos jurídicos "tendem à produção de efeitos jurídicos" (e não que eles "produzem efeitos jurídicos") pela simples razão de que há atos jurídicos ineficazes, incapazes de produzir qualquer efeito, mas que nem por isso deixam de ser considerados atos jurídicos. Entre os componentes dessa categoria encontram-se o casamento, o testamento e os contratos. A esse conceito costuma-se denominar ato jurídico *lato sensu*. Esses atos jurídicos, por sua vez, dividem-se em dois subgrupos: os atos jurídicos *stricto sensu* e os negócios jurídicos. Ambos são atos de vontade humana lícita e se diferenciam pela direção da vontade.

Há atos em que a vontade humana é dirigida tão somente à prática destes, decorrendo seus efeitos da lei. É o que se dá, por exemplo, com o casamento. Quando alguém se casa, quer praticar o ato, e os efeitos decorrem da lei, produzindo-se mesmo contra a vontade dos sujeitos que praticam o ato. Já em outras ocasiões, a vontade humana é dirigida à produção de certo efeito (por exemplo, fazer com que um bem, na sucessão em razão da morte de seu titular, se transfira para o patrimônio de um amigo). Nessa hipótese, o ato é mero instrumento destinado à consecução de um fim, ou seja, a produção do efeito. Ato jurídico *stricto sensu* no primeiro exemplo, negócio jurídico no segundo, eis a diferença entre as duas figuras.

4.2. Fatos processuais

Ao fato jurídico (*stricto sensu*) que exerce influência no processo dá-se o nome de fato processual, o qual corresponde aos eventos que independem da vontade humana lícita e que são capazes de influir no processo. Assim, por exemplo, a morte de uma das partes, capaz de determinar a suspensão do processo (art. 313, I, do CPC), é exemplo de fato processual de origem natural. De outro lado, a litigância de má-fé é outro exemplo de fato processual, por se tratar de ilícito processual, sendo certo que os atos ilícitos se enquadram na categoria dos fatos, e não na dos atos processuais.

4.3. Atos do processo e atos processuais

Ao ato jurídico que exerce influência no processo se deve dar a designação de *ato do processo*. Este pode ser ato do processo *stricto sensu* ou ato processual. Diferem entre si em razão do sujeito que os pratica, uma vez que os atos processuais são praticados exclusivamente pelas partes e pelo órgão jurisdicional. Assim sendo, e havendo atos jurídicos que, embora não sejam praticados por nenhum desses sujeitos, são processualmente relevantes, não se pode deixar de reconhecer a existência dessa outra categoria de atos jurídicos, capazes de exercer influência no processo, mas que não se incluem entre os atos processuais. Exemplos de atos do processo em sentido estrito são o depoimento da testemunha e a informação prestada por uma repartição pública em resposta a ofício enviado pelo juízo.

Os atos processuais podem ser definidos como os atos que têm por consequência imediata a constituição, a conservação, o desenvolvimento, a modificação ou a extinção de um processo. Exemplo de ato processual de constituição do processo é a demanda, ato inicial de impulso da atividade jurisdicional. Ato que tem por efeito a conservação do processo é a medida cautelar, provimento judicial que tem por fim, precisamente, garantir a efetividade de um processo. Como exemplo de ato processual de desenvolvimento, pode-se referir a audiência prévia de autocomposição (art. 334). Ato de modificação do processo é a alteração objetiva da demanda, com a alteração, por exemplo, do pedido, o que modifica o objeto do processo. Por fim, ato extintivo do processo é a sentença, que o próprio CPC define como ato de encerramento de um procedimento cognitivo ou executivo.

> **Atenção**
>
> Muito embora o processo já exista sem a citação, pela presença do autor e do Estado-juiz, por ela é possível completar a relação jurídica processual, estendendo seus efeitos para o réu. Na prática, isso significa dizer que a citação válida implica para o demandado: litispendência, litigiosidade do objeto, constituição da mora e, ainda, a impossibilidade de o autor alterar a demanda sem a anuência do réu.

4.4. Classificação dos atos processuais

Classificam-se os atos processuais por um critério subjetivo, sendo certo que cada espécie comportará uma subclassificação por um sistema objetivo. Classificam-se os atos processuais em atos das partes e atos do órgão jurisdicional. Estes últimos dividem-se, ainda, em atos do juiz e atos dos auxiliares da justiça.

Os atos das partes são de quatro espécies: *postulatórios, dispositivos, instrutórios* e *reais*.

Atos postulatórios são aqueles que contêm alguma solicitação ao Estado-juiz. Dividem-se em requerimentos (quando dizem respeito a questões processuais) e pedidos (estes dizem respeito ao mérito do processo, sendo certo que o pedido é um dos elementos identificadores da demanda do autor). Verifica-se a diferença entre as duas espécies de ato postulatório quando se observa, por exemplo, o texto do art. 329, II, do CPC, que trata da possibilidade de alteração *do pedido*, e expressamente faz referência à possibilidade de que se formule *requerimento* de prova suplementar. Aquele, que a lei processual chama de pedido, é o veículo processual do objeto do processo, o *Streitgegenstand* da doutrina alemã, ou seja, o mérito do processo (ou da causa). Este, denominado pela lei de requerimento, concerne a um aspecto processual, qual seja, a produção de uma prova.

Atos dispositivos são declarações de vontade destinadas a permitir que as partes livremente regulem suas posições jurídicas no processo. Podem ser unilaterais – praticados por apenas uma das partes, como o reconhecimento do pedido, a renúncia à pretensão ou a desistência da ação – e bilaterais (ou concordantes) – praticados por ambas as partes, como a transação e a convenção para suspensão do processo. *Alguns atos dispositivos bilaterais* são negócios jurídicos processuais.

Atos instrutórios são os que têm por finalidade convencer o julgador, contribuindo para a formação do resultado do processo. Instruir, como se sabe, significa preparar, razão pela qual nada impede que se afirme que todo ato processual realizado antes da formação do provimento jurisdicional final é instrutório. Adota-se, aqui, porém, o termo em sentido mais estrito, reconhecendo-se duas espécies de atos instrutórios: as alegações, manifestações aduzidas em defesa do interesse de uma ou outra das partes, como a sustentação oral no julgamento de um recurso, os memoriais, e mesmo as alegações contidas na petição inicial e na contestação, e os atos probatórios, atos de produção de prova praticados pelas partes, como a confissão e o depoimento pessoal. O que se verifica, então, é que as partes, por meio da prática de atos instrutórios, exercem seu *direito ao contraditório*, participando do processo e influenciando seu resultado.

Por fim, os atos reais, ou seja, aqueles que se manifestam *re, non verbis*. Em outras palavras, têm-se aqui atos que se caracterizam por seu aspecto material, não sendo propriamente atos de postulação, razão pela qual são chamados de "atos jurídicos de evento físico". Exemplo de ato real é o pagamento de custas judiciais.

Os atos do órgão jurisdicional, como visto, dividem-se em atos do juiz e atos dos auxiliares da justiça. Os atos do juiz podem ser provimentos (ou pronunciamentos) e atos reais (ou materiais). Pronunciamentos do juiz são atos pelos quais se manifesta a autoridade jurisdicional: a *sentença*, a *decisão interlocutória* e o *despacho*.

Sentença é o ato pelo qual o juiz põe fim a um procedimento, seja ele cognitivo ou executivo (art. 203, § 1º, do CPC), com base nas hipóteses ventiladas pelos arts. 485 e 487 do CPC. Decisão interlocutória é qualquer outro pronunciamento de conteúdo decisório, ou seja, qualquer decisão que não seja capaz de encerrar um procedimento (art. 203, § 2º, do CPC), como decisão de saneamento e organização do processo ou o pronunciamento que defere tutela provisória. Por fim, despachos são os pronunciamentos judiciais destituídos de qualquer conteúdo decisório, como o ato que determina a remessa dos autos ao contabilista judicial, ou o que determina a emenda da petição inicial.

Considerando os pronunciamentos praticados por órgãos colegiados, com destaque para os tribunais, podemos classificá-los em decisões monocráticas, aqui compreendidas as decisões do presidente, do vice-presidente ou do relator; e as decisões colegiadas, que chamamos de acórdãos.

De outro lado, os atos reais são aqueles que se manifestam *re, non verbis*, podendo ser *instrutórios* ou *de documentação*. Atos instrutórios são os atos do juiz que se destinam a preparar o resultado final do processo, como é o caso da colheita do depoimento de uma testemunha ou a realização de uma inspeção judicial. E atos de documentação, aqueles que o juiz pratica para registrar ou autenticar outros atos processuais (como assinar uma decisão ou o termo de audiência).

Por fim, os atos dos auxiliares da justiça podem ser *de movimentação* (como o termo de abertura de vista e o termo de conclusão), *de documentação* (como a certidão e o termo de juntada) e *de execução*, também chamados de *diligências* (como a citação e a perícia). Observe-se que, nos termos do art. 203, § 4º, o escrivão (ou um escrevente autorizado) pode praticar atos meramente ordinatórios, os quais podem ser de movimentação ou de documentação, sem que se faça necessária a prolação de despacho judicial. Assim, por exemplo, poderá o escrivão, de ofício, abrir vista a uma das partes para que se manifeste sobre documento juntado pela outra.

Tais atos, porém, só poderão ser praticados pelo escrivão quando forem de conteúdo predeterminado. De outro lado, porém, encontram-se despachos judiciais que permanecem necessários, já que seu conteúdo não é determinado previamente. Por tais razões, nessas hipóteses permanece a necessidade de que o despacho judicial seja proferido.

4.5. Forma dos atos processuais (tempo, lugar e modo dos atos processuais)

Sob a denominação genérica "forma dos atos processuais" são estudados três temas: tempo, lugar e modo dos atos processuais. No primeiro, estuda-se o horário da prática dos atos processuais e os prazos para sua realização; no segundo, o local onde tais atos devem ser praticados; e no último, os aspectos formais propriamente ditos, ou – como indica a terminologia aqui empregada – o modo como tais atos devem ser praticados.

Cap. 5 – Juiz. Ministério Público. Defensoria Pública

> **Importante**
>
> Quanto ao tempo dos atos processuais, há que se observar, antes de mais nada, a regra geral, contida no art. 212 do CPC, segundo a qual os atos processuais devem ser praticados nos dias úteis, entre seis e vinte horas. A prática de ato processual fora desse horário é excepcional, e se dará apenas quando estritamente necessário. É preciso, porém, não se confundir horário de prática de ato processual com horário de expediente forense. Este não é necessariamente idêntico àquele.

O lugar dos atos processuais é, via de regra, a sede do juízo (art. 217 do CPC). Atos há, porém, que são praticados em lugar diverso, seja por absoluta necessidade, seja por deferência, seja com o fim de tornar mais efetivo o ato, permitindo que ele alcance melhores resultados.

Por fim, quanto ao modo dos atos processuais, ou seja, quanto aos seus aspectos formais em sentido estrito, há que se referir que a prática dos atos processuais está sujeita a algumas normas reguladoras. Afirme-se, aliás, que a forma é uma garantia de segurança para as partes, uma vez que assegura que seja alcançada a finalidade essencial dos atos processuais. Não se pode prescindir da forma (*formalismo democrático*), embora seja essencial que se tente abolir o formalismo exacerbado.

A primeira norma regulamentadora do modo como os atos processuais devem ser praticados é a regra da liberdade das formas, consagrada no art. 188 do CPC. Segundo ela, os atos processuais, a princípio, não dependem de forma determinada, senão quando a lei expressamente o exigir. A solenidade é a exceção, e depende de expressa previsão legal.

A segunda regra, e que complementa a anterior, apresentando, assim, as diretrizes gerais do sistema, é a regra da *instrumentalidade das formas*. Também prevista no art. 188 do CPC (e, ainda, no art. 277), determina que os atos processuais solenes, tendo sido praticados sem observância das formalidades impostas por lei, ainda assim serão válidos, desde que atinjam sua finalidade essencial.

> **Atenção**
>
> Verifica-se, aqui, uma profunda distinção entre o sistema do Direito Processual e o do Direito Civil. Neste, quando um ato solene é praticado sem que se observe estritamente a forma prevista em lei, a consequência é a invalidade do ato. Já no Direito Processual, ainda que praticado por forma diversa da prescrita em lei, será válido o ato que atingir sua finalidade essencial.

A terceira regra a ser observada é a da documentação, segundo a qual os atos devem ser praticados por escrito ou, quando de prática oral, reduzidos a termo escrito. Tal regra se mostra essencial para que o juiz trave conhecimento com todos os atos já praticados no processo, ainda que não o tenham sido sob sua direção. Após a entrada em vigor da Lei nº 11.419/2006, tornou-se possível a documentação de atos processuais por outras formas que não a escrita (art. 209, § 1º, do CPC).

Por fim, há que se respeitar a regra da publicidade (art. 189 do CPC), elevada à categoria de garantia constitucional (art. 5º, LX, da Constituição).

Em alguns casos essa publicidade é restrita ou mitigada (naquilo que se costuma chamar de *segredo de justiça* (art. 189 do CPC).

4.6. Inexistência, invalidade e ineficácia dos atos processuais

O estudo de qualquer ato jurídico só será realizado adequadamente caso se considere que deve ser analisado em três esferas: a da existência, a da validade e a da eficácia. É preciso, antes de tudo, verificar se o ato em exame existe juridicamente. Em caso negativo, nada mais haverá a ser analisado. Sendo, porém, positiva a resposta a essa questão, há que se verificar se o ato jurídico é válido e se produz efeitos.

> **Atenção**
>
> Afirme-se, desde logo, que validade e eficácia são planos distintos, sendo errado afirmar-se, por exemplo, que o ato nulo é aquele que não produz efeitos. O ato nulo não vale, mas pode produzir efeitos. Ato que não produz efeitos é ato ineficaz.

O direito material proporciona bons exemplos. É inexistente, por exemplo, o ato cuja prática se dá sem que haja qualquer manifestação de vontade dirigida à sua realização.

Todas as considerações feitas até aqui são adequadas também para os atos processuais. Assim é que devem eles ser analisados no plano da existência. Em sendo tidos por juridicamente inexistentes, nada mais haverá que se considerar. Existindo o ato, contudo, há que se examiná-lo nos planos da validade e da eficácia.

O ato processual é inexistente quando lhe falta elemento constitutivo mínimo.

O ato inexistente não passa a existente em qualquer hipótese. Consequência disso é que, por exemplo, contra uma decisão inexistente não cabe recurso, nem é ela capaz de alcançar a autoridade de coisa julgada.

Ato processual atípico é ato processual inválido. O descumprimento do ônus de praticar o ato processual de acordo com as regras estabelecidas em lei tem como consequência a sua invalidade.

Cap. 5 – Juiz. Ministério Público. Defensoria Pública

> **Atenção**
>
> É preciso afirmar, desde logo, uma diferença essencial entre o sistema das invalidades no Direito Processual e no Direito privado: não há invalidade processual sem pronunciamento judicial, ou seja, não existe ato processual inválido de pleno direito – é preciso que haja um provimento judicial afirmando a invalidade do ato processual. O ato processual precisa ser praticado no tempo correto, no lugar certo e do modo adequado. Qualquer inobservância dessas exigências implicará um vício formal, por força do qual se terá o ato por *atípico*.

Há, no Direito Processual, invalidades *cominadas* e *não cominadas*. É o que se tem, entre outros casos, na hipótese de decisão não fundamentada (em que a invalidade é expressamente cominada pelo art. 93, IX, da Constituição). Outros casos há, porém, em que o ato processual é inválido ainda que isso não esteja expressamente afirmado em qualquer texto normativo (o que afasta a aplicação da antiga máxima *pas de nullité sans texte* – "não há nulidade sem texto"). Assim é que há casos nos quais inegavelmente o ato processual será reputado inválido mesmo não havendo expressa cominação legal nesse sentido, como se dá, por exemplo, no caso de se proferir sentença sem relatório (o que contraria o *tipo* da sentença, estabelecido pelo art. 489).

A forma dos atos processuais é uma garantia de segurança jurídica e de respeito às normas, e existe para que se estabeleçam técnicas adequadas para a produção dos resultados a que os atos processuais se destinam. O vício de forma, portanto, contamina o ato processual, tornando-o inválido.

Pode-se classificar as normas jurídicas em *cogentes* (imperativa, de observância obrigatória) e *dispositivas* (supletiva).

A inobservância de norma processual cogente gera a *nulidade* do ato processual, enquanto o descumprimento de norma processual dispositiva acarreta sua *anulabilidade*. Invalidade, portanto, é uma categoria genérica, composta por duas diferentes espécies, a *nulidade* e a *anulabilidade*. A principal diferença entre essas duas espécies está no fato de que a nulidade pode – e deve – ser reconhecida de ofício, enquanto a anulabilidade só pode ser reconhecida mediante provocação.

As invalidades resultam de vícios de forma (entendido o conceito de forma em seu sentido mais amplo, a abranger o *tempo*, o *lugar* e o *modo* pelo qual o ato processual deve ser praticado). E isso decorre do fato de que a forma do ato processual é um mecanismo constitucionalmente legítimo de asseguração dos resultados a que cada ato se dirige. Assim é que praticar o ato com observância de forma garante que os resultados a que o ato processual se dirige serão alcançados. Pois é exatamente daí que resulta a regra *da instrumentalidade das formas* (arts. 188 e 277), por força da qual o ato praticado por forma diversa da prevista em lei será reputado válido "se, realizado de outro modo, lhe alcançar a finalidade".

Deve-se compreender por finalidade do ato o objetivo a que este, por força de lei, se dirige. Trata-se, pois, do exame da finalidade a partir de um critério funcional, e não da análise dos objetivos pretendidos por aquele que pratica o ato. Assim, por exemplo, a finalidade de um recurso é impugnar uma decisão judicial e permitir seu reexame (e essa finalidade é alcançada ainda que o recurso não seja provido, o que caracterizaria o objetivo pretendido pelo recorrente).

Além da regra da instrumentalidade das formas, outra norma essencial para a compreensão do sistema das invalidades processuais é *a regra do prejuízo* (arts. 282, § 1º, e 283, *caput* e parágrafo único), por força da qual "[o] ato não será repetido nem sua falta será suprida quando não prejudicar a parte".

> **Atenção**
>
> A anulação do ato torna sem efeito todos os atos subsequentes que dele dependam, entretanto, a nulidade de uma parte do ato não prejudicará as outras que dela sejam independentes. Ao pronunciar a nulidade, deve o magistrado declarar, portanto, quais atos serão prejudicados, atuando para providenciar sua repetição ou retificação.

Consequência direta da regra do prejuízo é outra regra, por força da qual não se pronuncia a invalidade do ato processual (nem se manda repetir o ato viciado ou suprir-lhe a falta) se for possível julgar o mérito em favor daquele que seria favorecido pelo reconhecimento da invalidade (art. 282, § 2º). Tem-se, aí, o que pode ser chamado de convalidação objetiva do ato processual.

Além da convalidação objetiva, a que estão sujeitos tanto os atos nulos como os anuláveis, pode-se cogitar também de uma *convalidação subjetiva*. Esta resulta da aplicação do disposto nos arts. 276 e 278, e pode ocorrer apenas quando se tratar de atos anuláveis. É que, por força do disposto no parágrafo único do art. 278, não se aplica essa sistemática de convalidação do ato processual quando se tratar de invalidade que possa ser conhecida de ofício (o que permite afirmar, em outras palavras, que a convalidação subjetiva só ocorre nos atos anuláveis, não nos atos nulos).

Praticado um ato anulável (isto é, um ato realizado com inobservância de alguma norma dispositiva), não poderá o juiz, de ofício, reconhecer seu vício. Incumbirá, assim, à parte que não tenha dado causa à invalidade requerer ao juízo seu reconhecimento (art. 276). A vedação a que a decretação da anulabilidade seja requerida pela própria parte que lhe deu causa resulta do princípio da boa-fé objetiva, não se podendo admitir que aquele que causou o vício depois se beneficie do reconhecimento da invalidade por ele próprio causada. Afinal, como diziam os antigos, a ninguém é dado valer-se da própria torpeza. Desse modo, praticado por uma das partes um ato anulável, incumbirá à parte contrária requerer sua invalidação. E tal requerimento deverá ser formulado na primeira oportunidade em que lhe caiba manifestar-se no processo, sob pena de preclusão (art. 278). A inércia da parte interessada em requerer a invalidação do ato anulável implicará sua convalidação (subjetiva), salvo na hipótese de não prevalecer a preclusão – isto é, a perda da possibilidade de requerer a invalidação do ato – por justo impedimento (art. 278, parágrafo único, parte final). Seja o ato nulo ou anulável, dependerá o reconhecimento do vício de um pronunciamento judicial que o casse.

> **Importante**
>
> O pronunciamento judicial da invalidade (que só deverá desconstituir a parte viciada do ato, devendo-se aproveitar outras partes que dela sejam independentes, nos termos do art. 281, parte final, que consagra a máxima *utile per inutile non vitiatur*) não só cassará o ato inválido como também todos os que, a ele subsequentes, dele dependam (art. 281), devendo o pronunciamento declarar expressamente quais os atos atingidos e ordenar as providências necessárias para sua repetição ou retificação (art. 282).

As duas espécies de invalidade processual referidas, nulidade e anulabilidade, são fenômenos intrínsecos do processo e, por isso, encerrado este (ou, pelo menos, encerrado o módulo processual em que se tenha manifestado o vício, de conhecimento ou executivo), o que se dá com o trânsito em julgado da sentença, todos aqueles vícios convalescem. Por essa razão, aliás, é que a coisa julgada é chamada algumas vezes de "sanatória geral". Transitada em julgado a sentença, todas as invalidades, até mesmo aquelas inicialmente tidas por insanáveis, estarão sanadas.

É certo, porém, que com a coisa julgada pode surgir uma nova espécie de invalidade, exterior ao processo em que se praticou o ato, a que se dá o nome de rescindibilidade. Trata-se de uma série de hipóteses, expressamente previstas no art. 966 do CPC, em que se considerou haver vício tão grave que se deveria permitir a rescisão da sentença transitada em julgado, o que se faz por meio de uma "ação autônoma de impugnação", chamada de "ação rescisória", a qual deverá ser proposta num prazo máximo de dois anos a contar do trânsito em julgado da última decisão que tenha sido proferida no processo. Após esse prazo, nem mesmo a rescindibilidade poderá mais ser alegada, restando sanado também esse vício. Surge aí, então, o fenômeno conhecido como *coisa soberanamente*.

Por fim, há que se falar da ineficácia dos atos processuais.

Quanto à ineficácia do ato processual inválido, é de se afirmar que é apto a produzir os mesmos efeitos que produziria se válido fosse, até que a invalidade seja reconhecida.

Não pode causar espanto, pois, a possibilidade de executar-se uma sentença condenatória nula. Esta produz seus regulares efeitos até que venha a ser reconhecida a invalidade (desde que o recurso contra essa sentença não tenha efeito suspensivo). O mesmo é aplicável, *mutatis mutandis*, a todos os demais atos processuais.

Quanto aos atos processuais válidos, estes produzem, em princípio, todos os seus efeitos normalmente. Há casos, porém, em que a ineficácia é cominada, como se dá com a decisão válida que é sujeita a recurso dotado de efeito suspensivo (art. 1.012 do CPC). Outros casos há em que a ineficácia do ato processual válido decorre de uma natural impossibilidade de produção dos efeitos normais. É o que se tem, por exemplo, com as sentenças condenatórias genéricas (ilíquidas), em que o efeito de permitir a execução forçada não se produz em decorrência de não conter a sentença a individuação do valor ou objeto da condenação. Nessas hipóteses, bastará desaparecer a causa da ineficácia para que o ato passe a produzir todos os seus regulares efeitos (no exemplo citado, bastará que se realize a "liquidação de sentença").

Há que se afirmar ser inadmissível a submissão da eficácia de ato processual a um termo. Isso porque atrelar ao advento do começo ou do fim de um termo o efeito de um ato de parte é contraditório com o objetivo com o qual se realiza o ato no processo.

Já no que se refere à submissão da eficácia de ato processual a uma condição (ou seja, a um evento futuro e incerto), o tratamento é diverso. Admite-se, apenas, a submissão da eficácia do ato processual à *condição intraprocessual*, rejeitando-se, porém, as condições extraprocessuais. Isso significa dizer que a eficácia de um ato processual não poderá jamais ficar submetida a um evento futuro e incerto que nenhuma ligação tenha com o processo. Admite-se, porém, o ato processual condicional quando o evento futuro e incerto seja interno ao processo, tal qual na denunciação da lide.

5. NEGÓCIOS PROCESSUAIS

O CPC traz, em seu art. 190, uma cláusula geral de negócios processuais. Trata-se da genérica afirmação da possibilidade de que as partes, dentro de certos limites estabelecidos pela própria lei, celebrem negócios jurídicos por meio dos quais dispõem de suas posições processuais e fazem ajustes no procedimento. Trata-se de fenômeno que se manifesta de forma muito adequada em processos cooperativos, como o adotado pelo sistema processual brasileiro. E se é possível afirmar que o processo tem por objetivo permitir que, em conformidade com o modelo constitucional, seja resolvido um problema das partes, então nada mais adequado do que permitir que as partes – ao menos dentro de certas condições estabelecidas por lei – adaptem o processo às suas necessidades, de modo que ele seja mais adequado para resolver o seu caso concreto.

Negócio jurídico processual (ou convenção processual) é um negócio jurídico, celebrado pelas partes, que tem por objeto o próprio processo.

Cap. 5 – Juiz. Ministério Público. Defensoria Pública

> **Atenção**
>
> Este é o ponto fundamental: só é negócio processual a convenção que tenha por objeto algum aspecto do próprio processo, como uma convenção cujo objeto seja a eleição do foro competente, ou uma convenção para suspender o processo.

Estabelece o art. 190 que, nas causas que versam sobre "direitos que admitam autocomposição", as partes capazes podem "estipular mudanças no procedimento para ajustá-lo às especificidades da causa e convencionar sobre os seus ônus, poderes, faculdades e deveres processuais, antes ou durante o processo". Fica claro, pela leitura do dispositivo, que apenas partes capazes podem celebrar negócios processuais, não sendo válida sua celebração por incapazes, ainda que representados ou assistidos. O Ministério Público pode celebrar negócios processuais destinados a produzir efeitos nos processos em que atua como parte, e não como mero fiscal da ordem jurídica (Enunciado nº 253 do FPPC). Também a Fazenda Pública pode celebrar negócios processuais (Enunciado nº 256 do FPPC).

Além disso, a lei limita a validade dos negócios processuais, restringindo-a às causas que versem sobre direitos que admitem autocomposição. Não fala a lei, corretamente, em "direitos indisponíveis", mas em direitos que admitem autocomposição. É que há casos em que, não obstante a indisponibilidade do direito material, há aspectos que admitem autocomposição, como se dá em matéria de alimentos, por exemplo. Pois nesses casos os negócios processuais são admissíveis (Enunciado nº 135 do FPPC: "A indisponibilidade do direito material não impede, por si só, a celebração de negócio jurídico processual").

O negócio jurídico processual também não pode afastar posições jurídicas que sejam inerentes ao modelo processual adotado no Brasil, como se daria, por exemplo, com um negócio processual que dispensasse o contraditório ou a boa-fé (Enunciado nº 6 do FPPC: "O negócio processual não pode afastar os deveres inerentes à boa-fé e à cooperação"). Do mesmo modo, não se admite negócio processual destinado a excluir a intervenção obrigatória do Ministério Público no processo (Enunciado nº 254 do FPPC), ou a intervenção do *amicus curiae* (Enunciado nº 392 do FPPC). Afinal, como resulta do próprio texto da lei, as partes podem celebrar convenções sobre as *suas* posições processuais, não sendo admissível que o negócio processual atinja – especialmente para restringir – posições jurídicas de terceiros estranhos à convenção.

O negócio processual pode ser celebrado no curso do processo, mas pode também ser realizado em caráter pré-processual.

Classificam-se os negócios processuais em duas categorias: *ajustes de procedimento* e *convenções sobre posições processuais*.

Na primeira categoria, as partes convencionam mudanças no procedimento a ser observado, ajustando-o às suas necessidades.

Na segunda, as partes negociam sobre seus poderes, faculdades, ônus e deveres. Estabelece a lei que os negócios processuais celebrados pelas partes podem versar sobre "*seus* ônus, poderes, faculdades e deveres processuais". Têm as partes, então, autorização da lei para dispor sobre *suas próprias* posições processuais, não podendo o negócio alcançar as posições processuais do juiz.

A validade dos negócios processuais se sujeita ao controle judicial (art. 190, parágrafo único, do CPC). Incumbe ao juiz, de ofício ou a requerimento do interessado, controlar a validade do negócio processual, recusando-lhe aplicação nos casos de nulidade (Enunciado nº 403 do FPPC: "A validade do negócio jurídico processual requer agente capaz, objeto lícito, possível, determinado ou determinável e forma prescrita ou não defesa em lei") e anulabilidade (previstos na lei civil para os negócios jurídicos em geral; Enunciado nº 132 do FPPC: "Além dos defeitos processuais, os vícios da vontade e os vícios sociais podem dar ensejo à invalidação dos negócios jurídicos atípicos do art. 190"), quando se verificar que a convenção tenha sido inserida de forma abusiva em contrato de adesão ou em qualquer caso no qual se verifique que uma das partes se encontra, perante a outra, em manifesta situação de vulnerabilidade. Dito de outro modo, o negócio processual só é válido se celebrado entre iguais, assim entendidas as partes que tenham igualdade de forças.

Não se poderia, então, admitir a celebração válida de negócio processual em uma causa em que são partes, de um lado, um poderoso fornecedor de serviços ou produtos (como um banco ou uma operadora de planos de saúde) e, de outro, um consumidor vulnerável. Os negócios processuais serão, porém, válidos quando celebrados entre sócios de uma sociedade (e é perfeitamente possível inseri-los em um contrato social ou no estatuto de uma sociedade anônima), ou entre duas grandes pessoas jurídicas transnacionais. Haverá *indício* de vulnerabilidade quando a parte tiver celebrado negócio processual sem assistência de advogado (Enunciado nº 18 do FPPC: "Há indício de vulnerabilidade quando a parte celebra acordo de procedimento sem assistência técnico-jurídica"). Mas isso deve ser visto apenas como um indício de vulnerabilidade, e não como uma presunção absoluta.

Porém, é preciso ter claro que o controle jurisdicional do negócio processual é limitado à sua validade. O juiz não pode exercer qualquer controle sobre seu conteúdo ou sobre sua conveniência. As partes capazes e com igualdade de forças celebram os negócios processuais que quiserem (desde que respeitados os requisitos, inclusive objetivos, de sua validade), se quiserem e quando quiserem. Ao órgão jurisdicional só é dado controlar sua validade, negando aplicação às convenções processuais inválidas.

> **Atenção**
>
> Dentre as convenções processuais admitidas pela doutrina, destacam-se a possibilidade de as partes afastarem o duplo grau de jurisdição, quando não for o caso de reexame necessário, e a criação de legitimidade extraordinária contratual.

Existem negócios processuais típicos, expressamente regulados em lei (como a eleição de foro, a convenção para redistribuição do ônus da prova ou a nomeação consensual de perito), e atípicos (como seria, por exemplo, um negócio processual por meio do qual as partes convencionassem que só se admitirá o depoimento de testemunhas que jamais tenham sido empregadas de qualquer das empresas celebrantes do negócio).

O Enunciado nº 490 do Fórum Permanente de Processualistas Civis apresenta um rol exemplificativo de negócios processuais atípicos admissíveis. Também se admite negócio processual que estipule mudanças no procedimento das intervenções de terceiros, observada a necessidade de anuência do terceiro quando lhe puder causar prejuízo (Enunciado nº 491 do FPPC), ou que estabeleça que os prazos das partes que celebraram a convenção sejam contados em dias corridos (Enunciado nº 579 do FPPC).

Espaço muito importante para a celebração dos negócios processuais é a execução.

Há, porém, limites objetivos aos negócios processuais. É que se considera nulo o negócio jurídico que tiver por objeto o afastamento de lei imperativa (art. 166, VI, do Código Civil), razão pela qual não são admissíveis negócios processuais que tenham por fim modificar ou afastar a incidência de normas cogentes (Enunciado nº 20 do FPPC). Porém, o que se pode verificar é que existe um enorme espaço para a negociação processual, razão pela qual se pode mesmo reconhecer a existência de um *princípio do autorregramento da vontade no processo*. E caberá aos advogados das partes colocar a imaginação para funcionar, de forma a, por meio dessas convenções, buscar a melhor proteção possível para os interesses das partes.

O descumprimento, pela parte, de negócio processual válido é matéria que não pode ser conhecida de ofício (Enunciado nº 252 do FPPC). É que, do mesmo modo como as partes podem ter celebrado o negócio processual, podem elas optar por sua resilição (Enunciado nº 411 do FPPC). Ora, se uma das partes descumpre o negócio processual e a outra parte não reclama, daí resulta uma resilição bilateral do negócio, que estará extinto.

Vale registrar, por fim, que os negócios processuais vinculam não só as partes que o tenham celebrado, mas também seus sucessores (Enunciado nº 115 do FPPC).

EM RESUMO:

JUIZ	
Impedimento	**Suspeição**
Quando interveio como mandatário da parte, oficiou como perito, funcionou como membro do Ministério Público ou prestou depoimento como testemunha;	Quando for amigo íntimo ou inimigo de qualquer das partes ou de seus advogados;

JUIZ	
Impedimento	**Suspeição**
quando conheceu em outro grau de jurisdição, tendo proferido decisão;	quando tiver interesse no julgamento do processo em favor de qualquer das partes;
quando nele estiver postulando, como defensor público, advogado ou membro do Ministério Público, seu cônjuge ou companheiro, ou qualquer parente, consanguíneo ou afim, em linha reta ou colateral, até o terceiro grau, inclusive;	quando receber presentes de pessoas que tiverem interesse na causa antes ou depois de iniciado o processo, que aconselhar alguma das partes acerca do objeto da causa ou que subministrar meios para atender às despesas do litígio;
quando for parte no processo ele próprio, seu cônjuge ou companheiro, ou parente, consanguíneo ou afim, em linha reta ou colateral, até o terceiro grau, inclusive;	quando qualquer das partes for sua credora ou devedora, de seu cônjuge ou companheiro ou de parentes destes, em linha reta até o terceiro grau, inclusive.
quando for sócio ou membro de direção ou de administração de pessoa jurídica parte no processo;	
quando for herdeiro presuntivo, donatário ou empregador de qualquer das partes;	
quando figure como parte instituição de ensino com a qual tenha relação de emprego ou decorrente de contrato de prestação de serviços;	
quando figure como parte cliente do escritório de advocacia de seu cônjuge, companheiro ou parente, consanguíneo ou afim, em linha reta ou colateral, até o terceiro grau, inclusive, mesmo que patrocinado por advogado de outro escritório;	
quando promover ação contra a parte ou seu advogado.	

MINISTÉRIO PÚBLICO

Definição	Instituição permanente, essencial à função jurisdicional do Estado, incumbindo-lhe a defesa da ordem jurídica, do regime democrático e dos interesses sociais e individuais indisponíveis.
Investidura	O ingresso na carreira do Ministério Público far-se-á mediante concurso público de provas e títulos, assegurada a participação da Ordem dos Advogados do Brasil em sua realização, exigindo-se do bacharel em Direito, no mínimo, três anos de atividade jurídica e observando-se, nas nomeações, a ordem de classificação.

PRINCÍPIOS INSTITUCIONAIS

Unidade	O MP possui divisão meramente funcional, pois a manifestação de um de seus membros vale como manifestação de toda a instituição.
Indivisibilidade	Representa a atuação institucional, o que assegura, por exemplo, uma possível substituição de seus membros sem que isso comprometa a atuação ministerial.
Independência funcional	Garante que seus membros não estejam subordinados aos demais poderes.

FUNÇÕES NO PROCESSO CIVIL

I – Zelar pelo efetivo respeito dos Poderes Públicos e dos serviços de relevância pública aos direitos assegurados nesta Constituição, promovendo as medidas necessárias à sua garantia;

II – Promover o inquérito civil e a ação civil pública, para a proteção do patrimônio público e social, do meio ambiente e de outros interesses difusos e coletivos;

III – Promover a ação de inconstitucionalidade ou representação para fins de intervenção da União e dos Estados, nos casos previstos nesta Constituição;

IV – Defender judicialmente os direitos e interesses das populações indígenas;

V – Expedir notificações nos procedimentos administrativos de sua competência, requisitando informações e documentos para instruí-los, na forma da lei complementar respectiva;

VI – Exercer outras funções que lhe forem conferidas, desde que compatíveis com sua finalidade, sendo-lhe vedada a representação judicial e a consultoria jurídica de entidades públicas.

ATUAÇÃO NO PROCESSO CIVIL

O Ministério Público será intimado para, no prazo de trinta dias, intervir como fiscal da ordem jurídica nas hipóteses previstas em lei ou na Constituição Federal e nos processos que envolvam:

I – interesse público ou social;
II – interesse de incapaz;
III – litígios coletivos pela posse de terra rural ou urbana.

RESPONSABILIDADES

O membro do Ministério Público será civil e regressivamente responsável quando agir com dolo ou fraude no exercício de suas funções.

DEFENSORIA

Definição	Instituição permanente e essencial para o exercício jurisdicional, incumbindo-lhe promover, essencialmente, a orientação jurídica e a promoção dos direitos humanos.
Investidura	O ingresso na carreira da Defensoria far-se-á mediante concurso público de provas e títulos, para a União ou para os Estados.

PRINCÍPIOS INSTITUCIONAIS

Unidade	Os defensores integram uma unidade orgânica, que atua sobre determinada gestão administrativa. Há unidade, por exemplo, entre os Defensores Públicos Federais (unidade administrativa). Considerando-se, entretanto, somente a atividade desenvolvida, a unidade se afirma entre órgãos administrativos distintos, como a Defensoria Pública da União e uma Defensoria Estadual (unidade funcional).
Indivisibilidade	Representa a atuação institucional, assegurando que os Defensores possam substituir uns aos outros, sem prejuízo da atuação institucional.
Independência funcional	Garante que seus membros não estejam subordinados, no exercício de suas funções, a qualquer órgão. Com isso, assegura-se, por exemplo, que a Defensoria da Bahia ajuíze ação contra o próprio Estado.

FUNÇÕES NO PROCESSO CIVIL

Exercer a orientação jurídica, a promoção dos direitos humanos e a defesa dos direitos individuais e coletivos dos necessitados, em todos os graus, de forma integral e gratuita.

ATUAÇÃO NO PROCESSO CIVIL

A Defensoria Pública gozará de prazo em dobro para todas as suas manifestações processuais. O respectivo prazo terá início com a intimação pessoal do defensor público, nos termos do art. 183, § 1º, do CPC.

Esse benefício da contagem em dobro, advirta-se, não se aplica quando a lei estabelecer, de forma expressa, prazo próprio para o órgão.

RESPONSABILIDADES

O membro da Defensoria Pública será civil e regressivamente responsável quando agir com dolo ou fraude no exercício de suas funções.

ATOS PROCESSUAIS

Ato processual é o ato jurídico com consequências imediatas ou futuras para o processo. Visa, com isso, a: impulsionar, modificar, desenvolver, extinguir ou produzir algum outro efeito. Sua prática pode se dar dentro ou fora dessa relação.

ATOS DAS PARTES

Postulatórios	Deduz-se uma pretensão em juízo. É o que ocorre, por exemplo, pela apresentação da demanda inicial ou pela interposição de um recurso, com o respectivo pedido de revisão.
Instrutórios	Atua-se para instruir o processo com a produção de provas e o correlato resultado jurisdicional.
Dispositivos	Dispõe-se de algum direito ou vantagem, a exemplo da renúncia ao direito em que se funda a demanda.
Materiais	Atuações concretas e práticas que geralmente não dependem de capacidade postulatória, a exemplo do recolhimento das custas ou do pagamento de uma indenização, em juízo.

ATOS DO JUIZ

Despachos	Atos meramente ordinatórios, que impulsionam a relação processual.

ATOS DO JUIZ	
Decisões interlocutórias	Decisões de primeira instância que, por exclusão, não se enquadram no conceito de sentença. É o caso, por exemplo, das decisões parciais de mérito.
Sentença	Decisão pautada pelos arts. 485 e 487 do CPC, com aptidão para encerrar a fase cognitiva ou o processo de execução. Ressalvam-se as disposições expressas em procedimentos especiais.
Decisão monocrática	Decisão individual, proferida em órgãos colegiados. Nesse sentido, por exemplo, é a decisão do relator de um recurso.
Acórdão	Decisão colegiada, que tanto pode decorrer de tribunais como de turmas recursais.

ATOS DOS AUXILIARES DO JUÍZO	
Ordinatórios	Atos de mera movimentação processual.
Documentação	Atos de protocolo e de certificação.
Execução	Atos de cumprimento de diligências ou atos executivos, como a penhora e a avaliação.

ATOS DE COMUNICAÇÃO PROCESSUAL	
Citação	É o ato pelo qual são convocados o réu, o executado ou o interessado para integrar a relação processual.
Intimação	É o ato pelo qual se dá ciência a alguém dos atos e dos termos do processo.
Carta precatória	É ato de comunicação por meio do qual um juiz solicita a outro, de comarca distinta, o cumprimento de algum ato, para o andamento do processo.
Carta rogatória	É ato de comunicação entre Poderes Judiciários de países distintos, que se afirma por meio de convenções internacionais para viabilizar que diligências ocorram em solo estrangeiro.
Carta de ordem	É ato de comunicação entre juízos, em que o juízo superior determina a um juízo inferior a prática de um ato processual.

ATOS DE COMUNICAÇÃO PROCESSUAL

Carta arbitral	É ato de comunicação por meio do qual o árbitro solicita a cooperação do Poder Judiciário para praticar ou determinar o cumprimento de decisão, devendo ser instruída com a convenção de arbitragem e com as provas da nomeação do árbitro e de sua aceitação da função.

TEORIA DAS NULIDADES PROCESSUAIS

O sistema de invalidades processuais foi estruturado em atenção à sua natureza instrumental, de sorte que ao aplicador fosse possível sanar as irregularidades do ato ou do procedimento em benefício da atividade jurisdicional.

NULIDADE ABSOLUTA

Viola-se norma cogente, para a qual o legislador comina a pena de nulidade. A decretação da nulidade deve ser feita de ofício pelo magistrado.

A decretação não pode ser requerida pela parte que lhe deu causa.

Há presunção de que a inobservância da norma implica prejuízo para o processo.

Não há preclusão, e a parte pode alegá-la num segundo momento, se demonstrar legítimo impedimento. Uma vez encerrado o processo, poderá ainda ingressar com ação rescisória, no prazo legal.

NULIDADE RELATIVA

Viola-se norma cogente, para a qual não se comina a pena imediata de nulidade.

A decretação da nulidade pode ser requerida, mas deve considerar a existência de prejuízo para justificar a anulação do ato.

A decretação não pode ser requerida pela parte que lhe deu causa.

Há presunção relativa de que a inobservância da norma gera prejuízo. Afastando-se essa premissa, pode-se superar a nulidade e renovar ou ratificar o ato.

Há preclusão, devendo a parte prejudicada requerer a nulidade na primeira oportunidade de manifestação.

ANULABILIDADE

Viola-se norma dispositiva, estabelecida em prol de interesses particulares. A decretação da anulação do ato deve ser requerida pela parte interessada. A decretação não pode ser requerida por quem lhe deu causa.

Não há presunção de prejuízo para o processo.

Há preclusão, e a parte interessada deve se manifestar logo na primeira oportunidade.

SISTEMA COOPERATIVO – PRIMAZIA DO MÉRITO

O sistema processual cooperativo consagra uma série de normas fundamentais, para que o resultado final se dê sobre o mérito, de forma justa, rápida e efetiva. Perceba, por exemplo, que a primazia do mérito e o dever de correção atribuído ao magistrado, quer seja pelo art. 321 ou pelo art. 932, parágrafo único, do CPC, fortalecem a flexibilização da formalidade, sem com isso comprometer as garantias processuais.

APROVEITAMENTO DOS ATOS

Ao decretar a nulidade, o juiz deve sinalizar quais atos são atingidos, ordenando providências necessárias para a correlata repetição ou ratificação. Isso, entretanto, só se justifica se houve prejuízo para a parte.

Capítulo 6

Partes e Procuradores

1. AS PARTES

Partes são os sujeitos parciais do processo, participando em contraditório da formação do resultado deste. Tal conceito é amplo o suficiente para englobar não só as *partes da demanda* (demandante e demandado), mas todos os demais atores do contraditório (como os terceiros intervenientes). São as partes que, junto com o juiz, e de forma equilibrada com este, conduzem o processo até a formação de um resultado constitucionalmente legítimo. Perceba-se aqui um dado importante: as partes não devem ser vistas como sujeitos subordinados ao juiz. Partes e juiz são, todos eles, atores igualmente importantes de um processo que tem vários centros de controle (daí falar-se do processo moderno como um processo *policêntrico*). E devem participar juntos (daí a expressão processo *comparticipativo*) da construção do resultado.

Fazem as partes representar-se em juízo por intermédio de advogados, públicos ou privados. O advogado, como afirma o art. 133 da CF, é essencial à administração de justiça, o que deve ser lido como uma exigência constitucional de participação do advogado como representante das partes no desenvolvimento do processo, de modo a assegurar-se um contraditório efetivo e equilibrado (embora algumas exceções sejam admitidas, como se dá no processo do *habeas corpus* ou nos Juizados Especiais Cíveis, respeitado neste um limite estabelecido a partir do valor da causa).

Chamam-se *partes da demanda* os sujeitos (ativo e passivo) de um ato jurídico da maior relevância: a demanda. É o ato de impulso inicial do exercício da atividade jurisdicional. E são partes da demanda o *demandante* e o *demandado*. Nos procedimentos cognitivos, o demandante será chamado de autor, e o demandado de réu. Já nos procedimentos executivos, serão eles chamados de exequente e executado. Sempre serão, porém, demandante e demandado.

Já as *partes do processo* são todos os sujeitos que atuam no processo em contraditório (excluindo-se apenas o Estado-juiz).

Esses dois conceitos são independentes. É possível ser parte do processo sem ser parte da demanda (como acontece, por exemplo, com o assistente). Também é possível ser parte da demanda sem ser parte do processo (como se dá com o demandado antes de seu efetivo ingresso no processo, o que normalmente se dá apenas com a citação). Aliás, o processo pode até mesmo chegar ao seu término sem que o demandado tenha se tornado parte do processo. Basta pensar no caso de ser o pedido do autor julgado liminarmente improcedente e contra essa sentença o demandante não interpor qualquer recurso. Nesse caso, o demandado, que é parte da demanda, não terá se tornado, em momento algum, parte do processo.

É possível adquirir a condição de *parte do processo* de quatro modos distintos: pela demanda, pela citação válida, pela sucessão e pela intervenção voluntária.

Quem adquire a condição de parte do processo pela demanda é, tão somente, o demandante. Já o demandado normalmente se torna parte do processo a partir de sua citação válida. É por ela, também, que os terceiros intervenientes adquirem a condição de partes do processo nos casos em que a intervenção é forçada, como se dá na denunciação da lide e no chamamento ao processo.

Pode-se adquirir a condição de parte do processo mediante intervenção voluntária, como na assistência, e também em casos em que aquele que deveria ser citado ingressa espontaneamente no processo, o que supre a falta (ou a nulidade) da citação. Por fim, adquire-se a condição de parte do processo pela sucessão processual, sempre que, tendo deixado de existir a parte (por morte, quando se trata de pessoa natural, ou por sua extinção, no caso de pessoa jurídica ou pessoa formal), o sucessor ingressa espontaneamente no processo. Casos há, porém, em que o sucessor precisa ser citado, e nesse caso será a citação válida a torná-lo parte do processo. Percebe-se, então, que não é propriamente a sucessão que torna alguém parte do processo, mas ela apenas viabiliza que alguém ingresse no processo sucedendo a outrem, o que se dará por intervenção voluntária ou por meio de citação válida.

1.1. Deveres dos sujeitos do processo

Há, no art. 77 do CPC, uma enumeração de deveres jurídicos das partes, dos seus advogados, e de todos aqueles que *de qualquer forma* participem do processo. Não se pode, porém, impor multa a representante legal de pessoa jurídica como forma de fazer com que seja ele pessoalmente compelido a cumprir decisão judicial no lugar da pessoa jurídica de que é órgão (art. 77, § 8º).

Os deveres indicados no art. 77 não compõem uma lista completa e exaustiva, o que é anunciado logo pelo *caput* do dispositivo, que se refere a "outros [deveres] previstos neste Código".

A relação de deveres constante do art. 77 claramente aponta para a construção de um modelo comparticipativo de processo, em que de todos os atores se exige rigorosa observância não só do dever de cooperação, mas também dos deveres que resultam do princípio da boa-fé.

O primeiro dever a que alude o texto legal é o de *expor os fatos em juízo conforme a verdade*. E a esse dever corresponde a previsão (de que se tratará adiante) de sanção por litigância de má-fé daquele que alterar a verdade dos fatos (art. 80, II), havendo uma exigência de ética no processo. Em tempos de *compliance*, em que de todos se exige comportamentos éticos, não é mais admissível que a mentira seja vista como uma estratégia legítima.

É claro que não se pode confundir aqui a mentira deliberada com a narrativa de boa-fé que se faça de um fato. Nesses casos não terá havido violação do dever de que aqui se trata. É preciso, portanto, que o descumprimento desse dever seja proposital, intencional.

Também é dever das partes não formular pretensões, ou apresentar argumentos de defesa, quando cientes de que são desprovidos de fundamento. As partes também não podem produzir provas ou praticar atos inúteis no processo, ou que sejam desnecessários ou inúteis para a declaração ou defesa do direito.

Outro dever é o de cumprir com exatidão as decisões jurisdicionais, de natureza provisória ou final, não criando embaraços à sua efetivação. Nesse caso, descumprido o dever, deverá o juiz advertir quem o tenha violado de que sua conduta poderá ser punida como *ato atentatório à dignidade da justiça* (art. 77, § 1º). Perceba-se aí um duplo dever: não só se exige o cumprimento *com exatidão* das decisões, mas há também uma vedação à criação de quaisquer embaraços.

> **Atenção**
>
> A 3ª Turma do STJ decidiu, por unanimidade, no julgamento do REsp 1.762.957/MG, em 10.03.2020, que não cabe agravo de instrumento contra a decisão que aplica multa por ato atentatório à dignidade da justiça pelo não comparecimento à audiência de conciliação. A multa, nesse caso, decorre do não comparecimento injustificado à audiência do art. 334 do CPC.

Também cabe a todos os atores do processo o dever de declinar, na primeira oportunidade em que se manifestam nos autos, o endereço residencial ou profissional em que receberão comunicações, atualizando essa informação sempre que se modifique, ainda que temporariamente.

Há, ainda, o dever de não praticar inovação ilegal no estado de fato de bem ou direito litigioso. Também nesse caso, descumprido o dever, deverá o juiz advertir quem o tenha violado de que sua conduta poderá ser punida como *ato atentatório à dignidade da justiça* (art. 77, § 1º).

Por fim, prevê a lei o dever de todos os atores processuais de informar e manter atualizados seus dados cadastrais perante os órgãos do Poder Judiciário e, no caso do § 6º do art. 246 desse Código, da Administração Tributária, para recebimento de citações e intimações. Este é dever imposto às partes com o fim de viabilizar a realização de citações e intimações por meio eletrônico, já que esta passou a ser a forma preferencial de realização desses atos de comunicação processual desde a entrada em vigor da Lei nº 14.195/2021.

Prevê o CPC, como consequência para quem comete ato atentatório à dignidade da justiça, uma sanção pecuniária (art. 77, § 2º), consistente em multa de até 20% sobre o valor da causa (ou, sendo este irrisório, em até dez vezes o valor do salário mínimo, nos termos do art. 77, § 5º), a ser fixada de acordo com a gravidade da conduta. Tal multa não exclui, porém, a incidência de outras sanções criminais, civis ou processuais. Também se pode cumular essa multa com outras, que incidem sempre que, no cumprimento de sentença, o devedor não cumpre voluntariamente a decisão judicial no prazo (arts. 523, § 1º, e 536, § 1º), como expressamente prevê o § 4º do art. 77. Imposta a multa, e estabelecido um prazo para seu pagamento, deverá o punido quitá-la, sob pena de vê-la inscrita como dívida ativa da União ou do Estado (conforme o processo tramite na Justiça Federal ou na Estadual), o que só poderá ocorrer após o trânsito em julgado da decisão que a tenha fixado. Sua execução se fará pelo procedimento da execução fiscal, e o valor pago a título de multa reverterá para o *fundo de modernização do Poder Judiciário* de que trata o art. 97.

Essa multa por ato atentatório à dignidade da justiça não pode ser imposta aos advogados das partes (públicos ou privados), aos Defensores Públicos e aos membros do Ministério Público. A responsabilidade destes será apurada pelos órgãos de classe ou corregedorias respectivas, a quem o juiz, por ofício, comunicará o ocorrido (art. 77, § 6º).

No caso específico de violação do dever previsto no inciso VI desse art. 77 (dever de não praticar inovação ilegal no estado de fato de bem ou direito litigioso), o juiz determinará o restabelecimento do estado de fato anterior, proibindo-se – como sanção que se cumula à multa – o responsável de falar nos autos até que promova a reposição das coisas no estado anterior (ou, como se costuma dizer, conforme o § 7º do art. 77, até que *purgue o atentado*). Há aí, pois, uma restrição ao direito ao contraditório que se impõe como sanção a quem comete atentado, o que é perfeitamente legítimo.

Outro dever há, porém, além desses já examinados, que precisa ser conhecido: *tratar com urbanidade* os demais sujeitos do processo.

O art. 78 do CPC, por exemplo, veda às partes, a seus advogados, aos juízes, aos membros do Ministério Público e da Defensoria Pública, e a qualquer outra pessoa que participe do processo, o emprego de expressões ofensivas em seus escritos. No caso de expressões ou condutas ofensivas manifestadas oral ou presencialmente, o juiz advertirá o ofensor de que não as deve usar ou repetir, sob pena de lhe ser cassada a palavra (art. 78, § 1º). No caso do uso escrito de expressões ofensivas, incumbe ao juiz – de ofício ou mediante requerimento – determinar que estas sejam riscadas e, a requerimento do ofendido, determinar a expedição de certidão com o inteiro teor das expressões ofensivas para ser entregue ao interessado (que poderá com ela produzir prova da ofensa que sofreu).

1.2. Responsabilidade das partes por dano processual

Responsabilidade processual civil, ou por dano processual, é a obrigação de reparar danos provocados pela má conduta processual. É que no processo, como consequência do dever de atuar com lealdade e boa-fé, devem ser punidas as condutas processuais ímprobas. Pois é exatamente por isso que, nos termos do art. 79, "[r]esponde por perdas e danos aquele que litigar de má-fé como autor, réu ou interveniente". É o litigante de má-fé, a quem algumas sanções punitivas podem ser impostas.

A lei processual tipifica as condutas ímprobas, que caracterizam a litigância de má-fé em seu art. 80, com correspondente resposta por perdas e danos.

É preciso, evidentemente, interpretar adequadamente cada um desses dispositivos. Assim, a litigância de má-fé não resulta propriamente da atitude de deduzir pretensão ou defesa "contra texto expresso de lei", mas contra a interpretação consolidada de um texto normativo. É que, algumas vezes, consolida-se uma interpretação que não corresponde, com exatidão, ao texto expresso da lei. É o caso, por exemplo, do art. 1.015 do CPC, que prevê um rol taxativo, fechado, de decisões interlocutórias contra as quais se admite a interposição do recurso de agravo de instrumento, tendo o STJ, todavia, fixado, por meio da técnica dos recursos repetitivos, o entendimento segundo o qual essa taxatividade pode ser "mitigada" (STJ, REsp repetitivo 1.696.396 e REsp repetitivo 1.704.520). Também não pode ser considerada litigância de má-fé a dedução de pretensão ou defesa que contraria a lei quando o fundamento consiste na alegação de sua inconstitucionalidade, inconvencionalidade ou revogação.

Litiga de má-fé quem altera a verdade dos fatos. Também litiga de má-fé quem usa do processo para conseguir objetivo ilegal, como se dá no caso de pessoas que simulam a existência de uma união estável para buscar benefícios previdenciários a que não fazem jus.

É litigante de má-fé aquele que opõe resistência injustificada ao andamento do processo.

Considera-se, ainda, litigante de má-fé aquele que procede de modo temerário em qualquer incidente ou ato do processo (ver STJ, EDcl no AgInt no AREsp 987.451).

É, também, litigante de má-fé aquele que provoca incidente manifestamente infundado, como se dá no caso de alguém suscitar conflito de competência que sabe ser improcedente apenas para tentar ganhar tempo.

Por fim, tem-se a litigância de má-fé da parte que interpõe recurso com intuito manifestamente protelatório, o que muitas vezes acontece em casos nos quais o recurso é dotado de efeito suspensivo, e sua mera interposição já é, por si só, capaz de impedir a imediata produção de efeitos da decisão recorrida.

Muitas vezes acontecerá, claro, de uma conduta poder enquadrar-se em mais de uma dessas disposições normativas. Basta enquadrar-se em uma, porém, para que se caracterize a litigância de má-fé.

Impende ter claro, porém, que a responsabilidade processual por litigância de má-fé é uma responsabilidade *subjetiva*. Em outros termos, deve haver aqui não só a verificação da conduta, do dano e do nexo de causalidade (como em qualquer outro caso de responsabilidade civil), mas também de um elemento subjetivo por parte do causador do dano. É que a boa-fé que aqui se viola é a subjetiva, e não a objetiva. Daí por que, aliás, falar-se em litigante *de má-fé*. É que, como notório, a violação da boa-fé objetiva leva a que se possa falar, tão somente, em *ausência de boa-fé*, enquanto a violação da boa-fé subjetiva se caracteriza como *má-fé*. Assim, ao falar a lei processual em litigância de má-fé, muito claramente se verifica que a obrigação de pagar a multa e indenizar os danos causados pela conduta processual ímproba exige a presença de um elemento subjetivo: a má-fé.

Caracterizada qualquer uma dessas condutas ímprobas, o juiz – de ofício ou mediante requerimento da parte interessada – condenará o litigante de má-fé a pagar multa, a qual deverá ser fixada entre 1% e 10% do valor corrigido da causa (ou, no caso de ser irrisório ou inestimável o valor da causa, em até dez vezes o valor do salário mínimo, nos termos do art. 81, § 2º). Detalhe importante é que o texto da lei afirma que a multa deve ser "superior a um por cento" e "inferior a dez por cento" do valor da causa. Não se pode, porém, interpretar esse texto literalmente, devendo-se admitir a multa fixada em 1%, ou em 10%, do valor da causa. Considere aqui a possibilidade de uma atuação judicial preventiva para evitar a prática da má-fé e relacione essa prática com a cooperação.

Além da multa, deverá o litigante de má-fé indenizar a parte contrária pelos danos que tenha sofrido, além de ressarci-lo por honorários de advogado e de todas as despesas processuais que tenha efetuado (art. 81).

Sendo dois ou mais os litigantes de má-fé, cada um será condenado na proporção de seu respectivo interesse na causa, devendo ser solidária a condenação no caso de terem eles se coligado para lesar a parte contrária (art. 81, § 1º).

O valor da indenização será fixado pelo juiz de plano ou, caso não seja possível mensurar o prejuízo, liquidado (por arbitramento ou pelo procedimento comum), devendo a liquidação realizar-se nos próprios autos (e a execução se fará pelo procedimento adequado para o cumprimento de sentença).

O valor das sanções impostas ao litigante de má-fé reverte em benefício da parte contrária. Já o valor de sanções impostas a serventuários do Judiciário pertence ao Estado ou à União (conforme o processo tramite na Justiça Estadual ou Federal), tudo nos termos do art. 96.

1.3. As partes e o custo do processo

Além de tratar da responsabilidade por danos processuais, o CPC regula a responsabilidade pelas despesas do processo, pelos honorários advocatícios e por multas. O conceito de despesas é amplo, incluindo – além das custas – a indenização de viagem, a remuneração do assistente técnico e a diária de testemunha (art. 84), além de quaisquer outros valores devidos em razão do processo. No que concerne às despesas processuais, estabelece o art. 82 um ônus para as partes de adiantar as despesas dos atos que realizarem ou requererem no processo. Caso o ato tenha sido determinado de ofício ou por requerimento do Ministério Público quando atua como fiscal da ordem jurídica (*custos legis*), o ônus do adiantamento será do demandante (art. 82, § 1º).

Não se confunde, porém, o ônus de adiantar com a obrigação de pagar. Esta é imposta, em regra, ao vencido na causa (art. 82, § 2º), a quem incumbirá ressarcir o vencedor das despesas que tenha adiantado. É o que se costuma chamar de "princípio" (mas na verdade é a regra) da sucumbência.

A rigor, porém, a regra aplicável é a da *causalidade*, de que a sucumbência é, tão somente, o retrato daquilo que costumeiramente acontece. É que, na verdade, a obrigação de arcar com o custo econômico do processo, pagando as despesas processuais e os honorários advocatícios, deve recair sobre aquele que *deu causa* ao processo (e que, na maioria das vezes – mas nem sempre –, sai vencido). Casos há em que o causador do processo sai, afinal, vencedor na causa. Outro caso está expressamente previsto no art. 85, § 10, do CPC, por força do qual, nos casos de extinção do processo por "perda do objeto" (isto é, em razão da perda superveniente do interesse processual), o custo do processo será pago por quem tenha a ele dado causa.

Incumbe, pois, ao juiz verificar, no momento de proferir a sentença, quem deu causa ao processo, e a ele impor a obrigação de arcar com o custo econômico do processo.

Ao lado do ônus de adiantar o valor necessário para o custeio das despesas processuais, que a lei atribui a todas as partes (menos às que sejam beneficiárias da gratuidade de justiça e a entes públicos), estabelece o art. 83 que o autor que resida fora do Brasil, pouco importando sua nacionalidade, ou que ao longo da tramitação do processo deixe de residir no país, deverá prestar caução suficiente do pagamento das custas e dos honorários advocatícios da parte contrária. Fica, porém, dispensado dessa caução o autor que tenha, no Brasil, bens imóveis suficientes para lhes assegurar o pagamento.

Não se exige essa caução, também, e por força do que dispõe o art. 83, § 1º, I, quando haja dispensa prevista em tratado ou acordo internacional de que o Brasil seja parte (como é o caso, por exemplo, de tratados nesse sentido existentes entre Brasil e Itália – Decreto nº 1.476/1995 – e Brasil e França – Decreto nº 3.598/2000). Também não é exigida a caução na execução fundada em título extrajudicial e no cumprimento de sentença (art. 83, § 1º, II) e na reconvenção (art. 83, § 1º, III).

Prestada a caução, pode ocorrer de no curso do processo ser ela desfalcada (por exemplo, em razão da desvalorização dos bens dados em caução). Nesse caso, poderá o interessado exigir o reforço da garantia, justificando seu requerimento com a indicação da depreciação do bem dado em caução e a importância do reforço que pretende obter (art. 83, § 2º).

Parte importantíssima do estudo dessa matéria é a fixação de honorários advocatícios, regida pelo CPC a partir do art. 85. Fala-se, aqui mais uma vez, em vencido e vencedor, mas o dever de pagar deve ser imposto a quem tenha dado causa ao processo (e que, *quase sempre*, sai vencido na causa). Basta ver o que consta do art. 85, § 10. Os honorários não são devidos apenas em relação à demanda principal, mas também na reconvenção, no cumprimento de sentença (provisório ou definitivo), na execução – resistida ou não – e nos recursos interpostos, cumulativamente (art. 85, § 1º).

Os honorários advocatícios (conhecidos como "honorários de sucumbência, para distinguirem-se dos honorários contratuais) devem ser fixados entre o mínimo de 10% e o máximo de 20% sobre o valor da condenação, do proveito econômico obtido com o processo ou, não sendo possível mensurá-lo, sobre o valor atualizado da causa (art. 85, § 2º). Na fixação dos honorários, respeitados os limites mencionados, o juiz deverá levar em consideração o grau de zelo do profissional; o lugar de prestação do serviço; a natureza e a importância da causa; o trabalho realizado e o tempo exigido para seu serviço. Sendo o proveito econômico inestimável ou irrisório, ou quando o valor da causa for muito baixo, o juiz fixará o valor dos honorários, sempre observando o disposto no § 2º do art. 85, "por apreciação equitativa" (art. 85, § 8º), o que significa dizer que ele deverá levar em conta o valor fixado em casos análogos, assegurando, assim, tratamento isonômico.

Aqui é preciso fazer duas considerações relevantes. Em primeiro lugar, a regra do § 8º não permite ao juiz ou tribunal fixar honorários de forma arbitrária (ou discricionária). A "apreciação equitativa" a que se refere o texto legal deve ser interpretada em conformidade com a Constituição, que é incompatível com discricionariedades judiciais. Resulta daí a impossibilidade de se interpretar esse dispositivo no sentido de que o juiz poderia fixar qualquer valor.

A segunda é que a regra que resulta da aplicação desse § 8º só permite o emprego da "apreciação equitativa" para aumentar a verba honorária, nunca para diminuí-la. Se o valor da condenação, do proveito econômico ou da causa é muito alto, e daí resultam honorários elevados, o juiz não pode, em hipótese alguma, fixar a verba abaixo do mínimo legal. O que não se pode admitir – e é esta a função do aqui analisado § 8º do art. 85 – é que ao final do processo se verifique que a aplicação do percentual máximo previsto em lei levaria à fixação de honorários aviltantes, incapazes de remunerar o trabalho do advogado. Esse entendimento, registre-se, foi consolidado pelo Tema Repetitivo 1.076 do STJ: "i) A fixação dos honorários por apreciação equitativa não é permitida quando os valores da condenação, da causa ou o proveito econômico da demanda forem elevados. É obrigatória nesses casos a observância dos percentuais previstos nos §§ 2º ou 3º do art. 85 do CPC – a depender da presença da Fazenda Pública na lide –, os quais serão subsequentemente calculados sobre o valor: (a) da condenação; ou (b) do proveito econômico obtido; ou (c) do valor atualizado da causa. ii) Apenas se admite arbitramento de honorários por equidade quando, havendo ou não condenação: (a) o proveito econômico obtido pelo vencedor for inestimável ou irrisório; ou (b) o valor da causa for muito baixo". Esse tema, fixado através do julgamento proferido nos Recursos Especiais repetitivos 1.850.512/SP, 1.877.883/SP, 1.906.623/SP e 1.906.618/SP, acabou por estabelecer uma padronização do modo de decidir a matéria, nos exatos termos do que já se defendia nesta obra, e que é dotada de eficácia vinculante para todos os juízos e Tribunais, tanto da Justiça Estadual como da Justiça Federal, além do próprio STJ.

Posteriormente a essa decisão do STJ, aprovou-se a Lei nº 14.365/2022, que acrescentou ao art. 85 do CPC o § 8º-A, segundo o qual, "na hipótese do § 8º deste artigo, para fins de fixação equitativa de honorários sucumbenciais, o juiz deverá observar os valores recomendados pelo Conselho Seccional da Ordem dos Advogados do Brasil a título de honorários advocatícios ou o limite mínimo de 10% (dez por cento) estabelecido no § 2º deste artigo, aplicando-se o que for maior". Verifica-se, assim, que também prevaleceu a ideia de que a fixação por equidade não é discricionária do valor a ser pago a título de honorários de sucumbência, tendo sido fixados parâmetros objetivos para a determinação dessa "fixação equitativa". Pela mesma razão, aliás, o § 6º-A do art. 85 (também incluído no CPC pela Lei nº 14.365/2022) proibiu expressamente a fixação de honorários "por equidade" nos casos em que o valor da condenação, do proveito econômico ou do valor da causa seja líquido ou liquidável, exceto na hipótese expressamente prevista no § 8º, ou seja, quando o emprego dos critérios ordinários levar à fixação de honorários de sucumbência irrisórios.

Quando o processo tiver por objeto a indenização por ato ilícito a uma pessoa, o percentual dos honorários incidirá sobre a soma das prestações vencidas com mais doze vincendas (art. 85, § 9º). Essa disposição, evidentemente, se aplica aos casos em que a indenização é composta (também) pela fixação de uma pensão em favor da vítima do ato ilícito.

Esses limites e critérios devem ser observados qualquer que seja o conteúdo da sentença, inclusive nos casos de improcedência e de extinção do processo sem resolução do mérito (art. 85, § 6º). Há, porém, um tratamento especial para as causas em que a Fazenda Pública é parte, hipótese em que há regras específicas para a obrigação de pagar honorários advocatícios.

Em primeiro lugar, é preciso destacar que não haverá condenação ao pagamento de honorários nos cumprimentos de sentença contra a Fazenda Pública que ensejam expedição de precatório, desde que não tenha havido qualquer impugnação à execução. Oferecida a impugnação, porém, haverá a condenação ao pagamento de honorários. Aliás, o mesmo regime se aplica aos processos de execução contra a Fazenda Pública em que não tenham sido oferecidos embargos à execução (art. 1º-D da Lei nº 9.494/1997).

Não se aplica, todavia, o § 7º do art. 85 (e, pois, haverá condenação em honorários no cumprimento de sentença contra a Fazenda Pública em que não tenha sido oferecida impugnação) quando se tratar de execução individual de sentença proferida em processo coletivo, conforme corretamente decidiu o STJ ao julgar o REsp repetitivo 1.648.498/RS. É que, nesse caso, o cumprimento de sentença não é mera fase complementar do mesmo processo em que, na fase de conhecimento, definiu-se o direito contra a Fazenda Pública. Quando se trata de cumprimento individual de sentença coletiva, instaura-se um novo processo, cujo objeto é mais do que o mero cumprimento da sentença (a qual é, necessariamente, uma sentença genérica, como se vê do art. 95 do CDC), mas ali também se discutirá a própria existência da relação jurídica de crédito, incumbindo ao demandante individual demonstrar sua condição de credor.

É fundamental observar, na condenação da Fazenda a pagar honorários, o disposto no art. 85, §§ 3º e 4º. Assim é que, nesse caso, o juiz deverá observar os critérios estabelecidos nos incisos I a IV do § 2º desse mesmo art. 85, mas com limites percentuais distintos.

Quando o valor da condenação ou do proveito econômico não exceder de duzentos salários mínimos, os honorários deverão ser fixados entre o mínimo de 10% e o máximo de 20% (art. 85, § 3º, I). Já se a condenação ou o proveito econômico for superior a duzentos salários mínimos, mas não exceder de dois mil salários mínimos, os honorários serão fixados entre 8% e 10% (art. 85, § 3º, II). No caso de a condenação ou o proveito econômico ser maior do que dois mil salários mínimos, mas não superior a vinte mil salários mínimos, os honorários serão fixados entre 5% e 8% (art. 85, § 3º, III). Na hipótese de condenação ou proveito econômico superior a vinte mil salários mínimos, mas não excedente de cem mil salários mínimos, os honorários ficarão entre 3% e 5% (art. 85, § 3º, IV). Por fim, no caso de a condenação ou o proveito econômico ultrapassar cem mil salários mínimos, os honorários serão fixados entre 1% e 3% (art. 85, § 3º, V).

Sendo líquida a obrigação reconhecida na sentença, os honorários contra a Fazenda Pública deverão ser fixados desde logo (art. 85, § 4º, I). No caso de ser ilíquida a obrigação, a definição do percentual só ocorrerá quando realizada a liquidação da sentença (art. 85, § 4º, II). Nesse caso, portanto, a sentença não fixará os honorários de sucumbência, mas remeterá sua fixação para a posterior liquidação de sentença. Não havendo condenação, ou não sendo possível mensurar o proveito econômico obtido, os honorários contra a Fazenda Pública serão calculados sobre o valor atualizado da causa (art. 85, § 4º, III).

Fundamental, porém, é perceber que, nos termos do § 5º do art. 85, "[q]uando, conforme o caso, a condenação contra a Fazenda Pública ou o benefício econômico obtido pelo vencedor ou o valor da causa for superior ao valor previsto no inciso I do § 3º, a fixação do percentual de honorários deve observar a faixa inicial e, naquilo que a exceder, a faixa subsequente, e assim sucessivamente". O que há, aí, pois, é uma fixação "regressiva" do percentual de honorários, que diminui à medida que aumenta a base de cálculo.

Não é assim, porém, que se promove o cálculo dos honorários. Diante da regressividade dos percentuais, o juiz deverá, na sentença, estabelecer que o advogado receberá (no mínimo) 10% de duzentos salários mínimos mais 8% do salário mínimo excedente. Significa isso dizer que o valor mínimo dos honorários, nesse caso, será de 20,08 salários mínimos. Caso os honorários sejam fixados segundo o limite máximo, o advogado receberá 20% de duzentos salários mínimos mais 10% do salário mínimo excedente (o que corresponde a 40,1 salários mínimos).

Importante

Tudo isso, que fique claro, aplica-se tanto aos casos em que a Fazenda Pública é devedora dos honorários como naqueles em que, tendo sido vencedora a Fazenda Pública, a parte contrária terá de pagar honorários advocatícios, caso em que o direito dos advogados públicos aos honorários depende de lei específica (art. 85, § 19), a qual não poderá suprimir a titularidade e o direito à percepção dos honorários por esses profissionais (Enunciado nº 384 do FPPC).

Fixados os honorários na sentença, pode haver um aumento da verba em grau de recurso. É o instituto dos *honorários de sucumbência recursal*, de que trata o § 11 do art. 85.

Incumbe ao Tribunal, ao julgar o recurso, majorar os honorários advocatícios fixados no grau inferior, levando em conta o trabalho adicional realizado pelo advogado em grau de recurso. O aumento ocorrerá tanto nos casos em que o recurso seja julgado pelo relator, monocraticamente, como nas hipóteses de julgamento colegiado (Enunciado nº 242 do FPPC). Só há fixação de honorários de sucumbência recursal, porém, quando o recurso não for provido.

No caso de ser provido o recurso, haverá uma nova fixação de honorários de sucumbência, que, evidentemente, deverá levar em conta todo o trabalho do advogado, inclusive o exercido em grau recursal. Não se terá aí, porém, uma verdadeira majoração (uma vez que a fixação dos honorários realizada pela decisão recorrida terá sido substituída pela nova fixação, promovida pela decisão que deu provimento ao recurso).

> **Importante**
>
> Só se cogita de fixação de honorários de sucumbência recursal, porém, naqueles casos em que a decisão recorrida tenha fixado honorários. Assim, por exemplo, se a decisão recorrida versou sobre redistribuição do ônus da prova (caso em que não há que se cogitar de fixação de honorários), o tribunal, no julgamento do recurso, não fixará qualquer verba de sucumbência recursal. É que, se a decisão recorrida não fixou honorários, então não há o que *majorar*.

Estabelece o texto legal que a fixação dos honorários de sucumbência recursal deve ser feita levando-se em conta "o trabalho adicional realizado em grau recursal". Daí resulta, portanto, que só deve haver majoração dos honorários se o advogado da parte recorrida tiver realizado trabalho adicional, como seria o oferecimento de contrarrazões ou a realização de sustentação oral.

O STJ, todavia, tem entendimento segundo o qual a existência de trabalho adicional do advogado do recorrido não é condição para a majoração dos honorários, mas requisito a ser observado na quantificação da majoração (AgInt nos EREsp 1.539.725/DF e EDcl no REsp 1.746.789/RS).

Outro dado relevante é que só deve haver majoração da verba sucumbencial quando se inaugura um novo grau recursal. Assim, fixados honorários em decisão monocrática, não deve haver majoração em sede de agravo interno (recurso que não inaugura um novo grau recursal), como corretamente decidiu o STJ (EDcl no AgInt nos EDv nos EAREsp 1.210.915/DF). Do mesmo modo, não se cogita de majoração de verba honorária por força de apreciação de embargos de declaração (recurso que se destina a integrar ou esclarecer a decisão embargada, também não inaugurando novo grau recursal), como também decidiu o STJ (REsp 1.780.807/RS).

Importante observar que a soma dos honorários anteriormente fixados com os de sucumbência recursal não pode ultrapassar os limites máximos estabelecidos para a verba honorária na fase de conhecimento (art. 85, § 11, *in fine*). Assim, se a decisão recorrida já tiver fixado os honorários no patamar máximo, não será possível qualquer majoração.

Pode, então, acontecer de o juízo de primeiro grau ter fixados honorários no importe mínimo (10%) e, em grau de recurso este percentual ser aumentado para até 20%. Nada impede, porém, que em grau de apelação os honorários sejam fixados, por exemplo, em 15%, permitindo-se que em grau de recurso especial haja nova majoração (para 17%, por exemplo) e em sede de recurso extraordinário mais uma majoração (chegando-se, por exemplo, ao limite máximo de 20%).

De outro lado, ainda que fixados no importe máximo na fase de conhecimento do processo, será possível a posterior fixação de novos honorários na fase de cumprimento de sentença.

Os honorários de sucumbência recursal não têm natureza de sanção, mas visam tão somente remunerar adequadamente o trabalho realizado pelo advogado da parte vencedora, de modo que sua fixação não inibe a imposição de multas ou outras sanções processuais (art. 85, § 12). E isso confirma o equívoco na interpretação dada ao instituto pelo STJ, que considera desnecessária a existência de trabalho adicional do advogado para que ocorra a majoração dos honorários em grau de recurso.

Importante dizer que os honorários advocatícios, com a afirmação de que essa verba pertence ao advogado (art. 85, § 14, do CPC; art. 23 da Lei nº 8.906/1994), têm natureza alimentar (Súmula Vinculante nº 47) e os mesmos privilégios dos créditos trabalhistas. Pode, ainda, o advogado requerer que os honorários sejam fixados em favor da sociedade de advogados que integre, o que não altera a natureza alimentar da verba (art. 85, § 15). Os honorários também são devidos no caso em que o advogado atue em causa própria (art. 85, § 17).

Sendo os honorários fixados em valor certo, os juros moratórios serão devidos a partir da data do trânsito em julgado da decisão (art. 85, § 16). Na hipótese de serem eles fixados sobre o valor da condenação, do proveito econômico ou do valor da causa, os juros incidirão na forma da lei civil (ou seja, e como regra geral, a partir da data do evento danoso nos casos de responsabilidade civil extracontratual, nos termos do Enunciado nº 54 da súmula do STJ; ou a partir da data da citação, nos casos de responsabilidade civil contratual, conforme dispõe o art. 405 do Código Civil).

Deixando a decisão de fixar os honorários advocatícios, poderão eles ser fixados e cobrados em processo autônomo, nos termos do § 18 do art. 85, que provoca o cancelamento do Enunciado nº 453 da súmula do STJ. É que, no caso de não ter havido a fixação da verba honorária na decisão, então a matéria (responsabilidade pelos honorários de sucumbência e seu valor) não terá sido julgada. E, não tendo havido julgamento, evidentemente não se pode afirmar que sobre a matéria exista *coisa julgada*. É que, perdoe-se a obviedade, não existe coisa julgada acerca de uma "coisa" que assim não o foi. Equivocados, portanto, os acórdãos que deram origem ao Enunciado nº 453 da súmula do STJ (de que é bom exemplo o acórdão proferido no julgamento do EREsp 462.742/SC). E acertado, por conseguinte, o texto do CPC, que expressamente reconhece a possibilidade de o advogado, nesse caso, buscar o reconhecimento, em processo autônomo, de seu direito aos honorários não fixados no processo anterior.

Havendo sucumbência recíproca (isto é, sendo demandante e demandado, em parte, vencedores e vencidos, como se dá no caso de o pedido formulado pelo autor ser julgado parcialmente procedente), as despesas processuais serão proporcionalmente distribuídas entre eles (art. 86), sendo vedada a compensação dos honorários (art. 85, § 14). Caso uma das partes sucumba em parte mínima, porém, o outro responderá por inteiro pelas despesas e honorários (art. 86, parágrafo único).

A compensação, como sabido, é uma causa de extinção da obrigação sem que ocorra pagamento, e que, nos termos do art. 368 do Código Civil, acontece quando "duas pessoas forem ao mesmo tempo credor e devedor uma da outra", caso em que as duas obrigações se extinguem até onde se compensarem. Assim, por exemplo, se A deve 1.000 a B, e ao mesmo tempo B deve 800 a A, então a obrigação de B está extinta e A só deve 200 a B.

Os honorários de sucumbência, porém, passaram a pertencer ao advogado, e não mais à parte, desde a entrada em vigor da Lei nº 8.906/1994, o Estatuto da Advocacia e da OAB, conforme o art. 23. Resultou daí uma mudança da natureza jurídica da verba honorária de sucumbência com relação ao CPC de 1973, que deixou de ser ressarcitória e passou a ser remuneratória (do trabalho do advogado). E isso foi mantido pelo CPC vigente, cujo art. 85 expressamente estabelece que o vencido será condenado a pagar os honorários "ao advogado do vencedor".

Ocorre que, a partir do momento em que os honorários de sucumbência passaram a pertencer ao advogado, e não mais à parte, a compensação se tornou impossível. É que, no caso de um processo em que as partes A e B sejam reciprocamente sucumbentes, então A deverá honorários ao advogado de B, enquanto B deverá honorários ao advogado de A. Facilmente se percebe, então, que A e B não serão, quanto aos honorários, credor e devedor um do outro, inviabilizando-se, desse modo, a compensação.

Havendo litisconsórcio entre os que tenham sido condenados a arcar com o custo econômico do processo, respondem eles proporcionalmente pelas despesas e honorários, devendo a sentença distribuir entre eles, expressamente, a responsabilidade proporcional pelo pagamento (art. 87, *caput* e § 1º). Silente a sentença, os vencidos responderão solidariamente (art. 87, § 2º), caso em que o devedor que efetue o pagamento poderá cobrar de seus codevedores suas quotas-parte, em frações iguais (art. 283 do CC).

Nos processos de jurisdição voluntária, as despesas deverão ser adiantadas pelo requerente e posteriormente rateadas pelos interessados (art. 88). Já nos juízos divisórios ("ação de divisão de terras", "ação de demarcação de terras" e inventário e partilha), não havendo litígio, as despesas serão pagas pelos interessados na proporção de seus quinhões (art. 89).

Encerrando-se o processo por desistência, renúncia ou reconhecimento do pedido, as despesas e os honorários serão pagos pela parte que tenha desistido, renunciado ou reconhecido (art. 90). Tendo sido esse ato dispositivo parcial, a responsabilidade pelas despesas e pelos honorários será proporcional à parcela reconhecida, renunciada ou de que se desistiu (art. 90, § 1º). É preciso, porém, observar a exceção prevista no art. 1.040, § 2º, do CPC. Julgado algum recurso extraordinário ou especial repetitivo, e fixado entendimento de observância obrigatória, poderá o demandante de processo ainda em curso perante juízo de primeiro grau de jurisdição, ao verificar que sua pretensão contraria o entendimento agora fixado, desistir da ação independentemente do consentimento da parte contrária (art. 1.040, §§ 1º e 3º). Nesse caso, ficará o demandante dispensado de pagar as custas processuais e os honorários de sucumbência, o que consiste em verdadeira sanção premial, a estimular o exercício da faculdade de desistir da ação.

Caso o réu reconheça a procedência do pedido e, simultaneamente, cumpra de forma integral a prestação que lhe é exigida, os honorários deverão ser reduzidos à metade (art. 90, § 4º). Trata-se de disposição equivalente à do art. 701, que prevê que, no procedimento especial da "ação monitória", o réu que cumpra a obrigação no prazo de quinze dias contados do recebimento do mandado pagará honorários de 5% sobre o valor da causa. Tem-se entendido que essa mesma disposição da "ação monitória" se aplica aos casos em que ocorre o fenômeno da estabilização da tutela antecipada (como reconhecido no Enunciado nº 18 da ENFAM sobre o CPC de 2015).

No caso de transação, as partes são livres para dispor sobre a responsabilidade pelas despesas e honorários como lhes aprouver. Nada dispondo elas, porém, serão as despesas divididas igualmente (art. 90, § 2º), arcando cada uma das partes com os honorários de seu advogado. Tendo a transação ocorrido antes da sentença, ficam as partes dispensadas do pagamento de eventuais custas remanescentes (o que é um sanção premial funcionando como estímulo à autocomposição), nos termos do art. 90, § 3º.

A Fazenda Pública e o Ministério Público (este quando atua na qualidade de parte, e não como fiscal da ordem jurídica) estão dispensados do ônus de adiantar despesas processuais. Nesses casos, tais despesas serão pagas ao final do processo, pelo vencido (art. 91). No caso de ser o Ministério Público fiscal da ordem jurídica, as despesas dos atos por ele requeridos deverão ser adiantadas pelo autor (art. 82, § 1º).

As perícias requeridas pela Fazenda Pública, pelo Ministério Público ou pela Defensoria Pública poderão ser realizadas por entidade pública (se houver) ou, existindo previsão orçamentária, ter os valores adiantados por aquele que requerer a prova (art. 91, § 1º). Não havendo previsão orçamentária no exercício financeiro para adiantamento dos honorários periciais, serão eles depositados no exercício seguinte, ou ao final pelo vencido (caso o processo se encerre antes do adiantamento a ser feito pelo ente público), nos termos do art. 91, § 2º.

Questão importante é a que diz respeito ao adiantamento do valor referente a honorários periciais nos processos coletivos em que o Ministério Público é o demandante. O STJ, ainda ao tempo do CPC de 1973, fixou entendimento, por meio do julgamento do REsp repetitivo 1.253.844/SC. Entendeu o STJ que, nos processos coletivos em que o MP é autor, tendo sido por ele requerida a produção de prova pericial, caberia à União ou ao Estado (conforme se trate de MP Federal ou de MP Estadual) adiantar os honorários do perito.

O STJ manteve a aplicação desse entendimento mesmo depois da entrada em vigor do CPC de 2015, considerando que o regime da Lei de Ação Civil Pública (Lei nº 7.347/1985) é especial em relação ao do CPC e, por isso, deve prevalecer (como se disse, por exemplo, no julgamento do AgInt no RMS 61.873/SP).

> **Atenção**
>
> Há, porém, decisão monocrática do Ministro Ricardo Lewandowski, do Supremo Tribunal Federal, enfrentando a questão (ACO 1.560/MS). Entendeu o magistrado, que expressamente dialogou com o entendimento consolidado do STJ, que "existem interpretações mais condizentes com o atual arcabouço legislativo processual e que calibram melhor os incentivos para a atuação das partes no processo". Afirmou, então, que, com a entrada em vigor do CPC de 2015, a interpretação anteriormente estabelecida precisa ser repensada.
>
> Disse o magistrado que o CPC vigente foi redigido à luz de uma realidade segundo a qual "os peritos qualificados para as perícias complexas a serem produzidas nas ações coletivas dificilmente podem arcar com o ônus de receber somente ao final", tendo, então, estabelecido disposições mais condizentes com os ditames econômicos da vida contemporânea. Invocou ele, então, o art. 91 do CPC para afirmar que "propor ações civis públicas, sobretudo contra as Fazendas Públicas respectivas, é uma das principais atribuições dos Ministérios Públicos em nosso sistema processual", o que levaria a reconhecer que esse dispositivo legal foi redigido para vigorar também no processo coletivo, "provocando uma releitura do art. 18 da Lei da Ação Civil Pública para conferir maior responsabilidade ao *parquet* no ingresso das ações coletivas, por meio de incentivos financeiros voltados a esta finalidade".
>
> Segundo o ministro, o CPC instituiu regime legal específico, tendo observado que o Ministério Público ostenta "capacidade orçamentária própria, tendo, ainda, fixado prazo razoável para o planejamento financeiro do órgão". E afirmou que a interpretação por ele proposta fortalece o sistema do processo coletivo, já que desenvolve incentivos para que apenas as demandas coletivas "efetivamente meritórias" sejam ajuizadas. E, a partir desses argumentos, sustenta a plena aplicabilidade do art. 91 do CPC aos processos coletivos em que o Ministério Público é o demandante.

Pensamos que a solução adequada, porém, e com todas as vênias, é uma terceira. O art. 18 da Lei de Ação Civil Pública estabelece que nesse tipo de processo não haverá adiantamento de honorários periciais (assim como de outras despesas processuais). Como já visto, porém, há uma diferença entre o ônus de adiantar e a obrigação de pagar os honorários. Assim, nos processos coletivos não haverá adiantamento de honorários periciais, seja quem for o demandante. Caso ao final do processo, no entanto, chegue-se à conclusão de que o Ministério Público deu causa indevidamente ao processo (o que, na imensa maioria dos casos, se dará pelo julgamento de improcedência do pedido formulado), caberá ao MP (e não à Fazenda Pública a que esteja vinculado) pagar, com recursos próprios, os honorários periciais. E, no caso de não haver previsão orçamentária para o pagamento desse valor (no orçamento do Ministério Público), então será imperativa sua inclusão no orçamento do exercício seguinte ao do término do processo, para que se possa efetuar o pagamento dos honorários periciais. Perceba-se, então, que a interpretação aqui proposta é, por assim dizer, um "meio-termo" entre o que prevalece no STJ e o que decidiu, no STF, o Ministro Lewandowski. Não haverá adiantamento (nem pelo MP, nem pela Fazenda Pública a que ele se vincula), dada a especialidade da Lei de Ação Civil Pública em relação ao CPC, mas os honorários serão pagos ao final pelo vencido, ainda que seja o MP, caso em que o pagamento se fará com valores que serão incluídos em seu orçamento próprio.

As despesas de atos adiados ou que tenham de ser repetidos ficarão a cargo daquele (parte, auxiliar da justiça, órgão do Ministério Público ou da Defensoria Pública ou o próprio juiz) que, sem justo motivo, tenha dado causa ao adiamento ou à repetição (art. 93).

Caso tenha havido no processo intervenção de assistente e fique vencido o assistido, o assistente também será condenado a pagar despesas processuais e honorários, proporcionalmente à atividade que houver exercido no processo (art. 94). Perceba-se que, não obstante fale o texto da lei em "custas", o dispositivo deve ser interpretado de forma a incluir todas as despesas e os honorários.

No caso de ter sido requerida a produção de prova pericial, incumbe à parte que a requereu adiantar os honorários do perito. Determinada a produção da prova de ofício, ou tendo sido ela requerida por ambas as partes, deverá o depósito prévio dos honorários ser rateado entre as partes (art. 95), podendo o juiz determinar que a parte responsável deposite em juízo o valor correspondente à remuneração do *expert* (art. 95, § 1º).

Depositados os honorários periciais, poderá ser autorizado desde logo o levantamento, pelo *expert*, de metade do depósito, só se liberando a outra metade após a apresentação do laudo e da prestação de todos os esclarecimentos que sejam solicitados (art. 465, § 4º).

Incumbindo o adiantamento dos honorários periciais a beneficiário de gratuidade de justiça, poderá o custeio da prova fazer-se com recursos alocados ao orçamento do ente público e realizada por servidor do Judiciário ou por órgão público conveniado. Realizada a perícia por particular, o valor será fixado conforme tabela do tribunal ou, inexistente esta, pelo Conselho Nacional de Justiça, devendo ser pagos os honorários com recursos alocados ao orçamento da União, do Estado ou do Distrito Federal (art.

95, § 3º). Esse pagamento, porém, jamais poderá ser realizado com dinheiro do fundo de custeio da Defensoria Pública (art. 95, § 5º). Feito esse adiantamento com verba pública, e sendo o custo do processo atribuído a quem não seja beneficiário da gratuidade, terá ele o dever de ressarcir os cofres públicos do que tenha sido despendido para a realização do depósito antecipado.

Por fim, é de se dizer que, extinto o processo sem resolução do mérito *a requerimento do réu*, o autor só poderá propor novamente a demanda (e desde que não haja obstáculo a tal propositura) depois de pagar ou depositar em cartório (*rectius*, à disposição do juízo) as despesas e os honorários a que tenha sido condenado.

1.4. A gratuidade de justiça

Constitucionalmente assegurada (art. 5º, LXXIV) "aos que comprovarem insuficiência de recursos", a *gratuidade de justiça* (ou benefício de justiça gratuita) é uma garantia que, por força de disposição infraconstitucional, tem sido tradicionalmente ampliada no Direito brasileiro, pois, não obstante o texto constitucional afirme que a assistência jurídica integral e gratuita (que inclui, evidentemente, a gratuidade no acesso ao Judiciário, embora não a esgote) seja assegurada a quem *comprovar* insuficiência de recursos, as pessoas naturais a ela fazem jus independentemente de produção de qualquer prova. Assim já era ao tempo da vigência do art. 4º da Lei nº 1.060/1950 (agora expressamente revogado), e assim é por força do art. 99, § 3º, cujo texto estabelece que se presume "verdadeira a alegação de insuficiência [de recursos] deduzida exclusivamente por pessoa natural". Trata-se, evidentemente, de uma presunção relativa (*iuris tantum*) que pode ser afastada por prova *em contrário*. Todavia, ao juiz não é dado determinar à pessoa natural que produza prova que confirme a presunção, determinação esta que contrariaria o disposto no art. 374, IV. Admite-se, apenas, que *a parte contrária* produza prova capaz de afastar a presunção relativa, o que dependerá do oferecimento de impugnação à gratuidade de justiça.

Há decisões, é certo, que entendem que a natureza relativa da presunção permitiria ao juízo da causa determinar a produção de prova que a confirme. Assim decidiu o STJ, por exemplo, ao apreciar o AgInt no REsp 1.749.799/SP.

Atenção

Equivocado, então, e por exemplo, o entendimento consolidado no Enunciado nº 39 da súmula de jurisprudência dominante do TJRJ, segundo o qual "é facultado ao juiz exigir que a parte comprove a insuficiência de recursos, para obter concessão do benefício da gratuidade de justiça (art. 5º, inciso LXXIV, da CF), visto que a afirmação de pobreza goza apenas de presunção relativa de verdade".

Cap. 6 – Partes e Procuradores

> **Importante**
>
> Alegações sobre as quais incidam presunções legais (ainda que relativas) de existência ou de veracidade não constituem objeto de prova (art. 374, IV). Assim, não pode o juiz, sob pena de infringir diretamente a lei processual, determinar à parte que produza prova que confirme a presunção relativa. Havendo nos autos, porém, elementos de prova que afastem a presunção de hipossuficiência da parte, deverá dar a ela oportunidade de confirmar a veracidade de sua alegação e, não havendo essa confirmação, indeferir (ou revogar, se já havia sido anteriormente deferido) o benefício da gratuidade de justiça.

A presunção, porém, só beneficia pessoas naturais. As pessoas jurídicas e os entes formais, como os condomínios e os espólios, têm o ônus de provar que não têm condições de arcar com o custo econômico do processo para que o benefício lhes seja deferido.

A gratuidade de justiça compreende o rol disposto no art. 98, § 1º, do CPC.

> **Importante**
>
> A concessão da gratuidade afasta, então, o ônus do beneficiário de adiantar todas essas despesas, mas não o livra da obrigação de, *ao final do processo*, pagar as multas que lhe tenham sido impostas (art. 98, § 4º), como é o caso da multa por interposição de agravo interno protelatório (art. 1.021, § 5º).

A concessão do benefício pode ser total ou parcial. Assim, permite a lei expressamente que se conceda o direito ao parcelamento de despesas processuais que o beneficiário tenha de adiantar no curso do processo (art. 98, § 6º), bem como a concessão de gratuidade apenas em relação a alguns atos processuais ou a redução percentual ("desconto") naquilo que tenha de ser adiantado pelo beneficiário (art. 98, § 5º).

O requerimento de concessão do benefício pode ser formulado a qualquer tempo (art. 99). Não tendo sido formulado na primeira oportunidade em que o requerente tenha se manifestado nos autos, não suspenderá o andamento do processo (art. 99, *caput* e § 1º).

Formulado o requerimento por pessoa natural, o juiz só poderá indeferi-lo "se houver nos autos elementos que evidenciem a falta dos pressupostos legais para a concessão da gratuidade", mas não sem antes "determinar à parte a comprovação do preenchimento dos pressupostos para a concessão" (art. 99, § 2º). Nesse sentido, é o Enunciado nº 288 da súmula de jurisprudência dominante do TJRJ: "não se presume juridicamente necessitado o demandante que deduz pretensão revisional de cláusulas de contrato de financiamento de veículo, cuja parcela mensal seja incompatível com a condição de hipossuficiente".

Nesses casos, porém, e como visto anteriormente, não poderá o juiz indeferir de plano o benefício, devendo – justificadamente – determinar ao requerente que comprove, já que afastada a presunção, não ser capaz de arcar com o custo do processo.

Já no caso de pessoas jurídicas e entes formais, em cujo favor não milita qualquer presunção, é ônus do requerente, como já afirmado, produzir a prova de que preenche os requisitos para a concessão do benefício.

Seja como for, não se pode usar como fundamento para indeferir o benefício o fato de a parte estar assistida por advogado particular, cujo trabalho é presumidamente remunerado (art. 99, § 4º; art. 658 do CC, por força do qual se presume oneroso o mandato outorgado a mandatário para exercício de atividade que constitua seu ofício ou profissão lucrativa). Nesse caso, porém, a gratuidade de justiça deferida à parte não alcança a isenção de preparo do recurso formulado com o único objetivo de discutir a fixação dos honorários de sucumbência devidos ao advogado, salvo se este próprio fizer jus ao benefício (art. 99, § 5º). É que, sendo o advogado o verdadeiro titular do direito aos honorários de sucumbência, é dele, e não da parte, o interesse na interposição de recurso que verse *exclusivamente* sobre o direito aos honorários, de modo que só poderia haver a dispensa do preparo nesse caso se o próprio advogado preenchesse os requisitos necessários para a concessão *a ele* da gratuidade.

> **Importante**
>
> O direito à gratuidade de justiça é personalíssimo, não se estendendo a litisconsortes ou sucessores do beneficiário, salvo se estes tiverem formulado requerimento e vejam o benefício lhes ser pessoalmente concedido (art. 99, § 6º).

Requerida a concessão de gratuidade em recurso, o recorrente não precisa comprovar o recolhimento do preparo, cabendo ao relator apreciar o requerimento. Indeferido este, será fixado prazo para recolhimento das custas (art. 99, § 7º).

Deferido o benefício, poderá a parte contrária oferecer *impugnação* (na contestação, na réplica, nas contrarrazões de recurso ou, em caso de ter sido o requerimento formulado por terceiro, por meio de petição simples, a ser apresentada no prazo de quinze dias). A impugnação será processada nos próprios autos e não suspende o andamento do processo (art. 100). Incumbe ao impugnante o ônus da prova de que o beneficiário não faz jus ao benefício da gratuidade, não sendo possível revogar-se benefício já concedido ao argumento de que não há provas suficientes de que a gratuidade deveria ter sido deferida.

Revogado o benefício, a parte arcará com as despesas processuais que tenha deixado de adiantar e, caso constatada sua má-fé, pagará multa a ser fixada pelo juiz, cujo valor poderá ser de até o décuplo do valor dessas mesmas despesas, em benefício da Fazenda Pública federal ou estadual. O adiantamento das despesas deverá ser promovido, nesse caso, em prazo a ser fixado pelo juiz, a contar do trânsito em julgado da decisão que tenha revogado o benefício (art. 102). Não efetuado o recolhimento, o processo será extinto sem resolução do mérito se era o demandante o beneficiário, ou, nos demais casos, não se deferirá a realização de qualquer ato ou diligência requerida enquanto não efetuado o depósito (art. 102, parágrafo único).

A decisão que indefere o benefício de gratuidade de justiça e a que a revoga são impugnáveis por agravo de instrumento (art. 101), salvo no caso de constituir capítulo de sentença (caso em que caberá apelação). Tendo sido deferido o benefício apenas parcialmente (como se dá, por exemplo, no caso de se ter requerido a isenção total do ônus de adiantar as despesas e ter sido deferido tão somente uma redução percentual), também se deve admitir o agravo de instrumento contra o pronunciamento judicial em relação à parte não deferida.

O recurso contra a decisão não está sujeito a preparo até decisão do relator sobre a questão, preliminarmente ao julgamento do recurso (art. 101, § 1º). Confirmada a denegação ou revogação da gratuidade, o relator ou órgão colegiado determinará ao recorrente o recolhimento das custas em cinco dias, sob pena de não conhecimento do recurso.

Vencido, ao final do processo, aquele que era beneficiário da gratuidade de justiça, será ele condenado a pagar as despesas processuais (reconhecendo-se, inclusive, seu dever de ressarcir as despesas adiantadas pela parte vencedora) e os honorários de sucumbência (art. 98, § 2º). O cumprimento dessa condenação, todavia, fica sujeito a condição suspensiva, só podendo ela ser executada se, no prazo de cinco anos a contar do trânsito em julgado da decisão que tenha reconhecido essa obrigação, a situação de insuficiência de recursos tiver deixado de existir (sendo ônus da parte contrária demonstrá-lo). Passado esse prazo, as obrigações do beneficiário da gratuidade se extinguem (art. 98, § 3º) por prescrição.

1.5. Sucessão das partes e dos procuradores

Pode ocorrer de, no curso do processo, a parte originariamente participante ser sucedida por outra, o que acontece quando um novo sujeito vem ocupar a posição processual que antes era de outro sujeito.

Pode a sucessão ser voluntária, resultante de ato *inter vivos*, ou decorrer da sua morte (ou extinção, quando se tratar de parte que seja pessoa jurídica ou ente formal).

A sucessão voluntária só pode ocorrer nos casos expressamente autorizados por lei (art. 108). Dentre esses casos, sem dúvida o mais importante é o que resulta da alienação da coisa ou direito litigioso por ato entre vivos a título particular (art. 109). Nesse caso, a parte alienante permanece legitimada a figurar como sujeito da demanda (demandante ou demandado). Não estará em juízo mais, porém, para defesa de seu próprio interesse. O alienante passará a atuar, em nome próprio, na defesa do interesse do adquirente, exercendo uma legitimidade extraordinária que lhe fará agir como substituto processual do adquirente. Perceba-se, pois, que nesse caso, haverá substituição processual por não ter havido a sucessão processual.

Havendo a alienação do direito litigioso, então, não ocorrerá a sucessão processual, salvo se o adversário do alienante consentir com a sucessão (art. 109, § 1º). Não havendo tal consentimento, prosseguirá no processo o alienante, como substituto processual do adquirente, a este só sendo permitido intervir no processo como *assistente litisconsorcial* do alienante (art. 109, § 2º).

Haja ou não a intervenção do adquirente como assistente do alienante, no caso de prosseguir este no processo, a sentença produzirá efeitos que alcançarão o adquirente (art. 109, § 3º), ficando este sujeito, portanto, à eficácia da decisão.

De outro lado, concordando a parte adversária, haverá a sucessão processual, e, nesse caso, o alienante da coisa ou direito litigioso será excluído do processo, sendo sucedido pelo adquirente, que receberá o processo no estado em que se encontrar. Já no caso de morte da parte, dar-se-á sua sucessão pelo espólio ou pelos sucessores, devendo-se observar o disposto no art. 313, §§ 1º e 2º (art. 110). Aplica-se essa regra, por analogia, aos casos de extinção da pessoa jurídica, a qual será sucedida por quem tenha assumido sua posição jurídica (casos de fusão e incorporação de sociedades).

Pode também haver, no curso do processo, sucessão entre advogados. Pode, por exemplo, a parte exercer seu direito potestativo de revogar o mandato outorgado ao advogado, caso em que deverá, no mesmo ato, constituir novo procurador (art. 111). Não sendo constituído novo mandatário no mesmo ato, deverá ser observado o disposto no art. 76, fixando o juiz prazo para a nomeação de novo procurador (art. 111, parágrafo único).

Também pode ocorrer de o advogado renunciar ao mandato que lhe foi outorgado. Nessa hipótese, deverá o profissional comprovar que comunicou a renúncia ao seu cliente, a fim de que este possa nomear sucessor (art. 112). Frise-se que a notificação do cliente deve ser promovida pelo advogado, não se justificando a prática, relativamente comum, de o advogado requerer ao juízo em que tramita o processo que promova a intimação pessoal da parte para que tome ciência de sua renúncia. Cabe ao juízo, em casos assim, indeferir o requerimento e considerar que, enquanto o advogado não comprovar que por outro meio promoveu a notificação de seu cliente, ainda é ele o representante processual da parte.

Fica o advogado renunciante obrigado a representar seu cliente ainda pelo prazo de dez dias, desde que necessário para lhe evitar prejuízo (art. 112, § 1º). Nada disso se aplica, porém, se há vários advogados conjuntamente constituídos e só um (ou alguns) deixa de representar o constituinte, caso em que os demais advogados regularmente nomeados continuarão a atuar em nome da parte.

Relativamente comum é ocorrer de a parte, que já tem advogado constituído, nomear outro sem ter formalmente destituído o anterior. Nesse caso, deve-se considerar que a outorga do mandato ao novo advogado implica, automaticamente, a revogação do mandato anterior. Já houve casos, porém, em que se outorgou procuração ao novo advogado e este passou a atuar em conjunto com o anterior, ambos representando concomitantemente os interesses da parte, caso em que se deve considerar não ter havido a revogação tácita (como corretamente fez o STJ no AREsp 375.407). Não havendo, porém, elementos no caso concreto que permitam afirmar que ambos os advogados permanecerão atuando em conjunto, deve-se reputar tacitamente revogados os poderes do primeiro advogado constituído em função da outorga da procuração a um novo.

2. O ADVOGADO (PRIVADO E PÚBLICO)

A fim de dar efetividade ao disposto no art. 133 da Constituição, estabelece o art. 103 do CPC que "[a] parte será representada em juízo por advogado regularmente inscrito na Ordem dos Advogados do Brasil" (art. 3º da Lei nº 8.906/1994). Logo, a parte só poderá estar presente em juízo se representada por quem tenha capacidade postulatória, admitida a postulação em causa própria apenas se a parte tiver habilitação legal para tanto (art. 103, parágrafo único).

O advogado só pode postular em juízo em nome da parte se estiver habilitado por procuração (art. 104), que é o instrumento do mandato (art. 653 do CC). Admite-se, porém, a atuação sem procuração do advogado para evitar preclusão, decadência ou prescrição, ou para a prática de atos urgentes (art. 104, *in fine*). Nesses casos, o advogado deverá exibir a procuração no prazo de quinze dias, prorrogável por igual período. Não exibida a procuração, nem ratificado o ato por outro advogado regularmente constituído nesse mesmo prazo, ter-se-á o ato por ineficaz, respondendo o advogado por perdas e danos.

A procuração outorgada ao advogado confere-lhe poderes gerais para atuar em juízo (é a chamada "procuração geral para o foro" ou "procuração *ad judicia*"). Há, porém, atos processuais que só podem ser praticados pelo advogado se tiver poderes especiais para tanto (art. 105). A prática de alguns desses atos sem que o advogado tenha poderes especiais deverá levar o juiz a determinar que a parte junte aos autos nova procuração, que atribua os poderes especiais, ou que a própria parte, pessoalmente, ratifique o ato anteriormente praticado por seu advogado, sob pena de se ter o aludido ato por ineficaz.

A procuração deverá conter, na forma do art. 105, § 2º, o nome do advogado, seu número de inscrição na OAB e seu endereço completo (o que inclui o endereço eletrônico). Caso o advogado integre sociedade de advogados, a procuração também deverá conter o nome desta, seu número de registro na Ordem dos Advogados e seu endereço completo (art. 105, § 3º). Deverá, ainda, estar assinada pelo outorgante, podendo a assinatura ser digital (art. 105, § 1º).

Salvo disposição expressa em sentido contrário, a procuração é eficaz para todas as fases do processo, inclusive para o cumprimento de sentença (art. 105, § 4º).

Ao mandato judicial aplicam-se, supletivamente, as disposições do Código Civil acerca do contrato de mandato, na forma do seu art. 692.

No caso de o advogado postular em causa própria, incumbe-lhe declarar, na petição inicial ou na contestação, seu endereço, número de inscrição na OAB e o nome da sociedade de advogados de que participa, tendo ainda o ônus de comunicar ao juízo qualquer mudança de endereço (art. 106). A falta de algum desses elementos levará o juiz a fixar prazo de cinco dias para correção do vício, sob pena de indeferimento da petição (art. 106, § 1º). Caso o advogado não se desincumba do ônus de informar mudanças de endereço, ter-se-á por válida qualquer intimação encaminhada ao endereço constante dos autos (art. 106, § 2º).

Os direitos do advogado (além de outros previstos expressamente na Lei nº 8.906/1994) estão expressos nos termos do art. 107 do CPC.

Ao receber os autos, o advogado assinará carga em livro ou documento próprio (art. 107, § 1º). Sendo, porém, o prazo comum às partes, os advogados só podem retirar de cartório os autos impressos em conjunto ou mediante prévio ajuste por petição nos autos (art. 107, § 2º), o que tem natureza de negócio jurídico processual típico. Nesse caso, porém, o advogado pode retirar os autos para obtenção de cópias, pelo prazo de duas a seis horas, independentemente de ajuste e sem prejuízo da continuidade do prazo (art. 107, § 3º). O advogado, porém, perderá o direito de tirar os autos de cartório para cópias se não os devolver tempestivamente, ressalvada a possibilidade de prorrogação do prazo pelo juiz (art. 107, § 4º).

A Lei nº 13.793, de 3 de janeiro de 2019, incluiu o § 5º ao art. 107 do Código de Processo Civil. Com isso, asseguram-se aos advogados o exame e a obtenção de cópias de atos e documentos disponíveis em processos eletrônicos. Pelo mesmo dispositivo, também foram alteradas as Leis nos 8.906/1994 (Estatuto da OAB) e 11.419/2016.

A lei processual trata, também, da atuação dos advogados públicos, assim entendidos aqueles que atuam no patrocínio dos interesses dos entes públicos. Pois a advocacia pública é exercida, ao menos como regra geral, por meio de órgãos especificamente destinados a tal objetivo. Registre-se, porém, que há decisão do STF no sentido de que os Municípios não seriam obrigados a instituir órgãos de advocacia pública (as Procuradorias do Município), pois os arts. 131 e 132 da Constituição só seriam aplicáveis à União e aos Estados (STF, RE 1.156.016 AgR/SP). Esse entendimento do STF, registre-se, é perfeitamente adequado à realidade de muitos municípios brasileiros, muito pequenos e sem capacidade econômica suficiente para a criação e manutenção de órgãos caros como são as Procuradorias. Em casos assim, é perfeitamente possível que o município contrate advogados privados para patrocinar em juízo seus interesses.

Incumbe aos órgãos da Advocacia Pública, na forma da lei, defender e promover os interesses públicos de seus respectivos entes, por meio da representação judicial, em todos os âmbitos federativos, das pessoas jurídicas de direito público que integram a administração pública direta ou indireta (art. 182).

O membro da Advocacia Pública é responsável – civil e regressivamente – quando agir no exercício de suas funções com dolo ou fraude (art. 184). Aplica-se, aqui, pois, o sistema por força do qual o lesado pela atuação do advogado público deve demandar a reparação do dano em face da pessoa jurídica a que o profissional se vincula, e esta, por sua vez, terá direito de regresso em face do advogado.

As pessoas jurídicas de direito público têm prazo em dobro para se manifestar no processo, tendo início o prazo de sua intimação pessoal (art. 183), que se fará por carga, remessa ou meio eletrônico (art. 183, § 1º). Não se aplica, porém, o benefício de prazo para a Fazenda Pública naqueles casos em que haja expressa previsão legal de um prazo para sua manifestação (art. 183, § 2º). Também não há prazo em dobro quando o processo tramita nos Juizados Especiais Federais (art. 9º da Lei nº 10.259/2001) ou da Fazenda Pública (art. 7º da Lei nº 12.153/2009).

EM RESUMO:

HONORÁRIOS ADVOCATÍCIOS

São devidos honorários advocatícios na reconvenção, no cumprimento de sentença, provisório ou definitivo, na execução, resistida ou não, e nos recursos interpostos, cumulativamente.

Os honorários serão fixados entre o mínimo de 10% e o máximo de 20% sobre o valor da condenação, do proveito econômico obtido ou, não sendo possível mensurá-lo, sobre o valor atualizado da causa, atendidos: (I) o grau de zelo do profissional; (II) o lugar de prestação do serviço; (III) a natureza e a importância da causa; (IV) o trabalho realizado pelo advogado e o tempo exigido para o seu serviço.

Nas causas em que for inestimável ou irrisório o proveito econômico ou, ainda, quando o valor da causa for muito baixo, o juiz fixará o valor dos honorários por apreciação equitativa, observando o previsto entre os incisos I a IV, supramencionados.

Os honorários constituem direito do advogado e têm natureza alimentar, com os mesmos privilégios dos créditos oriundos da legislação do trabalho, sendo vedada a compensação em caso de sucumbência parcial.

Os advogados públicos perceberão honorários de sucumbência, nos termos da lei.

Proferida sentença com fundamento em desistência, em renúncia ou em reconhecimento do pedido, as despesas e os honorários serão pagos pela parte que desistiu, renunciou ou reconheceu.

HONORÁRIOS ADVOCATÍCIOS

A sentença condenará o vencido a pagar honorários ao advogado do vencedor.

Nos procedimentos de jurisdição voluntária, as despesas serão adiantadas pelo requerente e rateadas entre os interessados.

O tribunal, ao julgar recurso, majorará os honorários fixados anteriormente, levando em conta o trabalho adicional realizado em grau recursal, sendo vedado ao tribunal, no cômputo geral da fixação de honorários devidos ao advogado do vencedor, ultrapassar os respectivos limites estabelecidos na lei.

Capítulo 7

Petição Inicial. Resposta do Réu

1. PETIÇÃO INICIAL: CONCEITO E REQUISITOS

Inicia-se o procedimento comum com o ajuizamento de uma petição inicial. Esta pode ser definida como o instrumento por meio do qual se propõe a demanda e se instaura o processo. Trata-se de elemento extremamente importante não só por servir para dar início ao processo, mas também – e principalmente – por ser a petição inicial a responsável por trazer ao processo os elementos que identificam a demanda que será apreciada. Exatamente em função disso, a petição inicial é documento que precisa preencher uma série de requisitos formais, sem os quais não se pode ter o válido e regular desenvolvimento do processo.

Deve a petição inicial indicar, antes de tudo, o juízo a que é dirigida (art. 319, I). A ele, então, o processo será encaminhado e, havendo mais de um da mesma espécie na comarca, seção ou subseção judiciária, far-se-á entre eles a distribuição.

Em seguida, a petição inicial deve indicar as partes, com suas qualificações (art. 319, II). Exige a lei processual que da petição inicial conste a indicação dos nomes completos (prenomes e sobrenomes), estado civil (e, se for o caso, a existência de união estável), a profissão, o número de inscrição no CPF ou no CNPJ, o endereço eletrônico, o domicílio e a residência de ambas as partes.

Evidentemente, nem sempre o autor disporá de todos esses elementos. Poderá ele, então, requerer ao juiz da causa a realização das diligências necessárias para sua obtenção (art. 319, § 1º). De toda sorte, não será indeferida a petição inicial (nem será o caso de mandar emendá-la) se, a despeito da falta de algum desses elementos, for possível a citação do réu (art. 319, § 2º). Assim, por exemplo, em um caso em que não se tenha o nome completo do réu, mas seja o autor capaz de indicar um apelido pelo qual seja ele conhecido, e que se revele suficiente para permitir sua identificação por um oficial de justiça ou por um carteiro, já se terá por regularmente elaborada a petição inicial.

Impende ainda ter claro que não se pode indeferir (e, com mais razão, não se pode sequer determinar a emenda) a petição inicial pela ausência de algum dos elementos indicados no inciso II do art. 319 quando isso implicar a impossibilidade (ou um obstáculo excessivamente oneroso) ao acesso à justiça (art. 319, § 3º).

O elemento seguinte da petição inicial consiste na indicação dos fatos do pedido (art. 319, III) que compõem a causa de pedir (remota e próxima).

A petição inicial deve deduzir, também, seus fundamentos jurídicos. Estes não integram a causa de pedir, mas ainda assim precisam ser descritos na petição inicial. É que incumbe ao demandante indicar, na sua petição inicial, o raciocínio jurídico desenvolvido para afirmar que, dos fatos narrados, chegou à conclusão por ele apresentada. Tais fundamentos jurídicos não vinculam o juiz (ao contrário da causa de pedir, a que o juiz fica vinculado e só com base nela poderá proferir sentença de mérito), que pode trazer outros fundamentos jurídicos para a causa (*iura novit curia*, máxima que indica que o juiz conhece o Direito e, por isso, não fica vinculado aos fundamentos jurídicos deduzidos pelas partes), os quais deverão, porém, ser submetidos ao contraditório substancial e efetivo para que possam ser invocados na fundamentação da decisão (art. 10).

Deve, em seguida, a petição inicial conter a formulação do pedido, com suas especificações (art. 319, IV). Chama-se pedido à manifestação processual da pretensão, isto é, o ato pelo qual o demandante declara, perante o juízo, o resultado que pretende obter com o processo. Incumbe ao autor, na petição inicial, deduzir o pedido imediato.

O pedido deve ser certo (art. 322) e determinado (art. 324). Ambas as qualidades aqui afirmadas devem estar presentes no pedido apresentado na petição inicial, sendo, pois, imprescindíveis. Pedido certo (considerando o pedido certo como pedido expresso, contrapondo-se ao pedido implícito) é o que externa uma pretensão que visa a um bem jurídico perfeitamente caracterizado. E pedido determinado é o que deixa claro e fora de dúvida o que se pretende, quer no tocante à sua qualidade, quer no referente à sua extensão e quantidade.

Admite a lei, todavia, a formulação de pedido genérico nas hipóteses arroladas nos três incisos do § 1º do art. 324 do CPC. Pedido genérico é o formulado sem a determinação do aspecto quantitativo do pedido. Não se admite qualquer indeterminação quanto ao aspecto qualitativo deste. Assim, poderá o autor formular pedido genérico nas "ações universais", se não for possível individuar os bens demandados (art. 324, § 1º, I).

Chama-se "ação universal" aquela em que se pleiteia a condenação do réu a entregar ao autor uma universalidade de bens. Admite-se, ainda, a formulação de pedido genérico quando não for possível ao demandante determinar, de modo definitivo, as consequências do ato ou fato que serve de fundamento para a pretensão (art. 324, § 1º, II).

As hipóteses de pedido genérico são excepcionais, devendo por isso mesmo ser interpretadas restritivamente. A regra será a formulação de pedido certo e determinado, em todos os seus aspectos, inclusive o quantitativo. Isso porque o pedido é um "projeto da sentença", devendo esta (se for pela procedência da pretensão, obviamente) atender ao pedido nos limites de sua especificação. A formulação de pedido genérico fora dos casos indicados tornaria muito difícil a prolação de sentença que atendesse à exigência de que a sentença individue o objeto do comando judicial.

Aliás, é expresso o CPC (art. 491) em estabelecer que, mesmo sendo formulado pedido genérico, a sentença – sempre que possível – já deverá determinar a extensão da obrigação. E para isso, evidentemente, é preciso que, não obstante o caráter genérico do pedido formulado, observe-se, ao longo do processo e previamente à prolação da sentença, pleno e efetivo contraditório a respeito da quantificação do objeto da obrigação.

Deve-se dizer que entre os casos em que se admite pedido genérico não está o da demanda de reparação por danos morais (salvo, evidentemente, no caso de essa demanda se enquadrar em alguma das hipóteses previstas no art. 324, § 1º, como seria a situação em que, no momento do ajuizamento da demanda, ainda não fosse possível determinar toda a extensão do dano). Incumbe ao demandante, quando postula a reparação por danos morais, indicar o valor que pretende receber (e esse valor será o valor da causa, como expressamente estabelece o art. 292, V). É que, nos casos em que o demandante formula pedido genérico de reparação do dano moral (como durante muito tempo a jurisprudência admitiu), acaba por haver decisão surpresa quanto à fixação do valor da condenação, que não é objeto de debate prévio entre as partes.

A lei processual admite a possibilidade de o autor cumular pedidos numa só petição inicial (art. 327), ainda que inexista conexão entre as diversas demandas cumuladas. Exige a lei, como requisito da cumulação, que os pedidos sejam compatíveis entre si; que um mesmo juízo seja competente para conhecer de todos; que o mesmo procedimento seja adequado para todas as demandas.

Pode-se, porém, cumular pedidos para os quais haja previsão de procedimentos distintos, mas se para todos puder ser usado o procedimento comum, caso em que será possível o emprego das técnicas diferenciadas previstas para o procedimento especial que não sejam com o procedimento comum incompatíveis (art. 327, § 2º).

Só não será possível, então, essa cumulação quando as técnicas diferenciadas forem realmente incompatíveis com o procedimento comum, e seu uso desnaturaria o procedimento especial.

O que resulta daí, então, é a sobrelevada importância dada pelo CPC vigente às técnicas processuais diferenciadas (e que levará à afirmação de que, na maioria dos casos pelo menos, mais importante do que a previsão de um procedimento especial é a existência, no ordenamento, de técnicas processuais diferenciadas).

São diversas as formas de cumulação de pedidos. A doutrina, porém, não chegou a uma forma única de classificação, havendo diversos critérios conhecidos. Assim, setor respeitável da doutrina classifica as espécies de cumulação de pedidos em condicional e simples, aquela se dividindo, ainda, em sucessiva (ou condicional em sentido estrito), eventual (ou subordinada) e alternativa. Todavia, a melhor forma de classificação é a que estabelece a seguinte divisão: cumulação em sentido estrito e em sentido amplo. Na primeira forma, os diversos pedidos admitem a possibilidade de procedência simultânea, o que não ocorre na segunda, em que apenas um entre os pedidos poderá ser julgado procedente. A cumulação em sentido estrito se divide em cumulação simples e sucessiva; a cumulação em sentido amplo será eventual (também chamada subsidiária) ou alternativa.

A primeira espécie de cumulação de pedidos em sentido estrito é a *cumulação simples*. Nesta, o autor formula pedidos absolutamente independentes entre si, sendo certo que, nessa hipótese, as demandas não possuem em comum elementos outros que não as partes.

Na segunda espécie de cumulação em sentido estrito, a *cumulação sucessiva*, o autor formula dois (ou mais) pedidos, sendo certo que a análise do posterior depende da procedência do que lhe precede. Exemplo dessa espécie se encontra na cumulação de "ação de investigação de paternidade" com "ação de petição de herança". O segundo pedido só será apreciado se o primeiro for julgado procedente, sendo possível a procedência simultânea. Trata-se, aliás, de demanda condicional (a segunda), já que sua apreciação fica submetida a um evento futuro e incerto (a procedência do primeiro pedido), que se manifestará dentro do próprio processo. Como já se viu, admite-se a prática de atos processuais condicionais quando a condição for endoprocessual.

Passando às cumulações em sentido amplo, haverá eventual (ou subsidiária) quando o autor formula dois (ou mais) pedidos, sendo certo que, nessa hipótese, o segundo pedido só será apreciado se o primeiro for julgado improcedente. Trata-se de situação simétrica à anterior, da cumulação sucessiva.

Outra modalidade de cumulação em sentido amplo é a *cumulação alternativa de pedidos*. A cumulação é alternativa quando o autor formula dois (ou mais) pedidos e afirma ser indiferente qual deles será acolhido (art. 326, parágrafo único). Nesse caso, evidentemente, só um dos pedidos alternativos poderá ser acolhido.

Atenção

Não se confunde com a cumulação alternativa de pedidos o pedido alternativo (art. 325). Nesse caso, não há propriamente uma cumulação de pedidos, já que um só pedido é formulado, que é o de condenação do réu a cumprir uma prestação que pode ser prestada de mais de um modo. É o que se tem quando a relação de direito material deduzida no processo é geradora de uma obrigação alternativa ou de uma obrigação acompanhada de prestação facultativa. Em ambos os casos, a relação obrigacional se caracteriza por ser possível ao devedor eximir-se de seu dever jurídico por mais de um modo diferente (bastando pensar em um contrato por força do qual tenha surgido para o devedor a obrigação de entregar ao credor um certo bem móvel ou seu equivalente em dinheiro). Em situações como esta, o autor formulará um só pedido (o de condenação do réu ao cumprimento da obrigação prevista no contrato), e – julgado procedente o pedido – o réu cumprirá a sentença realizando qualquer uma daquelas duas prestações em que a relação obrigacional é alternativa ou acompanhada de prestação facultativa. Portanto, incumbe ao juiz assegurar que, no caso de procedência do pedido, mesmo não tendo o autor formulado pedido alternativo, o réu poderá cumprir a prestação por qualquer dos modos previstos na lei ou contrato (art. 325, parágrafo único).

Ainda no estudo do pedido, e do modo como ele pode (ou deve) ser formulado na petição inicial, deve-se referir que, no caso da obrigação cujo cumprimento se pretende ser de trato sucessivo, com prestações periódicas, considera-se que as prestações vincendas se encontram incluídas no pedido, ainda que não o diga expressamente o autor (art. 323).

Trata-se do que muitas vezes se vê, na prática, ser chamado de "pedido implícito", mas que, na verdade, deve ser visto como a inclusão, por obra da lei, no objeto do processo, de matérias que não foram suscitadas pelas partes. Outro exemplo desse fenômeno é o disposto no art. 322, § 1º, que prevê a inclusão, no objeto do processo, dos juros legais, correção monetária e verbas devidas em razão da sucumbência.

A interpretação do pedido exige uma análise especial. É que muitas vezes se vê, na prática forense, considerar-se que o pedido deveria ser interpretado apenas a partir de uma frase que, formulada ao final da petição inicial, é indicada pelo demandante como sendo seu pedido. Impende, porém, ter claro que o pedido não pode ser interpretado a partir de uma única frase, mas levando-se em conta "o conjunto da postulação" (art. 322, § 2º).

Ademais, deve-se levar em conta, na interpretação do pedido, o princípio da boa-fé (arts. 5º e 322, § 2º). É que, com a dedução de uma demanda em juízo, o autor gera – no órgão jurisdicional e no demandado – expectativas que devem ser levadas em consideração no momento da interpretação do pedido.

Além disso, na interpretação do pedido deve-se levar em consideração a vontade da parte, incidindo na hipótese o disposto no art. 112 do CC (Enunciado nº 285 do FPPC).

A petição inicial deve, também, indicar o valor da causa (art. 319, V), o qual deve corresponder ao benefício econômico que o demandante pretende obter com sua demanda (arts. 291 e 292, § 3º), e ainda que esta não tenha conteúdo econômico imediatamente aferível (art. 291, *in fine*).

Exige a lei processual (art. 319, VI) que o autor indique na petição inicial "as provas com que [pretende] demonstrar a verdade dos fatos alegados". Esta é, porém, em muitos casos, uma exigência de difícil (para não dizer impossível) cumprimento. É que só constituem objeto de prova as alegações feitas pela parte a respeito de fatos e que sejam, simultaneamente, relevantes e controvertidas. Ora, parece evidente que, no momento da elaboração da petição inicial, nenhuma alegação é, ainda, controvertida. Consequência disso é que ao elaborar a petição inicial, não sabe o autor, ainda, o que terá de provar. Impossível, então, dizer quais são as provas que pretende produzir se nem sequer sabe o que terá de provar. Não é por outra razão que, na prática, é muito frequente encontrar-se petição inicial que se limite a afirmar que o autor pretende produzir "todos os meios de prova admissíveis" (ou algo parecido). Isso não deve ser visto como vício da petição inicial, incumbindo ao juiz, por força do dever de cooperação que lhe atribui o art. 6º, exortar as partes a, posteriormente (e quando já estiver delimitado o objeto da prova), especificar as provas que pretendem produzir, fazendo-o justificadamente.

Por fim, deve constar da petição inicial uma relevante informação: se o autor pretende ou não que se realize audiência de conciliação ou mediação (art. 319, VII). É que, no caso de o autor expressamente afirmar que não quer a realização de tal audiência, não será ela designada (art. 334, §§ 4º, I, e 5º; art. 2º, § 2º, da Lei nº 13.140/2015). Diferentemente do que se vê pela literalidade do texto do art. 334, § 4º, I, do CPC, não se deve designar a audiência prévia de conciliação se o demandante expressamente declarar, na petição inicial, que não pretende dela participar. No momento próprio esse ponto será aprofundado, com a indicação das razões para se afastar a literalidade do texto.

> **Atenção**
>
> Não cabe aplicar multa a quem, comparecendo à audiência do art. 334 do CPC, apenas manifesta desinteresse na realização de acordo, salvo se a sessão foi designada unicamente por requerimento seu e não houver justificativa para a alteração de posição (Enunciado nº 121 do CJF).

Além de tudo isso, a petição inicial deve vir acompanhada dos documentos indispensáveis à propositura da demanda (art. 320). Perceba-se que não há, aqui, uma exigência de que toda a prova documental do autor venha acompanhando a petição inicial. Posteriormente se poderá ver que este é, mesmo, o momento em que, via de regra, o demandante produz prova documental. O art. 320, porém, não trata disso, limitando-se a exigir que a petição inicial venha acompanhada de documentos que são indispensáveis para o regular desenvolvimento do processo.

Elaborada a petição inicial, é a mesma levada a juízo, devendo o juiz, nesse primeiro momento, fazer uma análise da observância dos requisitos formais da demanda, a fim de pronunciar-se, pela primeira vez, no processo. Duas hipóteses podem, então, ocorrer: a petição inicial pode preencher todos os seus requisitos (ao menos à primeira vista), caso em que estará apta a permitir um regular desenvolvimento do processo; ou poderá conter um vício, caso em que se deverá determinar sua emenda (art. 321).

O despacho que determina a emenda da petição inicial deve indicar, com precisão, a correção a ser feita. Essa é uma exigência do princípio da cooperação, devendo o juiz indicar exatamente qual é o problema com a petição, a fim de permitir que o autor tente corrigi-lo sem correr o risco de ser depois surpreendido por uma decisão que repute viciada a petição por conta de um defeito que o autor não fora capaz de identificar. Essa seria, então, uma decisão surpresa, que violaria o art. 10 do CPC e, por isso mesmo, é proibida.

Há um aspecto importante no texto do art. 321 que exige análise. Diz a lei que o juiz deverá determinar ao demandante que emende a petição inicial se verificar que ela "não preenche os requisitos dos arts. 319 e 320 *ou* que apresenta defeitos e irregularidades capazes de dificultar o julgamento de mérito". Perceba-se, aí, que a lei trata de duas situações distintas: (i) a petição inicial não preenche os requisitos dos arts. 319 e 320; (ii) a petição inicial apresenta defeitos e irregularidades capazes de dificultar o julgamento de mérito.

A primeira dessas situações consiste, simplesmente, no caso em que algum dos requisitos formais da petição inicial não foi preenchido, ou que algum documento indispensável não foi juntado. Nesse caso, bastará ao autor preencher o requisito faltante, ou apresentar o documento que ainda não havia sido juntado, e a petição inicial deixará de ter vícios que impeçam o regular desenvolvimento do processo.

A segunda hipótese ali prevista, porém, é um pouco distinta. Trata-se do caso em que a petição inicial até preenche, formalmente, seus requisitos, mas seu texto é incompreensível ou de difícil compreensão. Afinal, pode acontecer de a petição inicial ser obscura ou contraditória. Pois, nesse caso, impõe o princípio da cooperação que o juiz indique ao demandante, com precisão, o ponto obscuro ou contraditório da petição, expondo as razões pelas quais isso dificulta o julgamento do mérito, a fim de que o autor corrija o vício. Caso não seja sanado o defeito, como se verá adiante, deverá o juiz indeferir a petição inicial.

1.1. Indeferimento da petição inicial

Estabelece o art. 330 os casos em que a petição inicial deve ser indeferida, o que acarretará a extinção do processo sem resolução do mérito (art. 485, I). Vale recordar, porém, que isso só ocorrerá quando não for possível corrigir-se o vício, dado o princípio da primazia da resolução do mérito. Pois é exatamente por isso que se afirma na lei processual, expressamente, que a petição inicial será indeferida quando não atendidas as prescrições dos arts. 106 e 321 (c/c art. 330, IV). Caso alguma exigência não seja cumprida, deverá o juiz determinar a emenda da petição inicial, tendo como prazo apenas cinco dias.

A petição inicial será indeferida quando for inepta (art. 330, I). Considera-se inepta a inicial quando lhe faltar pedido ou causa de pedir (art. 330, § 1º, I), quando o pedido for indeterminado e não for caso de admissão de pedido genérico (art. 330, § 1º, II), quando da narração dos fatos não decorrer logicamente a conclusão (art. 330, § 1º, III) ou quando contiver pedidos incompatíveis entre si (art. 330, § 1º, IV).

Tem-se, ainda, por inepta a petição inicial quando, tendo a demanda por objeto a revisão de obrigação decorrente de empréstimo, financiamento ou alienação de bens (Enunciado nº 290 do FPPC), o autor não tenha discriminado, na petição inicial, dentre as obrigações contratuais, aquelas que pretende discutir, quantificando o valor incontroverso do débito (art. 330, § 2º). Essa exigência é feita para o fim de assegurar que, no curso do processo, os valores incontroversos continuem a ser pagos (art. 330, § 3º).

Também será indeferida a petição inicial se o juiz verificar a ausência de alguma "condição da ação" (art. 330, II e III).

Indeferida a petição inicial, é possível a interposição de apelação, facultado ao juiz o exercício do juízo de retratação, no prazo (impróprio) de cinco dias (art. 331). Caso haja retratação, a petição inicial não estará mais indeferida, e o processo seguirá regularmente, com a citação do réu.

De outro lado, caso não haja retratação, mantendo o juiz sua decisão de indeferimento, o réu será citado para oferecer contrarrazões ao recurso (art. 331, § 1º).

Determina a lei que, não havendo retratação, seja o réu citado para oferecer contrarrazões ao recurso, sendo este em seguida encaminhado ao tribunal. Vindo este a reformar a sentença, o prazo para oferecimento de contestação correrá da intimação do retorno dos autos (art. 331, § 2º).

Não tendo sido interposta a apelação, e transitando em julgado a sentença de indeferimento da petição inicial, deverá o réu ser comunicado do trânsito em julgado da sentença proferida em processo para o qual ele não foi citado (art. 331, § 3º). Isso permitirá ao demandado não só ter ciência do resultado do processo, mas evitar que o demandante tente, fraudulentamente, demandar outra vez com a mesma petição inicial, buscando afastar o disposto no art. 486, § 1º, do CPC. Afinal, ciente o réu dessa sentença já transitada em julgado, poderá ele arguir essa matéria como defesa em eventual segundo processo instaurado com base na mera reprodução da mesma petição inicial, o que, como dito, é vedado pelo ordenamento.

1.2. Improcedência liminar do pedido

Em alguns casos excepcionais, admite-se a prolação de sentença de mérito logo no início do processo, sem sequer haver necessidade de citação do demandado. Evidentemente, tal sentença terá de ser de improcedência do pedido, rejeitando-se, pois, a pretensão do autor (o que faz com que, não obstante não tenha sido o réu citado, não haja para este qualquer prejuízo, já que o resultado do processo será o melhor possível para o demandado), fenômeno denominado *improcedência liminar do pedido* (art. 332).

Só é possível o julgamento liminar de improcedência em "causas que dispensem a fase instrutória" (art. 332, *caput*), isto é, naqueles processos em que não haverá necessidade de produção de prova, por não existir controvérsia a respeito de questões fáticas. Além disso, é preciso que a causa se enquadre em alguma das hipóteses previstas nos quatro incisos do art. 332 ou em seu § 1º.

O primeiro caso de improcedência liminar é aquele em que o pedido formulado pelo autor contraria enunciado de súmula do Supremo Tribunal Federal ou do Superior Tribunal de Justiça. Assim, sempre que a incompatibilidade entre a pretensão do demandante e o entendimento jurisprudencial sumulado pelo STF ou STJ não depender de produção de prova, deverá o juiz julgar o pedido improcedente liminarmente.

O segundo caso de improcedência liminar é o de pedido que contraria "acórdão proferido pelo Supremo Tribunal Federal ou pelo Superior Tribunal de Justiça em julgamento de recursos repetitivos".

Outro caso de improcedência liminar é aquele em que o pedido contraria entendimento firmado em incidente de resolução de demandas repetitivas ou de assunção de competência (art. 332, III). O IRDR é mecanismo análogo ao do julgamento dos recursos excepcionais repetitivos, compondo com aquela técnica empregada no STF e no STJ o microssistema dos julgamentos de casos repetitivos (art. 928), que permite o gerenciamento, pelo Judiciário, da litigância de massa. Assim, a decisão proferida em sede de IRDR tem – como já se viu – eficácia vinculante na área de atuação do tribunal que o tenha julgado (estado ou região, conforme o caso), do mesmo modo que a decisão proferida no julgamento de recursos excepcionais repetitivos tem eficácia vinculante em todo o território nacional.

De outro lado, o incidente de assunção de competência permite a formação de precedentes com eficácia vinculante fora das demandas massificadas, repetitivas, mas também produz como resultado um acórdão dotado de eficácia vinculante.

Assim, tendo sido formulado pedido contrário a entendimento firmado em IRDR ou em incidente de assunção de competência, e não havendo necessidade de dilação probatória para a verificação dessa incompatibilidade, deverá o juiz proferir sentença desde logo, julgando o pedido liminarmente improcedente.

Também será julgado improcedente o pedido de forma liminar quando contrariar entendimento consolidado em enunciado de súmula de Tribunal de Justiça sobre direito local (art. 332, IV). É que incumbe aos tribunais estaduais (e ao do Distrito Federal) dar a palavra final acerca da interpretação do Direito estadual e municipal. A hipótese é, pois, análoga à do inciso I desse mesmo art. 332 (incidindo este último quando se tratar de Direito constitucional ou federal).

Por fim, deve ser o pedido julgado desde logo improcedente se o juiz reconhecer que já se consumou prazo de prescrição ou de decadência (art. 332, § 1º), fenômenos do Direito Material, que são questões de mérito do processo, como claramente resulta do art. 487, II, do CPC.

Em qualquer desses casos, porém, não poderá o juiz proferir a sentença de improcedência liminar sem antes dar ao autor oportunidade de manifestar-se sobre ser ou não o caso de se rejeitar desde logo a demanda (arts. 9º e 10). É que sempre se pode admitir que o autor demonstre a distinção entre seu caso e os precedentes ou enunciados de súmula que ao juiz pareciam aplicáveis ao caso.

Contra a sentença de improcedência liminar, evidentemente, é cabível a interposição de apelação. Não sendo esta, porém, interposta no prazo legal, deverá o réu – que não foi citado – ser comunicado do trânsito em julgado (art. 332, § 2º), do mesmo modo como se faz – e com os mesmos fins – quando a sentença de indeferimento da petição inicial transita em julgado.

Interposta a apelação, poderá o juiz retratar-se no prazo (impróprio) de cinco dias (art. 332, § 3º). Retratando-se o juiz, deverá o processo seguir normalmente, com a citação do réu (art. 332, § 4º, primeira parte). De outro lado, caso o juiz não se retrate, o réu será citado para oferecer contrarrazões no prazo de quinze dias, seguindo o processo para o tribunal competente para conhecer da apelação (art. 332, § 4º, parte final).

Pode acontecer de o tribunal anular a sentença, por entender que não era caso de improcedência liminar, havendo necessidade de dilação probatória. Nesse caso, os autos retornarão ao juízo de origem, que dará regular prosseguimento ao feito. De outro lado, pode o tribunal entender que é caso de reforma da sentença (se, em vez de ser julgado improcedente, o pedido deveria ser procedente). Nesse caso, como ambas as partes já terão tido oportunidade de se manifestar, e não há necessidade de dilação probatória, a sentença será reformada pelo tribunal de segundo grau de jurisdição.

2. RESPOSTA DO RÉU

2.1. Contestação

Citado o réu, pode ele reagir à demanda proposta pelo autor, reação chamada de resposta do réu.

O CPC se vale dessa terminologia, falando em "resposta" ou "resposta do réu" em alguns dispositivos, de que são exemplos os arts. 113, § 2º, 248, 335, § 2º, 578 e 970. Duas são as respostas do réu: contestação e reconvenção. Cada uma tem uma diferente função e, por isso, pode o réu apresentar, dessas duas, as que quiser. Pode ele só contestar, só reconvir (art. 343, § 6º), ou oferecer ambas, caso em que virão elas na mesma peça (art. 343).

A mais importante modalidade de resposta do réu é a contestação. Trata-se da resposta mais importante por ser por meio dela que o réu exerce seu direito de defesa, apresentando toda a matéria que tenha para alegar em seu favor (art. 336).

> **Importante**
>
> O prazo para oferecimento de contestação no procedimento comum é de quinze dias (art. 335, *caput*), variando o termo inicial conforme o caso.

Correrá o prazo para o réu contestar da data da audiência de conciliação ou de mediação, ou da última sessão de conciliação, quando qualquer parte não comparecer ou, comparecendo, não houver autocomposição (art. 335, I). Tendo o réu, porém, protocolado petição requerendo o cancelamento da audiência de conciliação ou de mediação, nos termos do art. 334, § 4º, I, o prazo correrá da data do protocolo dessa petição (art. 335, II). Por fim, quando a audiência já não tiver sido designada (por versar a causa sobre direito que não admite autocomposição ou por ter o autor, na petição inicial, optado pela sua não realização), o prazo correrá na forma do disposto no art. 231, conforme a modalidade de citação que tenha sido efetivada (art. 335, III).

> **Atenção**
>
> Havendo vários réus, a regra é que o prazo seja comum a todos. No caso de terem os réus, porém, protocolado petição requerendo o cancelamento da audiência de conciliação ou mediação, o prazo para cada um deles correrá, independentemente, a partir da data do respectivo protocolo (art. 335, § 1º).

No caso de não ter sido designada a audiência de conciliação ou mediação por versar a causa sobre direito que não admite autocomposição, e vindo o autor a desistir da ação em relação a algum dos réus, o prazo para que os demais apresentem resposta correrá da data em que sejam eles intimados da decisão que homologar a desistência (art. 335, § 2º).

Na regra conhecida (impropriamente) como "princípio" da eventualidade, incumbe ao sujeito do processo (no caso em exame, ao réu) apresentar, de uma só vez, todas as alegações que tenha em seu favor, sob pena de preclusão.

Assim é que ao réu cabe, na contestação, alegar todas as defesas que tenha relacionadas à regularidade do processo (suscitando, por exemplo, a falta de alguma "condição da ação" ou de um pressuposto processual) e, também, a defesa de mérito (que será direta quando o réu negar o fato constitutivo do direito do autor; e indireta quando o réu admitir o fato constitutivo e lhe opuser outro, impeditivo, modificativo ou extintivo do direito do demandante).

A primeira defesa que o réu apresenta em sua contestação é a defesa processual. Consiste tal defesa na alegação de questões preliminares ao mérito. O acolhimento de alguma dessas preliminares acarreta a extinção do processo sem resolução do mérito. O art. 337 enumera essas preliminares, mas a elas faz juntar uma série de "preliminares impróprias ou dilatórias", defesas processuais cujo acolhimento não acarreta a extinção do processo (que são as previstas nos incisos I, II, III, VIII e XIII do art. 337). As demais, preliminares próprias ou peremptórias, uma vez acolhidas, levarão à extinção do processo sem resolução do mérito.

Assim, incumbe ao réu alegar, na contestação, a inexistência ou nulidade da citação (art. 337, I). Nesse caso, a função precípua da alegação não é fazer com que se inicie o prazo para oferecimento da contestação, nos termos do art. 239, § 1º, já que a alegação de que se cogita é apresentada na própria contestação. É, porém, importante que se apresente essa alegação nos casos em que não tenha havido citação ou tenha esta sido viciada, já que assim se demonstrará não ser intempestivo o ato.

A segunda matéria dedutível na contestação é a incompetência do juízo, seja ela absoluta ou relativa (art. 337, II). Havendo essa alegação na contestação, o réu é expressamente autorizado a protocolar sua contestação no foro de seu domicílio (o que é extremamente importante, especialmente para processos que não tramitam em autos eletrônicos, ainda mais naqueles casos em que o domicílio do réu é distante do foro onde tramita o feito), devendo o fato ser imediatamente comunicado – preferencialmente por meios eletrônicos – ao juízo da causa (art. 340).

No caso de ser a contestação protocolada no foro do domicílio do réu (distinto daquele em que tramita o processo, o que só é admissível quando houver alegação de incompetência), deverá ela ser submetida a livre distribuição ou, se o réu tiver sido citado por meio de carta precatória, juntada aos autos dessa carta, seguindo-se a imediata remessa para o juízo da causa (art. 340, § 1º). Caso venha a ser acolhida a alegação e reconhecida a competência do foro onde protocolada a contestação, o juízo para o qual esta (ou a carta precatória) havia sido distribuída estará com sua competência fixada para a causa (art. 340, § 2º), se for tal juízo localizado no foro afinal declarado competente para a causa (Enunciado nº 426 do FPPC).

> **Atenção**
>
> Não há preclusão consumativa do direito de apresentar contestação, se o réu se manifesta, antes da data da audiência de conciliação ou de mediação, quanto à incompetência do juízo (Enunciado nº 124 do CJF).

Estabelece o art. 340, § 3º, que o mero fato de haver, na contestação, alegação de incompetência, suscitará a suspensão da realização da audiência de conciliação ou de mediação que tenha sido designada.

> **Atenção**
>
> Esta, porém, é uma regra que causa alguma estranheza. É que, no caso de ter sido designada a audiência de conciliação ou de mediação, o prazo para oferecimento de contestação só começa a correr depois da aludida audiência. Assim, não se vê como seria possível suspender-se uma audiência que já se teria reali-

zado. A única forma possível de dar algum sentido útil a essa regra é considerar que poderia o réu protocolar sua contestação desde logo, com a alegação de incompetência do juízo, antes mesmo de ser realizada a audiência de conciliação ou de mediação, caso em que tal audiência ficaria suspensa. Nesse caso, definido qual é o juízo realmente competente, a este incumbirá – se for o caso – designar nova data para a realização daquela audiência (art. 340, § 4º).

Outra matéria processual que pode ser suscitada na contestação é a incorreção do valor da causa (art. 337, III). É, pois, na contestação que o réu pode oferecer sua impugnação ao valor da causa, nos termos do disposto no art. 293.

Pode, ainda, o réu alegar inépcia da petição inicial (art. 337, IV), afirmando ter ocorrido qualquer das situações descritas no art. 330, § 1º. A contestação pode, ainda, trazer a alegação de existência de perempção (art. 337, V), litispendência (art. 337, VI) ou coisa julgada (art. 337, VII), todas elas causas de extinção do processo sem resolução do mérito, nos termos do art. 485, V.

O réu pode, também, alegar em sua contestação a existência de conexão entre o processo em que oferece sua resposta e alguma outra causa (art. 337, VIII), a fim de buscar a reunião dos processos no juízo prevento.

Também se pode alegar, como defesa processual, a existência de incapacidade de parte, defeito de representação ou falta de autorização para o ajuizamento da demanda (art. 337, IX), todos estes vícios capazes de – se não corrigidos – acarretar a extinção do processo sem resolução do mérito.

É também na contestação que o réu poderá alegar a existência de uma convenção de arbitragem celebrada entre as partes (art. 337, X). Esta, aliás, é matéria de defesa que só pode ser alegada na contestação, sob pena de preclusão, daí resultando a aceitação da jurisdição estatal, com renúncia ao juízo arbitral (art. 337, § 6º).

Outra matéria que pode ser alegada na contestação, preliminarmente ao mérito, é a falta de alguma das "condições da ação", legitimidade de parte ou interesse de agir (art. 337, XI). Caso o réu alegue sua ilegitimidade passiva, incumbe-lhe indicar – desde que tenha conhecimento, claro – quem reputa ser o legitimado, sob pena de arcar com as despesas processuais e de indenizar o autor pelos prejuízos decorrentes da falta de indicação (art. 339). Tem-se, aí, uma espécie de nomeação à autoria (embora a lei processual não empregue essa denominação), criando a lei para o réu o dever jurídico de, sempre que alegar sua ilegitimidade passiva, indicar o nome do verdadeiro responsável, sob pena de responder por perdas e danos. Caso o réu não saiba quem é o verdadeiro responsável, terá de declarar expressamente esse desconhecimento, a fim de liberar-se da obrigação de reparar o dano do autor (e, por força dos princípios da cooperação e da boa-fé, deve-se considerar que não basta a mera declaração do réu de que não conhece o verdadeiro legitimado e, caso fique provado que ele tinha esse conhecimento, deverá ele responder por perdas e danos e pelas despesas processuais). A responsabilidade pela não indicação do verdadeiro legitimado é, porém, subjetiva, dependendo da demonstração de culpa do réu que, podendo, não fez a indicação do legitimado como deveria (Enunciado nº 44 do FPPC).

Havendo na contestação a alegação de ilegitimidade passiva com a nomeação daquele que o réu aponta como sendo o verdadeiro responsável, o autor poderá ter três diferentes atitudes: 1ª) não aceitar a alegação, caso em que o processo seguirá contra o réu original; 2ª) aceitar a indicação e alterar a petição inicial para dirigir sua demanda ao nomeado, dispondo do prazo de quinze dias para fazê-lo (art. 338) – nesse caso, o autor deverá reembolsar as custas que o réu original eventualmente tenha despendido, além de pagar honorários advocatícios fixados entre 3% e 5% do valor da causa ou, sendo este irrisório, por "equidade" (art. 338, parágrafo único); 3ª) optar por alterar a petição inicial (sempre respeitado o prazo de quinze dias) para incluir no processo o nomeado, o que acarretará a formação de um litisconsórcio passivo superveniente (art. 339, § 2º).

Também se permite ao réu alegar, na contestação, a falta de caução ou de outra prestação que a lei exige como preliminar (art. 337, XII), como seria, por exemplo, a falta de pagamento das despesas processuais e de honorários advocatícios referentes a processo anterior, extinto sem resolução do mérito, quando a demanda é novamente ajuizada (art. 486, *caput* e § 2º).

Por fim, é a contestação a sede adequada para o réu impugnar a concessão do benefício de gratuidade de justiça deferido ao autor (art. 337, XIII).

Além dessas defesas – todas processuais, como dito –, incumbe ao réu, por força da regra da eventualidade, apresentar, também na contestação, sua defesa de mérito. Chama-se defesa direta de mérito a negação do fato constitutivo do direito do autor. De outro lado, defesa indireta de mérito consiste na alegação de fato extintivo (como a prescrição), impeditivo (como a incapacidade do agente) ou modificativo (como o pagamento parcial) do direito do autor.

Quanto à defesa de mérito, incide sobre o réu o ônus da impugnação especificada dos fatos, o que significa dizer que ao réu incumbe manifestar-se de forma precisa sobre todas as alegações de fato contidas na petição inicial, presumindo-se verdadeiras as que não tenham sido expressamente impugnadas (art. 341). Só não haverá tal presunção de veracidade quando se tratar de fatos que não admitem confissão (arts. 341, I, e 392); se a petição inicial não estiver acompanhada de documento que a lei repute integrante da substância do ato; ou se tais alegações estiverem em contradição com a defesa, considerada em seu conjunto (art. 341, II e III).

Consequência do ônus da impugnação especificada dos fatos é a inadmissibilidade da "contestação por negação geral", aquela em que o réu se limita a afirmar que todas as alegações do autor são inverídicas, ou que sua pretensão é improcedente. *Contestar por negação geral é o mesmo que não contestar.*

Cap. 7 – Petição Inicial. Resposta do Réu

> **Atenção**
>
> Não se aplica, porém, o ônus da impugnação especificada dos fatos aos defensores públicos, aos advogados dativos e ao curador especial (art. 341, parágrafo único), estando estes autorizados a apresentar contestação por negação geral.
>
> Exclui a lei, também, do ônus da impugnação especificada dos fatos, o "advogado dativo", personagem estranho ao processo civil.
>
> Não se admite, no processo civil, que o réu deduza posteriormente ao momento oportuno para contestar alegações novas, salvo se relativas a fato ou direito superveniente, se concernentes a matérias cognoscíveis de ofício ou se, por expressa autorização legal, puderem elas ser formuladas a qualquer tempo, tudo nos termos do art. 342.

2.2. Revelia

A revelia pode ser, mais precisamente, conceituada como ausência de contestação, no prazo e forma legais (art. 344).

> **Atenção**
>
> É importante notar que a revelia não deve ser entendida como "ausência de resposta", mas como "ausência de contestação". Isso porque nada impede que o réu deixe de contestar (permanecendo, pois, revel) e ofereça outra modalidade de resposta, a reconvenção. Nesse caso, não se poderá falar em "ausência de resposta", já que o réu terá reconvindo, mas, ainda assim, deverá o demandado ser tido por revel, uma vez que terá deixado de oferecer contestação.

A revelia é um fato processual, o qual pode produzir variados efeitos, um de cunho material e dois processuais da revelia.

O efeito material da revelia é a presunção de veracidade das alegações de fato formuladas pelo autor (art. 344). Esta é relativa, *iuris tantum*, admitindo, portanto, prova em contrário. E é exatamente por isso que ao réu revel é autorizada a produção de contraprovas, ou seja, de provas que busquem afastar a presunção de veracidade das alegações de fatos formuladas pelo autor, desde que ingresse no processo a tempo de produzi-las (art. 349). Isso porque, nos termos do art. 346, parágrafo único, o revel pode intervir no processo em qualquer fase, recebendo-o no estado em que se encontre (o que o impede, então, de praticar atos que já estejam cobertos pela preclusão).

A revelia, porém, não produz seu efeito material nos casos enumerados no art. 345: se, havendo litisconsórcio passivo, um dos réus tiver oferecido contestação, já que nesse caso as alegações por um dos réus impugnadas terão se tornado controvertidas e, por conseguinte, não poderão ser presumidas como verdadeiras; se o litígio versar sobre direitos indisponíveis; se a petição inicial não estiver acompanhada de instrumento que a lei considere indispensável à prova do ato; ou se as alegações de fato formuladas pelo autor forem inverossímeis ou estiverem em contradição com a prova constante dos autos. Em todos esses casos, não obstante a revelia, terá o autor o ônus da prova da veracidade de suas alegações.

Além dessas hipóteses de inocorrência dos efeitos da revelia, outras há a considerar. Assim, por exemplo, os casos em que ao réu revel (citado com hora certa ou por edital) se nomeia curador especial (art. 72, II), podendo este oferecer contestação por negação geral (art. 341, parágrafo único), o que afasta a produção do efeito material da revelia, e ainda a hipótese de, revel o réu, seu assistente simples oferecer contestação, passando a atuar como seu substituto processual (art. 121, parágrafo único).

Nos casos em que a revelia gere seu efeito material, portanto, o autor é beneficiado por uma presunção legal (relativa) de veracidade de suas alegações sobre fatos. É preciso ficar claro que, nesse caso, não pode o juiz determinar ao autor que produza provas que "confirmem" a presunção (pois tal determinação contrariaria expressamente o disposto no art. 374, IV, o qual expressamente estabelece que "[n]ão dependem de prova os fatos [em] cujo favor milita presunção legal de existência ou de veracidade"). O que se admite nesses casos, apenas, é a produção, pelo revel que posteriormente intervenha no processo, da contraprova (art. 349).

Além do efeito material, a revelia pode produzir dois efeitos processuais. O primeiro deles é o julgamento antecipado do mérito (art. 355, II). Esse efeito só se produz nos casos em que se tenha também produzido o efeito material da revelia. É que, nos casos em que da revelia não resulta a presunção de veracidade das alegações de fatos formuladas pelo demandante, não é possível julgar-se desde logo o mérito da causa, uma vez que sobre o autor recairá o ônus da prova. Naqueles casos, porém, em que da revelia resulte uma presunção de que as alegações feitas pelo autor a respeito de fatos são verdadeiras, e não tendo o revel requerido a produção de contraprovas, estará dispensada a instrução probatória, e nada mais haverá a fazer a não ser proferir-se desde logo o julgamento do mérito.

O outro efeito processual da revelia, previsto no art. 346, alcança apenas aqueles casos em que o revel não tenha advogado constituído nos autos. Pois, nesse caso, os prazos processuais para o revel correrão, sempre, da data em que seja divulgada notícia dos atos decisórios no *Diário Oficial*. Este não é, porém, propriamente um efeito da revelia, já que também para o réu que tem advogado constituído nos autos os prazos só correm a partir da intimação. O que se tem aí, na verdade, é uma exigência de que o revel seja intimado, de modo ficto, pelo *Diário Oficial*, de todos os atos e termos do processo, e dessa intimação correrá o prazo para sua eventual manifestação.

Verifica-se, pela conjugação dos efeitos da revelia já mencionados, a razão de se considerar rigoroso o tratamento dispensado ao revel no Direito brasileiro. O mero fato de o réu não contestar implica presunção de veracidade das alegações sobre fatos feitas pelo autor e julgamento imediato do mérito, o que faz com que o processo fique extremamente abreviado, sendo quase inevitável que o resultado final seja favorável ao demandante.

2.3. Reconvenção

Segunda das modalidades de resposta prevista em nosso sistema como cabível no procedimento comum, a reconvenção não é uma modalidade de defesa, mas sim um verdadeiro contra-ataque. Trata-se, em verdade, de uma demanda autônoma, oferecida pelo réu em face do autor. Sendo a reconvenção uma demanda autônoma, o réu é de ser tratado, aqui, como demandante (réu-reconvinte), e o autor como demandado (autor-reconvindo).

Chama-se reconvenção, portanto, a demanda proposta pelo réu, em face do autor, dentro do mesmo processo. A reconvenção é um mecanismo que permite a ampliação do objeto do processo (já que ao juiz caberá, agora, julgar não só a demanda principal, mas também a demanda reconvencional), ampliando-se, desse modo, sua eficiência. Embora demanda autônoma, não faz nascer um novo processo. Tal processo terá, assim, seu objeto alargado, eis que uma nova pretensão terá sido manifestada por aquele que originariamente ocupava a posição de réu, mas que agora terá assumido uma posição ativa, como reconvinte.

A afirmação de que se está, aqui, diante de um único processo é extremamente relevante, pois, assim, não haverá possibilidade de defesa de posição diversa da que afirma que o ato judicial de indeferimento liminar da reconvenção não põe termo ao procedimento cognitivo (que continuará a existir para que se julgue a demanda original), não sendo, pois, sentença, e sim decisão interlocutória (o que tem impacto na recorribilidade dessa decisão).

A reconvenção deve ser oferecida na mesma peça em que o réu contesta (art. 343). Não se exige, porém, para o oferecimento da reconvenção, que esse termo seja empregado expressamente, nem a elaboração formal de um capítulo em separado. Basta que pela leitura da peça fique clara a intenção do réu de obter tutela jurisdicional quantitativa ou qualitativamente mais ampla do que a que ele receberia com o mero julgamento de improcedência da demanda do autor (Enunciado nº 45 do FPPC).

Impõe a lei requisitos para a admissibilidade da reconvenção, os quais decorrem, naturalmente, do fato de tal modalidade de resposta ser inspirada numa busca de eficiência processual que norteia todo o ordenamento processual civil vigente.

Deve haver algum nexo entre o que já compunha o objeto do processo e o que será objeto da demanda reconvencional. Assim, são requisitos para que se possa admitir a reconvenção: a) que o juízo da causa principal não seja absolutamente incompetente para apreciar a demanda reconvencional; b) haver compatibilidade entre os procedimentos aplicáveis à causa principal e à reconvenção; c) estar pendente o processo da causa principal; d) haver conexão entre a reconvenção e a "ação principal" ou com o fundamento da defesa.

Evidentemente, só poderá ser admitida a reconvenção se o juízo da causa principal for competente para dela conhecer. Apenas os critérios absolutos de determinação da competência, porém, precisam ser preenchidos. Assim, é essencial que o juízo seja competente em razão da pessoa e da matéria, respeitadas também a competência funcional e a competência territorial absoluta.

Os critérios relativos de determinação da competência, porém (competência territorial – que, como regra geral, é relativa – e competência em razão do valor da causa), podem ser desprezados. Desse modo, por exemplo, se o processo se instaurou na comarca de domicílio do réu, pode este reconvir em face do autor mesmo que este tenha domicílio em comarca diversa.

Também é preciso, evidentemente, que esteja em curso o processo da demanda original e que haja compatibilidade de procedimentos, mas se aplica, aqui, o disposto no art. 327, § 2º, de modo que, se houver previsão de procedimentos distintos (para a demanda original e para a demanda reconvencional), será usado para ambas o procedimento comum, não se abrindo mão do emprego das técnicas processuais diferenciadas que sejam adequadas ao procedimento especial.

> **Atenção**
>
> A reconvenção deve ser conexa com a demanda principal ou com os fundamentos da defesa. O conceito de conexão empregado no art. 343 é mais amplo do que aquele empregado no art. 55 do CPC. Tal se evidencia pelo fato de o art. 343 admitir a conexão entre a demanda reconvencional e a defesa, sendo certo que esta não tem causa de pedir ou objeto, e o art. 55 é expresso em considerar que existe conexão quando houver, entre duas demandas, identidade de pedido ou de causa de pedir.

Há que se considerar, pois, a existência de duas situações distintas. Na primeira, admite-se a reconvenção quando esta for conexa com a demanda principal; na segunda, quando a conexão se der com os fundamentos da defesa.

> **Atenção**
>
> Já no que se refere à conexão pelo pedido, exige-se identidade do pedido mediato, pois, do contrário (identidade de pedidos imediatos), haveria conexão entre todas as demandas condenatórias.

Há que se referir, ainda, que, além dos requisitos mencionados anteriormente, como essenciais para a admissibilidade da reconvenção, é preciso que se façam presentes as "condições da ação" e os pressupostos processuais. Quanto às "condições da ação", avulta em importância a análise da legitimidade das partes na demanda reconvencional. Isso porque o § 5º do art. 343 dispõe que, "[s]e o autor for substituto processual, o reconvinte deverá afirmar ser titular de direito em face do substituído, e a reconvenção deverá ser proposta em face do autor, também na qualidade de substituto processual". Trata-se de dispositivo de interpretação simples. Por essa regra, a reconvenção só pode ser oferecida pelo réu em face do autor se estes ocuparem, na demanda reconvencional, a mesma qualidade jurídica que ostentam na demanda principal. Refere-se, pois, o dispositivo citado, às hipóteses de substituição processual.

Embora reunidas no mesmo processo, a demanda principal e a reconvencional são independentes, motivo pelo qual o fato de não se poder resolver o mérito da causa em relação a uma delas não é suficiente para impedir a apreciação do mérito da outra (art. 343, § 2º).

Havendo litisconsórcio na demanda original, não há necessidade de que todos sejam partes da demanda reconvencional.

Do mesmo modo, a reconvenção pode ser proposta de modo a acarretar a instauração de um litisconsórcio (superveniente) entre o autor-reconvindo e um terceiro (art. 343, § 3º).

A possibilidade de se oferecer uma reconvenção subjetivamente mais ampla é totalmente amparada pelo princípio da eficiência, o qual se encontra à base dos institutos da reconvenção e do litisconsórcio. Reconheça-se, porém, que, nessa hipótese de reconvenção subjetivamente mais ampla que a demanda principal, a demanda terá caráter reconvencional para o autor da demanda primitiva e originário para os demais.

Oferecida a reconvenção, é preciso – em nome do princípio do contraditório – ouvir o autor-reconvindo, que terá quinze dias para apresentar resposta (art. 343, § 1º). A intimação será feita ao autor-reconvindo por meio de seu advogado, pouco importando se ele recebeu ou não poderes especiais para receber citação em nome de seu patrocinado.

Poderá o autor-reconvindo, então, contestar a reconvenção e, ainda, oferecer "reconvenção à reconvenção" (*reconventio reconventionis*), apresentando ambas na mesma peça.

3. PROVIDÊNCIAS PRELIMINARES

Decorrido o prazo da resposta, tenha ela sido oferecida ou não, deverão os autos ser enviados à conclusão do juiz para que este verifique se é preciso tomar alguma das providências preliminares (art. 347). Importante perceber que nesse caso é absolutamente essencial que os autos sejam remetidos à conclusão, não se admitindo que a secretaria do juízo, ou algum auxiliar da justiça, tome qualquer providência destinada a dar andamento ao processo.

São duas as providências preliminares que podem fazer-se necessárias: a especificação de provas (arts. 348 e 349) e a réplica (arts. 350 a 352).

3.1. Especificação de provas

Caso o réu não tenha oferecido contestação tempestiva, ficando revel, mas se esteja em um daqueles casos em que não se opera o efeito material da revelia (art. 345), deverá o juiz determinar ao autor que especifique as provas que pretende produzir (salvo se já as tiver indicado na petição inicial). É que, não se operando a presunção relativa de veracidade das alegações feitas pelo autor, sobre ele incidirá um ônus probatório, cabendo-lhe, portanto, produzir provas que demonstrem a veracidade de suas alegações, sob pena de ver produzir-se, ao final do processo, um resultado que lhe é desfavorável.

A lei não prevê expressamente qual será o prazo para que o autor especifique as provas que pretende produzir. Em razão disso, caberá ao juiz determinar o prazo de que o autor disporá e, em seu silêncio, esse prazo será de cinco dias, nos termos do disposto no art. 218, §§ 1º e 3º.

Nos casos em que a revelia, porém, gere a presunção de veracidade, o autor fica livre de seu ônus probatório, já que – por força do disposto no art. 374, IV – não dependem de prova os fatos em cujo favor milita presunção legal de existência ou de veracidade. Pode, porém, ocorrer de o revel ingressar no processo ainda em tempo de provocar a instauração de uma fase de instrução probatória (art. 346, parágrafo único). Pois, nesse caso, sobre o réu revel que tardiamente comparece ao processo incidirá o ônus da contraprova, sendo por isso admissível que ele produza provas destinadas a afastar a presunção que beneficia o demandante. Deverá, então, o juiz permitir que o revel que tenha comparecido produza provas que se contraponham às alegações do autor (art. 349).

É preciso, porém, estabelecer a distinção entre essa providência preliminar, aqui denominada especificação de provas, e que é a única providência dessa espécie prevista no CPC, e outra, de nome idêntico, que surgiu como um costume observado em diversas partes do país. É praxe que no procedimento comum, após o oferecimento da réplica, determine o juiz às partes que especifiquem as provas que pretendem produzir. Tal costume está intimamente ligado ao fato, já reportado, de que muitas vezes os advogados, nas petições iniciais e nas contestações, não especificam as provas que pretendem produzir, preferindo apresentar um genérico "protesto" pela produção de todos os meios de prova admissíveis.

A ausência de especificação de provas na petição inicial e na contestação leva os juízes a determinar que tal especificação se faça após o oferecimento da réplica. Trata-se de costume (fonte do Direito Processual) digno de aplauso, eis que é fundamental superar o problema causado pela inexistência de especificação de provas no momento adequado (inexistência decorrente, como visto anteriormente, da impossibilidade de que tal requerimento seja feito no momento indicado pela lei, pelo menos na maioria dos casos), sendo essencial para o regular desenvolvimento do processo em direção a um provimento sobre o mérito a afirmação, a ser feita pelas partes, a respeito dos meios de prova de que pretendem se valer para demonstrar a veracidade de suas alegações.

Relembre-se, porém, que essa segunda modalidade de especificação de provas não está regulada em lei. A única especificação de provas prevista no CPC é a que deve fazer o autor nas hipóteses em que, revel o demandado, a revelia não produza efeitos.

3.2. Réplica

Chama-se réplica a resposta do autor à contestação. Curiosamente, o CPC não usa o termo réplica para se referir a esse ato nos artigos destinados a tratar do tema (arts. 350 e 351). O vocábulo, porém, aparece em três dispositivos do CPC (arts. 100, 430 e 437), sempre designando a resposta do autor à contestação.

Não é o mero fato de o réu ter oferecido contestação que gera a necessidade de se abrir oportunidade para que o autor apresente réplica. Esta será cabível apenas quando o réu, ao contestar, tenha suscitado defesa processual (art. 351) ou defesa de mérito indireta (art. 350). Em ambos os casos, deverá o juiz dar ao autor a oportunidade de manifestar-se em réplica, no prazo de quinze dias, permitindo-lhe a produção de provas. Caso o réu tenha se limitado a apresentar defesa de mérito direta, não haverá réplica.

É que, neste último caso, a réplica não teria qualquer utilidade, não sendo capaz de permitir um mais amplo desenvolvimento do contraditório. Afinal, o autor já terá tido oportunidade de deduzir o fato constitutivo do seu direito na petição inicial e o réu já terá negado sua ocorrência na contestação. Ao autor, agora, só poderia caber reforçar as alegações que já fizera na inicial (o que soa absolutamente desnecessário).

Na réplica, o autor deve se limitar a impugnar as alegações suscitadas pelo réu em sua contestação. Essa oportunidade que se lhe garante é essencial para a plena observância do princípio do contraditório, já que permitirá ao autor manifestar-se, exercendo seu direito de participar com influência, sobre as alegações deduzidas pelo réu. Não poderá o autor, porém, suscitar alegações novas na réplica (sob pena de, em nome dos princípios da isonomia e do contraditório, tornar-se necessária uma oportunidade para que o réu fale sobre a réplica, em uma verdadeira tréplica; além disso, se ao autor fossem dadas duas oportunidades para deduzir alegações novas – a petição inicial e a réplica –, ao réu também seria preciso assegurar uma segunda oportunidade, a tréplica, e a consequência disso seria a necessidade de se assegurar ao autor uma oportunidade para manifestar-se sobre a tréplica, em uma verdadeira quadrúplica).

4. JULGAMENTO CONFORME O ESTADO DO PROCESSO

Tendo o juiz verificado que havia alguma irregularidade ou vício sanável no processo, será de sua incumbência determinar a correção no prazo de trinta dias (art. 352). Depois disso, tendo sido cumpridas as providências preliminares que eventualmente fossem necessárias, ou se nenhuma delas era necessária no caso concreto, caberá ao juiz proferir uma decisão. É chegada, então, a fase procedimental conhecida como julgamento conforme o estado do processo.

Essa é uma denominação genérica, polimórfica, que engloba três diferentes hipóteses: a extinção do processo (art. 354), o julgamento "antecipado" do mérito total ou parcial (arts. 355 e 356) e a decisão de saneamento e organização do processo (art. 357).

4.1. Extinção e redução do processo

Em algumas hipóteses, estabelece a lei processual que o procedimento deveria ser abreviado, encerrando-se, desde logo, o processo, com prolação de sentença. Tal abreviação se dá pelo fato de, nos casos de que trata o art. 354 do CPC, ser inútil o prosseguimento do feito. Assim é que o art. 354 determina a extinção do processo se tiver ocorrido alguma das hipóteses do art. 485 (sem resolução do mérito) ou do art. 487, II e III (com resolução do mérito).

Verificando, então, o juiz ter ocorrido qualquer das hipóteses previstas no art. 485 ou no art. 487, II e III, deverá proferir sentença e extinguir o processo de conhecimento (art. 354).

Assim, deverá o julgador, nesse momento do processo, verificar se ocorreu alguma das hipóteses previstas no art. 485 do CPC. Sendo positiva a resposta, deverá proferir sentença terminativa, ou seja, sentença que ponha termo ao processo de conhecimento sem resolução do mérito. Negativa, porém, a resposta à pesquisa, deverá ser verificada a presença de alguma das situações previstas no art. 487, II e III. Em caso afirmativo, deverá ser proferida sentença definitiva, extinguindo-se o processo de conhecimento com resolução do mérito.

Significa isso dizer, então, que caberá ao juiz, após a fase das providências preliminares, verificar se ocorreu qualquer das hipóteses em que a lei processual prevê a extinção do processo sem resolução do mérito (art. 485), ou por ser caso de extinção do processo com resolução do mérito por se ter reconhecido a prescrição ou a decadência, ou, ainda, por força de autocomposição (art. 487, II e III). Nesses casos, caberá ao juiz extinguir o processo (sem ou com resolução do mérito, respectivamente).

Pode ocorrer de o juiz deparar-se com algum caso em que estejam presentes duas causas de extinção do processo, uma de extinção sem resolução do mérito e outra de extinção com resolução do mérito. Nesse caso, deverá o juiz – a princípio – optar pela primeira, o que só não ocorrerá caso verifique ser possível resolver-se o mérito em favor daquele que seria beneficiado pela extinção do processo sem resolução do mérito. E isso se dá por força do princípio da primazia da resolução do mérito (arts. 4º e 488).

Entre as causas de extinção sem resolução do mérito, deve ser respeitada a prevalência de umas sobre outras. Assim é que, havendo desistência da ação, nenhuma outra causa deverá ser levada em consideração, já que a desistência impede a continuação da atividade cognitiva do juiz. Não tendo havido desistência, deve prevalecer, como causa de extinção, a ausência de algum pressuposto processual, e apenas na hipótese de todos estarem presentes é que se deve verificar se estão preenchidas as "condições da ação". Nas demais causas de extinção sem resolução do mérito, não parece haver razão técnica para preferência de umas sobre as outras. Dentre as causas de extinção do processo com resolução do mérito, deve-se dar primazia às hipóteses de autocomposição, por força do que dispõem os §§ 2º e 3º do art. 3º. Inexistindo qualquer delas, aí, sim, deverá ser verificada a ocorrência de prescrição ou de decadência.

Casos haverá em que o juiz não poderá extinguir o processo, mas será possível sua redução (subjetiva ou objetiva). Então, deverá ser proferida uma decisão interlocutória que reduzirá, subjetiva ou objetivamente, o processo, devendo este prosseguir para exame daquilo que ainda não tenha sido apreciado.

> **Atenção**
>
> Não há uma "extinção parcial do processo", mas sim a redução subjetiva ou objetiva do processo, por decisão interlocutória, impugnável, portanto, por agravo de instrumento (art. 354, parágrafo único).

4.2. Julgamento "antecipado" total ou parcial do mérito

Pode ser que, concluídas as providências preliminares (ou constatado que nenhuma delas era necessária), e não sendo caso de extinção do processo na forma do art. 354, o juiz se depare com um processo cujo mérito já se encontra em condições de receber imediato julgamento. É que há casos em que o prosseguimento do feito é desnecessário, uma vez que todos os elementos relevantes para que se proceda à apreciação do objeto do processo já se encontram nos autos. Presente, pois, qualquer das hipóteses arroladas no art. 355, deverá o juiz proferir sentença definitiva, isto é, sentença que seja capaz de pôr termo ao processo de conhecimento com resolução do mérito, apreciando o pedido do autor para o acolher ou rejeitar. Trata-se, pois, de caso de extinção do processo de conhecimento com resolução do mérito. Nesse caso, deverá ser proferida sentença de mérito, extinguindo-se o feito com apoio no disposto no art. 487, I, por meio da qual o juiz acolherá ou rejeitará o pedido formulado pelo autor.

> **Importante**
>
> Apesar de a lei processual falar em "julgamento antecipado", tal terminologia não é adequada, já que não se trata de julgar o mérito antecipadamente, mas de julgá-lo imediatamente. Além disso, pode haver confusão entre o "julgamento antecipado" (que se destina a produzir resultados definitivos) e a "tutela antecipada" (que é uma espécie de tutela provisória). Dever-se-ia falar, então, em *julgamento imediato do mérito*, conforme dispõe o art. 355, I, do CPC.

Ainda nesse inciso I do art. 355 se inclui a situação em que haja controvérsia também sobre matéria fática, mas os elementos já constantes dos autos sejam suficientes para o julgamento do mérito, não havendo necessidade de colheita de outras provas. Basta imaginar uma hipótese em que toda a controvérsia incida sobre questões fáticas, dependendo as alegações, para serem provadas, apenas da prova documental já acostada.

Tanto no caso de a controvérsia versar apenas sobre questões de direito, como no de haver divergência quanto a alguma questão fática que independa, para sua solução, da produção de outras provas além das já colhidas, deverá o juiz proferir o julgamento antecipado do mérito (art. 355, I).

Também haverá julgamento antecipado (*rectius*, imediato) do mérito quando o réu for revel, ocorrer o efeito material da revelia (ou seja, estabelecer-se a presunção legal de veracidade das alegações feitas pelo autor a respeito dos fatos da causa) e o réu não tiver formulado requerimento de produção de contraprova, nos termos do disposto no art. 349 (tudo conforme o disposto no art. 355, II). Tem-se, aí, a produção do efeito processual da revelia.

É de se frisar, porém, que tal efeito só se dá nos casos em que se produza também o efeito material da revelia, qual seja, a presunção de veracidade das alegações do autor sobre os fatos, uma vez que, nos casos em que a revelia não produz esse efeito (como nas hipóteses previstas no art. 345 do CPC), deverá o autor, nos termos do já apreciado art. 348, indicar que provas pretende produzir em audiência para demonstrar a veracidade de suas assertivas, o que exclui a possibilidade de julgamento antecipado do mérito. Nos casos de revelia eficaz, porém, deverá o juiz apreciar, de imediato, o mérito da causa se não tiver sido requerida, pelo réu revel, a produção da contraprova.

É preciso deixar claro que o julgamento imediato do mérito não é uma faculdade do juiz, sendo certo que o julgador será obrigado a proferir tal decisão, sob pena de cometer *error in procedendo*. Não existe aqui discricionariedade judicial. Presente alguma das hipóteses do art. 355 do CPC, o juiz terá de, inevitavelmente, proferir sentença de mérito.

As condições para o julgamento imediato podem fazer-se presentes apenas em relação a uma parcela do objeto do processo. É o que acontece quando um ou mais dos pedidos formulados, ou parcela deles (ou até mesmo parcela do único pedido formulado, quando for possível cindir-se aquilo que tenha sido objeto do pedido), se mostrarem incontroversos (art. 356, I) ou estiverem em condições de imediato julgamento (art. 356, II).

Enquanto o provimento judicial de julgamento imediato total do mérito é uma sentença (impugnável por apelação), a decisão de julgamento imediato parcial do mérito tem natureza interlocutória, impugnável por agravo de instrumento (arts. 356, § 5º, e 1.015, XIII).

A decisão de julgamento parcial do mérito tanto pode reconhecer a existência de obrigação líquida como de obrigação ilíquida (caso em que será possível realizar-se posteriormente a liquidação). Caso interposto o agravo de instrumento, será possível promover desde logo a liquidação (se necessária) ou a execução da obrigação reconhecida na decisão de julgamento parcial do mérito, independentemente de caução (art. 356, §§ 1º e 2º), salvo se atribuído efeito suspensivo ao agravo de instrumento (art. 1.019, I), caso em que a decisão interlocutória não produzirá desde logo seus efeitos. Não havendo interposição de recurso admissível, a decisão de julgamento parcial do mérito transitará em julgado, admitida a execução definitiva (art. 356, § 3º).

Sendo o caso de iniciar desde logo a liquidação ou a execução da decisão de julgamento imediato parcial do mérito, estas poderão processar-se em autos suplementares (art. 356, § 4º), para evitar que atrapalhem o regular andamento do processo de conhecimento (que continuará a desenvolver-se para exame da parcela do mérito ainda não resolvida).

4.3. Decisão de saneamento e organização do processo

Não sendo possível a imediata prolação de sentença e, portanto, tendo o processo de seguir, deverá ser proferida uma decisão interlocutória de saneamento e organização do processo.

Nessa decisão, incumbe ao juiz resolver questões processuais que eventualmente ainda estejam pendentes (art. 357, I), declarando saneado o processo – isto é, declarando a inexistência de obstáculos à apreciação do mérito da causa; delimitar as questões de fato sobre as quais recairá a atividade probatória, especificando os meios de prova que serão admitidos (art. 357, II); definir a distribuição do ônus da prova (art. 357, III); delimitar as questões de direito relevantes para a decisão de mérito (art. 357, IV); e designar, se necessário, audiência de instrução e julgamento (art. 357, V).

É preciso examinar mais detidamente o conteúdo dessa decisão. E, para isso, impende considerar que a decisão se divide em duas partes: o saneamento (art. 357, I) e a organização (art. 357, II a V) do processo.

Consiste o saneamento do processo na resolução de questões processuais que eventualmente ainda estejam pendentes e na declaração de que não há qualquer impedimento ao exame do mérito (a declaração de saneamento propriamente dita, em que se declara que o processo está saneado, isto é, sem vícios). O saneamento do processo é, em verdade, uma decisão interlocutória que nada saneia, mas tão somente declara saneado o processo, ou seja, o declara livre de quaisquer vícios que possam impedir seu regular prosseguimento.

Para organizar o processo, incumbe ao juiz, antes de tudo, delimitar as questões de fato e as questões de direito relevantes para a resolução do mérito (art. 357, II e IV). Isso decorre do fato de que o procedimento comum é organizado em duas fases bem distintas, a primeira, chamada de fase introdutória, destinada à preparação do processo para chegar à resolução do mérito; a segunda, fase principal, destinada à instrução e julgamento. O regular desenvolvimento do processo de conhecimento, em direção a um resultado construído de forma comparticipativa, em pleno, efetivo e substancial contraditório, exige que na primeira fase do processo se busque definir, com precisão, quais serão as questões (isto é, os pontos controvertidos) de fato e de direito que serão objeto do debate, da instrução probatória e das decisões que se terá na segunda fase. É, pois, essencial que o juiz fixe os pontos controvertidos de fato e de direito, de modo a delimitar a atividade que se desenvolverá – em contraditório – na segunda fase do procedimento, de modo que toda a atividade posterior se limitará às questões de fato e de direito aqui fixadas. Não há (salvo exceções, como aquilo que resulte de fatos supervenientes) possibilidade de se trazer para o contraditório, após a decisão de saneamento e organização do processo, questões novas, de fato ou de direito relevantes para a resolução do mérito. Aqui enfrentamos a estabilização, o que impede que se revejam essas conclusões no mesmo juízo em que foram alcançadas.

A decisão de saneamento e organização do processo, portanto, delimita o objeto da cognição a ser exercida na segunda fase, promovendo uma estabilização do objeto da cognição (o qual, como dito, só poderá ser ampliado em casos excepcionais).

Ao fixar os pontos de fato controvertidos, o juiz também determinará quais os meios de prova que serão admitidos no processo (art. 357, II) e, se entre estes houver alguma prova oral, designará audiência de instrução e julgamento (art. 357, V). Tendo sido determinada a produção de prova testemunhal, o juiz fixará prazo comum para que as partes apresentem seu rol de testemunhas, não superior a quinze dias (art. 357, § 4º). Havendo determinação de que se produza prova pericial, deverá o juiz, sempre que possível, estabelecer desde logo calendário para sua realização, ou pelo menos fixando, nos termos do disposto no art. 465, prazo para apresentação do laudo (art. 357, § 8º).

A determinação de qual será o objeto da prova (isto é, quais são os pontos de fato controvertidos) permite determinar como se distribuem, no processo, os ônus probatórios. Como se poderá ver adiante, estes normalmente são distribuídos de forma a incidir o ônus da prova sobre aquele que tenha feito a alegação a ser provada. Excepcionalmente, porém, poderá o juiz redistribuir os ônus probatórios (art. 357, III), em razão da adoção, pelo CPC brasileiro, de algo que vem sendo chamado de *teoria da distribuição dinâmica do ônus da prova* (art. 373, § 1º).

Proferida a decisão (que, ressalvado o capítulo referente à distribuição do ônus da prova, não pode ser impugnada por agravo de instrumento, como se vê pelo disposto no art. 1.015, especialmente o inciso XI), as partes terão o prazo de cinco dias para pedir esclarecimentos ou solicitar ajustes na decisão. Não se trata, aqui, de admitir a oposição de embargos de declaração (art. 1.022), mas de permitir a apresentação de uma simples petição em que as partes poderão requerer ao juiz que esclareça melhor algum ponto dessa decisão de organização do processo ou que nela faça algum ajuste. Decorrido esse prazo e não oferecida nenhuma petição pelas partes, ou feitos os esclarecimentos e ajustes necessários, a decisão se tornará estável (art. 357, § 1º).

Essa estabilidade deve ser interpretada no sentido de que, no primeiro grau de jurisdição, não será mais possível alterar-se o objeto da cognição (ressalvada a possibilidade de fato ou direito superveniente). Caberá ao juiz, então, quando da prolação da sentença de mérito, enfrentar todas as questões que tenham sido definidas como relevantes, e só essas questões, a fim de pronunciar-se sobre o objeto do processo.

Essa estabilidade só alcança o juízo, mas não as partes, que poderão rediscutir todas essas matérias em sede de apelação (ou contrarrazões de apelação), nos termos do art. 1.009, § 1º, além de poderem ser apreciadas em grau de recurso, algumas delas até mesmo de ofício (art. 485, § 3º).

O § 2º do art. 357 prevê um negócio processual típico, que pode ser chamado de organização consensual do processo (ou saneamento consensual), por meio do qual podem as partes definir, consensualmente, quais são os pontos controvertidos de fato e de direito, e a tal definição ficará vinculado o juiz (se o negócio for homologado pelo juiz, o que exige a observância do disposto no art. 190, parágrafo único, cabendo ao juiz, tão somente, verificar a validade da convenção, e não podendo negar homologação por não concordar com seu conteúdo ou reputá-lo inconveniente).

De outro lado, pode haver o saneamento compartilhado do processo (art. 357, § 3º), o qual deverá ocorrer quando as questões de fato ou de direito forem de grande complexidade – mas também se admite o saneamento compartilhado em causas que não guardem grande complexidade, por conta do princípio da cooperação, responsável por estabelecer um processo comparticipativo (Enunciado nº 298 do FPPC). Nesse caso, o juiz designará uma audiência especial, na qual buscará promover, junto com as partes, de forma cooperativa, comparticipativa, o saneamento e a organização do processo, convidando as partes a integrar ou esclarecer suas alegações.

Nesse caso, designada a audiência especial destinada à promoção do saneamento compartilhado, as partes já deverão levar para a audiência o rol de testemunhas (art. 357, § 5º). A pauta para realização dessas audiências deverá ser organizada com intervalo mínimo de uma hora entre o início de cada uma delas (art. 357, § 9º, que fala de intervalo "entre as audiências", devendo ser interpretado no sentido aqui proposto, isto é, de que haja uma hora entre o horário marcado para a realização de uma audiência e o horário marcado para a audiência seguinte, e não no sentido de que deve haver uma hora de intervalo entre o término de uma audiência e o início da seguinte).

Nessa audiência de saneamento e organização do processo, juiz e partes, de forma cooperativa e dialogal, deverão buscar, juntos, organizar o processo para que sua fase seguinte, destinada à instrução e ao julgamento da causa, possa desenvolver-se da forma mais eficiente possível.

EM RESUMO:

PROVIDÊNCIAS PRELIMINARES

- Providências Preliminares
  - Especificação das provas
  - Réplica
  - Prelim (337)
- Julgamento conforme o estado do processo
  - Extinção
  - Julgamento antecipado total
  - Julgamento antecipado parcial
- Saneamento
  - Resolver questões
  - Fixar os pontos
  - Admitir provas
  - Ônus da prova

PETIÇÃO INICIAL

Requisitos formais	
	Juízo: indicação do juízo a que é dirigida (art. 319, I).
	Partes: identificação das partes e suas qualificações (art. 319, II), podendo ser solicitadas diligências se faltar algum dado.
	Fatos e pedido: indicação dos fatos e fundamentos jurídicos (art. 319, III), formulação do pedido (art. 319, IV), que deve ser certo e determinado, admitindo-se pedido genérico em casos excepcionais (art. 324).
	Valor da causa: indicação do valor da causa (art. 319, V).
	Provas: indicação das provas que pretende produzir (art. 319, VI).
	Conciliação/mediação: informação sobre a intenção de realizar audiência de conciliação ou mediação (art. 319, VII).

PETIÇÃO INICIAL

Cumulação de pedidos	– Requisitos: art. 327, § 1º, do CPC. – Cumulação de pedidos com procedimentos diversos: é admitida, desde que seja possível usar o procedimento comum para todos, caso em que se admitirá o emprego das técnicas diferenciadas previstas para o procedimento especial que não sejam incompatíveis com o procedimento comum (art. 327, § 2º). – Diferentes formas de cumulação: simples, sucessiva, eventual (subsidiária), alternativa.
Emenda	– Caso a petição apresente algum **vício**, o juiz determinará sua **emenda** (art. 321). O despacho deve indicar com precisão a correção a ser feita. Esse vício pode ser o não cumprimento de algum dos requisitos formais, ou, mesmo preenchidos os requisitos, apresentar defeitos e irregularidades capazes de dificultar o julgamento de mérito. – O juiz deve determinar a emenda da petição inicial em **5 dias**.
Indeferimento – hipóteses (art. 330 do CPC)	– Inépcia. – Ausência de alguma **condição da ação**: parte manifestamente ilegítima; autor carece de interesse processual (art. 330, II e III). – Não atendidas as prescrições dos arts. 106 e 321 (c/c art. 330, IV).
Inépcia	– Faltar pedido ou causa de pedir; pedido indeterminado sem ser caso de pedido genérico; narração dos fatos não levar logicamente à conclusão; pedidos incompatíveis entre si **(art. 330, § 1º)**. – Não discriminar as obrigações contratuais a serem discutidas e quantificar o valor incontroverso em revisões de obrigação decorrente de empréstimo, financiamento ou alienação de bens **(art. 330, § 2º)**.
Apelação e retratação	– Indeferida a petição, é possível interpor apelação. O juiz pode se retratar em 5 dias (art. 331). – Sem retratação, o réu é citado para contrarrazões e o recurso é encaminhado ao tribunal (art. 331, § 1º). – Caso o tribunal reforme a sentença, o prazo para contestação corre da intimação do retorno dos autos (art. 331, § 2º). **Trânsito em julgado**: se não houver apelação e a sentença transitar em julgado, o réu deve ser comunicado (art. 331, § 3º).
Improcedência liminar do pedido (art. 332)	Casos excepcionais de prolação de sentença de mérito antes mesmo da citação.

RESPOSTA DO RÉU

Contestação (art. 335 e ss.)

Prazo	15 dias no procedimento comum, variando o termo inicial conforme o caso (art. 335, I a III e §§ 1º e 2º).
Defesa processual	– Questões preliminares que podem extinguir o processo sem mérito (art. 337 e incisos). – Inexistência/nulidade da citação, incompetência do juízo, incorreção do valor da causa, inépcia da petição inicial, perempção, litispendência, coisa julgada, conexão, incapacidade de parte, convenção de arbitragem, falta de condições da ação, falta de caução, impugnação à gratuidade de justiça.
Defesa de mérito	– Defesa direta (negação do fato constitutivo). – Defesa indireta (fato extintivo, impeditivo ou modificativo). – Réu tem o ônus da impugnação especificada dos fatos, presumindo-se verdadeiras as que não tenham sido expressamente impugnadas (art. 341). **Exceções:** defensores públicos, advogados dativos, curadores especiais.
Revelia	Ausência de contestação no prazo legal (art. 344).
Efeitos da revelia	**Materiais** – Presunção de veracidade das alegações de fato formuladas pelo autor (art. 344). Essa presunção é relativa. – Ao réu revel é permitida a produção de contraprovas, desde que ingresse no processo a tempo de produzi-las (art. 349). – Não ocorre em casos de litisconsórcio passivo, direitos indisponíveis, falta de instrumento indispensável, alegações inverossímeis (art. 345). **Processuais** – Julgamento antecipado do mérito (art. 355, II). – Prazos processuais correm da publicação no *Diário Oficial* para réus sem advogado (art. 346).
Reconvenção	– Demanda autônoma do réu contra o autor, dentro do mesmo processo. – Oferecida na mesma peça da contestação (art. 343).

Contestação (art. 335 e ss.)

Requisitos	– Juízo competente para demanda principal e reconvencional. – Compatibilidade entre os procedimentos aplicáveis à causa principal e à reconvenção. – Conexão entre a reconvenção e a ação principal ou com o fundamento da defesa.

PROVIDÊNCIAS PRELIMINARES

Especificação de provas (arts. 348 e 349)	**Prazo:** não previsto expressamente em lei; juiz determina ou aplica-se o prazo de cinco dias (art. 218, §§ 1º e 3º). **Presunção de veracidade pela revelia:** se aplicável, autor isento de ônus probatório, salvo se o revel ingressar tardiamente, podendo produzir contraprovas.
Réplica	– Resposta do autor à contestação (arts. 350 e 351 do CPC). – Só cabível se o réu suscitar defesa processual (art. 351) ou defesa de mérito indireta (art. 350). **Prazo:** 15 dias para manifestação do autor, incluindo produção de provas. **Implicações do contraditório:** autor deve impugnar alegações do réu, sem levantar novas alegações, para evitar necessidade de tréplica e quadrúplica, garantindo isonomia e contraditório.

JULGAMENTO CONFORME O ESTADO DO PROCESSO

Extinção do processo (art. 354)	– Processo é extinto se ocorrer alguma hipótese do art. 485 (sem resolução do mérito) ou do art. 487, II e III (com resolução do mérito, por se ter reconhecido a prescrição ou a decadência, ou, ainda, por força de autocomposição). – Juiz deve verificar se houve hipóteses do art. 485 ou do art. 487, II e III, e decidir pela extinção com ou sem resolução do mérito.
Princípio da primazia da resolução do mérito	Juiz deve priorizar resolução do mérito se for mais benéfica para a parte favorecida pela extinção sem resolução do mérito (arts. 4º e 488).

JULGAMENTO CONFORME O ESTADO DO PROCESSO	
Julgamento antecipado do mérito	– Concluídas as providências preliminares (ou constatado que nenhuma delas era necessária), e não sendo caso de extinção do processo na forma do art. 354, já se encontra em condições de receber imediato julgamento de mérito. – Hipóteses: processo está em condições de receber julgamento imediato sem necessidade de novas provas (art. 355, I) ou em casos de revelia eficaz (art. 355, II).
Julgamento imediato parcial do mérito	– Pode acontecer quando uma parte do pedido é incontroversa ou está pronta para julgamento imediato (art. 356, I e II). – Decisão parcial tem natureza interlocutória e é impugnável por agravo de instrumento.
Decisão de saneamento	Art. 357 do CPC. I – resolver as questões processuais pendentes, se houver; II – delimitar as questões de fato sobre as quais recairá a atividade probatória, especificando os meios de prova admitidos; III – definir a distribuição do ônus da prova, observado art. 373 ; IV – delimitar as questões de direito relevantes para a decisão do mérito; V – designar, se necessário, audiência de instrução e julgamento.
Organização do processo	– Juiz delimita as questões de fato e as questões de direito relevantes para a resolução do mérito (art. 357, II e IV). – Especifica os meios de prova admitidos e define a distribuição do ônus da prova (art. 357, III). – Designa audiência de instrução e julgamento, se necessário (art. 357, V).

Capítulo 8

Teoria Geral da Prova. Provas em Espécie

1. CONCEITO DE PROVA

Prova é todo elemento trazido ao processo para contribuir com a formação do convencimento do juiz a respeito da veracidade das alegações concernentes aos fatos da causa. Ao juiz incumbe estabelecer, ao decidir a causa, quais dessas alegações são ou não verdadeiras e, para isso, é preciso que ele forme seu convencimento. Para tal, é preciso que sejam trazidos ao processo elementos que contribuam com sua formação: as provas.

Está-se a falar, portanto, de uma "verdade processual", aquela que é construída e identificada por meio do processo. Não fosse assim, seriam inexplicáveis disposições como a que estabelece a presunção de veracidade das alegações feitas pelo autor a respeito dos fatos quando o réu é revel, ou a autorização para que, em certos casos, se profira decisão fundada em deficiência de provas (como nos casos em que a decisão se funda na aplicação das regras de distribuição do ônus da prova). Do mesmo modo, não se poderia aceitar que alegações sobre fatos que sejam incontroversas não dependam de prova. Tudo isso só faz sentido porque o que se busca por meio da prova é a construção de uma verdade processual, ou seja, um grau de convencimento que para o processo corresponde à verdade (e que, muitas vezes, nada mais será do que uma "probabilidade máxima").

É importante ressaltar que há, em sentido técnico-jurídico, uma grande diferença entre convicção e certeza. Enquanto a certeza é objetiva, sendo uma qualidade do fato, a convicção é subjetiva e se forma na mente da pessoa. Para o Direito Processual Civil, a convicção formada após cognição exauriente, e que pode não corresponder a uma "verdade absoluta", é a *verdade processual*.

Costuma-se ver com frequência a afirmação de que o processo civil buscaria a verdade real, ou seja, o objetivo maior do processo civil seria atingir um grau tal que permitisse a prolação de um provimento que corresponda à verdade (uma verdade verdadeira, absoluta, incontestável) dos fatos, ou seja, à certeza. É de se dizer, porém, que em muitos casos, em nome da segurança, o processo acaba por abrir mão da busca da verdade, contentando-se com decisões proferidas com base em probabilidades ("verdade formal"). Não há que se falar em "verdade material" e "verdade formal", mas em certeza e probabilidade. O processo busca permitir que o julgamento seja baseado em certeza. Busca, então, decisões verdadeiras, mas muitas vezes tem de se contentar com decisões baseadas em probabilidade.

Tenha-se claro este ponto, então. Existe um conceito filosófico de verdade, sobre o qual os pensadores têm, há muito, controvertido. E não é esta, evidentemente, a sede para tratar disso. Questiona-se até mesmo se a verdade existe, ou se ela pode ser identificada com precisão por seres humanos. A verdade que se busca estabelecer no processo, porém, não é essa verdade filosófica (e com ela, então, não irá necessariamente coincidir). O que se busca é estabelecer a *verdade processual*, ou seja, um conhecimento que corresponda a uma máxima probabilidade acerca do modo como os fatos se sucederam, que o Direito Processual Civil trata como verdade, e que é construída no processo, através de rigorosa observância do princípio do contraditório.

O termo prova pode ser empregado em dois diferentes sentidos, um subjetivo e outro objetivo. Do ponto de vista subjetivo, a prova é o convencimento de alguém a respeito da veracidade de uma alegação. É nesse sentido que se pode, então, dizer que em um determinado processo existe prova de que o pagamento aconteceu. Quem diz isso está, na verdade, a afirmar que se convenceu de que o pagamento foi feito. Trata-se, pois, de uma percepção subjetiva da prova.

De outro lado, em seu sentido objetivo, prova é qualquer elemento trazido ao processo para tentar demonstrar que uma afirmação é verdadeira. Assim, por exemplo, quando uma das partes diz que com o documento trazido aos autos faz prova do alegado, pretende-se afirmar que tal documento é trazido ao processo para demonstrar a veracidade da alegação. Aqui, a prova é percebida como um dado objetivo.

O conceito de prova que aqui se apresenta, como se pode então perceber, reúne essas duas acepções. Fala-se da prova como um elemento trazido ao processo (dado objetivo) e se alude a sua capacidade de contribuir para a formação do convencimento (dado subjetivo). A junção desses dois aspectos permite a compreensão do que seja, então, para o processo, a prova.

Pode-se afirmar que a prova é a alma do processo de conhecimento. É que só por meio das provas o juiz poderá reconstruir os fatos da causa e, com isso, produzir uma decisão que – construída pela participação em contraditório de todos os atores do processo – seja a correta para o caso deduzido. É por meio da atividade de produção e valoração da prova, portanto, que o processo de conhecimento poderá adequadamente produzir os resultados que dele são esperados.

Daí por que poder-se afirmar que existe uma intrínseca ligação entre a prova e o princípio constitucional do contraditório.

E é exatamente nessa linha que o art. 369 estabelece que "[a]s partes têm o direito de empregar todos os meios legais, bem como os moralmente legítimos, ainda que não se funda o pedido ou a defesa e influir eficazmente na convicção do juiz". Veja-se, pelo texto normativo, que o direito das partes à produção de prova é manifestação do direito de influir eficazmente na convicção do juiz e, pois, resulta do direito constitucionalmente assegurado a um contraditório substancial, efetivo.

As normas sobre prova têm natureza processual, pois regulam o meio pelo qual os sujeitos processuais formarão sua convicção, a fim de contribuir para a formação do resultado do processo. Esta é, como se sabe, a função de toda norma processual – a regulamentação dos instrumentos de que dispõe o Estado para exercer a jurisdição e para que os sujeitos atuem ao longo do processo jurisdicional. Não se pode confundir tais normas com as que regulam a forma de determinados atos jurídicos (como o dispositivo que exige instrumento público para o contrato de compra e venda de bens imóveis), pois estas possuem caráter material (estando ligadas à própria validade dos atos jurídicos, pois que a forma é, nessas hipóteses, determinada *ad substantiam*).

O Código Civil, todavia, contém um título dedicado a regulamentar o direito probatório (arts. 212 a 232). Ele é criticável por diversas razões, entre as quais não distinguir entre a prova e a forma dos atos jurídicos. Há, porém, no diploma vigente disposições que, não obstante postas no título "da prova", tratam da forma do ato jurídico, como, por exemplo, os parágrafos do art. 215, que tratam dos requisitos formais da escritura pública. Mais criticável do que isso, todavia, é a própria inclusão de regras sobre prova neste Código. Ainda que se admita a ideia de que a prova é instituto de natureza mista, com aspectos processuais e substanciais, é o CPC a sede adequada de sua regulamentação. Isso se dá porque o direito probatório é o mesmo, qualquer que seja a natureza da matéria de fundo. Em outros termos, são as mesmas as regras sobre provas nos casos em que o processo verse sobre direito privado (civil, comercial) ou público (tributário, previdenciário, administrativo etc.). Em um país como o Brasil, que adota o modelo da jurisdição una, submetendo-se ao Judiciário tanto as demandas que versam sobre direito privado como aquelas que versam sobre direito público, é inaceitável que as regras sobre provas sejam postas em um diploma destinado a regulamentar o direito privado. Além disso, não se pode deixar de dizer que muitas das disposições do Código Civil sobre provas são incompatíveis com o modelo processual brasileiro.

Classificam-se as provas quanto: ao **fato**, ao **sujeito**, ao **objeto**, à **preparação** e à **tipicidade**.

Quanto ao fato, as provas serão *diretas* ou *indiretas*. Prova direta é a que diz respeito ao fato probando, isto é, ao próprio fato cuja existência se pretende demonstrar. Por outro lado, a prova indireta diz respeito a outros fatos, dos quais, por meio de raciocínio dedutivo, o juiz presume a existência do fato probando. A esses fatos, objetos da prova indireta, e dos quais o juiz deduz o fato probando, dá-se o nome de *indícios*, sendo a prova indireta, por esse motivo, também conhecida como prova indiciária.

Quanto ao sujeito, as provas são *pessoais* e *reais*. Pessoal é a prova consistente em qualquer afirmação consciente feita por uma pessoa. Chama-se de prova real toda atestação inconsciente feita por uma coisa.

No que concerne ao objeto, há provas *testemunhais*, *documentais* e *materiais*. Prova testemunhal é toda afirmação oral. Compreende, pois, esse conceito tanto a prova testemunhal propriamente dita, ou *stricto sensu*, como o depoimento pessoal prestado por alguma das partes na demanda (costuma-se conceituar esse meio de prova como "o testemunho das partes em juízo"). Prova documental é toda afirmação escrita ou gravada. Por fim, prova material é qualquer outra materialidade que sirva de prova.

Quanto à preparação, a prova pode ser casual ou pré-constituída. Casual é a prova produzida no curso do processo. Pré-constituída é a prova preparada preventivamente, isto é, antes da propositura da demanda.

2. OBJETO DA PROVA

Alegações sobre fatos, e não os fatos propriamente, constituem o objeto da prova. A prova tem por objeto demonstrar a veracidade de alegações sobre fatos que sejam controvertidas e relevantes. Demonstra-se que uma alegação, feita no processo, é verdadeira.

A alegação que constitui objeto da prova deve ser a alegação de um fato. Alegações sobre o direito não são objeto de atividade probatória. Há, porém, uma exceção. Nos termos do art. 376, "[a] parte que alegar direito municipal, estadual, estrangeiro ou consuetudinário provar-lhe-á o teor e a vigência, se assim o juiz determinar".

Note-se, no entanto, que, ainda que uma das partes alegue em seu favor alguma das espécies de direito citadas acima, pode ser desnecessária a produção de prova, eis que o juiz, nos termos do referido dispositivo, pode determinar a produção de prova sobre o teor e a vigência do direito alegado, mas não é obrigado a fazê-lo (uma vez que é possível que o juiz conheça a norma jurídica invocada, e nesse caso a produção da prova seria um formalismo inútil).

Fica claro, pela leitura da lei, que nos casos aí previstos incumbirá à parte produzir (se assim determinar o juiz) prova acerca da veracidade de sua alegação de que determinada norma jurídica está em vigor. Em primeiro lugar, cogita-se aí das normas de direito consuetudinário, isto é, do direito fundado em costumes. É o que se dá, por exemplo, em casos nos quais sejam deduzidos fatos da navegação, em que é muito comum a utilização, como fonte de prova, dos costumes marítimos (nos termos do art. 122 da Lei nº 2.180/1954). A prova dos costumes pode ser feita por qualquer meio admissível. Pode-se cogitar, por exemplo, de documentos que tenham registrados tais costumes, ou o depoimento de testemunhas que os descrevam.

De outro lado, é preciso ter claro que o juiz é obrigado a conhecer o direito vigente no local onde exerce suas funções (é a aplicação do famoso brocardo *iura novit curia*, segundo o qual o juiz conhece o direito). Isso faz com que se conclua que, ao falar em direito municipal e estadual, o art. 376 do CPC se refere ao direito vigente em município ou estado-membro da Federação diverso daquele onde o juiz exerce suas funções. Afinal, o que se tem aqui é um conjunto de três situações equivalentes: o juiz pode determinar à parte que produza prova do teor e vigência do direito de *outro estado soberano*, de *outro estado-membro da Federação brasileira*, ou de *outro município brasileiro*.

A prova do direito municipal e estadual pode ser feita por meio da juntada do *Diário Oficial* onde foi publicada a norma jurídica ou por certidão do órgão legislativo (Câmara de Vereadores ou Assembleia Legislativa) onde se ateste o teor e a vigência da lei indicada.

Também se admite, como visto, a produção de prova sobre teor e vigência do direito estrangeiro. Afinal, seria um absurdo exigir que o juiz brasileiro conhecesse o direito de qualquer outro ordenamento jurídico que não o do Brasil, quando é perfeitamente possível (e não de todo incomum) que se instaurem no país processos nos quais é preciso aplicar norma jurídica estrangeira.

A prova do direito estrangeiro pode ser feita com a juntada aos autos de uma publicação (traduzida, se necessário) do texto legal, por meio de certidão obtida junto à embaixada do país no Brasil, ou por meio da juntada de obras de doutrina ou de pareceres de advogados do estado cujo direito se pretenda demonstrar ou de jurisconsulto especializado na matéria sobre a qual se controverte.

Problema de graves proporções é o que surge quando não se logra provar o direito estrangeiro. Várias soluções são encontradas na doutrina, como, por exemplo, a afirmação de que, nessa hipótese, deverá o juiz aplicar a lei nacional, presumindo-a idêntica à estrangeira, enquanto outros autores afirmam que, nesse caso, deverá o juiz aplicar o direito "provavelmente vigente". Há mesmo quem sugira a pura e simples rejeição da pretensão da parte a quem aproveitaria a aplicação do direito estrangeiro. Parece melhor a primeira solução aqui indicada, no sentido de que, na hipótese aqui aventada, deve-se aplicar a lei nacional (e assim já decidiu o STJ, no REsp 254.544/MG, rel. Min. Eduardo Ribeiro).

Feitas essas ressalvas, porém, o objeto da prova é limitado às alegações sobre fatos. Não é, porém, qualquer alegação sobre fato que integra o objeto da prova. Impende que tal alegação seja *relevante* e *controvertida*.

É comum encontrar-se nas narrativas feitas pelas partes ao longo do processo alegações absolutamente irrelevantes para a resolução da causa. É o que se dá naqueles casos em que, seja ou não verdadeira a alegação, isso não influirá no resultado do processo.

Mesmo alegações relevantes, porém, não serão objeto de prova quando forem incontroversas (art. 374, II e III). É por isso que, antes de se determinar qual será o objeto da prova – o que só se dá na decisão de saneamento e organização do processo – é preciso que se permita o desenvolvimento de uma fase postulatória, em que as partes (na petição inicial, na contestação e na réplica) apresentam suas alegações e têm oportunidade de impugnar as alegações feitas pela parte contrária. É que somente quando se tiver condições de se determinar quais, dentre as alegações relevantes, se terão tornado controvertidas é que se poderá estabelecer quais as provas que no processo terão de ser produzidas.

Por fim, vale recordar que não serão objeto de prova as alegações acerca de fatos notórios (art. 374, I), assim entendidos aqueles fatos de conhecimento geral.

Também não serão objeto de prova alegações feitas a respeito de fatos sobre os quais incida presunção legal de existência ou de veracidade (art. 374, IV). Como sabido, existem dois tipos de presunção legal, a *relativa* e a *absoluta*.

Costumeiramente se afirma que a presunção relativa admite prova em contrário, enquanto a presunção absoluta não a admite. É preciso, porém, ir além disso.

Presunções relativas são normas processuais de distribuição do ônus da prova. A regra geral no sistema processual civil é que o ônus da prova incumbe a quem alega. Casos há, porém, em que a lei muda a forma de atribuição do ônus da prova. E uma das técnicas empregadas para essa redistribuição é a criação de presunções relativas.

Ora, mas, se o que a presunção relativa faz é mudar a forma de distribuição do ônus da prova, então é essencial que se admita a produção de prova que contrarie a presunção. É que, se não fosse assim, não se estaria propriamente redistribuindo o ônus da prova.

Já as presunções absolutas são normas materiais que retiram relevância jurídica de um fato. Em outros termos, quando a lei estabelece uma presunção absoluta de determinado fato, o que se faz é estabelecer que esse fato é juridicamente irrelevante, de modo que não se admite prova destinada a demonstrar que ele não ocorreu. Afinal, seria irrelevante determinar se o fato ocorreu ou não, quando ele é absolutamente presumido. E, como anteriormente visto, só é objeto de prova a alegação quando ela é *controvertida e relevante*.

3. DESTINATÁRIOS DA PROVA

A prova possui dois tipos de destinatários: um destinatário direto, o Estado-juiz, e destinatários indiretos, as partes. A prova, uma vez levada aos autos, pertence a todos, isto é, pertence ao processo, não sendo de nenhuma das partes (o que costuma ser chamado de "princípio da comunhão da prova"). Como se costuma dizer no jargão forense, a prova (já produzida) é do juízo, e não das partes.

É costumeira, porém, a afirmação, encontrada em doutrina e jurisprudência, de que o destinatário da prova seria o juiz. É preciso receber esta assertiva, porém, com algum cuidado. Em primeiro lugar, por ser preciso ter claro que o juiz não é o único destinatário da prova. E em segundo lugar por ser necessário compreender-se, com exatidão, o que se quer afirmar com ser a prova destinada ao juiz.

Na verdade, a prova tem por destinatários todos os sujeitos do processo, conforme Enunciado nº 50 do FPPC: "Os destinatários da prova são aqueles que dela poderão fazer uso, sejam juízes, partes ou demais interessados, não sendo a única função influir eficazmente na convicção do juiz". Pode-se dizer que o juiz é o destinatário direto da prova, enquanto as partes e demais interessados são destinatários indiretos.

Sendo juiz e partes destinatários da prova, a todos eles é reconhecida a existência de poderes de iniciativa instrutória. O art. 370, aliás, estabelece expressamente que cabe ao juiz, "de ofício ou a requerimento da parte", determinar as provas necessárias ao julgamento do mérito. Às partes evidentemente caberá postular a produção das provas que lhes pareçam relevantes, pois é delas o direito material em debate e, por isso, são elas titulares de interesse em produzir prova. Não se pense, porém, que ao juiz não se deve reconhecer poderes de iniciativa instrutória. Em um modelo processual cooperativo como o adotado pelo CPC (art. 6º), em que juiz e partes atuam juntos, de forma comparticipativa, na construção em contraditório do resultado do processo, é preciso reconhecer que também o juiz tem poderes de iniciativa instrutória. Afinal, a ele – tanto quanto às partes – incumbe atuar na direção da construção de um resultado constitucionalmente legítimo para o processo.

Não seria compatível com este modelo cooperativo de processo um juiz passivo, neutro, que se limitasse a valorar as provas que as partes produzem (como se dá, normalmente, em sistemas processuais que adotam um modelo adversarial, em que o juiz não tem qualquer poder de iniciativa instrutória, esta deixada exclusivamente na mão das partes). No processo cooperativo o juiz não está acima das partes, mas tampouco está abaixo delas. Todos os atores do processo atuam, em igualdade de condições, com forças equivalentes, na construção comparticipativa do resultado final do processo. E se é assim, a todos eles se deve reconhecer a possibilidade de tomar a iniciativa de produzir provas. Isto não quebra, de maneira nenhuma, a imparcialidade do juiz. Ao contrário, o juiz que tem iniciativa probatória é comprometido com a busca da decisão correta, justa, constitucionalmente legítima do caso concreto. É ele um dos atores que cooperam para a produção do resultado e, assim, dá aplicação concreta ao disposto no art. 6º do CPC.

A iniciativa probatória do juiz, porém, precisa ser compreendida como de natureza suplementar à das partes. É que no processo comparticipativo cada sujeito do processo tem um papel a cumprir, e o papel de produtor de provas cabe, precipuamente, às partes (que titularizam os ônus probatórios). Não cabe ao juiz substituir a atividade das partes e produzir as provas que a elas incumbiria produzir.

Do mesmo modo, tendo as partes produzido prova testemunhal, poderá o juiz, de ofício, determinar a oitiva de uma testemunha referida. O que não se pode admitir é um juiz que queira atuar como se fosse ele próprio uma das partes, sob pena de quebrar-se a imparcialidade que deve marcar a atuação judicial. Não é por outra razão, aliás, que alguns doutrinadores afirmam que ao juiz não basta agir com imparcialidade, impõe-se também que sua atuação se dê com *imparcialidade* (ou seja, sem que ele assuma a posição de parte).

No entanto, é preciso retornar à afirmação inicial, de que o juiz é o destinatário (direto) da prova. Esse juiz a que se refere a afirmação não é apenas o magistrado que atua no órgão jurisdicional de primeira instância. Na verdade, destinatário da prova é qualquer juiz que atue no processo nas instâncias ordinárias, pois nestas se admite a produção de prova, o que não se dá nas instâncias excepcionais (ou seja, naquelas que atuam na apreciação de recurso especial ou de recurso extraordinário, ou dos recursos que a estes se seguem, como os embargos de divergência). Impende, aqui, recordar que o juízo de segundo grau de jurisdição, na apreciação de recursos ordinários (como a apelação), também faz valoração de prova. Também para o juízo de segundo grau, portanto, a prova se destina.

A compreensão adequada disto certamente poderá evitar muitas anulações de decisões judiciais. É que com alguma frequência se vê casos em que o juiz indefere a produção de certa prova ao fundamento de que ela não seria capaz de influenciar na formação de seu convencimento. Com frequência, porém, a decisão que posteriormente é proferida vem a ser anulada em grau de recurso, exatamente por ausência daquela prova cuja produção não foi admitida.

Em função disso, é muito importante que o juiz verifique, antes de decidir sobre a admissibilidade da prova, como tem sido firmado o entendimento a respeito da produção daquele tipo de prova em casos semelhantes.

Ao juiz (de primeiro ou de segundo grau de jurisdição), como destinatário direto da prova, incumbe sua valoração (art. 371).

O primeiro critério que o Direito Processual Civil conheceu para a valoração da prova foi o da prova legal. Por esse critério, o juiz não tinha qualquer liberdade na apreciação da prova, incumbindo à lei estabelecer o valor de cada uma a partir de um tabelamento. Assim, havia provas que valiam mais do que outras, bem como se encontravam situações em que, por força de lei, estabelecia-se qual tipo de prova poderia ser aceito (ou, ao contrário, qual espécie probatória não poderia ser admitida). Este critério, embora antigo e ultrapassado, ainda pode ser encontrado, em caráter absolutamente excepcional, no Direito brasileiro. É o que se dá, por exemplo, com o contrato de depósito voluntário, que só se prova por escrito (art. 646 do CC), caso em que só se admite prova testemunhal se houver começo de prova escrita, emanada da parte contra quem se pretende produzir a prova (art. 444).

O critério da prova legal foi posteriormente substituído pelo critério da íntima convicção, por força do qual a apreciação da prova pelo juiz era absolutamente livre, e ele julgaria conforme seu sentimento pessoal em relação à causa. Adotado este critério, o juiz nem sequer precisaria fundamentar sua decisão em relação aos fatos. Evidentemente ultrapassado, deste critério já não se encontra mais qualquer vestígio no processo civil brasileiro (embora dele haja um resquício no processo penal, já que o conselho de sentença do Tribunal do Júri aprecia as provas sem precisar fundamentar sua decisão, julgando conforme sua consciência, conforme expressamente dispõe o art. 472 do CPP).

Posteriormente, passou-se a adotar o sistema conhecido como livre convencimento motivado ou persuasão racional. Por este critério de valoração da prova afirma-se que o juiz é livre para dar a cada prova o valor que entender adequado, devendo fundamentar sua decisão. Era o sistema expressamente adotado no processo civil brasileiro ao tempo da codificação de 1973 (art. 131).

Ocorre que a atividade jurisdicional não pode ser discricionária. Não se pode reconhecer ao juiz a possibilidade de, indiferentemente, escolher esta ou aquela prova como sendo capaz de formar seu convencimento, ainda que isso depois seja fundamentado.

Pois foi exatamente por isso que o sistema processual civil brasileiro, a partir do CPC de 2015, superou o critério do livre convencimento motivado, que deixou de ser referido no texto normativo. Diferentemente disso, o art. 371 estabelece que "o juiz apreciará a prova constante dos autos, independentemente do sujeito que a tiver promovido, e indicará na decisão as razões da formação de seu convencimento". A diferença parece pequena, mas não é. Enquanto a legislação processual anterior falava em "apreciar livremente a prova", a legislação atual estabelece incumbir ao juiz "apreciar a prova". Pois o desaparecimento, do texto normativo, do advérbio *livremente* tem de ser considerado pelo intérprete na busca da forma correta de entender-se o sistema.

Incumbe ao juiz, ao proferir a decisão, apresentar uma valoração discursiva da prova, justificando seu convencimento acerca da veracidade das alegações, e indicando os motivos pelos quais acolhe ou rejeita cada elemento do conjunto probatório.

A exigência de estabilidade, de paz social, além da imposição constitucional de que os processos tenham uma duração razoável, fazem com que o processo precise terminar, mesmo que ainda não se tenha certeza absoluta de ter sido descoberta a verdade. Por isso, são estabelecidos mecanismos destinados a permitir a produção de decisões baseadas em probabilidades muito grandes, como as presunções e as regras de distribuição do ônus da prova. E decisões baseadas nessas fortíssimas probabilidades têm de ser equiparadas às que se baseiam na descoberta da verdade para fins de estabilização dos resultados (por meio da coisa julgada). Por isso é que se fala de uma verdade "processualmente possível", a *verdade processual*.

A valoração democrática da prova consiste na exigência de uma fundamentação que demonstre, discursivamente, como o juiz chegou às suas conclusões acerca da apreciação da prova, a fim de se demonstrar que a decisão proferida é a decisão correta para o caso concreto em exame, sem que isso resulte de discricionariedade ou voluntarismo judicial.

Conclui-se com a afirmação de que a concepção da prova como instrumento para alcançar uma determinação verdadeira dos fatos é o único modo de se encontrar uma confirmação coerente de uma visão legal e racional da decisão judicial, com todo o conjunto de garantias que se vinculam com ela. Não há sentido em invocar valores como a legalidade ou a correção da decisão se não se reconhece que a verdade dos fatos é condição necessária para uma correta aplicação da norma. Mas tudo isso só tem sentido quando se reconhece que a função própria e exclusiva da prova é a de oferecer elementos para a eleição racional da versão dos fatos que se pode definir como verdadeira.

4. ÔNUS DA PROVA

Na linguagem do Direito Processual, ônus é o nome usado para designar uma conduta imperativa, imposta a alguma das partes, para que se realize um interesse próprio.

A análise do ônus da prova pode ser dividida em duas partes: uma primeira, em que se pesquisa o chamado ônus subjetivo da prova, e onde se busca responder à pergunta "quem deve provar o quê?"; e uma segunda, em que se estuda o denominado ônus *objetivo da prova*, onde as regras sobre esse ônus são vistas como regras de julgamento, a serem aplicadas pelo órgão jurisdicional no momento de julgar a pretensão do demandante.

Ocorre que essa concepção subjetiva do ônus da prova não é compatível com o sistema processual civil. É que a prova, uma vez produzida, pertence ao processo, pouco importando quem a tenha produzido. Fala-se mesmo em um "princípio da comunhão da prova" (também chamado de "princípio da aquisição da prova"). E é exatamente por conta disso que, no art. 371, estabelece-se que a prova será apreciada pelo juiz "independentemente do sujeito que a tiver promovido".

Ora, mas se as regras de distribuição do ônus da prova não são regras de atividade, é preciso determinar qual sua natureza. Pois tal determinação não é difícil. Trata-se de considerar tais regras como normas de julgamento (ônus objetivo da prova).

Então, ao estabelecer uma distribuição, entre as partes, dos ônus probatórios, a lei processual fixa o modo como o caso concreto será decidido se houver insuficiência do material probatório. Nesse caso, deve-se proferir decisão desfavorável àquele sobre quem incidia o ônus da prova daquilo que não esteja suficientemente provado.

O juiz, portanto, só aplica as regras de distribuição do ônus da prova no momento de proferir a decisão de mérito, e somente quando verifica que o material probatório é insuficiente para justificar sua decisão. Essa visão objetiva do ônus da prova liga-se, pois, à vedação do *non liquet*, ou seja, à impossibilidade de o juiz se eximir de julgar por qualquer motivo. Ainda que os fatos da causa não estejam adequadamente provados, terá o juiz de proferir uma decisão, o que fará com base nas regras de distribuição do ônus da prova.

Por força do princípio do contraditório, porém, que impede a prolação de decisões-surpresa (art. 10), é absolutamente essencial que as partes saibam, de antemão, sobre quem recaem os ônus probatórios. Daí a importância do disposto no art. 373.

É multissecular a afirmação de que o ônus da prova incumbe a quem alega (*ei incumbit probatio qui dicit, non qui negat*). Em regra, portanto, o ônus da prova incumbe a quem tenha feito a alegação. Daí a razão pela qual também há muitos séculos se afirma que alegar e não provar é como não alegar (*allegatio et non probatio, quasi non allegatio*). Há, porém, casos excepcionais em que a lei não atribui o ônus da prova a quem faz a alegação, mas à parte adversária (e em casos assim, portanto, a insuficiência de prova levará o juiz a decidir a favor daquele que tenha feito a alegação).

Em regra, porém, o ônus da prova incumbe a quem alega, e é assim que se deve compreender o disposto no art. 373. Além disso tudo, porém, e considerando a hipótese, de resto bastante provável, de o réu não ter a produzir nenhuma prova sobre a existência de fato extintivo, impeditivo ou modificativo do direito do autor, mas tendo algum meio de provar a inexistência do fato constitutivo, é que se pode afirmar caber também ao réu o ônus da contraprova.

Em alguns casos, porém, a lei inverte o ônus da prova (inversão *ope legis* do ônus probatório). E, além disso, há casos em que se admite a inversão do ônus da prova por decisão judicial (inversão *ope iudicis* do ônus probatório). Esse é fenômeno que já há algum tempo vem regulado no Código de Defesa do Consumidor (art. 6º, VIII), mas que recebe tratamento adequado e completo nos §§ 1º e 2º do art. 373, os quais trazem para o sistema processual civil brasileiro, definitivamente, uma "versão brasileira" da teoria da distribuição dinâmica do ônus da prova (ou, como alguns chamam, "teoria da carga dinâmica da prova"), pois o CPC e o CDC estabelecem que, nos casos em que haja previsão legal ou "diante de peculiaridades da causa relacionadas à impossibilidade ou à excessiva dificuldade de cumprir o encargo" probatório que em regra lhe caberia, "ou à maior facilidade de obtenção da prova do fato contrário", pode o juiz modificar a atribuição dos ônus probatórios, por decisão (evidentemente) fundamentada.

Só se poderá admitir essa redistribuição do ônus da prova se o encargo for, pela decisão judicial, atribuído a quem tenha condições de dele se desincumbir, não se podendo, com a redistribuição do ônus da prova, gerar uma situação em que a desincumbência de tal encargo seja impossível ou excessivamente difícil (art. 373, § 2º).

Além disso, deve-se ter claro que a redistribuição do ônus da prova não pode se dar na sentença. Isto contrariaria a garantia do contraditório como não surpresa. É preciso (e isto está expresso na parte final do § 1º do art. 373) que a decisão que redistribui o ônus da prova seja proferida de forma a "dar à parte a oportunidade de se desincumbir do ônus que lhe foi atribuído".

Não é por outra razão que a decisão que redistribui o ônus da prova deve ser proferida como um capítulo do provimento de saneamento e organização do processo (art. 357, III). E sempre vale recordar que uma vez proferida essa decisão têm as partes cinco dias para requerer esclarecimentos e ajustes, e uma vez decorrido esse prazo a decisão se torna estável (art. 357, § 1º), só podendo ser revista por meio de agravo de instrumento (admissível por força do art. 1.015, XI). É que, como já visto, essa decisão tem o papel de demarcar o final da fase introdutória do procedimento, destinada a permitir a delimitação das questões de fato e de direito que serão relevantes para a resolução do mérito, e o início da fase principal do processo, destinada à instrução e ao julgamento da causa. Assim, definido o modo como se distribuem os ônus probatórios, poderão as partes atuar na instrução probatória buscando desincumbir-se dos encargos que lhes tenham sido atribuídos.

Não se tem, portanto, propriamente uma distribuição dinâmica do ônus da prova, mas uma única movimentação da distribuição estática. É, pois, uma "distribuição dinâmica à brasileira".

Por fim, não se pode deixar de dizer que é possível a celebração de negócio processual destinado a modificar a distribuição do ônus da prova (art. 373, §§ 3º e 4º). Este, como os negócios processuais em geral, pode ser celebrado antes do processo ou durante seu curso (art. 373, § 4º), e por meio dele as partes podem livremente convencionar o modo como os encargos probatórios são distribuídos, salvo quando recair sobre direito indisponível da parte (art. 373, § 3º, I) ou quando tornar excessivamente difícil a uma parte o exercício de seu direito (art. 373, § 3º, II). Além disso, é de se considerar inválido o negócio processual que redistribui os ônus probatórios nos casos em que genericamente se estabelece a invalidade dos negócios processuais (art. 190, parágrafo único).

5. MEIOS DE PROVA

Meios de prova são os instrumentos por meio dos quais se torna possível a demonstração da veracidade das alegações sobre a matéria fática controvertida e relevante para o julgamento da pretensão. Deve-se distinguir entre meios e fontes de prova, sendo estas entendidas como as pessoas e coisas de onde promana a prova, enquanto aqueles são os instrumentos que permitem que se leve ao processo os elementos que participarão da formação do convencimento.

Alguns deles estão expressamente previstos em lei (como a prova testemunhal ou a documental, por exemplo) e, por isso, são chamados de provas típicas (ou meios típicos de prova). Além desses, porém, admite-se a produção de meios de prova que não estão previstos expressamente, as chamadas provas atípicas (ou meios atípicos de prova). O art. 369 expressamente estabelece, aliás, que as partes "têm o direito de empregar todos os meios legais, bem como os moralmente legítimos, ainda que não especificados neste Código, para provar a verdade dos fatos em que se funda o pedido ou a defesa e influir eficazmente na convicção do juiz".

> **Atenção**
>
> A redação do texto normativo não é das melhores, pois, com base na literalidade do texto, poderia parecer que apenas os meios atípicos de prova deveriam ser moralmente legítimos (afinal, naquele texto se lê que as partes podem empregar "os meios legais, bem como os moralmente legítimos, ainda que não especificados" no Código). Todos os meios de prova, típicos ou atípicos, devem ser moralmente legítimos.

Portanto, podem ser admitidas no processo civil tanto as provas típicas (como a pericial ou a inspeção judicial) quanto as atípicas, desde que lícitas.

Quanto aos meios típicos de prova, estes são encontrados no próprio CPC. É de se notar, porém, que o Código Civil, em seu art. 212, apresenta um elenco menor de provas (confissão, documento, testemunha, presunção, perícia). Limitações como essas, que excluem de forma absoluta a utilização de certos meios de prova, violam a garantia constitucional do contraditório e, por isso mesmo, são inconstitucionais. Continuam a ser admitidas, portanto, a inspeção judicial e as provas atípicas (o que está reafirmado no CPC, que é posterior ao Código Civil e, por isso, de qualquer maneira sobre ele deve prevalecer). Deve-se, pois, ler o art. 212 do Código Civil como se ali houvesse uma enumeração meramente exemplificativa, o que torna seu teor compatível com a Constituição da República.

A expressão "prova atípica" pode, na verdade, designar dois diferentes fenômenos: (a) o meio atípico de prova; (b) a forma atípica de produzir um meio típico de prova.

Extraia-se daí, então, que meios de prova que não estejam expressamente previstos em lei podem ser produzidos, sendo perfeitamente admissíveis no processo civil. Fenômeno diferente – mas também admissível – é o da forma atípica de produção de um meio típico de prova, tal qual o caso da prova testemunhal.

Típica ou atípica, a prova será admitida se for lícita. É que, como já dito, por força do disposto no art. 5º, LVI, da Constituição da República, "são inadmissíveis, no processo, as provas obtidas por meios ilícitos". Assim, por exemplo, confissões obtidas mediante tortura, correspondência obtida mediante invasão de caixas de correio eletrônico, gravações clandestinas de conversas, entre outras, são inadmissíveis no processo em razão da ilicitude de sua obtenção.

> **Atenção**
>
> A jurisprudência atual compreende como lícita a gravação ambiental ou gravação telefônica, unilateral, feita diretamente por um dos interlocutores da conversa (sem intermediação de terceiro).

6. PROVAS EM ESPÉCIE

6.1. Ata notarial

Chama-se ata notarial o documento público, lavrado por notário, por meio do qual este declara algo que tenha presenciado, alegando sua existência e modo de ser. É figura que se incorporou ao Direito brasileiro pelo art. 7º, III, da Lei nº 8.935/1994, que estabelece que aos tabeliães de notas compete, com exclusividade, lavrar atas notariais. E este dispositivo se relaciona diretamente com o art. 6º, III, do mesmo diploma, por força do qual aos notários compete autenticar fatos.

A ata notarial é um instrumento público de grande relevância no direito probatório, pois possibilita a documentação de fatos transeuntes, cuja prova por outros meios pode ser muito difícil.

Vale, aqui, aliás, ter-se em mente que o art. 405 estabelece, expressamente, ao tratar da força probante dos documentos públicos (embora seja tratado como meio de prova distinto, provavelmente porque a prova documental é, na classificação dos meios de prova quanto à preparação, tratada como prova pré-constituída, enquanto a ata notarial é, ao menos em muitos casos, prova casual), que tais documentos fazem prova dos fatos que o tabelião declarar que ocorreram em sua presença.

A ata notarial pode consistir na mera descrição, pelo notário, do que afirma ter presenciado, descrevendo a existência e o modo de ser do fato. Mas é também possível que dela constem dados representados por imagem ou som gravados em arquivos eletrônicos (art. 384, parágrafo único).

Do ponto de vista do Direito Processual Civil, a ata notarial deve ser tratada como um documento público, a ela se aplicando todo o regime da prova documental que incide sobre os documentos públicos em geral, especialmente os arts. 405, 427 e 434 a 437.

6.2. Depoimento pessoal

Chama-se depoimento pessoal o testemunho da parte em juízo. Trata-se de meio de prova que tem dupla finalidade: esclarecer o juiz sobre os fatos da causa e provocar a confissão. Espécie dos gêneros prova oral (quando classificada quanto ao sujeito) e prova testemunhal (classificação da prova quanto ao objeto).

O depoimento pessoal de uma parte pode ser requerido pela parte contrária ou determinado de ofício pelo juiz (art. 385). Não pode, pois, a parte requerer ao juiz a tomada de seu próprio depoimento. É que aquilo que a parte queira declarar ao juiz deverá fazer por meio de suas petições, subscritas por seu advogado.

Toma-se o depoimento pessoal na audiência de instrução e julgamento (art. 385, *caput*). Caso resida o depoente, porém, em lugar diverso daquele em que tramita o processo, seu depoimento será tomado por carta (precatória ou rogatória), salvo se houver equipamentos que permitam ao próprio juiz da causa, por meio de videoconferência ou outro recurso tecnológico de transmissão de sons e imagens em tempo real, colher o depoimento, o que poderá ocorrer, inclusive, durante a realização da audiência de instrução e julgamento (art. 385, § 3º).

A parte cujo depoimento pessoal será colhido deverá ser intimada pessoalmente para comparecer à audiência de instrução e julgamento, devendo ser expressamente advertida de que sua ausência implicará a incidência da assim chamada "pena de confesso". Tendo sido regular a intimação, a parte que não compareça injustificadamente ou, comparecendo, recusar-se a depor, verá ser-lhe aplicada essa pena (art. 385, § 1º). A "pena de confesso" nada mais é do que uma confissão presumida.

Observe-se que se trata de confissão presumida, e não de confissão ficta. Presunção relativa, que poderá, portanto, ser ilidida pelo conjunto probatório constante dos autos. O depoimento pessoal, como dito, é prestado na audiência de instrução e julgamento, devendo-se, em regra, colher primeiro o depoimento do autor e depois o do réu (art. 361, II). No momento de colher os depoimentos pessoais, deverá o juiz cuidar para que aquele que ainda não tenha prestado seu depoimento não assista aos depoimentos anteriores (art. 385, § 2º).

Incumbe à parte que presta depoimento pessoal responder pessoalmente às perguntas que lhe sejam feitas, não podendo servir-se de escritos anteriormente preparados (art. 387). É admitida, porém, a consulta a notas breves, apenas para completar esclarecimentos (art. 387, *in fine*). Deixando a parte, sem motivo justificado, de responder ao que lhe for perguntado, ou se apresentar evasiva, caberá ao juiz, apreciando as demais circunstâncias e os outros elementos de prova existentes, declarar, na sentença, se houve recusa de depor (art. 386), caso em que incidirá a "pena de confesso". É expressa a lei processual, porém, em estabelecer que a parte não é obrigada a depor sobre fatos criminosos ou torpes que lhe tenham sido imputados; a cujo respeito, por estado ou profissão, deva guardar sigilo; acerca dos quais não possa responder sem desonra própria, de seu cônjuge, de seu companheiro ou de parente em grau sucessível; ou que coloquem em perigo a vida do depoente ou das pessoas de sua família há pouco referidas (art. 388). Só não se aplica esta regra nos processos que versem sobre Direito de Família e nas assim chamadas "ações de estado" (art. 388, parágrafo único).

6.3. Confissão

Confissão é a admissão, por uma das partes, da veracidade de fato contrário ao seu interesse e favorável ao do adversário (art. 389).

> **Atenção**
>
> Não se pode confundir a confissão com um instituto que, numa primeira análise, com ela muito se assemelha, mas que, na verdade, é de natureza bastante diversa: o reconhecimento jurídico do pedido. Enquanto na confissão, como se verifica do conceito exposto, há a admissão de um fato, no reconhecimento jurídico do pedido o que ocorre é a admissão da existência do próprio direito material alegado pelo autor.

Pode a confissão ser judicial ou extrajudicial, e só pode versar sobre fatos relativos a direitos disponíveis (art. 392), sendo expressamente reputada ineficaz a confissão feita por quem não é capaz de dispor do direito a que se refiram os fatos admitidos como verdadeiros (art. 392, § 1º).

A confissão judicial pode ser espontânea ou provocada (art. 390). A confissão espontânea pode ser feita pessoalmente pela parte ou por seu representante com poderes especiais (art. 390, § 1º). A confissão feita por representante, porém, só é eficaz nos limites em que este possa vincular seu representado (art. 392, § 2º). Já a confissão provocada é aquela que se obtém no depoimento pessoal da parte, devendo constar do termo de depoimento (art. 390, § 2º).

A confissão extrajudicial pode ser escrita ou oral. Só é eficaz, porém, a confissão extrajudicial feita oralmente nos casos em que a lei não exija prova literal do fato (art. 394).

Estabelece o art. 391 que a confissão "faz prova contra o confitente". Não se pode, apesar disso, considerar que a confissão seja uma prova plena, incontestável, a que o juiz se vincule de forma absoluta.

De outro lado, o próprio art. 391 (parte final) estabelece que a confissão feita por uma parte não prejudica os litisconsortes. Esta é, porém, afirmação que se precisa receber com cuidado. Quando se estiver diante de um caso de litisconsórcio unitário, estabelece expressamente o art. 117 que os atos de um litisconsorte não prejudicarão os demais. Ora, se os fatos relevantes da causa são os mesmos para todos, chegando todos os litisconsortes ao mesmo resultado, a confissão feita por um só dos litisconsortes, a rigor, não pode produzir efeitos nem mesmo para o confitente. É que, sendo unitário o litisconsórcio, não se poderia admitir que o mesmo fato esteja provado para um dos litisconsortes (o confitente) e não esteja provado para os demais, sob pena de se levar os litisconsortes (unitários) a resultados distintos. Assim, incumbirá ao juiz valorar a prova e, caso considere que o fato confessado está realmente provado, reconhecer o fato como verdadeiro em relação a todos os litisconsortes.

Sendo simples o litisconsórcio, o destino de cada litisconsorte é independente do destino dos demais. Isto não significa, porém, que não possa haver fatos comuns a todos, que a todos interessem. Caso um dos litisconsortes confesse um fato que para os demais é indiferente, dizendo respeito apenas à sua própria situação jurídica, é evidente que sua confissão não prejudicará os demais, pelo simples fato de que para os outros litisconsortes aquela confissão diz respeito a fato em relação ao qual eles não têm qualquer interesse. De outro lado, caso o fato confessado por um dos litisconsortes a outros interesse, deverá o juiz valorar a confissão no total do conjunto probatório e, caso repute comprovado o fato confessado, deverá reconhecer sua veracidade em relação a todos os litisconsortes (pois seria absurdo o juiz dizer, na mesma sentença, que o mesmo fato está e não está comprovado).

Versando a causa sobre bens imóveis ou algum direito real sobre imóvel alheio, a confissão feita por um dos cônjuges ou companheiros não valerá sem a do outro, salvo se o regime de bens do casamento for o da separação absoluta de bens (art. 391, parágrafo único).

A confissão é irrevogável (art. 393). Significa isto dizer que aquele que confessa não pode depois simplesmente arrepender-se de ter confessado. É admissível, porém, sua anulação por vício de consentimento (erro de fato ou coação), nos termos do art. 393, parte final. Importante notar que, diferentemente do que se tinha na legislação processual anterior à atual, não se prevê mais de forma expressa a possibilidade de anulação da confissão que resulte de dolo. É de se acolher, então, entendimento sustentado por diversos civilistas, no sentido de que a alusão no texto legal (que, no ponto, é idêntico ao art. 214 do Código Civil) a erro é capaz de englobar, também, o dolo, o qual estaria absorvido pelo erro.

A anulação da confissão depende do ajuizamento de demanda autônoma, a qual só pode ser proposta pelo próprio confitente, só se transmitindo a seus sucessores se ele falecer após o ajuizamento da demanda (art. 393, parágrafo único). Além de irrevogável, a confissão é, em regra, indivisível. Significa isto dizer que a parte que queira invocá-la em seu favor não pode aceitá-la no tópico em que a beneficia e rejeitá-la no que lhe é desfavorável (art. 395). Estabelece, porém, a lei processual que a confissão será cindida "quando o confitente a ela aduzir fatos novos, capazes de constituir fundamento de defesa de direito material ou de reconvenção" (art. 395, *in fine*). Trata-se, aqui, da hipótese em que uma das partes confessa um fato e à sua confissão acrescenta a expressa afirmação de algum outro fato que pode servir de fundamento em seu favor. Feita essa distinção, ter-se-á de um lado uma confissão e, de outro, mera alegação.

6.4. Exibição de documento ou coisa

Pode acontecer de uma das partes precisar, no curso do processo, que seja exibido um documento ou uma coisa que se pretende usar como fonte de prova. Pois os arts. 396 a 404 regulam um incidente processual destinado a promover a exibição do documento ou da coisa.

Trata-se aqui, em verdade, de demanda autônoma, mas incidental, e não de meio de prova. O CPC regula a demanda incidental de exibição, mas não trata da demanda de exibição antecedente. Esta, então, deverá seguir o regramento das demandas probatórias autônomas ("produção antecipada de prova").

Trata-se de mera demanda incidental, e não de um processo autônomo. Basta ver que a lei processual, muito claramente, estabelece que o requerimento de exibição é resolvido por decisão (arts. 400 e 402), e não por sentença. Este incidente de exibição pode ser provocado por qualquer das partes, que pode dirigir o pedido de exibição em face da parte adversária ou de terceiro que tenha consigo a coisa ou o documento a ser exibido. E o procedimento do incidente varia conforme o pedido seja dirigido contra a outra parte ou contra terceiro.

Postulada a exibição contra a parte contrária, o requerimento deverá conter a individuação, tão completa quanto possível, do documento, da coisa ou da categoria de documentos ou coisas (como seria, por exemplo, a indicação de que se pretende a exibição de todos os contratos relativos a uma determinada obra, ou de todos os extratos relativos a uma determinada conta bancária durante certo intervalo de tempo); a finalidade da prova, com indicação dos fatos que se relacionam com o documento ou coisa, ou com suas categorias, cuja exibição se pretende; e as circunstâncias em que se funda o requerente para afirmar que o documento ou a coisa existe, ainda que a pretensão seja de exibição de uma categoria de documentos ou coisas, e se encontra em poder da parte contrária (art. 397). O requerido será, então, intimado (e não citado, já que não se trata de um processo autônomo, mas de mero incidente processual) para oferecer resposta no prazo de cinco dias (art. 398).

Caso o requerido afirme, em sua resposta, que não tem consigo o documento ou a coisa, o juiz permitirá que o requerente produza prova de que a declaração não corresponde à verdade. Qualquer meio legítimo de prova será admitido (art. 398, parágrafo único).

Não pode o requerido eximir-se de apresentar o documento ou a coisa que tenha consigo se existir obrigação legal de exibir; se o requerido tiver, no processo, feito alusão ao documento ou à coisa com o intuito de constituir prova; ou se o documento, por seu conteúdo, for comum às partes (art. 399).

Ao decidir o incidente, o juiz deverá admitir como verdadeiros os fatos que por meio do documento ou da coisa o requerente pretendia provar, sempre que o requerido não efetuar a exibição nem fizer qualquer declaração no prazo do art. 398; ou se a recusa em exibir for ilegítima (art. 400). Casos haverá, porém, em que não será possível ter-se qualquer alegação de fato como verdadeira, pela simples razão de que o requerente nem sequer sabe o que conseguiria provar com o documento ou a coisa. É que muitas vezes se sabe que o documento ou a coisa existe, mas não se tem conhecimento de seu conteúdo, razão pela qual não é possível ao requerente sequer indicar com precisão o que se buscará provar com ele. Para casos assim, o juiz – em vez de reputar verdadeira uma alegação que nem sequer terá sido feita – deverá valer-se das medidas necessárias para fazer com que o documento seja exibido (art. 400, parágrafo único). Nessa hipótese, poderá o juiz determinar medidas como fixar um prazo para que a exibição ocorra e uma multa pelo atraso ou determinar a busca e apreensão do documento ou da coisa, por exemplo.

> **Importante**
>
> A lei processual expressamente permite ao juiz o emprego de quaisquer meios coercitivos para assegurar a exibição do documento ou coisa, o que implica a possibilidade de fixação de multa pelo descumprimento da determinação. Com isso, fica evidentemente superado o Enunciado nº 372 da súmula do STJ, aprovado ainda ao tempo do CPC de 1973.

Vale registrar que o STJ aprovou tese relativa ao Tema Repetitivo nº 1.000, quando do julgamento dos recursos especiais repetitivos 1.763.462/MG e 1.777.553/SP, nos seguintes termos: "desde que prováveis a existência da relação jurídica entre as partes e de documento ou coisa que se pretende seja exibido, apurada em contraditório prévio, poderá o juiz, após tentativa de busca e apreensão ou outra medida coercitiva, determinar sua exibição sob pena de multa com base no art. 400, parágrafo único, do CPC/2015". Esse entendimento é, como se vê, perfeitamente compatível com o que aqui se sustenta.

Estando o documento ou a coisa em poder de terceiro estranho ao processo, deverá a parte interessada na exibição formular seu requerimento nos termos do art. 397. O terceiro será, então, citado (e não intimado, não obstante tratar-se de mero incidente processual, já que o requerido ainda não era parte do processo e precisa ser integrado a ele para que possa participar, em contraditório, da formação do resultado do incidente). O requerimento de exibição de documento ou coisa dirigido a terceiro provoca, então, uma intervenção forçada (atípica) de terceiro.

Citado o requerido, terá ele o prazo de quinze dias para oferecer resposta (art. 401). Caso o requerido negue a obrigação de exibir ou a posse do documento ou da coisa, o juiz designará uma audiência especial, tomando-lhe o depoimento, bem como o das demais partes do processo e, se necessário, ouvirá testemunhas. Em seguida, será proferida a decisão (art. 402).

No caso de o requerido, sem justo motivo, recusar-se a exibir a coisa ou o documento, o juiz determinará a expedição de mandado de apreensão, que será cumprido por oficial de justiça, se necessário com auxílio da força policial. Além disso, o requerido responderá por crime de desobediência, devendo ainda o juiz valer-se de outras medidas que se revelem adequadas, como a imposição de multa, para a efetivação da decisão (art. 403, parágrafo único).

O requerido – seja ele parte da demanda principal ou terceiro em relação a ela – só se escusa de exibir o documento ou a coisa de acordo com o rol do art. 404 do CPC. Caso qualquer desses motivos, porém, diga respeito a apenas uma parcela do documento, a outra parte será exibida, para dela extrair-se cópia, sendo de tudo lavrado auto circunstanciado (art. 404, parágrafo único).

6.5. Prova documental

Documento é toda atestação, escrita ou por qualquer outro modo gravada, de um fato. Assim, são documentos os escritos, as fotografias, os vídeos, os fonogramas, entre outros suportes capazes de conter a atestação de um fato qualquer.

Documentos podem ser públicos ou privados. São públicos aqueles produzidos por um agente público e privados são todos os demais documentos. O documento público feito por oficial público incompetente ou que não observe as formalidades legais, tendo sido subscrito pelas partes, equivale, para efeitos probatórios, a um documento particular (art. 407). O documento público faz prova do modo como foi formado (art. 405). Pense-se, por exemplo, na hipótese de um tabelião declarar, em uma escritura pública, que determinada pessoa estava presente no momento de sua lavratura. Pois isso fica provado pelo documento. Mas faz ele prova, também, dos fatos que o agente responsável por sua formação declara terem ocorrido em sua presença (art. 405, parte final). Sempre vale recordar que em alguns casos a lei substancial exige que o ato jurídico seja realizado por instrumento público. São os casos em que essa forma é exigida *ad substantiam*. Nesses casos, a ausência do instrumento público não pode ser suprida por qualquer outro meio de prova (art. 406). Esse texto normativo, todavia, faz confusão entre a forma de um ato jurídico e sua prova. Quando a forma é da substância do ato (forma *ad substantia*), a sua inobservância acarretará a invalidade do ato jurídico.

> **Atenção**
>
> Merece registro o fato de que o art. 215 do Código Civil afirma que "[a] escritura pública, lavrada em notas de tabelião, é documento dotado de fé pública, fazendo prova plena". Esse dispositivo é incapaz de tratar por inteiro da matéria, já que o art. 405 do CPC é mais completo, dizendo que fatos podem ser provados pela escritura pública. Além disso, é inaceitável a afirmação de que a escritura pública serve como "prova plena", já que essa referência alude a conceito que diz respeito ao sistema de valoração de provas conhecido como da prova legal, e só faria algum sentido se houvesse algum outro meio de prova que não fosse plena. Diante da inexistência destas, nada significa dizer que alguma prova seja "plena". A parte final do dispositivo, portanto, deve ser tida como não escrita.

Em um documento particular, as declarações que dele constem, desde que o instrumento esteja assinado (tendo ou não sido escrito por quem assinou) se presumem verdadeiras em relação ao signatário (art. 408). Trata-se, evidentemente, de presunção relativa, que pode ser afastada por prova em contrário. Caso o documento particular contenha apenas a declaração de ciência de um determinado fato, considera-se provada a ciência, mas não o fato em si, cabendo ao interessado o ônus da prova de que o fato realmente ocorreu (art. 408, parágrafo único).

Havendo dúvida sobre a data do documento particular, ou sendo tal data impugnada por algum interessado, poderá ela ser demonstrada por qualquer meio de prova (art. 409). Em relação a terceiros (isto é, a pessoas que não tenham participado da produção do documento particular), considera-se datado o documento no dia em que foi registrado, desde a morte de algum dos signatários, a partir da impossibilidade física que tenha sobrevindo a qualquer dos signatários de assiná-lo, da sua apresentação em repartição pública ou em juízo, ou de qualquer ato ou fato que estabeleça, de modo certo, a anterioridade de sua formação (art. 409, parágrafo único).

Reputa-se autor do documento particular aquele que o assinou, tendo sido o instrumento feito por ele ou por outrem à sua conta, ou aquele que, tendo mandado fazê-

-lo, não o assinou por tratar-se de documento que não se costuma assinar, como é o caso de livros empresariais ou assentos domésticos (art. 410).

O documento particular se considera autêntico quando a assinatura do seu autor tiver sido reconhecida por tabelião (trata-se do reconhecimento de firma, figura muito conhecida do público em geral), nos termos do art. 411, I. Mesmo sem ter havido o reconhecimento de firma, porém, é possível reputar autêntico o documento particular. Basta que a autoria esteja identificada por qualquer outro meio legal de certificação, inclusive eletrônico (art. 411, II) ou se não houver impugnação de sua autoria pela parte contra quem o documento tenha sido produzido no processo (art. 411, III).

Demonstrada a autenticidade do documento particular, faz ele prova de que seu autor fez a declaração que lhe é atribuída (art. 412). O documento particular trazido ao processo e admitido (expressa ou tacitamente) pela parte é indivisível. Não se admite, portanto, que a parte que dele pretende se valer aceite os atos que lhe são favoráveis e recuse os que lhe são contrários, salvo se produzir a prova de que tais fatos desfavoráveis não ocorreram (art. 412, parágrafo único).

Meios de transmissão, como telegramas, radiogramas ou afins (como o fac-símile), têm a mesma força probatória que o original, se este, constante da estação expedidora (isto é, do local de onde foi expedida a transmissão) tiver sido assinado pelo remetente (art. 413). A firma do remetente pode ser reconhecida por tabelião, caso em que essa circunstância será declarada no documento original, que ficará depositado na estação expedidora (art. 413, parágrafo único). Telegramas e radiogramas, além disso, presumem-se (relativamente) em conformidade com o original, servindo para provar as datas de sua expedição e de seu recebimento pelo destinatário (art. 414). Essas, porém, são disposições de pouca aplicação prática em tempos de transmissão de dados pela Internet, muitas vezes com documentos cuja produção já se dá, originariamente, por meios eletrônicos.

Cartas e registros domésticos (como bilhetes deixados por uma pessoa a outra que com ela resida) provam contra quem os escreveu quando enunciam o recebimento de um crédito, contêm anotação que visa a suprir a falta de título em favor de quem é apontado como credor ou expressam conhecimento de fatos para os quais não se exija meio determinado de prova (art. 415).

A anotação escrita pelo credor em qualquer parte de documento representativo de obrigação, ainda que não assinada, faz prova em benefício do devedor (art. 416). Essa regra se aplica tanto para o documento que o credor conserve consigo quanto para aquele que se acha em poder do devedor ou de terceiro (art. 416, parágrafo único).

Livros empresariais servem como prova contra seu autor, sendo lícito ao empresário, porém, demonstrar – por qualquer meio legítimo de prova – que os lançamentos não correspondem à verdade dos fatos (art. 417). Esses livros empresariais, desde que preenchidos com observância de todos os requisitos legais, provam a favor de seu autor no litígio entre empresários (art. 418).

A escrituração contábil é indivisível e, se dos fatos que resultam dos lançamentos contábeis, uns são favoráveis aos interesses de seu autor e outros lhes são contrários, todos devem ser considerados em seu conjunto, de forma unitária (art. 419). Pode o juiz, a requerimento da parte (mas não de ofício) determinar a exibição integral dos livros empresariais e dos documentos do arquivo na liquidação de sociedade, na sucessão *mortis causa* de um dos sócios e em outros casos determinados por lei (art. 420). De ofício, por outro lado, pode o juiz determinar à parte a exibição parcial de livros e documentos, deles se extraindo um resumo do que interesse à causa, assim como reproduções autenticadas (art. 421).

As reproduções mecânicas, como a fotográfica ou a reprográfica, têm aptidão para fazer prova dos fatos e coisas representadas, se sua conformidade com o documento original não for impugnada por aquele contra quem tenha sido produzida (art. 422). Fotografias digitais ou extraídas da Internet fazem prova das imagens que reproduzem, devendo – se houver impugnação – ser apresentada a respectiva autenticação eletrônica. Não sendo isto possível, será realizada perícia (art. 422, § 1º). Caso se trate de fotografia publicada em jornal ou revista, será exigido um exemplar original do periódico caso sua veracidade seja impugnada (art. 422, § 2º). Tudo isso é também aplicável à forma impressa de mensagens eletrônicas (como *e-mails*, por exemplo), nos termos do § 3º do art. 422.

A cópia de documento particular tem o mesmo valor probante que o original, cabendo ao escrivão, após intimadas as partes, proceder à conferência e certificar a conformidade entre a cópia e o original (art. 424). Tem, porém, o mesmo valor probante que o documento original o rol trazido no art. 425.

Tratando-se de cópia digital de documento relevante para a instrução do processo (ou de título executivo, ponto estranho ao estudo do processo de conhecimento), o juiz poderá determinar seu depósito em cartório ou na secretaria do órgão jurisdicional (art. 425, § 2º).

O juiz deverá manifestar-se – fundamentadamente, claro – sobre a fé que deve merecer documento que, em ponto substancial e sem qualquer ressalva, contenha entrelinha, emenda, borrão ou cancelamento (art. 426).

Cessa a força probante (ou, como diz a lei, a fé) do documento, seja ele público ou particular, se lhe for judicialmente declarada a falsidade (art. 427). Esta pode consistir em formar documento que não é verdadeiro ou em alterar documento verdadeiro (art. 427, parágrafo único). A força probante de documento particular também cessa quando for impugnada sua autenticidade e enquanto não se comprovar sua veracidade, ou quando, tendo sido assinado em branco, seu conteúdo tenha sido impugnado sob a alegação de que houve preenchimento abusivo (art. 428). É abusivo o preenchimento quando aquele que recebeu documento assinado com texto não escrito no todo ou em parte o formar, ou completá-lo, por si ou por meio de outrem, violando o pacto feito com o signatário (art. 428, parágrafo único).

Quando se alegar a falsidade de documento ou seu preenchimento abusivo, o ônus da prova da falsidade é daquele que arguir o vício (art. 429, I). No caso de se impugnar a autenticidade do documento, o ônus da prova é daquele que produziu o documento (art. 429, II).

A falsidade de documento pode ser objeto de demanda autônoma (art. 19, II). Pode ela, porém, ser também arguida incidentalmente a um processo em que o documento inquinado de falso tenha sido produzido. Neste caso, a falsidade deve ser suscitada na contestação, na réplica, ou no prazo de quinze dias a contar da intimação de que o documento foi juntado aos autos (art. 430). Uma vez arguida a falsidade, será ela resolvida como questão incidental (e sua resolução não transitará em julgado), salvo se alguma das partes pedir que o juiz a decida como questão principal (art. 430, parágrafo único). Ter-se-á, neste caso, uma "ação declaratória incidental", e a declaração da autenticidade ou falsidade do documento, que resolverá uma questão (que se terá tornado) principal do processo, estará apta – quando não mais admissível qualquer recurso – a alcançar a autoridade de coisa julgada material, tornando-se imutável e indiscutível entre as partes (art. 433).

Ao arguir a falsidade, incumbirá à parte expor os motivos em que se funda sua alegação, indicando os meios com que pretende provar que suas assertivas são verdadeiras (art. 431). Depois de ouvir a parte contrária (no prazo de quinze dias), o juiz determinará a realização de exame pericial, salvo se a parte que produziu o documento como prova concordar com sua retirada dos autos (art. 432, *caput* e parágrafo único).

Como regra geral, os documentos que as partes pretendam trazer ao processo devem ser apresentados pelo demandante com a petição inicial e com o demandado com sua contestação (art. 434). Consistindo o documento em reprodução cinematográfica ou fonográfica, a parte deverá apresentar o documento com a inicial ou com a contestação, mas sua exposição se fará em audiência, para a qual as partes serão previamente intimadas (art. 434, parágrafo único).

A juntada posterior de documentos, no curso do processo, é admitida quando se trate de documento novo, se destinados a produzir prova de fatos supervenientes ou para que sejam contrapostos aos documentos produzidos pela parte contrária nos autos (art. 435). Também se admite a juntada posterior de documentos formados após a petição inicial ou a contestação, bem como dos que se tornaram conhecidos, acessíveis ou disponíveis após esses atos, cabendo à parte que os produzir comprovar o motivo que a impediu de juntá-los anteriormente, e incumbindo ao juiz, em qualquer caso, avaliar a conduta da parte de acordo com a boa-fé objetiva (art. 435, parágrafo único).

Juntado aos autos um documento, poderá a parte contrária – que terá sempre de ser intimada para falar sobre ele – impugnar a admissibilidade da prova ou a autenticidade do documento, suscitar sua falsidade (propondo ou não a "ação declaratória incidental de falsidade de documento") ou manifestar-se sobre seu conteúdo (art. 436). Nos casos de impugnação de autenticidade ou de alegação de falsidade, é exigida argumentação específica, não se admitindo uma alegação genérica e vazia de que o documento é falso (art. 436, parágrafo único).

Sobre os documentos acostados pelo autor a sua petição inicial deverá o réu manifestar-se na contestação. Acerca dos documentos que acompanhem a contestação, deverá o autor pronunciar-se na réplica (art. 437). Sobre documentos juntados supervenientemente, a outra parte será ouvida no prazo de quinze dias (art. 437, § 1º). Este prazo para manifestação sobre documentos, porém, poderá ser dilatado pelo juiz, a requerimento da parte interessada, devendo o magistrado levar em consideração a quantidade e complexidade da documentação (art. 437, § 2º).

Incumbe ao juiz, de ofício ou a requerimento, requisitar às repartições públicas, em qualquer tempo e grau de jurisdição (nas instâncias ordinárias, porque em sede de recurso especial ou extraordinário não há atividade probatória), as certidões necessárias à prova da veracidade das alegações das partes, e os procedimentos administrativos nas causas em que for interessada a União, estado, Distrito Federal, município ou alguma entidade da Administração indireta (art. 438). Recebidos os autos do procedimento administrativo, o juiz mandará extrair, no prazo máximo e improrrogável de um mês, certidões ou reproduções fotográficas das peças que indicar e das que forem indicadas pelas partes, devolvendo-se, em seguida, os autos à repartição de origem (art. 438, § 1º). Podem as repartições públicas fornecer toda a documentação requisitada em meio eletrônico, certificando, pelo mesmo meio, que se trata de extrato fiel do que consta em seu banco de dados ou no documento que tenha sido digitalizado (art. 438, § 2º).

6.5.1. Documentos eletrônicos

Têm tratamento específico e diferenciado na lei processual os documentos eletrônicos, especialmente por conta de sua produção naquilo que o art. 439 chama de "processo convencional" (mas que, na verdade, é o processo cujos autos não são eletrônicos, sendo impressos em papel). Pois estabelece o próprio art. 439 que nesses casos o documento produzido eletronicamente só será admitido no processo se for convertido à forma impressa, devendo ser verificada sua autenticidade. Caso isso não ocorra, o juiz apreciará seu valor probante, assegurado às partes o acesso ao seu teor (art. 440).

Serão admitidos como fontes de prova os documentos eletrônicos que tenham sido produzidos e conservados nos termos da legislação específica (art. 441). Como regra geral, os documentos eletrônicos deverão ser produzidos observando-se o disposto na Medida Provisória nº 2.220-2/2001, que instituiu a Infraestrutura de Chaves Públicas Brasileira – ICP-Brasil, a qual se destina a assegurar a autenticidade, a integridade e a validade jurídica de documentos em forma eletrônica, das aplicações de suporte e das aplicações habilitadas que utilizem certificados digitais, bem como a realização de transações eletrônicas seguras (art. 1º da MP nº 2.200-2/2001).

Os documentos eletrônicos podem ser públicos ou particulares (art. 10 da MP nº 2.200-2/2001), sendo certo que os documentos eletrônicos produzidos com a utilização do processo de certificação da ICP-Brasil se presumem verdadeiros em relação aos seus signatários (art. 10, § 1°, da MP n° 2.200-2/2001 e art. 219 do CC). Documentos eletrônicos não produzidos com a observância do disposto na Medida Provisória que regulamenta a ICP-Brasil também podem ser admitidos, desde que se utilize algum outro meio de comprovação de autoria e integridade de tais documentos em forma eletrônica, inclusive os que usem certificados não emitidos pela ICP-Brasil, desde que admitidos pelas partes como válidos ou aceitos pela pessoa a quem o documento for oposto (art. 10, § 2°, da MP n° 2.200-2/2001).

Aos documentos eletrônicos se aplica toda a regulamentação da prova documental, tanto no que concerne à sua força probante como no que se refere à sua produção. Afinal, documentos eletrônicos são documentos, e a prova que por meio deles se produz é prova documental.

6.6. Prova testemunhal

Testemunha é o terceiro, estranho ao processo, que depõe em juízo narrando o que sabe sobre os fatos da causa. Trata-se de prova admissível em qualquer processo de conhecimento, salvo se a lei disponha de modo diverso (art. 442), como se dá, por exemplo, no procedimento do mandado de segurança (que só admite a produção de prova documental pré-constituída) ou no inventário e partilha (que é incompatível com as provas não documentais, como se vê pelo art. 612).

Deverá, porém, ser indeferida a inquirição de testemunhas sobre fatos que já estejam provados por documento ou por confissão (art. 443, I) ou que só por documento ou por perícia puderem ser comprovados (art. 443, II). Perceba-se, então, que a prova testemunhal não substitui a prova pericial. Também não se admite a prova testemunhal naqueles casos em que a lei exige prova escrita. Nesses casos, porém, a prova testemunhal é admissível para complementar alguma prova escrita (chamada pela lei de "começo de prova por escrito") emanada daquele contra o qual se pretende produzir a prova (art. 444).

Também se admite a prova (exclusivamente) testemunhal naqueles casos em que o credor não podia, moral ou materialmente, obter prova escrita da obrigação, em casos como o de parentesco, de depósito necessário ou de hospedagem em hotel, ou em razão das práticas comerciais do local onde contraída a obrigação (art. 445). É lícito provar com testemunhas, nos contratos simulados, a divergência entre a vontade real e a vontade declarada (art. 446, I) e, em qualquer contrato, a existência de vício de consentimento (art. 446, II).

São incapazes para depor como testemunhas as pessoas arroladas no § 1° do art. 447. Assim é que se considera incapaz para testemunhar, em primeiro lugar, o interdito por enfermidade ou deficiência mental; aquele que, acometido por enfermidade ou retardamento mental ao tempo em que ocorreram os fatos, não poderia tê-los discernido ou, ao tempo em que se deveria colher o depoimento, não estivesse habilitado a transmitir suas percepções; ainda, aquele que não tenha completado 16 anos de idade. Estes, porém, e nos termos do § 4º do art. 447, poderão ser ouvidos independentemente de prestar compromisso de dizer a verdade. Por fim, são incapazes de testemunhar os cegos e os surdos, quando a ciência do fato depender dos sentidos que lhes faltam.

Diferente de ser incapaz para testemunhar é ser pessoa considerada impedida para depor (art. 447, § 2º). Estão nessa categoria o cônjuge, o companheiro, o ascendente e o descendente de qualquer grau, o colateral até o terceiro grau por consanguinidade ou afinidade, salvo se o exigir o interesse público ou, tratando-se de causa relativa ao estado da pessoa, não se puder obter por outro modo a prova que seja necessária para a resolução do mérito; quem é parte na causa; e quem intervém em nome de uma parte, como o tutor, o representante legal da pessoa jurídica, o juiz, o advogado ou outros que assistam ou tenham assistido as partes.

De outro lado, são suspeitos para testemunhar (art. 447, § 3º) o inimigo da parte; seu amigo íntimo; e todo aquele que tenha interesse no litígio.

Pessoas impedidas ou suspeitas podem ser ouvidas em juízo como testemunhas não compromissadas (isto é, testemunhas que não prestam o solene compromisso de dizer a verdade), às quais se costuma dar, no jargão processual, o nome de informantes (art. 447, §§ 4º e 5º).

Cabe à testemunha, como dito, trazer para o processo o conhecimento que tenha sobre os fatos da causa. Ninguém é, porém, obrigado a depor sobre fatos que acarretem grave dano ao depoente ou a pessoa de sua família (aí considerados o cônjuge, o companheiro e os parentes consanguíneos ou afins até o terceiro grau) ou a cujo respeito, por estado ou profissão, deva guardar sigilo, tudo nos termos do art. 448.

As testemunhas, em regra, são ouvidas na sede do juízo (art. 449). Quando, porém, estiver impossibilitada de comparecer, mas não de depor, o juiz deverá designar, conforme as circunstâncias, dia, hora e lugar para inquiri-la (art. 449, parágrafo único, em disposição que é expressamente aplicável também ao depoimento pessoal das partes). São, de outro lado, inquiridos em suas residências ou no lugar em que exercem suas funções, os ocupantes dos cargos enumerados no art. 454. No caso de alguma dessas autoridades ser arrolada como testemunha, o juiz solicitará que indique dia, hora e local para ser inquirida, devendo ser-lhe remetida cópia da petição inicial ou da defesa oferecida pela parte que a tenha arrolado (art. 454, § 1º). A autoridade terá um mês para se manifestar e, decorrido este prazo, o juiz designará dia, hora e local para colher o depoimento, preferencialmente na sede do juízo (art. 454, § 2º). Também se designará dia, hora e lugar para o depoimento se a autoridade não comparecer, injustificadamente, à sessão por ela própria agendada para a colheita de seu testemunho (art. 454, § 3º).

Dispõe a lei processual, nos arts. 450 a 463, sobre o modo como é produzida a prova testemunhal no processo. Inicialmente, é preciso dizer que incumbe a cada parte arrolar as testemunhas que pretende ouvir, indicando, sempre que possível, seus nomes, profissões, estado civil, idades, números de inscrição no Cadastro de Pessoas Físicas (CPF), número dos registros de identidade e endereços completos (residencial e profissional), nos termos do art. 450. Apresentado o rol de testemunhas (na audiência de saneamento e organização do processo ou, caso esta não tenha sido realizada, no prazo assinado pelo juiz, nunca superior a quinze dias contados da data em que as partes tenham sido intimadas da decisão que deferiu a produção da prova testemunhal, conforme determinam os §§ 4º e 5º do art. 357), a parte só pode requerer a substituição das testemunhas que tenha arrolado se tiver falecido, se por motivo de doença não estiver em condições de depor ou se, tendo mudado de endereço, não for encontrada (art. 451).

Caso o juiz da causa seja arrolado como testemunha, deverá declarar-se impedido (se tiver conhecimento dos fatos que possam influir na decisão). Isto se dá como consequência da exigência de que – com a evidente ressalva dos fatos notórios, cujo conhecimento é público e generalizado – o conhecimento que o juiz tenha acerca dos fatos da causa deve ser construído por meio do processo, em contraditório. Não pode, então, o juiz trazer para o processo seu conhecimento privado a respeito dos fatos da causa. Neste caso, então, a parte que tenha arrolado o juiz como testemunha não poderá desistir de sua oitiva (art. 452, I). De outro lado, se o juiz nada souber sobre os fatos relevantes para a resolução da causa, mandará excluir seu nome do rol (art. 452, II).

A testemunha arrolada pela parte deverá ser informada ou intimada pelo advogado de quem a tenha indicado do dia, hora e lugar da audiência designada, dispensando-se a intimação judicial (art. 455). A intimação pode ser feita pelo advogado, que a fará por via postal, por meio da remessa de carta com aviso de recebimento, cabendo ao advogado juntar aos autos, com antecedência de pelo menos três dias em relação à data da audiência, cópia da correspondência enviada e do comprovante de recebimento (art. 455, § 1º).

Pode a parte comprometer-se a levar a testemunha independentemente de intimação. Neste caso, a ausência da testemunha acarreta a perda da prova (art. 455, § 2º). Também haverá perda dessa prova se a parte não efetivar a intimação da testemunha por meio de seu advogado (art. 455, § 3º).

Só haverá intimação da testemunha por via judicial quando se frustrar a intimação feita pelo advogado, se sua necessidade for devidamente demonstrada ao juiz, se figurar no rol de testemunhas servidor público civil ou militar (caso em que o juiz deverá requisitar a testemunha ao chefe da repartição ou ao comando do corpo em que servir), se a testemunha tiver sido arrolada pelo Ministério Público ou por Defensor Público, ou ainda quando se tratar de alguma daquelas autoridades que têm a prerrogativa de prestar depoimento em suas residências ou no lugar onde suas funções são exercidas (art. 455, § 4º).

Intimada a testemunha, por via judicial ou por ato do advogado, tem ela a obrigação de comparecer à audiência de instrução e julgamento e, caso não compareça sem motivo justificado, será conduzida à força, respondendo pelas despesas do adiamento da audiência (art. 455, § 5º).

Como regra geral, a testemunha presta seu depoimento na audiência de instrução e julgamento, perante o juiz da causa (art. 453). Ficam excluídas desta regra as que tenham prestado depoimento antecipadamente e as que são inquiridas por carta (art. 453, I e II). Caso a testemunha resida em comarca, seção ou subseção judiciária diversa daquela onde tramita o processo, sua oitiva poderá ser realizada por meio de videoconferência (ou outro recurso tecnológico de transmissão e recepção de sons e imagens em tempo real), o que poderá ocorrer, inclusive, durante a audiência de instrução e julgamento (art. 453, § 1º). Para isso, os órgãos jurisdicionais deverão dispor desses equipamentos tecnológicos (art. 453, § 2º).

As testemunhas serão inquiridas pelo juiz separada e sucessivamente, iniciando-se a colheita da prova pelas testemunhas arroladas pelo demandante. Deve-se, sempre, providenciar para que as testemunhas que ainda não depuseram não ouçam os depoimentos anteriores (art. 456). Havendo concordância das partes, a ordem das oitivas poderá ser alterada (art. 456, parágrafo único).

Antes de iniciar seu depoimento, a testemunha será qualificada, devendo declarar ou confirmar seus dados e informar se tem relações de parentesco com alguma das partes ou se tem interesse no processo (art. 457). Admite-se que a parte ofereça contradita à testemunha, arguindo-lhe a incapacidade, o impedimento ou a suspeição. Caso a testemunha negue os fatos que lhe são imputados, deve-se permitir à parte que prove a contradita com documentos ou testemunhas (até o máximo de três), as quais deverão ser apresentadas no ato e inquiridas em separado (art. 457, § 1º). Provados ou confessados os fatos apresentados na contradita, o juiz dispensará a testemunha ou decidirá por ouvi-la sem que preste compromisso de dizer a verdade (isto é, como informante), nos termos do art. 457, § 2º.

De outro lado, pode a testemunha arrolada pedir ao juiz que a dispense de prestar depoimento, alegando os motivos de escusa previstos no art. 448, devendo o juiz ouvir imediatamente as partes e em seguida decidir (art. 457, § 3º).

Ao início de sua inquirição, a testemunha deverá prestar o compromisso de dizer a verdade do que souber e lhe for perguntado (art. 458). Incumbe ao juiz advertir a testemunha compromissada que comete crime quem faz afirmação falsa, cala ou oculta a verdade (arts. 458, parágrafo único, e 342 do Código Penal).

As perguntas são feitas à testemunha diretamente pelas partes, começando pela que a arrolou. Não pode o juiz admitir pergunta que possa induzir a resposta, que não tenha relação com as questões de fato objeto da atividade probatória ou que importem repetição de outra já respondida (art. 459), bem assim perguntas consideradas impertinentes, capciosas ou vexatórias (art. 459, § 2º).

Todas as perguntas que sejam indeferidas pelo juiz serão transcritas no termo de audiência, se assim a parte o requerer (art. 459, § 3º; Enunciado nº 158 do FPPC). Também o juiz pode formular perguntas às testemunhas, tanto antes quanto depois da inquirição feita diretamente pelas partes (art. 459, § 1º). Caso o juiz formule suas perguntas depois das partes, é essencial assegurar-se às partes o direito de formular novas perguntas, destinadas a esclarecer ou complementar o que resultar da inquirição feita pelo juiz (Enunciado nº 157 do FPPC).

É direito da testemunha ser tratada com urbanidade (art. 459, § 2º). O depoimento da testemunha poderá ser gravado (art. 460). Caso seja digitado ou registrado por taquigrafia, estenotipia ou outro método idôneo de documentação, o registro do depoimento será assinado pelo juiz, pelo depoente e pelos advogados (art. 460, § 1º).

Caso o processo seja documentado em autos não eletrônicos e se interponha recurso, o depoimento gravado só será digitado (degravado) se for impossível o envio de sua documentação eletrônica (art. 460, § 3º). Tratando-se de autos eletrônicos, será observado, além do disposto no CPC, o que consta da legislação específica sobre a informatização do processo judicial (Lei nº 11.419/2006).

Poderá o juiz determinar, de ofício ou a requerimento de parte, o depoimento de testemunha referida em declaração de alguma das partes ou de outra testemunha (art. 461, II). Pode-se, ainda, determinar (também de ofício ou a requerimento) a acareação de duas ou mais testemunhas ou de alguma delas com a parte quando, sobre fato determinado que possa influir na decisão da causa, suas declarações forem divergentes (art. 461, II). A acareação pode ser realizada por videoconferência ou por outro recurso tecnológico de transmissão de sons e imagens em tempo real (art. 461, § 2º). Os acareados serão reperguntados, para que expliquem os pontos de divergência, devendo-se lavrar um termo de acareação (art. 461, § 1º).

É possível ao juiz ordenar, de ofício ou mediante requerimento, a inquirição de testemunha referida.

O depoimento da testemunha é considerado serviço público (art. 463). Por isso, a testemunha que se sujeita ao regime trabalhista não sofre, por comparecer à audiência, perda de salário ou desconto no tempo de serviço (art. 463, parágrafo único). Além disso, a testemunha tem o direito – cuja realização dependerá de requerimento seu ao juiz – de ver pagas as despesas que tenha efetuado para comparecer à audiência, devendo a parte pagar desde logo ou depositar o valor em cartório no prazo de três dias (art. 462).

6.7. Prova pericial

Casos há em que a apuração do fato depende de um conhecimento técnico ou científico especializado. Nesses casos, deverá o juiz ser auxiliado por um ou mais peritos. Admite-se, porém, a substituição da prova pericial por prova técnica simplificada, determinada de ofício ou por requerimento das partes, quando o ponto controvertido for de pouca complexidade (art. 464, § 2º). A prova técnica simplificada consiste, tão somente, na inquirição de especialista, pelo juiz, sobre ponto controvertido da causa que demande especial conhecimento científico ou técnico (art. 464, § 3º). O especialista, tanto quanto o perito, deve ter formação acadêmica específica na área objeto de seu depoimento, e poderá valer-se de qualquer recurso tecnológico de transmissão de sons e imagens para esclarecer os pontos controvertidos da causa (art. 464, § 4º).

Não sendo, porém, caso de prova técnica simplificada, o juiz sempre se valerá da perícia quando houver a necessidade de conhecimento técnico ou científico especializado para a apuração dos fatos da causa. Não haverá perícia, porém, se a prova do fato não depender de conhecimento especializado, se for desnecessária em função de outras provas produzidas no processo ou se a verificação for impraticável (art. 464, § 1º). Também será dispensada a prova pericial quando as partes, na petição inicial e na contestação, apresentarem, sobre as questões de fato, pareceres técnicos ou documentos elucidativos suficientes (art. 472).

A prova pericial pode ser de três espécies (art. 464): exame (a perícia que tem por objeto pessoas ou bens móveis), vistoria (perícia cujo objeto é um bem imóvel) e avaliação (perícia cujo único objeto é a determinação do valor de mercado de um bem, móvel ou imóvel).

O juiz nomeará o perito, que deve ser especializado no objeto da perícia. Um dado extremamente relevante acerca deste ponto está na necessidade de especialização acadêmica. Assim, por exemplo, em uma perícia médica não bastará que o perito tenha formação em Medicina, exigindo-se, ainda, que o perito tenha especialização na área de conhecimento médica que constitui objeto da perícia.

Sempre vale lembrar que o perito nomeado deve estar cadastrado junto ao Tribunal, e entre peritos cadastrados de mesma especialização deverá haver uma distribuição equitativa das perícias entre eles (sendo essa distribuição realizada separadamente por cada órgão jurisdicional da comarca), tudo nos termos do art. 157, § 2º, só sendo livre a nomeação do perito se não houver, na comarca, especialista na matéria que integre o cadastro (art. 156, § 5º).

Tratando-se de perícia complexa, que exija conhecimento especializado em mais de uma área de conhecimento, o juiz nomeará mais de um perito, e as partes indicarão tantos assistentes técnicos quantos reputem necessários (art. 475).

Como dito, o perito deverá ser nomeado pelo juiz. Admite-se, porém, que as partes, por meio de um negócio processual típico, escolham um perito da confiança de ambas (desde que sejam as partes plenamente capazes e a causa verse sobre direito que admite autocomposição, nos termos do art. 471, sendo certo que estes são os requisitos genericamente exigidos para a validade dos negócios processuais). Trata-se da perícia consensual, que substitui, para todos os efeitos, a perícia realizada por especialista nomeado pelo juiz (art. 471, § 3º).

No requerimento conjunto de nomeação do perito consensualmente indicado, as partes já deverão indicar seus assistentes técnicos para acompanhar a realização da perícia, a qual deverá se realizar em data e local previamente anunciados (art. 471, § 1º). Perito e assistentes técnicos, então, apresentarão o laudo e os pareceres em prazo fixado pelo juiz (art. 471, § 2º), se já não tiver havido a fixação de prazo por convenção das partes (sempre ressalvada a possibilidade de que tenha sido ajustado um calendário processual).

Nomeado o perito pelo juiz (sendo certo que, nos termos do art. 465, § 6º, sempre que a perícia tiver de realizar-se por carta será possível que essa nomeação seja feita pelo juízo a que a carta tenha sido dirigida), as partes disporão do prazo de quinze dias, contados da intimação do despacho de nomeação do especialista, para arguir seu impedimento ou suspeição, se for o caso; indicar assistente técnico e apresentar quesitos que queiram ver respondidos pelo perito (art. 465, § 1º). Podem as partes, posteriormente, apresentar quesitos suplementares durante a diligência, os quais serão respondidos pelo perito desde logo ou na audiência de instrução e julgamento (art. 469). Tendo uma das partes apresentado quesito suplementar, deverá a outra parte ser desde logo intimada de seu conteúdo (art. 469, parágrafo único). O juiz tem, de sua parte, a possibilidade de indeferir quesitos impertinentes e de formular quesitos que ele próprio considere necessários (art. 470).

Intimado de sua nomeação, o perito terá cinco dias para apresentar sua proposta de honorários, junto com seu currículo (com a comprovação da especialização acadêmica) e a indicação de seus contatos profissionais, especialmente seu endereço eletrônico, para onde serão dirigidas as intimações pessoais (tudo nos termos do art. 465, § 2º). Não comprovando o perito sua especialização, deverá ser substituído (art. 468, I).

Nos casos em que o exame pericial tenha por objeto a autenticidade ou falsidade de documento, ou se for de natureza médico-legal, o perito será escolhido, preferentemente, entre os técnicos dos estabelecimentos oficiais especializados, a cujos diretores o juiz autorizará a remessa dos autos, bem como do material sujeito a exame (art. 478). Nos casos em que tenha sido concedido no processo o benefício da gratuidade de justiça, os órgãos e as repartições oficiais deverão cumprir a determinação judicial com preferência, no prazo estabelecido (art. 478, § 1º).

Pode-se, porém, solicitar a prorrogação do prazo, desde que justificadamente (art. 478, § 2º).

As partes serão intimadas da proposta de honorários, e disporão do prazo de cinco dias para se manifestarem. Findo este prazo, o juiz fixará o valor dos honorários periciais, intimando-se as partes (art. 465, § 3º). O valor dos honorários do perito deverá ser depositado previamente pela parte que tenha requerido a prova ou, tendo sido ela determinada de ofício ou requerida por ambas as partes, o depósito deverá ser rateado (art. 95). Como regra, o perito só receberá seus honorários após a apresentação do laudo e de todos os esclarecimentos necessários. Pode o juiz, porém, autorizar que o perito receba previamente até metade do valor (art. 465, § 4º). Sendo a perícia inconclusiva ou deficiente, os honorários serão reduzidos (art. 465, § 5º).

Incumbe ao perito cumprir escrupulosamente seu encargo, não havendo necessidade de que preste compromisso formal de fazê-lo. Sendo um auxiliar da justiça, deve ser imparcial, motivo pelo qual se prevê que se sujeita ele às causas de impedimento e de suspeição (art. 467), e caso o perito se enquadre em qualquer delas deverá ser nomeado novo perito (art. 467, parágrafo único). Já os assistentes técnicos são de confiança das partes, não se sujeitando a impedimento ou suspeição (art. 466, § 1º).

Ao perito também incumbe assegurar que os assistentes técnicos das partes tenham livre acesso e possam acompanhar as diligências e exames que realizar, com prévia comunicação, comprovada nos autos, com antecedência mínima de cinco dias (art. 466, § 2º).

Na hipótese de o perito não cumprir seu encargo no prazo que lhe tenha sido assinado pelo juiz sem motivo legítimo, deverá ser substituído (art. 468, II). Neste caso, o juiz comunicará a ocorrência à corporação profissional respectiva, podendo ainda multar o perito, sendo a multa fixada tendo em vista o valor da causa e o possível prejuízo decorrente do atraso no processo (art. 468, § 1º).

O perito que por qualquer motivo tenha sido substituído restituirá, no prazo de quinze dias, os valores já recebidos pelo trabalho que não realizou, sob pena de ficar impedido de atuar como perito judicial por cinco anos (art. 468, § 2º). Não havendo a restituição voluntária, a parte que tiver adiantado os honorários poderá promover execução contra o perito, observando-se o regime do cumprimento de sentença, valendo a decisão que tenha determinado a devolução do valor como título executivo (art. 468, § 3º).

As partes terão ciência da data e do local designados pelo juiz ou indicados pelo perito para o início da produção da prova (art. 474). O perito deverá apresentar o laudo pericial no prazo que lhe tenha sido assinado, admitindo-se, porém, que por motivo justificado o prazo seja prorrogado pela metade do prazo originariamente fixado (art. 476).

Para desempenhar suas funções, o perito (e também os assistentes técnicos) poderá valer-se de todos os meios necessários (art. 473, § 3º). Caso o exame tenha por objeto a autenticidade da letra e da firma, o perito poderá requisitar, para efeito de comparação, documentos existentes em repartições públicas e, na sua falta, poderá requerer ao juiz que a pessoa a quem se atribuir a autoria do documento lance em folha de papel, por cópia ou sob ditado, dizeres diferentes, para fins de comparação (art. 478, § 3º).

Concluídas as diligências, o perito elaborará um documento chamado laudo pericial, o qual deverá conter (art. 473) a exposição do objeto da prova, a análise técnica ou científica realizada pelo especialista, a indicação do método utilizado, esclarecendo-o e demonstrando ser predominantemente aceito pelos especialistas da área de conhecimento da qual se originou e resposta conclusiva a todos os quesitos. A fundamentação deverá ser apresentada em linguagem simples e acessível, com coerência lógica, indicando como alcançou suas conclusões (art. 473, § 1º). Não poderá o perito, de outra parte, ultrapassar os limites de sua designação, sendo-lhe vedado emitir opiniões pessoais que excedam o exame técnico ou científico do objeto da perícia (art. 473, § 2º).

O laudo pericial será protocolado em juízo no prazo assinado pelo juiz, pelo menos vinte dias antes da audiência de instrução e julgamento (art. 477). As partes serão, então, intimadas para se manifestar sobre o laudo pericial no prazo comum de quinze dias, podendo o assistente técnico de cada uma delas, nesse mesmo prazo, apresentar seu parecer (art. 477, § 1º). Solicitado algum esclarecimento, este deverá ser prestado pelo perito em quinze dias. No mesmo prazo o perito deverá esclarecer ponto divergente entre seu laudo e parecer apresentado por assistente técnico da parte (art. 477, § 2º). Caso ainda haja necessidade de mais esclarecimentos, a parte requererá ao juiz que mande intimar o perito ou o assistente técnico a comparecer à audiência de instrução e julgamento, formulando, desde logo, as perguntas que queira ver respondidas, sob forma de quesitos (art. 477, § 3º). Perito e assistente técnico, então, deverão ser intimados, por meio eletrônico, com pelo menos dez dias de antecedência em relação à audiência (art. 477, § 4º).

A valoração da prova pericial pelo juiz se dá pelo mesmo critério por que as provas em geral são valoradas, isto é, pelo sistema da valoração democrática da prova, devendo ser indicados na sentença os motivos que levaram a considerar ou a deixar de considerar as conclusões do laudo, levando em conta o método utilizado pelo perito (art. 479). Mas não pode o juiz desconsiderar as conclusões cientificamente alcançadas pelo perito, a não ser que se valha de outros elementos científicos. É inaceitável que o juiz, sem embasamento científico, simplesmente ignore as conclusões de um trabalho cientificamente elaborado. Em outras palavras, o juiz não está vinculado ao laudo pericial, mas não é livre para simplesmente o ignorar, dele só podendo afastar-se com fundamentos técnicos ou científicos que fundamentem sua decisão.

Caso a perícia não tenha sido capaz de esclarecer suficientemente as partes e o juiz, este determinará, de ofício ou a requerimento, a realização de nova perícia (art. 480). A segunda perícia tem por objeto os mesmos fatos sobre que recaiu a primeira e se destina a corrigir eventual omissão ou inexatidão dos resultados a que a primeira perícia tenha conduzido (art. 480, § 1º). Rege-se a segunda perícia pelas mesmas disposições estabelecidas para a primeira (art. 480, § 2º), e não substitui a perícia anteriormente feita, cabendo ao juiz valorar ambas (art. 480, § 3º).

6.8. Inspeção judicial

Inspeção judicial é o meio de prova em que o próprio juiz, por meio de seus sentidos, examina uma coisa ou pessoa, a fim de obter esclarecimentos sobre os fatos da causa. A inspeção judicial pode ser feita, de ofício ou a requerimento das partes, em qualquer fase do processo (art. 481). Ao realizar a inspeção, o juiz pode ser auxiliado por um ou mais peritos (art. 482).

A inspeção judicial poderá ser realizada na própria sede do juízo. Incumbe ao juiz, porém, ir ao local onde esteja a pessoa ou coisa a ser inspecionada quando isto for necessário para a melhor verificação ou interpretação dos fatos que deva observar, se a coisa não puder ser apresentada em juízo sem consideráveis despesas ou graves dificuldades, ou sempre que se determine a reconstituição de fatos (art. 483).

É direito das partes assistir à inspeção judicial, prestando esclarecimentos e fazendo as observações que reputem necessárias (art. 483, parágrafo único). Concluída a diligência, o juiz mandará lavrar auto circunstanciado, nele se devendo mencionar tudo quanto se repute útil ao julgamento da causa (art. 484). Esse auto pode ser instruído com desenhos, gráficos ou fotografias (art. 484, parágrafo único), ou alguma peça análoga, como um vídeo feito pelo próprio juiz.

EM RESUMO:

TEORIA GERAL DA PROVA	
Prova	Tudo aquilo que esteja atrelado à veracidade ou autenticidade de algo.
Destinatário	Todos os sujeitos da relação processual e não somente o magistrado.
Objeto	As alegações produzidas sobre os fatos relevantes e controversos, no processo.
Prova de Direito	Admite-se prova de Direito: municipal, estadual, estrangeiro ou consuetudinário.
Ônus de produção da prova	Autor: fato constitutivo do seu direito. Réu: fato impeditivo, modificativo ou extintivo do direito do autor.
Inversão do ônus da prova	Por determinação legal ou mesmo pela especificidade da demanda, relacionada à impossibilidade, à excessiva dificuldade ou à hipossuficiência probatória. Havendo inversão, o juiz deverá dar à parte a oportunidade de se desincumbir do ônus que lhe foi atribuído. Admite-se também que a inversão decorra de convenção das partes.
Sistemas de avaliação	1) Tarifado; 2) Livre convencimento; 3) Livre convencimento motivado. Majoritariamente defende-se a manutenção do terceiro sistema, embora opte-se por um novo modelo, constitucionalmente adequado aos vetores constitucionais.

TEORIA GERAL DA PROVA

Poderes instrutórios	Assegura-se ao magistrado a possibilidade de determinar a produção de provas de ofício, não para uma livre convicção, mas sim para legitimar uma resposta adequada ao caso concreto.
Etapas	Requerimento, admissão, produção e valoração.

PROVAS EM ESPÉCIE

Ata notarial	Documento público lavrado por notário, por meio do qual este declara algo que tenha presenciado, alegando sua existência e modo de ser. A ela se aplica o regime da prova documental, especialmente os arts. 405, 427 e 434 a 437.
Depoimento pessoal	Testemunho da parte em juízo, na audiência de instrução e julgamento (art. 385, *caput*). Pode ser requerido pela parte contrária ou determinado de ofício pelo juiz. Em regra, colhe-se, em regra, primeiro o depoimento do autor e depois o do réu (art. 361, II). No momento de colher os depoimentos pessoais, deverá o juiz cuidar para que aquele que ainda não tenha prestado seu depoimento não assista aos depoimentos anteriores (art. 385, § 2º).
Confissão	Admissão, por uma das partes, da veracidade de fato contrário ao seu interesse e favorável ao do adversário (art. 389). Pode ser judicial (art. 392) ou extrajudicial (art. 392, § 1º). É irrevogável (art. 393), e para sua anulação é necessário o ajuizamento de uma ação autônoma (art. 393, parágrafo único).
Exibição de documento ou coisa	Incidente processual (arts. 396 a 404), requerido quando uma das partes precisar que seja exibido um documento ou coisa que se pretende usar como prova.
Prova documental	Arts. 435 a 438 do CPC. Esse meio de prova pode ser documentos os escritos, fotografias, vídeos, fonogramas, entre outros suportes capazes de conter a atestação de um fato. Pode ser apresentada em qualquer fase do processo, desde que respeitados os princípios da boa-fé e do contraditório.
Documentos eletrônicos	Art. 439 a 441 do CPC. Serão admitidos como fontes de prova os documentos eletrônicos que tenham sido produzidos e conservados nos termos da legislação específica (art. 441).

PROVAS EM ESPÉCIE	
Prova testemunhal	Arts. 442 a 463 do CPC. Testemunha é o terceiro, estranho ao processo, que depõe em juízo narrando o que sabe sobre os fatos da causa.
Prova pericial	Arts. 464 a 480 do CPC. A apuração do fato depende de um conhecimento técnico ou científico especializado. Pode ser de três espécies, de acordo com o objeto da perícia (art. 464): exame (pessoas ou bens móveis), vistoria (bem imóvel) e avaliação (determinação de valor de bem móvel ou imóvel).
Inspeção judicial	Arts 481 a 484 do CPC. O próprio juiz, por meio de seus sentidos, examina uma coisa ou pessoa, a fim de obter esclarecimentos sobre os fatos da causa. Pode ser assistido por peritos.

Capítulo 9

Audiências de Autocomposição, Instrução e Julgamento

1. DESPACHO LIMINAR POSITIVO E AUDIÊNCIA PRÉVIA DE AUTOCOMPOSIÇÃO

Cabe ao juiz, neste pronunciamento [despacho liminar positivo], determinar se haverá ou não a realização de audiência prévia de autocomposição (mediação ou conciliação). Em primeiro lugar, não será realizada essa audiência se a causa versar sobre direitos que não admitem autocomposição. Isso pode acontecer, por exemplo, em causas envolvendo algum ente público que não possa celebrar acordo sobre a matéria objeto do litígio.

Também não se designará a audiência prévia de autocomposição se o demandante expressamente declarar, na petição inicial, que não quer sua realização.

> **Atenção**
>
> O inciso I do § 4º do art. 334 estabelece que a audiência não será realizada se *ambas as partes* manifestarem, expressamente, desinteresse na composição consensual. Uma interpretação literal do texto normativo poderia, então, levar a se considerar que só não se realizaria a sessão de mediação ou conciliação se nem o demandante nem o demandado quisessem participar desse procedimento de busca de solução consensual, não sendo suficiente a manifestação de vontade de uma das partes apenas para evitar a realização daquela reunião. Apesar do emprego, no texto legal, do vocábulo "ambas", deve-se interpretar a lei no sentido de que a sessão de mediação ou conciliação não se realizará se *qualquer das partes* manifestar, expressamente, desinteresse na composição consensual. É que um dos princípios reitores da mediação (e da conciliação) é o da voluntariedade, razão pela qual não se pode obrigar qualquer das partes a participar, contra sua vontade, do procedimento de mediação ou conciliação (art. 2º, § 2º, da Lei nº 13.140/2015).

Impõe-se considerar que, pelo texto normativo do CPC, a audiência prévia de autocomposição só não seria realizada se *ambas as partes*, expressamente, manifestassem sua intenção de que o processo se desenvolvesse sem sua realização. Assim, pelo que consta do texto do CPC, bastaria o autor, na petição inicial, dizer que gostaria de participar dessa audiência (valendo seu silêncio como manifestação dessa mesma vontade) e a audiência prévia de autocomposição teria de ser realizada, ainda que o demandado não quisesse dela participar. De outro lado, caso o demandante afirmasse, expressamente, em sua petição inicial, não ter interesse na realização dessa audiência, ainda assim ela seria designada, e só no caso de o réu se manifestar expressamente no sentido de *também* não querer sua realização é que ela seria cancelada.

Ocorre que, posteriormente à edição do CPC, foi aprovada a lei geral de mediação (Lei nº 13.140/2015), que estabeleceu que ninguém pode ser obrigado a permanecer em um procedimento de mediação. E lei posterior, como sabido, prevalece sobre lei anterior quando com ela incompatível (art. 2º, § 1º, da LINDB). Pois se assim é, então prevalece a lei posterior, e não se pode obrigar alguma das partes a participar da audiência prévia de autocomposição contra sua vontade. Consequência disso é que, no caso de o demandante, em sua petição inicial, já declarar de modo expresso que não quer participar dessa audiência, não poderá o ato ser designado, cabendo ao juiz determinar que o réu, uma vez citado, já apresente desde logo sua resposta.

A audiência, portanto, só acontecerá se nem o autor nem o réu afirmarem expressamente que dela não querem participar (e o silêncio da parte deve ser interpretado no sentido de que pretende ela participar da tentativa de solução consensual do conflito).

Não tendo havido, assim, aquela expressa opção – e versando a causa sobre direitos que admitam autocomposição (art. 334, § 4º, II; art. 3º da Lei nº 13.140/2015) –, será designada a audiência de conciliação ou de mediação, com antecedência mínima de trinta dias, devendo o réu ser citado com pelo menos vinte dias de antecedência (art. 334).

Citado o réu, poderá ele informar ao juízo que não pretende participar da audiência, o que deverá ser feito com pelo menos dez dias de antecedência em relação à data designada para aquele ato (art. 334, § 5º, *in fine*). Havendo litisconsórcio, a audiência só não se realizará se todos os litisconsortes manifestarem desinteresse no ato (art. 334, § 6º).

1.1. Audiência prévia de autocomposição e os meios consensuais de resolução de conflitos

O art. 3º, § 2º, do CPC impõe ao Estado-juiz dever promover, sempre que possível, a solução consensual dos conflitos. E na mesma linha estabelece o art. 139, V, que incumbe ao juiz promover, a qualquer tempo, a autocomposição. Esse dever de promover a autocomposição não é só do juiz. Todos os profissionais jurídicos que atuam no processo,

Cap. 9 – Audiências de Autocomposição, Instrução e Julgamento

como advogados públicos ou privados, defensores públicos ou membros do Ministério Público, têm o dever de estimular a busca da solução consensual (art. 3º, § 3º, do CPC).

Pois, para viabilizar o cumprimento desse dever jurídico, o CPC estabelece que, no procedimento comum, como regra geral, será realizada uma audiência prévia de conciliação ou de mediação. Essa audiência deverá ser realizada preferencialmente por conciliador ou mediador (conforme o tipo de método de resolução do conflito que se considere adequado no caso concreto), sem a participação do juiz. Isso, aliás, consta do art. 139, V, por força do qual incumbe ao juiz "promover, a qualquer tempo, a autocomposição, preferencialmente com auxílio de conciliadores e mediadores judiciais". Só se pode admitir a presença de juiz nessa audiência naqueles processos que tramitam em comarca que não tenha conciliador ou mediador habilitado.

De todo modo, como a mediação e a conciliação são regidas pelo princípio da confidencialidade (art. 166 do CPC c/c art. 2º, VII, da Lei nº 13.140/2015), é preciso considerar que, nos casos em que o juiz, por alguma razão, participe da audiência prévia de autocomposição, fica ele impedido de continuar a atuar no processo. É que, nesse caso, ele teria acesso a manifestações das partes que devem ser confidenciais até para ele (e tanto isso é verdade que o art. 7º da Lei nº 13.140/2015 expressamente veda que o mediador deponha como testemunha no mesmo processo em que tenha atuado como facilitador do diálogo entre as partes, em disposição que também se aplica ao conciliador, por força do disposto no art. 42 da mesma lei). Assim, deve-se considerar que o juiz que tenha participado da audiência prévia de autocomposição, por ter acesso a informações confidenciais e a fatos que só poderiam lhe ter sido levados se respeitadas as exigências dos princípios do devido processo constitucional e do contraditório, acabará por, ao menos tendencialmente, manifestar algum enviesamento cognitivo que é incompatível com o legítimo exercício da atividade jurisdicional. Assim, juiz que participa da audiência prévia de autocomposição é impedido de julgar o mesmo processo.

Da audiência, que poderá realizar-se por meios eletrônicos (art. 334, § 7º; art. 46 da Lei nº 13.140/2015), participarão as partes, com seus advogados (art. 334, § 9º) e um (ou mais de um) conciliador ou mediador. Essa audiência pode desdobrar-se em duas ou mais sessões, não podendo, porém, exceder de dois meses a contar da data da realização da primeira dessas sessões (art. 334, § 2º), salvo no caso de as partes expressamente convencionarem sua prorrogação (art. 28 da Lei nº 13.140/2015). Para evitar que as audiências sejam realizadas apressadamente, exige a lei que na organização das pautas se respeite um intervalo mínimo de vinte minutos entre o momento do início de cada audiência (art. 334, § 12).

Sempre que possível, essa audiência deverá realizar-se em ambientes adequados, preferencialmente nos Centros Judiciários de Solução de Conflitos e Cidadania (CEJUSC), cuja instalação foi determinada pelo art. 7º, IV, da Resolução nº 125 do CNJ.

O não comparecimento injustificado de qualquer das partes à audiência prévia de autocomposição é ato atentatório à dignidade da justiça, e deve ser sancionado com multa de até 2% da vantagem econômica pretendida ou do valor da causa, devendo o valor ser revertido em favor da União ou do estado, conforme o processo tramite na Justiça Federal ou Estadual (art. 334, § 9º). Trata-se de sanção resultante do descumprimento do dever de agir no processo com boa-fé (art. 5º). Considere-se, aqui, que a audiência só é marcada em função da manifestação de vontade de ambas as partes (que poderiam ter dito expressamente não ter interesse em sua realização), o que gera – nos demais atores do processo – a legítima confiança de que há predisposição para a busca de uma solução consensual do conflito. A ausência injustificada de alguma das partes quebra essa confiança, o que precisa ser sancionado.

A ausência injustificada da parte à audiência que só foi designada por ter ela manifestado vontade de participar de um procedimento consensual de resolução do litígio implica a imposição de sanção pecuniária.

Obtida a autocomposição, será ela reduzida a termo e homologada por sentença, pondo-se, desse modo, termo ao processo (art. 334, § 11; art. 28 da Lei nº 13.140/2015). Não havendo acordo (e nada impede que posteriormente a solução consensual do conflito volte a ser tentada), correrá o prazo para que o demandado apresente sua defesa.

2. AUDIÊNCIA DE INSTRUÇÃO E JULGAMENTO

Nos processos em que haja necessidade de prova oral – e só neles, é bom que se destaque – deverá ser designada uma audiência chamada *audiência de instrução e julgamento*. Trata-se de importante ato processual (na verdade, um complexo de atos processuais). A audiência de instrução e julgamento é, em verdade, uma sequência ordenada de atos processuais, que se sucedem na forma prevista na lei.

A audiência de instrução e julgamento é ato que deve ser praticado de forma absolutamente pública, ressalvados apenas os casos em que o processo tramite em segredo de justiça (isto é, com publicidade restrita), caso em que se realizará a portas fechadas, só podendo presenciá-la os sujeitos do processo e seus auxiliares (art. 368). A audiência de instrução e julgamento deve ser designada, como visto, na decisão de saneamento e organização do processo. Pois no dia e hora designados, o juiz deverá declarar aberta a audiência, mandando apregoar (isto é, convocar) as partes, seus advogados, bem como outras pessoas que dela devam participar (art. 358).

A audiência de instrução e julgamento é presidida pelo juiz, que nela exerce poder de polícia (art. 360). Pode a audiência de instrução e julgamento ser adiada pelos motivos elencados ao longo do art. 362 do CPC.

No caso de a audiência de instrução e julgamento ser antecipada ou adiada, o juiz determinará (*ex officio* ou mediante requerimento de parte) a intimação dos advogados ou da sociedade de advogados, para que tomem ciência da nova data designada (art. 363).

A audiência de instrução e julgamento é una e contínua, e só excepcionalmente poderá ser cindida, sempre de forma justificada, se ausente perito ou testemunha, desde que haja concordância das partes (art. 365). Sendo impossível concluir a audiência de instrução e julgamento no dia em que tenha tido início (o que pode acontecer, já que algumas vezes a audiência se prolonga por muitas horas), deverá o juiz suspendê-la e marcar data para seu prosseguimento, tão próxima quanto possível, em pauta preferencial (art. 365, parágrafo único). Nesse segundo momento, o que se tem é a continuação daquela audiência de instrução e julgamento, e não a realização de uma outra. Assim é que, por exemplo, a parte que compareceu à primeira etapa da audiência não poderá ser considerada ausente se tiver faltado à sua continuação. Da mesma forma, não se pode considerar reaberto o prazo para oferecimento de rol de testemunhas, sob o argumento de que se estaria aqui diante de uma segunda audiência.

O fato de ser una e contínua a audiência de instrução e julgamento, porém, não impede que as partes, mediante negócio jurídico processual atípico, convencionem uma cisão da audiência, para, por exemplo, fazer com que a colheita dos depoimentos das testemunhas do autor se dê em uma data, enquanto as testemunhas do réu serão ouvidas em data distinta. O que se teria, neste caso, seria um ajuste de procedimento, na forma do *caput* do art. 190.

Instalada a audiência de instrução e julgamento, incumbe ao juiz tentar promover a solução consensual do conflito, mesmo que já tenha havido alguma tentativa frustrada anteriormente (art. 359). Não se pode, aliás, deixar de mencionar o fato de que há, no texto do art. 359, um erro grosseiro: é que o texto normativo dispõe que haverá tentativa de conciliação "independentemente do emprego anterior de outros métodos de solução consensual de conflitos, como a mediação e a arbitragem", quando é notório que arbitragem não é um mecanismo consensual de conflitos. Importante, porém, é ter claro que o fato de se ter anteriormente buscado – de forma frustrada – a solução consensual do litígio não é motivo para que o juiz deixe de tentar a autocomposição das partes.

Obtido o acordo entre as partes, o juiz proferirá sentença. Não alcançada a solução consensual, prosseguirá a audiência de instrução e julgamento, com a colheita de provas orais. Estas serão produzidas na audiência, preferencialmente na seguinte ordem (art. 361).

A ordem da produção das provas elencadas nos incisos do art. 361 é preferencial e, por isso, embora deva ser, via de regra, observada, poderá ser alterada quando assim o determinarem as peculiaridades do caso concreto.

Finda a colheita da prova oral, o juiz dará a palavra aos advogados do autor e do réu, sucessivamente, para suas alegações finais, que serão (em regra) orais. Cada um disporá de vinte minutos, prorrogáveis por mais dez se a causa apresentar complexidade (art. 364, *caput*). Havendo litisconsórcio ou terceiro interveniente, o prazo será de trinta minutos, devendo ser distribuído entre os do mesmo grupo (ou seja, entre litisconsortes ativos, ou entre litisconsortes passivos, ou entre o terceiro interveniente e aquele cuja vitória pretenda, como no caso de assistência), nos termos do art. 364, § 1º. Podem os litisconsortes, porém, convencionar de modo diverso a distribuição do tempo de que dispõem, em verdadeiro negócio processual típico (e que, diferentemente da maioria das convenções processuais, não é celebrada entre todas as partes, mas apenas entre os litisconsortes do mesmo grupo, ativos ou passivos).

Caso o processo apresente questões complexas – de fato ou de direito – o debate oral será substituído por razões finais escritas (conhecidas na prática forense como memoriais), em prazos sucessivos de quinze dias, assegurando-se ao autor e ao réu vista dos autos (e, para este último, assegurado também o acesso aos memoriais apresentados pelo autor), tudo nos termos do art. 364, § 2º.

Encerrados os debates orais – ou apresentados os memoriais escritos –, o juiz proferirá sentença, na própria audiência ou no prazo de trinta dias (art. 366). Este é prazo impróprio – como costumeiramente são os prazos para o juiz –, o que significa dizer apenas que o decurso do prazo legal não implica o desaparecimento da possibilidade de proferir-se a sentença, ainda que tardiamente.

De tudo que aconteça na audiência de instrução e julgamento deverá ser lavrado um termo (costumeiramente chamado de ata ou assentada), que será redigido por um auxiliar da justiça, sob ditado do juiz. Este termo deverá conter, em resumo, o ocorrido na audiência de instrução e julgamento, bem como – por extenso – os despachos, decisões e a sentença que na própria audiência tenham sido proferidos (art. 367). Sendo o termo impresso, deverá ter suas folhas rubricadas pelo juiz, sendo encadernado em volume próprio (art. 367, § 1º). O termo de audiência deverá ser subscrito pelo juiz, pelos advogados, pelo membro do Ministério Público (nos processos de que este participe) e pelo escrivão ou chefe de secretaria, dispensada a assinatura das partes (salvo se tiver sido praticado algum ato de disposição de direitos para o qual os advogados não tivessem poderes especiais), conforme estabelece o art. 367, § 2º. Ao escrivão (ou chefe de secretaria) incumbe trasladar para os autos cópia autêntica do termo de audiência (art. 367, § 3º).

Quando forem eletrônicos os autos, observar-se-á o disposto no CPC e na legislação específica (especialmente a Lei nº 11.419/2006), bem como nas normas internas dos tribunais, acerca da documentação do ato (art. 367, § 4º).

É possível a gravação integral da audiência de instrução e julgamento em arquivo de audiovisual, em meio digital ou analógico, desde que assegurado o rápido acesso das partes e dos órgãos julgadores ao seu teor, sempre observada a legislação específica (art. 367, § 5º). Além disso, as partes têm o direito de gravar a audiência de instrução e julgamento, independentemente de autorização judicial (art. 367, § 6º).

EM RESUMO:

DESPACHO LIMINAR POSITIVO E AUDIÊNCIA PRÉVIA DE AUTOCOMPOSIÇÃO

Cabe ao juiz, neste pronunciamento (despacho liminar positivo), determinar se haverá ou não a realização de audiência prévia de autocomposição (mediação ou conciliação).

Não cabe aplicar multa a quem, comparecendo à audiência (art. 334 do CPC), apenas manifesta desinteresse na realização de acordo, salvo se a sessão foi designada unicamente por requerimento seu e não houver justificativa para a alteração de posição (Enunciado nº 121 do Conselho da Justiça Federal, aprovado entre os dias 13 e 14 de setembro de 2018).

AUDIÊNCIA PRÉVIA DE AUTOCOMPOSIÇÃO E OS MEIOS CONSENSUAIS DE RESOLUÇÃO DE CONFLITOS

O art. 3º, § 2º, do CPC impõe ao Estado-juiz dever promover, sempre que possível, a solução consensual dos conflitos. E na mesma linha estabelece o art. 139, V, que incumbe ao juiz promover, a qualquer tempo, a autocomposição, não sendo este último dever apenas do juiz. Todos os profissionais jurídicos que atuam no processo, como advogados públicos ou privados, defensores públicos ou membros do Ministério Público, têm o dever de estimular a busca da solução consensual (CPC, art. 3º, § 3º). Para tal, será realizada uma audiência prévia de conciliação ou de mediação.

A audiência poderá ser realizada por meios eletrônicos (art. 334, § 7º; art. 46 da Lei nº 13.140/2015), e desdobrar em duas ou mais sessões, não podendo, porém, exceder de dois meses a contar da data da realização da primeira dessas sessões (art. 334, § 2º), salvo no caso de as partes expressamente convencionarem sua prorrogação (art. 28 da Lei nº 13.140/2015).

Participarão as partes, com seus advogados (art. 334, § 9º) e um (ou mais de um) conciliador ou mediador. Para evitar que as audiências sejam realizadas apressadamente, exige a lei que na organização das pautas se respeite um intervalo mínimo de vinte minutos entre o momento do início de cada audiência (art. 334, § 12).

AUDIÊNCIA DE INSTRUÇÃO E JULGAMENTO

Ocorre **apenas** nos processos em que haja necessidade de prova oral.

É pública (exceto casos de segredo de justiça), presidida pelo juiz com poder de polícia, una e contínua. A ordem da produção das provas elencadas nos incisos do art. 361 é preferencial, podendo ser alterada quando assim o determinarem as peculiaridades do caso concreto.

Caso o processo apresente questões complexas – de fato ou de direito –, o debate oral será substituído por razões finais escritas (conhecidas na prática forense como memoriais), em prazos sucessivos de quinze dias, assegurando-se ao autor e ao réu vista dos autos (e, para este último, assegurado também o acesso aos memoriais apresentados pelo autor), tudo nos termos do art. 364, § 2º.

Capítulo 10

Sentença.
Coisa Julgada

1. CONCEITO DE SENTENÇA

Chama-se sentença o mais importante dos pronunciamentos judiciais. Nos termos do que dispõe o § 1º do art. 203, "ressalvadas as disposições expressas dos procedimentos especiais, sentença é o pronunciamento por meio do qual o juiz, com fundamento nos arts. 485 e 487, põe fim à fase cognitiva do procedimento comum, bem como extingue a execução".

O Direito Processual Civil brasileiro trata a sentença como um ato de encerramento do procedimento, seja ele cognitivo ou executivo.

Ocorre que há processos formados por mais de um módulo processual. É que no sistema processual civil brasileiro podem ser encontradas três diferentes situações: (a) *processo de conhecimento*, cujo objeto é a produção de um julgamento; (b) *processo de execução*, cujo objeto é a transformação da realidade fática, de modo a fazer com que as coisas sejam como deveriam ser; (c) *processo sincrético*, que tem por objeto a produção de ambos os resultados. Pois sentença é o ato que põe fim a um módulo processual. Assim, nos casos em que o processo se desenvolva em um só módulo, a sentença será o ato de encerramento do próprio processo. E nos casos em que haja mais de um módulo processual (ou, se se preferir, mais de uma fase do processo), haverá tantas sentenças quantos sejam os módulos, cada uma delas encerrando um desses módulos. E o pronunciamento que encerrar o último desses módulos processuais será o ato de encerramento do processo (considerado como um todo).

O art. 203, § 1º, estabelece, porém, uma ressalva, relativa aos procedimentos especiais. É que, em alguns desses procedimentos (como é o caso da "ação de demarcação"), existe a previsão de um pronunciamento judicial que, sem encerrar a fase cognitiva do processo, resolve parcialmente o mérito da causa (art. 581) e, posteriormente, se prevê outro ato, este, sim, destinado a dar por encerrada a fase cognitiva do processo (art. 587). Além disso, há um procedimento especial que pode ser encerrado sem que haja a prolação de qualquer sentença. É o que se tem no procedimento especial da "ação monitória", mas exclusivamente naqueles casos em que o réu não opõe embargos. Pois nesta hipótese o procedimento cognitivo se encerra *de pleno direito*, ou seja, automaticamente, sem que qualquer sentença seja proferida.

Portanto, a sentença está prevista no art. 316 ("[a] extinção do processo dar-se-á por sentença"), no art. 354 ("[o]correndo qualquer das hipóteses previstas nos arts. 485 e 487, incisos II e III, o juiz proferirá sentença") – que integra uma Seção do Código chamada "Da Extinção do Processo" – e no art. 925 ("[a] extinção [da execução] só produz efeito quando declarada por sentença").

A sentença, portanto, é definida por um critério topológico. E, assim, em um processo sincrético (o que é dividido em *fase de conhecimento* e *fase executiva ou de cumprimento de sentença*), haverá duas sentenças: a que extingue a fase cognitiva e a que põe termo à execução.

1.1. Sentenças terminativas e definitivas

As que contêm resolução do mérito são chamadas *sentenças definitivas* (art. 487 do CPC), e as que não resolvem o objeto do processo, *sentenças terminativas* (art. 485 do CPC).

Sendo o módulo processual cognitivo destinado a uma definição de direitos, um acertamento, o seu objetivo será alcançado apenas com a prolação de uma sentença definitiva, ou seja, de uma sentença capaz de resolver ("definir") o mérito da causa. Daí se dizer que a sentença definitiva revela a "extinção normal do processo de conhecimento" (*rectius*, do módulo processual de conhecimento).

Há que se recordar, neste ponto, que nem todas as sentenças definitivas contêm propriamente o *julgamento* do mérito. Isso porque, nas sentenças proferidas em razão de reconhecimento do pedido, transação ou renúncia à pretensão, não é o juiz que define o objeto do processo, o qual se resolve por ato das partes (autocomposição dos interesses). Essas sentenças, porém, embora não *julguem* o mérito, o tornam definitivamente resolvido, razão pela qual a lei, ao tratar das sentenças definitivas, diz que nelas haverá *resolução do mérito*, terminologia que abrange todas as hipóteses.

O CPC estabelece, no art. 485, quais são as hipóteses que acarretam a prolação de sentença terminativa, devendo-se extinguir o processo de conhecimento (ou a fase cognitiva do processo sincrético) sem resolução do mérito. E no art. 487 estão as hipóteses em que se proferirá sentença definitiva, extinguindo-se o processo de conhecimento (ou a fase cognitiva do processo sincrético) com resolução do mérito.

A primeira hipótese de extinção do processo de conhecimento sem resolução do mérito se dá quando o juiz indefere a petição inicial. As hipóteses de indeferimento da inicial encontram-se arroladas no art. 330 do CPC. Será, também, proferida sentença terminativa quando ocorrer o abandono do processo (art. 485, II e III), podendo ser bilateral (art. 485, II) ou unilateral (art. 485, III).

Em qualquer caso de abandono, exige o Código que, antes de proferir sentença, o juiz determine a intimação pessoal da parte desidiosa para que dê andamento ao processo no prazo de cinco dias (art. 485, § 1º). Só depois da intimação pessoal e do decurso do prazo é que se poderá considerar configurada a hipótese de extinção do processo, proferindo-se, então, a sentença terminativa.

> **Atenção**
>
> Note-se que a lei exige aqui intimação pessoal das partes, não se podendo substituir esta por intimação ao advogado. Isso porque pode ser o advogado o responsável pela paralisação do processo, sem que seu cliente tenha conhecimento do fato. Nesse caso, de nada adiantaria intimar o advogado, pois o processo permaneceria abandonado. A intimação pessoal, portanto, é requisito essencial para que se possa prolatar sentença pela causa aqui referida.

No caso de abandono unilateral ocorrido depois do oferecimento de contestação, a intimação pessoal do autor para dar andamento ao processo em cinco dias não pode ser determinada de ofício, dependendo, para ser efetivada, de requerimento do réu (art. 485, § 6º). Tal requerimento é exigido como meio de se impedir a "desistência indireta da ação". Após o oferecimento da contestação, a desistência da ação manifestada pelo autor só levará à extinção do processo se o réu com ela concordar.

Ocorrendo a extinção do processo por abandono bilateral (se vier a ser identificado algum caso em que ela seja possível), as despesas processuais serão rateadas proporcionalmente pelas partes. No caso de extinção por abandono unilateral, o autor pagará as despesas do processo e honorários de advogado (caso o réu já tenha oferecido contestação), tudo nos termos do art. 485, § 2º.

Outro caso de prolação de sentença terminativa se dá quando o juiz verifica a ausência de algum dos pressupostos processuais (art. 485, IV). Comparecendo o demandado sem preencher todos os requisitos necessários à presença da capacidade processual (por exemplo, o réu é relativamente incapaz e vem a juízo sem estar assistido por seus pais, ou é civilmente capaz, mas comparece desacompanhado de advogado), deverá o juiz fixar prazo para que seja sanado o vício (art. 76 do CPC). Sanado o vício, prossegue normalmente o processo. Decorrido o prazo sem que o réu saneie o vício de capacidade, deverá ser considerado revel, já que esse seu comparecimento é processualmente ineficaz, o que significa dizer que, para o processo, tudo se passará como se o réu não tivesse se manifestado.

Já no caso de ausência de capacidade processual do demandante, também deverá o juiz fixar prazo para que seja sanado o vício. Decorrido este sem que seja suprida a incapacidade, aí, sim, deverá o processo ser extinto sem resolução do mérito. Deve, também, extinguir-se o processo sem resolução do mérito quando se "reconhecer a existência de perempção, de litispendência ou de coisa julgada" (art. 485, V).

Dá-se a perempção (art. 486, III) quando o autor der causa, por três vezes, à extinção do processo por abandono unilateral, caso em que não poderá ele propor novamente a mesma demanda, mas lhe fica ressalvada a possibilidade de alegar seu direito como defesa (art. 486, § 3º). É de se notar que o único caso em que há um limite de vezes em que se pode provocar a extinção do processo é esse. Em outros termos, sendo extinto o processo por outra das razões previstas neste art. 485 (ou em qualquer outra disposição normativa), poderá o autor ajuizar novamente a demanda, sem que haja um número máximo de vezes em que isso se possa repetir (desde que, evidentemente, não haja algum outro obstáculo à repropositura dessa mesma demanda).

É preciso reafirmar, aqui, que a perempção impede o regular exercício do poder de demandar, mas não extingue o direito material da parte, que poderá, assim, exercê-lo em defesa.

Já a extinção do processo por litispendência ou coisa julgada se dá por conta da vedação do *bis in idem*.

A litispendência (de lide pendente) se dá pela existência do primeiro processo, ou seja, pelo primeiro ajuizamento da demanda. O fato de se ajuizar pela segunda vez a mesma demanda não *gera* litispendência. Em verdade, a litispendência previamente existente impede a repropositura da mesma demanda, e sendo tal demanda reproposta, deverá o novo processo ser extinto sem resolução do mérito.

O mesmo raciocínio se aplica à coisa julgada. É que, se uma demanda tiver sido proposta e decidida, já não mais sendo admissível qualquer recurso, terá a decisão se tornado imutável, adquirindo uma autoridade a que se dá o nome de coisa julgada, e esse fato impede que a mesma demanda seja novamente ajuizada. Caso se proponha novamente uma demanda já definitivamente julgada (com as mesmas partes, a mesma causa de pedir e o mesmo pedido), o novo processo que agora se instaura será extinto, sem resolução do mérito, em razão da coisa julgada já formada.

Outra hipótese de prolação de sentença terminativa é a da ausência de qualquer das "condições da ação" (legitimidade das partes ou interesse processual), caso em que o processo deverá ser extinto sem resolução do mérito (art. 485, VI).

Deve, também, ser proferida sentença terminativa quando se "acolher a alegação de existência de convenção de arbitragem ou quando o juízo arbitral reconhecer sua competência" (art. 485, VII).

Cap. 10 – Sentença. Coisa Julgada

Como sabido, conflitos que envolvem partes capazes e direitos patrimoniais disponíveis podem ser solucionados por meio da arbitragem, nos termos da Lei nº 9.307/1996. A arbitragem, porém, só poderá ser empregada como mecanismo de resolução do conflito se assim convencionarem as partes. Assim, ajuizada demanda que tenha por objeto questão que deva ser submetida à arbitragem, por terem as partes celebrado uma convenção de arbitragem, deverá o processo ser extinto sem resolução do mérito, já que o conflito de interesses existente só poderá ser legitimamente resolvido pelo árbitro.

Convencionada a arbitragem como meio adequado para a resolução do litígio, exclui-se a atuação do Judiciário, que não poderá apreciar o mérito da causa, uma vez que a competência para tal apreciação terá sido transferida, por convenção das partes, para o árbitro ou tribunal arbitral.

Pode ocorrer, no entanto, de haver sido celebrada uma convenção de arbitragem e ainda assim uma das partes ajuizar demanda perante órgão do Judiciário. Nesse caso, se a parte demandada alegar, na contestação, a existência da convenção de arbitragem (demonstrando sua existência, evidentemente), caberá ao juiz proferir sentença terminativa, extinguindo o processo sem resolução do mérito, a fim de assegurar que em sede arbitral seja resolvido o conflito. Não se pode, porém, extinguir o processo por este fundamento *ex officio* (art. 337, § 5º), sendo certo que a ausência de alegação da existência de convenção de arbitragem na contestação implica aceitação da jurisdição estatal e renúncia à arbitragem (art. 337, § 6º).

Situação análoga é aquela em que há dois processos instaurados simultaneamente com o mesmo objeto, sendo um deles perante órgão do Judiciário e o outro perante árbitro ou tribunal arbitral. Pois nesse caso, reconhecida pelo árbitro (ou tribunal arbitral) sua competência, e chegando tal decisão ao conhecimento do juiz, deverá ser extinto o processo judicial sem resolução do mérito. Isso se dá em respeito à regra por força da qual incumbe ao árbitro apreciar e afirmar sua própria competência. Nesse caso, então, o processo arbitral prosseguirá e o processo judicial será extinto sem resolução do mérito. Caso se queira discutir a validade da convenção de arbitragem ou do processo arbitral, isso só poderá acontecer após a prolação da sentença arbitral, em processo que se instaure para apreciação de demanda de anulação da sentença arbitral (art. 20, § 2º, da Lei de Arbitragem).

Atenção

Há, porém, uma hipótese em que a celebração de compromisso arbitral não leva o juiz a extinguir o processo sem resolução do mérito. Trata-se da hipótese de "ação de substituição de compromisso arbitral" (art. 7º da Lei de Arbitragem). Nesse caso, em que a parte vai a juízo pleiteando a prolação de sentença que

> produza os mesmos efeitos de um compromisso arbitral que deveria ter sido celebrado, mas não o foi em razão da recusa do demandado, a celebração do compromisso em juízo levará o juiz a extinguir o processo com resolução do mérito, em razão da autocomposição do conflito.

Também será proferida sentença terminativa quando for homologada a desistência da ação (art. 485, VIII). Manifestada a desistência da ação, esse ato da parte será homologado por sentença, encerrando-se o processo sem resolução do mérito.

Acontece que o direito de ação não é exercido no processo apenas pelo autor, mas também pelo réu. Este, a partir do momento em que oferece contestação, passa a exercer seu direito de ação e tem tanto direito quanto o autor a ver o mérito da causa resolvido. Exatamente por isso é que, nos termos do § 4º do art. 485, depois do oferecimento da contestação, o processo só pode ser extinto por desistência se o réu concordar. Impende, então, que ambas as partes desistam de continuar a exercer seus direitos de ação no processo, de modo que não haja mais razão para com ele prosseguir. Tendo o autor, porém, desistido da ação depois do oferecimento da contestação, mas não concordando o réu com a prolação de sentença terminativa, o processo deverá seguir normalmente em direção à resolução do mérito da causa.

É por conta disso que, diferentemente do que se dá com os atos processuais das partes em geral, a desistência da ação não produz efeitos desde logo, fazendo-se essencial, para que tais efeitos se produzam, sua homologação, conforme dispõe o art. 200, parágrafo único, do CPC.

A desistência indireta da ação deve ser evitada. Assim, já oferecida a contestação, não se poderá admitir a extinção do processo por abandono unilateral (art. 485, III) sem que haja provocação do demandado, sob pena de ao autor ser permitido obter por via oblíqua o que não lhe permite a lei conseguir por via direta.

Estabelece o inciso IX do art. 485 que será proferida sentença terminativa se, "em caso de morte da parte, a ação for considerada intransmissível por disposição legal". Este é dispositivo cuja redação merece crítica. Em primeiro lugar, equivoca-se o texto normativo ao usar o termo "morte". É que apenas as partes que sejam pessoas naturais morrem, mas não as pessoas jurídicas. E estas também podem encontrar-se na posição jurídica de que aqui se trata. Melhor do que falar em "morte da parte", então, seria falar da hipótese em que a parte deixa de existir.

Além disso, fala a lei processual em ser intransmissível "a ação". Tem-se, aí, uma inaceitável (e inexplicável) confusão entre a ação, fenômeno que se manifesta no plano processual, e as posições jurídicas de direito material. Estas é que, sendo intransmissíveis, podem levar à extinção do processo. É que pode acontecer de em um processo ter sido deduzida alguma posição jurídica ativa (como um direito) ou passiva (como uma obrigação) que seja intransmissível aos sucessores de seu titular. Pois nesses casos, deixando a parte de existir, o processo precisa ser extinto sem resolução do mérito.

O mesmo se dá no processo em que o autor postula a condenação do réu ao cumprimento de obrigação de fazer personalíssima, que só pelo devedor pode ser cumprida. Pois, se o devedor deixar de existir, não haverá mais quem possa cumprir a prestação, também aqui se tornando inútil prosseguir com o processo, que deverá ser extinto sem resolução do mérito.

Assim, deve-se compreender esse inciso IX do art. 485 no sentido de que ele determina a prolação de sentença terminativa quando a causa versar sobre posição jurídica intransmissível e seu titular deixar de existir. É de se notar, aliás, que nessa hipótese a morte da parte é causa de extinção, e não de suspensão do processo.

Além desses casos aqui examinados, o processo de conhecimento será extinto sem resolução do mérito em outras hipóteses previstas em lei (art. 485, X).

Dentre todas as causas de prolação de sentença terminativa enumeradas no art. 485, podem ser conhecidas de ofício as previstas nos incisos IV (falta de pressupostos processuais), V (perempção, litispendência e coisa julgada), VI (falta de alguma "condição da ação") e IX (intransmissibilidade da posição jurídica de direito material cujo titular era parte que, no curso do processo, deixou de existir). Estas são matérias cognoscíveis de ofício, em qualquer tempo e grau de jurisdição, sobre elas não incidindo preclusão (art. 485, § 3º).

O pronunciamento judicial que não resolve o mérito da causa, via de regra, não impede que a mesma demanda (com as mesmas partes, a mesma causa de pedir e o mesmo pedido) seja novamente proposta (art. 486). Há casos, porém, em que essa repropositura não será possível. É o que se dá no caso de extinção por litispendência, em que só seria possível ajuizar novamente a demanda se o primeiro processo pendente viesse a ser extinto sem resolução do mérito. Do mesmo modo, no caso de extinção por indeferimento da petição inicial, só se admite uma nova propositura da mesma demanda se uma nova petição inicial for elaborada, corrigido o vício que acarretou a extinção do primeiro processo. Assim também, no caso de extinção por falta de pressuposto processual ou de "condição da ação", a demanda só poderá ser proposta novamente se o pressuposto faltante ou a "condição" ausente for preenchida, sanando-se o vício. Por fim, no caso de extinção fundada na existência de convenção de arbitragem, só poderá ser proposta novamente a mesma demanda se a convenção arbitral for reputada inválida (pelo árbitro ou tribunal arbitral) ou se a sentença arbitral for anulada por não ser caso de solução arbitral do litígio.

Pois é exatamente para tratar dessas hipóteses que o CPC estabelece, expressamente (art. 486, § 1º), que, "[n]o caso de extinção em razão de litispendência e nos casos dos incisos I, IV, VI e VII do art. 485, a propositura da nova ação depende da correção do vício que levou à sentença sem resolução do mérito".

Em qualquer caso em que tenha sido extinto o processo sem resolução do mérito, só se admitirá nova propositura da demanda se a petição inicial vier acompanhada da prova do pagamento ou do depósito das custas processuais e honorários advocatícios devidos em função do processo anterior (art. 486, § 2º).

Vistos os casos em que se profere sentença terminativa, impende agora examinar as hipóteses que levam à prolação de sentença definitiva, que são aqueles casos em que o processo de conhecimento é extinto com resolução do mérito (art. 487). O primeiro caso, mencionado na legislação processual, em que deve o juiz proferir sentença definitiva, é o que se pode considerar como o da extinção normal do processo de conhecimento: aquele em que o juiz acolhe ou rejeita o pedido formulado na demanda principal ou na reconvenção (art. 487, I). Trata-se da hipótese em que o juiz emite um julgamento acerca da pretensão deduzida por meio do pedido formulado, seja para julgá-lo procedente, seja para considerá-lo improcedente.

Nunca é demais lembrar que o mérito da causa, ou seja, o objeto do processo (*Streitgegenstand*), é a pretensão processual formulada pelo autor por meio de seu pedido (o qual, como se sabe, é um dos elementos identificadores da demanda). Assim sendo, julgar o pedido do autor (ou do réu-reconvinte) corresponde a julgar o mérito da causa. Por essa razão é que, nos termos do art. 487, I, haverá resolução (e aqui se pode dizer, sem medo de errar, haverá *julgamento*) do mérito quando o juiz julgar o pedido formulado pelo autor procedente ou improcedente. Essa é a situação mais frequente, não sendo necessário mais do que a observação da realidade forense cotidiana, para que se afirme que a maior parte dos processos cognitivos se encerra com a prolação de uma sentença que julgue o pedido procedente ou improcedente.

O pedido é, tão somente, um dos elementos identificadores da demanda, ato de impulso inicial do exercício da atividade jurisdicional, não se podendo confundir – sob pena de se comprometer a construção teórica realizada em torno do conceito de ação – esta com o pedido. Entre os casos de improcedência do pedido estão aqueles em que o juiz, de ofício ou por provocação, pronuncia a decadência ou a prescrição (art. 487, II, valendo aqui registrar que só se pode conhecer de ofício da decadência quando esta for estabelecida por lei, conforme se lê no Enunciado nº 521 do FPPC). É que, na verdade, prescrição e decadência são fundamentos de decisões de improcedência.

A rigor, portanto, prescrição e decadência são fundamentos da improcedência, e esse inciso II do art. 487 nem sequer precisaria existir autonomamente.

Não há grande divergência entre os civilistas quanto ao conceito de decadência. É frequente a afirmação de que a decadência é a perda de um direito pelo decurso do tempo. Alguns autores afirmam, ainda, que a prescrição difere da decadência porque nela não se extingue diretamente o direito, mas a pretensão (ou, segundo outros, a ação). Essas afirmações, porém, não são unânimes. Assim, por exemplo, autores há que afirmam que tanto a prescrição como a decadência atingem o direito, nenhum dos dois, portanto, fazendo perecer a ação ou a pretensão.

As divergências doutrinárias acerca da distinção entre prescrição e decadência decorrem da ausência de um critério seguro para diferenciar os dois institutos. Parece, porém, inaceitável o critério segundo o qual a prescrição atingiria a ação e a decadência, o direito. É de se concordar com os autores que afirmam ser a prescrição um instituto que, assim como a decadência, atinge o direito material. Essa, aliás, é a única conclusão a que se pode chegar quem defenda uma concepção abstrata do poder de ação. O direito de ação é abstrato, o que significa dizer que ele existe ainda que o demandante não tenha o direito material afirmado na demanda. Em outros termos, também nos casos de improcedência do pedido há exercício regular do direito de ação. Assim sendo, aquele que vai a juízo alegando ser titular de um direito, e vê reconhecida a prescrição (ou a decadência), terá regularmente exercido seu direito de ação, uma vez que todas as preliminares terão sido superadas (inclusive a referente à presença das "condições da ação"), e estará o juiz julgando (o caso é de efetivo julgamento) o objeto do processo (art. 487, II).

Verifica-se, pois, que tanto a decadência como a prescrição só serão apreciadas e reconhecidas pelo juízo no caso de ser possível o exame do mérito do processo, razão pela qual se torna natural a afirmação de que ambos os institutos estão ligados ao perecimento do direito material, e não ao direito de ação.

É de se observar, ainda, que o Código Civil, rompendo com a tradição sustentada pelo seu antecessor, de 1916, não afirma que a prescrição atinge a ação. Adere a lei civil, porém, a outro entendimento igualmente criticável: o de que a prescrição faria desaparecer a pretensão (art. 189 do CC).

A prescrição é, pois, um fenômeno capaz de extinguir o próprio direito subjetivo.

Interessante notar que, nos termos do parágrafo único do art. 487, e como aplicação do princípio do contraditório – entendido como garantia de participação com influência e não surpresa –, "a prescrição e a decadência não serão reconhecidas sem que antes seja dada às partes oportunidade de manifestar-se".

Ora, se a decadência ou a prescrição tiver sido deduzida como matéria de defesa pelo réu, evidentemente terá de ser ouvido o autor. Tendo a alegação ocorrido na contestação, aliás, o autor necessariamente terá garantida a oportunidade de manifestar-se em réplica (art. 350). A disposição desse parágrafo único é relevante, especialmente para os casos em que o juiz suscitar a questão da decadência ou da prescrição de ofício. Nesse caso, deverá ser dada a ambas as partes oportunidade para manifestarem-se acerca da prescrição ou da decadência. E aqui há um dado relevante: suscitada de ofício a questão atinente a ter havido prescrição, e aberta a oportunidade para manifestação das partes, o silêncio do devedor deve ser interpretado como renúncia tácita à prescrição (art. 191 do CC).

Há, porém, nesse parágrafo único do art. 487 uma ressalva que precisa ser adequadamente compreendida, ao disposto no art. 332, § 1º, que prevê o julgamento de improcedência liminar do pedido quando se reconhecer desde logo a decadência ou a prescrição. Impende, porém, considerar que a ressalva prevista na lei significa que, nesse caso, o juiz não terá de ouvir, antes de proferir a sentença por este fundamento, "[as] partes" (como consta do texto normativo do parágrafo único do art. 487). Não se extraia daí, porém, que não seria necessário ouvir sequer o autor. É que a prévia oitiva deste resulta da incidência do disposto no art. 9º. De outro lado, verificando o juiz que pode ser caso de ter-se consumado a decadência ou a prescrição após o oferecimento da contestação, a decisão com base nesse fundamento só poderá ser proferida depois de se dar oportunidade de manifestação a ambas as partes (arts. 9º, 10 e 487, parágrafo único).

Tanto na prescrição como na decadência, portanto, desaparece o direito material, mantendo-se íntegro o direito de ação. Resta, pois, buscar outro critério distintivo entre os dois institutos, já que o único critério seguro é o que distingue prescrição de decadência pelo tipo de direito material atingido. Isso porque, como se sabe, há direitos materiais subjetivos (aos quais corresponde um dever jurídico, como o direito de crédito) e direitos materiais potestativos (ou de formação, aqueles aos quais corresponde uma sujeição de um dos sujeitos da relação jurídica, como o direito que tem o cônjuge de anular o casamento por erro essencial quanto à pessoa do outro cônjuge). Prescrição é a perda de um direito subjetivo pelo decurso do tempo, enquanto decadência é a perda de um direito potestativo pelo mesmo fundamento. Assim sendo, pode-se afirmar que tanto a prescrição como a decadência atingem o direito material, sendo assim acertada a inclusão dos dois institutos como matérias integrantes do objeto do processo. A insistência de alguns setores da doutrina em considerar a prescrição como a extinção da ação (ou da pretensão) é incoerente com a tomada de posição do Direito Processual brasileiro, sendo certo que esses autores deveriam, por coerência, afirmar que o reconhecimento da prescrição teria como consequência a extinção do processo sem resolução do mérito. A opinião aqui defendida, salvo melhor juízo, é coerente com o direito objetivo, razão pela qual é sustentada.

Observe-se, porém, que a afirmação feita anteriormente, de que a prescrição seria a perda do direito subjetivo pelo decurso do tempo, é, em verdade, uma simplificação. A decadência é, verdadeiramente, a perda do direito potestativo pelo decurso do tempo. O mero fato de ter decorrido o prazo decadencial faz com que pereça o direito potestativo. Já com a prescrição as coisas se passam de modo um pouco diferente. Isso porque a prescrição é, a rigor, um procedimento, isto é, uma sequência de fatos e atos, e não um simples fato jurídico. Para que o direito subjetivo desapareça pela prescrição, é preciso que ocorram diversos fatos que, encadeados, provocam o perecimento do direito. Não basta o decurso do prazo para que a prescrição se consuma.

É, pois, a prescrição um procedimento composto por três fatos: o decurso do prazo, a propositura da demanda após o termo final daquele prazo e a alegação da prescrição pelo devedor. Apenas com o concurso desses três fatos é que se pode considerar desaparecido o direito subjetivo em razão da prescrição. E por isso o juiz não pode reconhecer a prescrição antes de ouvir as partes sobre a matéria. Aqui não se trata apenas de impedir decisões-surpresa, mas de constatar que o juiz não pode declarar uma prescrição que ainda não ocorreu (já que só ocorrerá quando o demandado alegar). Por outro lado, essa tese permite que se compreenda por que não se pode repetir pagamento feito após o decurso do prazo prescricional. É que, tendo sido o pagamento feito depois do termo final do prazo, mas antes de completado o procedimento prescricional, não houve ainda a prescrição, e o direito subjetivo ainda existia (ou, o que dá na mesma, a obrigação do devedor ainda existia).

Registre-se, porém, que, no caso de se reconhecer a prescrição como fundamento da sentença de improcedência liminar do pedido, fica dispensada a prévia oitiva do demandado, o que implica dizer que aí há uma presunção de que o demandado a alegaria, daí resultando a possibilidade de prolação de sentença de mérito independentemente da citação do réu.

Além dos casos em que o juiz julga o pedido (procedente ou improcedente), casos há em que o mérito da causa se resolve sem que ocorra efetivamente um julgamento. São os casos em que as partes alcançam a solução do conflito por autocomposição, incumbindo ao juiz tão somente verificar a validade do ato pelas partes celebrado e, constatada a inexistência de vícios, promover sua homologação. Pois é isso que acontece quando o juiz homologa o reconhecimento da procedência do pedido, a transação ou a renúncia à pretensão, fenômenos que só podem ocorrer validamente se o direito material deduzido no processo admite autocomposição.

O reconhecimento da procedência do pedido é o ato pelo qual o demandado (réu ou autor-reconvindo) dá razão ao demandante, afirmando expressamente que sua pretensão (do autor ou réu-reconvinte) é fundada e deve ser acolhida. O reconhecimento do pedido pode ser definido como ato unilateral por meio do qual o réu reconhece, total ou parcialmente, a juridicidade da pretensão deduzida pelo autor, possibilitando a extinção do processo com resolução de mérito.

Nesse caso, então, quem afirma ser procedente o pedido formulado pelo demandante não é o juiz, mas o demandado, e a sentença é meramente homologatória do reconhecimento. Tal sentença, porém, é em tudo e por tudo equivalente a uma sentença de procedência do pedido.

A transação, por sua vez, é o negócio jurídico por meio do qual as partes, por meio de concessões mútuas, põem fim ao seu conflito. Trata-se de contrato regulado no art. 840 do Código Civil e pode ser definida como o negócio jurídico bilateral por meio do qual as partes previnem ou extinguem relações jurídicas duvidosas ou litigiosas, por meio de concessões recíprocas, ou ainda em troca de determinadas vantagens pecuniárias. Como se verifica pela disposição legal referida, bem como pela definição apresentada, a transação é uma forma de extinção de relações jurídicas substanciais mediante concessões recíprocas feitas pelos interessados. Celebrada a transação quando tal relação jurídica já se encontrava deduzida em um processo, deverá este ser extinto, com resolução do mérito, por meio de sentença homologatória do ato compositivo.

Nesse caso, incumbe ao juiz proferir sentença homologatória da transação, a qual corresponde rigorosamente a uma sentença de procedência parcial, sendo certo que o conteúdo daquilo que ao demandante será reconhecido resulta do negócio jurídico de direito material celebrado pelas partes (e não do julgamento do juiz).

Por fim, a renúncia à pretensão é o ato pelo qual o demandante abre mão, definitivamente, daquilo que postulou em juízo.

> **Atenção**
>
> Não se deve confundir a hipótese presente com a desistência da ação, pois nesta última, que leva à extinção do processo sem resolução do mérito, o autor abre mão apenas de sua posição processual, sem que se faça qualquer alteração nas posições de direito material, referentes ao objeto do processo. Já na renúncia, que tem como consequência a extinção do processo com resolução do mérito (mas sem o seu julgamento, já que a sentença aqui será meramente homologatória), o demandante abre mão de sua pretensão processual, a qual corresponde ao próprio objeto do processo, razão pela qual a mesma pretensão jamais poderá ser levada a juízo novamente, sendo o mérito do processo resolvido pela sentença.
>
> Nesse caso, a sentença homologatória equivale perfeitamente a uma sentença de improcedência do pedido, tendo sido o próprio demandante, por ato voluntário – e não o juiz –, a afirmar que o pedido por ele formulado deveria ser rejeitado.

Pode ocorrer de o juiz verificar estarem presentes duas causas de extinção do processo de conhecimento, sendo uma sem resolução do mérito e a outra com resolução do mérito.

Nesses casos, deverá o juiz verificar, em primeiro lugar, quem seria beneficiado pela extinção do processo sem resolução do mérito. É preciso aqui evitar a solução simplista consistente em achar que a extinção do processo sem resolução do mérito é sempre ruim para o autor e benéfica para o réu. Não é bem assim.

Adota-se, pois, no sistema processual brasileiro, o princípio da primazia da resolução do mérito, o qual, por força do disposto no art. 488, leva a que se afirme que, "[d]esde que possível, o juiz resolverá o mérito sempre que a decisão for favorável à parte a quem aproveitaria eventual pronunciamento nos termos do art. 485".

1.2. Elementos

A sentença, formalmente considerada, é constituída pelo relatório, a fundamentação e o dispositivo. Sendo estes os integrantes da sentença, as partes do todo, a eles dá-se o nome de elementos da sentença (art. 489). E são todos essenciais, já que não podem, de maneira alguma, faltar. A ausência de cada um deles acarreta consequências relevantes, as quais podem ser até mesmo conhecidas de ofício.

Esses três elementos não precisam, necessariamente, vir expostos na ordem em que aparecem no texto do art. 489. É perfeitamente possível, por exemplo, iniciar-se a sentença pelo seu dispositivo, apresentando-se em seguida o relatório do processo e a fundamentação do julgamento já anunciado. Tampouco se deve considerar que os três elementos precisam estar formalmente separados, como capítulos de um livro. Assim, ainda que o juiz anuncie ter separado formalmente os três elementos, essa separação não é necessariamente rígida. Basta pensar que – como se verá melhor adiante – o dispositivo é a parte conclusiva da sentença e, por isso, todas as decisões que o juiz profira ao longo da sentença o integram.

Ocorre que, com muita frequência, vê-se na prática o juiz proferir decisões sobre questões preliminares naquilo que ele formalmente chama de "fundamentação", reservando o dispositivo apenas para a decisão de mérito. Assim não é, porém, e as decisões acerca das questões preliminares integram o dispositivo (onde quer que estejam escritas tais decisões). Pois é exatamente por isso que o § 3º do art. 489 estabelece que "[a] decisão judicial deve ser interpretada a partir da conjugação de todos os seus elementos e em conformidade com o princípio da boa-fé".

1.2.1. *Relatório*

Relatório é a síntese do processo. Trata-se de um resumo, no qual o juiz narrará, sinteticamente, tudo aquilo de relevante que tenha ocorrido ao longo do processo. Estabelece o inciso I do art. 489 que o relatório "conterá os nomes das partes, a identificação do caso, com a suma do pedido e da contestação, e o registro das principais ocorrências havidas no andamento do processo". Deve o juiz, então, declarar no relatório quem são as partes, fazer um resumo do caso (o que implica dizer que é preciso fazer uma narrativa sintética da causa de pedir), descrevendo – ainda que abreviadamente – qual foi o pedido formulado. Em seguida, deverá o juiz apresentar uma descrição resumida da contestação e de todos os acontecimentos relevantes do processo (como a existência e o teor de reconvenção, incidentes importantes que tenham sido instaurados e decididos, provas que tenham sido produzidas etc.). A exigência de que a sentença contenha um relatório do processo está, obviamente, ligada à necessidade de que o juiz, ao sentenciar, conheça bem o processo que será decidido.

Vale registrar que não se exige relatório nas sentenças proferidas nos processos que tramitam perante os Juizados Especiais Cíveis (art. 38 da Lei nº 9.099/1995). Exigir a elaboração do relatório, portanto, foi a forma encontrada pela lei processual para impor ao juiz o dever de estudar a íntegra dos autos antes de julgar a causa.

Já no sistema processual dos Juizados Especiais, todos os atos processuais relevantes ocorrem em audiência de instrução e julgamento (na qual as partes são ouvidas e a prova é colhida, na forma do art. 28 da Lei nº 9.099/1995). E, por força desse mesmo art. 28, a sentença deve ser proferida na própria audiência de instrução e julgamento (o que, na prática, nem sempre acontece, em flagrante descumprimento da lei processual). Ora, se todos os atos relevantes ocorrem diante do juiz, a quem incumbe desde logo proferir sentença, não há qualquer razão para exigir do magistrado que elabore um relatório, já que ele evidentemente conhece – e se lembra do seu teor – o conteúdo dos atos do processo.

Sendo o relatório elemento essencial da sentença, deve-se considerar que a sentença a que falte relatório é nula, podendo o vício ser reconhecido de ofício.

1.2.2. Fundamentação

A Constituição estabelece, em seu art. 93, IX, que toda decisão judicial será fundamentada, sob pena de nulidade. O princípio da fundamentação das decisões judiciais, portanto, é um dos integrantes do modelo constitucional de processo que deve necessariamente ser observado no processo civil brasileiro (art. 1º). Pois é exatamente por isso que o art. 11 do CPC estabelece, reproduzindo a disposição constitucional, que serão "fundamentadas todas as decisões, sob pena de nulidade", sendo esta uma das normas fundamentais do processo civil.

A fundamentação da decisão judicial é o elemento consistente na indicação das razões que justificam, juridicamente, a conclusão a que se tenha chegado.

Não terá sido observado o princípio constitucional da fundamentação das decisões se o pronunciamento judicial contiver uma fundamentação meramente formal, que é a rigor um simulacro de fundamentação, ou seja, uma fundamentação fictícia. Afirmações como "presentes os requisitos, defere-se a medida" ou "indefere-se por falta de amparo legal" não são verdadeiras fundamentações, porque não justificam as decisões.

Exige-se, portanto, uma fundamentação verdadeira, suficiente para justificar a decisão, de modo a demonstrar que ela é constitucionalmente legítima. E daí se extrai a íntima ligação que há entre o princípio do contraditório e o da fundamentação das decisões. É que, sendo a decisão construída em contraditório, através da comparticipação de todos os sujeitos do processo, torna-se absolutamente fundamental que a decisão judicial comprove que o contraditório foi observado, com os argumentos deduzidos pelas partes e os suscitados de ofício pelo juiz, todos eles submetidos ao debate processual, tendo sido considerados na decisão.

Os fundamentos da decisão, portanto, são os elementos que permitem a aferição da legitimidade constitucional e democrática dos pronunciamentos judiciais. E tudo isso se revela fundamental quando se considera que uma das características essenciais do exercício do poder em um Estado Democrático de Direito é a controlabilidade dos atos de poder.

É pela fundamentação da decisão judicial que se permite o exercício de dois tipos de controle das decisões: (a) o controle forte, aquele exercido por órgãos superiores ao que tenha proferido a decisão, e que permite, por meio de mecanismos destinados a promover o reexame das decisões (como os recursos, a remessa necessária e as demandas autônomas de impugnação), a cassação de decisões erradas; e (b) o controle fraco, isto é, o controle que não pode levar à cassação de atos, mas que, sendo exercido de forma difusa pela sociedade, permite que se debata acerca da correção das decisões judiciais, de modo a contribuir para a melhoria constante da qualidade dos pronunciamentos jurisdicionais.

Por força de tudo quanto até aqui se afirmou, o § 1º do art. 489 estabelece uma espécie de "conteúdo mínimo" da fundamentação da decisão judicial que permita afirmar sua validade. É perfeitamente possível comparar os incisos do art. 489, § 1º – que indicam o que deve constar na decisão judicial para que ela seja tida por válida –, com os incisos do art. 319 (que indicam os requisitos mínimos para que uma petição inicial seja apta a viabilizar o regular desenvolvimento do processo). Ambos os dispositivos são "roteiros", um a ser seguido por juízes, outro a ser observado por advogados.

E nem se diga que a exigência de fundamentação substancial da decisão seria um fator de entrave à duração razoável do processo. Em primeiro lugar, não há qualquer exigência de que as decisões sejam longamente fundamentadas. A fundamentação pode ser objetiva, concisa, desde que suficiente. Além disso, a garantia de duração razoável do processo destina-se a assegurar que nele não haja dilações indevidas, mas todas as dilações devidas devem ocorrer. Uma decisão judicial bem fundamentada, fruto de um contraditório efetivo, pleno e substancial, é uma decisão que mais dificilmente será reformada ou anulada em grau de recurso, e isso, certamente, será um fator de desestímulo a recursos, permitindo um aperfeiçoamento da prestação jurisdicional, que conseguirá, fatalmente, ser alcançada em tempo razoável.

Assim é que, nos termos do já citado § 1º do art. 489, não se considera fundamentada a decisão que "se limitar à indicação, à reprodução ou à paráfrase de ato normativo, sem explicar sua relação com a causa ou a questão decidida" (art. 489, § 1º, I).

Também é nula por vício de fundamentação (art. 489, § 1º, II) a decisão que emprega "conceitos jurídicos indeterminados, sem explicar o motivo concreto de sua incidência no caso".

É, ainda, viciada por ausência de fundamentação a decisão judicial que "[invoca] motivos que se prestariam a justificar qualquer outra decisão" (art. 489, § 1º, III). É que incumbe ao órgão jurisdicional proferir uma decisão que seja a solução do caso concreto, personalizada, e não ter decisões prontas, produzidas para utilização em larga escala, sem respeitar as características particulares que sejam deduzidas em juízo.

Isso é extremamente importante, especialmente (mas não apenas) no que diz respeito às demandas de massa, repetitivas. É que, não obstante o caráter repetitivo que ostentam, todas elas têm características individuais que são irrepetíveis e que precisam ser consideradas pelo órgão jurisdicional no momento de se proferir a decisão.

É de se exigir, portanto, que o pronunciamento judicial seja criado para o caso concreto, identificando as circunstâncias fáticas e jurídicas que o envolvem, não se podendo conviver com decisões produzidas "em escala industrial".

É, ainda, nula por falta de fundamentação a decisão que "não enfrentar todos os argumentos deduzidos no processo capazes de, em tese, infirmar a conclusão adotada pelo julgador" (art. 489, § 1º, IV). Esse é um elo entre os princípios do contraditório e da fundamentação das decisões, ligação esta já tantas vezes afirmada neste estudo.

Em outros termos, significa isso que as partes do processo têm o direito à consideração de seus argumentos (*Recht auf Berücksichtingung*). Pois só será possível fiscalizar a atuação do juiz – a quem cabe, nos termos do art. 7º, "zelar pelo efetivo contraditório" –, verificando-se se houve efetiva participação das partes, em contraditório, na formação do resultado do processo, se todos os argumentos pela parte deduzidos no processo, e que sejam (ao menos em tese) capazes de levar a resultado que à parte favoreça, tiverem sido examinados.

Só se pode julgar contra a parte se todos os argumentos por ela suscitados e que sejam, em tese, capazes de lhe garantir um resultado favorável, tiverem sido expressamente rejeitados. O não cumprimento, por parte do órgão jurisdicional, do seu dever de considerar todos os argumentos da parte implica, então, violação à garantia constitucional do contraditório, negando-se, desse modo, a nota essencial e característica do processo (que é, precisamente, o contraditório), o que acarreta a nulidade da decisão. Nessa linha, vale citar o Enunciado nº 523 do FPPC.

> **Importante**
>
> Quanto à decisão proferida em caso idêntico a outro em que se tenha fixado um padrão decisório que servirá como paradigma para a decisão (como se tem, por exemplo, no julgamento de casos repetitivos), não se exige do órgão julgador que, ao proferir decisão sobre o novo caso, enfrente novamente os argumentos já enfrentados expressamente na decisão paradigma, sendo suficiente a demonstração de que o novo caso é idêntico àquele em que se fixou o paradigma (Enunciado nº 524 do FPPC).

Por fim, exige-se que na fundamentação das decisões judiciais sejam levados a sério os precedentes e enunciados de súmula, tanto nos casos em que eles são aplicados, como nas hipóteses em que a eles se nega aplicação. É o que se obtém com a interpretação dos incisos V e VI desse art. 489, § 1º.

Impende que se faça uma análise dos fundamentos determinantes do precedente (ou, para usar aqui uma expressão consagrada no estudo da teoria dos precedentes, é preciso examinar as *rationes decidendi*), justificando-se de forma precisa a aplicação desses fundamentos determinantes no caso sob julgamento com a demonstração de que este se ajusta àqueles fundamentos. É que, por meio do uso de precedentes e enunciados de súmula como fontes do Direito, o que se busca, ao menos no Direito brasileiro, é uma padronização decisória que permita que casos iguais (ou, pelo menos, análogos) recebam decisões iguais (ou, pelo menos, análogas). É absolutamente essencial, então, que se promova esse confronto analítico entre o caso precedente e o caso sob julgamento, indicando-se os pontos que os aproximam a ponto de aplicar-se o precedente ao novo caso.

E o mesmo raciocínio se aplica aos casos de distinção. Só por meio do confronto analítico entre o caso precedente e o novo caso, agora sob julgamento, se poderá demonstrar que o precedente é inaplicável, motivo pelo qual a decisão agora proferida dele se afasta. A não realização do confronto analítico entre o caso precedente e o caso sob julgamento gera, então, nulidade, pois o *distinguishing*, a distinção, se terá feito de forma irregular. Por fim, nos casos em que não se aplica o precedente invocado pela parte por ter sido ele superado (através da técnica conhecida como *overruling*), é também preciso justificar a não aplicação do precedente invocado pela parte, demonstrando-se as razões da superação. Vale registrar, aliás, que, nos casos em que a parte tiver invocado um precedente que sustenta ser aplicável ao caso e capaz de justificar uma decisão que lhe favoreça, o dever de fundamentar adequadamente sua não utilização, por ser caso de distinção ou de superação, resulta do mesmo direito à consideração dos argumentos que exige que a decisão se manifeste sobre todos os argumentos trazidos pela parte. Ora, a invocação de um precedente é, certamente, um argumento deduzido pela parte em seu favor e, por isso, precisa ser analisada adequadamente pelo órgão jurisdicional, que só terá bem fundamentado sua decisão se justificar – por ser caso de distinção ou de superação – a não utilização daquele precedente como fundamento do julgamento da causa.

A enumeração contida no § 1º do art. 489, registre-se, é meramente exemplificativa. É preciso ter claro que também às questões de fato se aplica o disposto no art. 489, § 1º (Enunciado nº 515 do FPPC). Por essa razão, a decisão sobre a matéria fática deve trazer, em sua fundamentação, a análise de todas as provas que poderiam, em tese, infirmar a conclusão alcançada (Enunciado nº 516 do FPPC). Dito de outro modo, não basta que o órgão julgador, na fundamentação da decisão, apresente a valoração positiva de provas (ou seja, a valoração das provas que serviram de base para a formação do convencimento judicial). Também a valoração negativa é exigida, devendo-se justificar a razão pela qual as provas que não foram aceitas foram valoradas negativamente.

Estabelecido esse mínimo essencial da decisão para que se repute estar ela fundamentada de modo constitucionalmente legítimo, substancialmente motivada, é preciso tecer algumas considerações acerca do disposto no § 2º do art. 489, por força do qual, "[n]o caso de colisão entre normas, o juiz deve justificar o objeto e os critérios gerais da ponderação efetuada, enunciando as razões que autorizam a interferência na norma afastada e as premissas fáticas que fundamentam a conclusão".

Há casos em que o julgador se depara com normas em conflito. Pode se tratar de um conflito entre regras ou de um (aparente) conflito entre princípios.

No caso de conflito entre princípios – que é sempre aparente –, é preciso recordar que, no caso de colisão entre eles, não é possível ao julgador afirmar que um revogue o outro. Ainda que, por algum motivo, um deles prevaleça no caso concreto, o outro permanece em vigor, íntegro. Pense-se, por exemplo, no caso em que um artista tenta impedir um jornal de divulgar uma matéria jornalística sobre algo de sua intimidade. Colidem (aparentemente), aí, dois princípios: o da dignidade da pessoa humana (garantidor do direito à privacidade) e o da liberdade de expressão (assegurador da liberdade de imprensa). Pois sempre será possível construir-se, discursivamente, uma justificativa para que um desses princípios estipule uma exceção ao outro, de modo que em cada caso concreto um deles prevaleça.

Pois tanto nos casos de conflito entre regras como naquele de colisão de princípios cabe ao juiz esclarecer, na decisão judicial, o critério usado para solucioná-lo, não bastando a vaga afirmação de que se usou este ou aquele método.

Não se pode, porém, deixar de dizer que colisões entre princípios são sempre aparentes. É que, nos casos em que parece haver esse tipo de colisão, identificada a decisão correta para o caso, se poderá afirmar que só um daqueles princípios era aplicável, e não o outro, de modo que entre eles não há, a rigor, qualquer colisão (a qual só existiria se ambos fossem, realmente, aplicáveis ao mesmo caso). E a fundamentação da decisão cumpre o papel de demonstrar qual era o único princípio aplicável, confirmando-se, desse modo, o caráter apenas aparente da colisão.

Portanto, a existência de um vício de fundamentação (que pode consistir em sua absoluta ausência ou na existência de uma fundamentação inadmissível, assim entendida a que se enquadra em alguma das hipóteses previstas nos incisos do § 1º do art. 489, ou que não atende à exigência feita pelo § 2º do mesmo artigo) acarreta a nulidade da decisão judicial.

1.2.3. *Dispositivo*

O dispositivo é a parte conclusiva da sentença, em que se encontra a decisão. É nele que, nos termos do art. 489, III, o juiz "resolverá as questões principais que as partes lhes submeterem". O dispositivo, porém, vai muito além disso. É nele que serão encontradas todas as decisões que o órgão julgador profira em sua sentença. É no dispositivo que se encontra o "comando" contido na sentença, e que a caracteriza. O dispositivo é, pois, o elemento mais importante da sentença, na medida em que é aí que se encontrará a decisão judicial, e, por conseguinte, a manifestação do poder de império estatal.

O dispositivo pode ser direto (quando o juiz, por exemplo, condena o réu a pagar determinada quantia) ou indireto (quando o juiz se limita a fazer referência ao lugar onde será encontrado o teor de sua decisão, como na hipótese de se julgar procedente o pedido na forma da petição inicial).

No caso da sentença, é o dispositivo que permite saber se o mérito da causa foi ou não resolvido e, tendo sido, se o pedido foi (no todo ou em parte) procedente ou improcedente. É no dispositivo que se sabe qual é o comando estatal que estabelece a solução do caso concreto. Pois é precisamente por isso que a ausência de dispositivo faz com que se considere a decisão viciada como inexistente. A decisão judicial que é proferida sem parte dispositiva não é, pois, e propriamente, uma decisão judicial. É algo que não se reconhece como decisão, sendo seu vício insanável. Contra ela não se admite

Cap. 10 – Sentença. Coisa Julgada

qualquer recurso (afinal, não seria possível recorrer contra uma "não decisão"), não pode ela ser executada (já que não existirá título que sirva de base para essa execução) nem transita ela em julgado (pois não pode transitar em julgado o que não existe).

2. COISA JULGADA

Contra uma decisão judicial pode (e em regra assim é) ser cabível a interposição de recurso. Fatores há, porém, que tornam a decisão irrecorrível. É que os recursos no Direito Processual Civil brasileiro são limitados e sujeitos a prazo de interposição. Assim, esgotados todos os recursos, ou decorrido o prazo para que o recurso admissível seja interposto, a decisão se torna irrecorrível.

A passagem da decisão da situação original (em que era recorrível) para essa nova situação (de irrecorribilidade) é chamada de *trânsito em julgado*. Algumas decisões, por serem irrecorríveis, já nascem transitadas em julgado (como é, por exemplo, o caso da decisão proferida pelo Pleno do STF no julgamento de arguição de descumprimento de preceito fundamental, nos termos do art. 12 da Lei nº 9.882/1999, com a ressalva de que podem ser cabíveis embargos de declaração contra essa decisão).

O trânsito em julgado é efeito da preclusão dos recursos (ou por terem sido todos usados, ou por ter decorrido o prazo sem que o recurso admissível tivesse sido interposto).

Coisa julgada é, pois, a *estabilidade da decisão judicial irrecorrível*. Mas nem todas elas alcançam, mesmo sendo irrecorríveis, esse grau de estabilidade (e, além disso, há diferentes graus de coisa julgada).

Não são os efeitos da sentença que se tornam imutáveis com a coisa julgada, mas sim o seu conteúdo, isto é, o que foi efetivamente decidido no pronunciamento judicial. Não é, pois, a eficácia da sentença que se torna imutável, mas a própria sentença.

> **Atenção**
>
> Há quem sustente que apenas o conteúdo declaratório da decisão judicial seria alcançado pela coisa julgada. Assim não é, porém. Também os conteúdos constitutivo e condenatório se tornam imutáveis. Não se pode confundir o conteúdo da sentença com seus efeitos. Assim é que, por exemplo, na sentença constitutiva, o conteúdo é a modificação da situação jurídica existente (entendendo-se o termo "modificação" no sentido de "ato de modificar"). Já o efeito da sentença constitutiva é a nova situação jurídica, surgida por força da sentença.

O mesmo se pode dizer (*mutatis mutandis*) para o conteúdo condenatório da sentença. Assim é que todos os elementos componentes do conteúdo da sentença – declaratórios, constitutivos ou condenatórios – se tornarão imutáveis e indiscutíveis com a coisa julgada.

A corrente doutrinária que defende ser a coisa julgada um efeito da sentença encontra-se equivocada. Isso porque a imutabilidade de uma sentença não lhe é "conatural". O que se quer dizer com essa afirmação é que será possível afirmar a existência de sentenças que em nenhum momento se tornam imutáveis e indiscutíveis. A impossibilidade de modificação da sentença a qualquer tempo, com a previsão de um número limitado de recursos, todos sujeitos a prazos de interposição, e a consequente imutabilidade da sentença a partir do momento em que a decisão se torne irrecorrível são uma opção de política legislativa, que surge pelo fato de o ordenamento ser voltado à preservação da segurança jurídica, a qual seria impossível de se alcançar se as questões submetidas ao crivo do Judiciário pudessem ser discutidas *ad infinitum*.

A doutrina brasileira majoritária afirmou que a coisa julgada não é um efeito da sentença, algo que decorra naturalmente dela, mas sim uma qualidade que passa a revesti-la a partir de certo momento. Também esse entendimento, porém, é inaceitável. A coisa julgada, a rigor, se revela como uma situação jurídica. Isso porque, com o trânsito em julgado da sentença, surge uma nova situação, antes inexistente, que consiste na imutabilidade e indiscutibilidade do conteúdo da sentença, e a imutabilidade e a indiscutibilidade é que são, em verdade, a autoridade de coisa julgada. Pode-se dizer, então, que a coisa julgada é essa nova situação jurídica, antes inexistente, que surge quando a decisão judicial se torna irrecorrível.

2.1. Coisa julgada formal e coisa julgada material

A coisa julgada é uma estabilidade alcançada por certas sentenças, produzindo uma relevante consequência (que se pode chamar de efeito negativo da coisa julgada): o impedimento à repropositura da demanda já decidida por sentença coberta pela autoridade de coisa julgada, sendo o caso de extinguir-se o processo, sem resolução do mérito, se a demanda vier a ser proposta novamente (art. 485, V), com as mesmas partes, mesma causa de pedir e mesmo pedido (art. 337, §§ 2º e 4º).

Porém, há duas espécies de coisa julgada, com diferentes graus de estabilidade: *coisa julgada formal* e *coisa julgada material* (ou substancial).

Chama-se coisa julgada formal a estabilidade alcançada, ao se tornarem irrecorríveis, por certas sentenças terminativas, isto é, sentenças que não contêm a resolução do mérito da causa.

É que em alguns casos, expressamente previstos na lei processual, embora terminativa a sentença, não será possível propor-se novamente a mesma demanda (salvo se corrigido o vício que acarretou a extinção). É o que se verifica pela leitura do disposto no art. 486, § 1º. Esse texto normativo faz alusão aos casos em que o processo é extinto sem resolução do mérito por litispendência (art. 485, V), indeferimento da petição inicial (art. 485, I), falta de pressuposto processual (art. 485, IV), falta de "condição da ação" (art. 485, VI) e existência de convenção de arbitragem ou de decisão de tribunal arbitral reconhecendo sua competência (art. 485, VII). Pois nesses casos a sentença terminativa tem uma estabilidade maior do que nos demais casos de extinção do processo sem resolução do mérito, não sendo possível simplesmente propor outra vez a demanda, o que só será admitido se o obstáculo ao exame do mérito vier a ser removido.

Em alguns casos, essa remoção é fácil. Basta pensar, por exemplo, na sentença terminativa por indeferimento da petição inicial. Pois bastará elaborar-se nova petição, sem o vício da anterior, para que se possa demandar novamente.

Há, porém, situações em que essa estabilidade é ainda maior. Pense-se, por exemplo, no caso de ter sido proferida sentença terminativa por se ter entendido que o demandante não tinha legitimidade ativa. Pois nesse caso será preciso demonstrar que o autor passou a ter uma legitimidade que anteriormente não tinha (como se daria, por exemplo, se viesse a ser posteriormente editada lei que conferisse legitimidade extraordinária ativa àquele demandante). Sem a correção do vício – que em alguns casos será virtualmente impossível –, não se poderá demandar novamente. Isso, porém, ocorre com sentenças que terão julgado extinto o processo sem resolução do mérito e, portanto, por razões processuais, formais. Daí o motivo pelo qual se fala, na hipótese, em *coisa julgada formal*.

Insista-se, porém, que nem toda sentença terminativa é alcançada pela coisa julgada formal. É o que se dá, por exemplo, com a sentença que extingue o processo por ter o autor desistido da ação (art. 485, VIII). Nesse caso, pode o demandante, livremente, repetir sua demanda e dar origem a novo processo, sem que haja qualquer impedimento (salvo a exigência de que tenham sido pagos as custas e os honorários advocatícios relativos ao processo anterior, nos termos do art. 486, § 2º). Nesses casos, então, não haverá coisa julgada formal, mas mera preclusão (que só produz efeitos no próprio processo em que se forma, não atingindo outros processos).

Diferente da coisa julgada formal, e ainda mais intensa (já que nem com a "correção do vício" seria possível demandar-se novamente), é a coisa julgada material, autoridade que acoberta as decisões de mérito irrecorríveis, tornando-as imutáveis e indiscutíveis (art. 502). Formada a coisa julgada material, o conteúdo da decisão de mérito se torna imutável e indiscutível, não mais podendo ser alterado.

Sintetizando, então, pode-se afirmar que as sentenças terminativas em geral ficam sujeitas à preclusão. As sentenças terminativas resultantes de litispendência, indeferimento da petição inicial, ausência de pressuposto processual ou de "condição da ação" ou da existência de convenção de arbitragem ou de pronunciamento de árbitro ou tribunal arbitral que reconheça sua competência são alcançadas pela coisa julgada formal, só se admitindo a repropositura da demanda se o obstáculo à apreciação do mérito for removido. Por fim, as sentenças de mérito são alcançadas pela coisa julgada material, não se admitindo, em hipótese alguma, que a mesma demanda seja novamente proposta.

Tenha-se claro, então, que coisa julgada é um gênero (que deve ser compreendido como a imutabilidade da sentença irrecorrível, capaz de impedir a reproposição da mesma demanda por aquela sentença já julgada), que comporta duas espécies: coisa julgada formal (que incide sobre algumas sentenças terminativas) e coisa julgada material (que incide sobre sentenças definitivas).

A coisa julgada (seja ela formal ou material) produz dois efeitos: *efeito negativo* e *efeito positivo*.

Instaurado novo processo cujo objeto já tenha sido apreciado por sentença que tenha alcançado a autoridade de coisa julgada, deverá esse novo feito ser extinto, sem resolução do mérito, em razão da existência da coisa julgada (art. 485, V, do CPC). A coisa julgada funciona, pois, como impedimento processual, o que significa dizer que sua existência impede que o juiz exerça cognição sobre o objeto do processo. Trata-se, como se vê, de questão preliminar ao mérito (do novo processo). O efeito negativo impede que a mesma demanda seja reproposta *sem que se corrija o vício que levou à extinção do primeiro processo*, enquanto a coisa julgada material impede de forma absoluta a reproposição da mesma demanda.

Ocorre que o sistema processual brasileiro adota, como regra geral, a chamada teoria das três identidades ou teoria do *tria eadem*. Significa isso dizer que se está diante de uma repetição da demanda já proposta quando a que agora se propõe tem as mesmas partes, a mesma causa de pedir e o mesmo pedido da anteriormente proposta. Isso significa dizer que, como regra geral, a coisa julgada só implica extinção de processo que se instaure após sua formação se esse novo feito decorrer da mesma demanda que levou à instauração do primeiro processo, sendo certo que se tratará da mesma demanda duas vezes ajuizada quando seus três elementos identificadores são os mesmos.

Sucede, porém, que a teoria das três identidades não é capaz de explicar todas as hipóteses, servindo, tão somente, como regra geral. Há casos em que se deve aplicar a "teoria da identidade da relação jurídica", segundo a qual o novo processo deve ser extinto quando a relação jurídica de direito material for a mesma que se deduziu no processo primitivo, ainda que haja diferença entre alguns dos elementos identificadores da demanda.

Após o trânsito em julgado da sentença, propõe o mesmo autor nova demanda, em face do mesmo réu, e com base na mesma causa de pedir, mas agora pleiteando a condenação do réu ao pagamento do débito. Parece claro que se está diante de demandas distintas, já que os pedidos formulados são diferentes. Ainda assim, porém, o resultado desse segundo processo será a prolação de sentença terminativa, extinguindo o processo sem resolução do mérito, em razão da existência de coisa julgada revestindo a sentença que declarou a inexistência do crédito. Esse resultado, porém, não é alcançado pela utilização da teoria da tríplice identidade, mas sim pela teoria da identidade da relação jurídica.

Diferente é o efeito positivo da coisa julgada. É que pode ocorrer de, após a formação da coisa julgada, instaurar-se novo processo, com objeto distinto do anterior, em que a questão decidida naquele primeiro seja um antecedente lógico do objeto deste segundo feito.

Nessa questão que ora se suscita o resultado do segundo processo, obviamente, não será a extinção sem resolução do mérito. O que há de comum entre essa hipótese e a que se levantou anteriormente, da coisa julgada na "ação declaratória" impedindo a apreciação da demanda condenatória, é que tanto numa hipótese como na outra a coisa julgada deve ser respeitada, fazendo com que se considere imutável e indiscutível o que já foi objeto de decisão por sentença de que não mais caiba recurso. Desse modo, se surgir um processo em que haja uma questão prejudicial que já tenha sido objeto de resolução por decisão transitada em julgado, tal questão não poderá ser discutida no novo processo, cabendo ao juiz, tão somente, tomar o conteúdo da decisão transitada em julgado como indiscutível. Pois é este, exatamente, o *efeito positivo da coisa julgada*: será, necessariamente, respeitada quando do julgamento de causa distinta, mas subordinada à que já foi definitivamente resolvida por decisão irrecorrível.

EM RESUMO:

CLASSIFICAÇÃO DAS SENTENÇAS DE PROCEDÊNCIA DO PEDIDO

Conteúdo	Efeito	Exemplo
Sentença meramente declaratória – declaração.	Acertamento/delimitação dos fatos e/ou dos termos da relação jurídica.	Reconhecimento de união estável.
Sentença constitutiva: declaração + comando para criar, modificar ou extinguir relação jurídica.	Como efeito, tem-se a criação, modificação ou extinção da relação jurídica, os termos da decisão.	Sentença que determina o divórcio, com a consequente alteração do estado civil; sentença que declara a paternidade entre criança ou adolescente e investigado (ação de investigação de paternidade).
Sentença condenatória: declaração + comando para que o réu adote um comportamento: fazer, não fazer, entregar coisa ou dinheiro.	A possibilidade de se instaurar execução forçada.	Sentença que condena o réu a entregar quantia certa para indenizar o autor, por danos materiais e/ou morais; sentença que condena a pagar alimentos.

COISA JULGADA	
Conceito	Autoridade que reveste a decisão judicial não mais sujeita a recurso, tornando-a estável, imutável e indiscutível.
Classificação	Formal: imutabilidade endoprocessual, associada às sentenças terminativas. Material: imutabilidade extraprocessual, associada às sentenças definitivas.
Requisitos	Coisa julgada formal: decisão não mais sujeita a recurso. Coisa julgada material: decisão de mérito, proferida em cognição exauriente, não mais sujeita a recurso. Obs.: Perceba que por esse critério as decisões parciais de mérito também fazem coisa julgada material.
Limites objetivos	Apenas a parte dispositiva da decisão. Excluem-se, portanto, os motivos, ainda que determinantes, e a verdade dos fatos, estabelecida como fundamento. Obs.: A questão prejudicial, decidida expressa e incidentemente no processo, pode ser alcançada pela coisa julgada, desde que observados os critérios do art. 503 do CPC.
Limites subjetivos	A decisão faz coisa julgada às partes entre as quais é dada, não prejudicando terceiros.
Coisa julgada *rebus sic stantibus*	Remete à ideia de que as coisas permanecem iguais enquanto forem iguais. Aplica-se às relações de trato sucessivo. Uma alteração será possível, desde que haja modificação no estado de fato ou direito da relação jurídica (ex.: ação de alimentos).
Coisa julgada *secundum eventum litis*	A formação da coisa julgada material, que aqui pressupõe decisão de mérito, tem um requisito extra, associado à fundamentação. Nesses casos, a insuficiência de prova, evocada como fundamento, impede a formação da coisa julgada material (ex.: ação civil pública e ação popular).

Capítulo 11

Recursos: Disposições Gerais

1. TEORIA GERAL DOS RECURSOS

1.1. Conceito

Recurso é o meio voluntário de impugnação de decisões judiciais capaz de produzir, no mesmo processo, a reforma, a invalidação, o esclarecimento ou a integração do pronunciamento impugnado.

Recorre contra uma decisão judicial aquele que vê seus interesses contrariados pelo pronunciamento judicial que se impugna.

> **Atenção**
>
> Uma vez que não existe recurso obrigatório, não se poderia considerar a remessa necessária (art. 496) como tal.

Surge dentro do mesmo processo em que foi proferida a decisão impugnada, o que o difere das "ações autônomas de impugnação", como a "ação rescisória" ou a reclamação, tratando-se, pois, de um incidente do mesmo processo em que prolatado o pronunciamento impugnado.

> **Importante**
>
> Há que se notar que existe um recurso – o agravo de instrumento – em que são formados autos apartados, os quais são enviados ao tribunal, enquanto os autos principais permanecem com o juízo de primeira instância. A formação de novos autos não implica o aparecimento de processo novo. O que se tem na hipótese é um desdobramento do procedimento, o qual irá pender, simultaneamente, perante o juízo de primeiro grau e o tribunal.

O Direito Processual Civil brasileiro adota um sistema de taxatividade recursal, por força do qual só existem os recursos expressamente previstos em lei.

São, pois, cabíveis no sistema processual brasileiro os seguintes recursos (art. 994): apelação, agravo de instrumento, agravo interno, embargos de declaração, recurso ordinário, recurso especial, recurso extraordinário, agravo em recurso especial ou extraordinário e embargos de divergência. Além destes, evidentemente, outros recursos podem ser encontrados, criados por leis extravagantes (como é o caso dos embargos infringentes previstos no art. 34 da Lei nº 6.830/1980, cabíveis em certos processos de execução fiscal).

Em primeiro lugar (hipótese mais frequente), o recurso pode ter por objeto a reforma da decisão judicial impugnada. Isso se dará toda vez que o recorrente afirmar a existência, no pronunciamento recorrido, de um *error in judicando*, isto é, de um erro de julgamento. Este se define como o equívoco na conclusão da decisão recorrida.

> **Atenção**
>
> O *error in judicando* não se refere apenas aos erros no julgamento do mérito da causa, ocorrendo também em matéria processual. Nos casos em que há *error in judicando*, o resultado do julgamento do recurso é a reforma da decisão recorrida.

Situação diversa é a que se tem quando o recurso é interposto sob o fundamento de a decisão impugnada ter sido proferida com *error in procedendo*. Esse é um vício de forma, ao contrário do anterior, em que havia um vício de conteúdo. O *error in procedendo* está sempre ligado ao descumprimento de uma norma de natureza processual e consiste em vício formal da decisão, que acarreta sua nulidade. Nessa hipótese, o objeto do recurso não será a reforma da decisão recorrida, mas sua invalidação.

Diferente, então, será o resultado produzido pelo recurso quando se identificar um *error in procedendo* (isto é, um erro de atividade). Nos *errores in procedendo* não há qualquer relevância em verificar se a conclusão adotada pelo pronunciamento recorrido está correta ou equivocada. O que se tem, nesses casos, é um vício na atividade de produção da decisão judicial.

A decisão não fundamentada é viciada no seu modo de produção, incompatível com o ordenamento processual e, pois, inválida. O mesmo se tem no caso de decisão produzida por juízo incompetente; na decisão proferida sem respeito ao princípio do contraditório; no pronunciamento judicial contrário à boa-fé objetiva (como é o caso da decisão que indefere a produção de prova requerida pelo autor e julga improcedente o pedido por insuficiência de provas); na sentença que indefere a petição inicial sem ter sido indicada com precisão a emenda à inicial que o autor deveria fazer para regularizá-la etc. Nesses casos – e em muitos outros – há vício de atividade, capaz de invalidar a decisão judicial, ainda que a conclusão nela adotada seja correta. Presente, pois, o *error in procedendo*, motivo pelo qual caberá ao órgão competente para julgar o recurso invalidar a decisão, cassando-a para que outra venha a ser produzida sem o vício que contaminou o pronunciamento recorrido.

O recurso produzirá a integração de uma decisão judicial quando esta contiver alguma omissão, não tendo se manifestado a respeito de algo que deveria ter sido expressamente enfrentado no pronunciamento judicial. Por integração entende-se a atividade de suprir lacunas, o que nos faz concluir que aqui o recurso será destinado a suprir omissões contidas na decisão judicial. Trata-se de hipótese diferente da considerada logo antes desta. Aqui a atividade julgadora não se encerrou, haja vista ter o juízo omitido uma questão sobre a qual deveria ter se pronunciado. Nesse caso, quer-se não somente que o juiz reexprima o que já havia dito, mas se pretende reabrir a própria atividade decisória, com a apreciação da questão que ainda não havia sido apreciada.

Por fim, só se admite recurso contra pronunciamentos judiciais que tenham conteúdo decisório (sentenças, decisões interlocutórias e acórdãos). Os despachos de mero expediente, pronunciamentos desprovidos de qualquer conteúdo decisório, são irrecorríveis (art. 1.001 do CPC).

> **Atenção**
>
> Só se admite recurso para impugnar decisão judicial, mas nem todo pronunciamento judicial pode ser impugnado mediante recurso. Existem decisões judiciais que são irrecorríveis. É o caso, por exemplo, da decisão que releva a pena de deserção (art. 1.007, § 6º). É também o caso da decisão do relator do recurso especial que reputa prejudicial um recurso extraordinário (art. 1.031, § 2º).

1.2. Classificação

Há diversas formas de se classificar o recurso. Assim é que ele pode ser de fundamentação livre ou de fundamentação vinculada; total ou parcial; independente ou subordinado; ordinário ou excepcional (também chamado extraordinário).

A primeira forma de classificar os recursos decorre dos fundamentos que podem ser empregados para arrazoar o recurso. E aí se fala em *recursos de fundamentação livre* e *recursos de fundamentação vinculada*.

Quando um recurso é de fundamentação livre, admite-se qualquer que seja o fundamento empregado para impugnar a decisão recorrida, não estabelecendo a lei processual qualquer tipo de limitação. É o que se dá, por exemplo, com a apelação ou o agravo de instrumento. Nesses casos, a lei processual estabelece qual o pronunciamento que pode ser impugnado, sem dizer por quais razões o recurso pode ser interposto. O recorrente, por isso, é livre para estabelecer os fundamentos pelos quais pretende impugnar a decisão recorrida.

Já nos recursos de fundamentação vinculada, a lei processual estabelece os possíveis fundamentos que podem ser empregados para impugnar a decisão recorrida. É o caso, por exemplo, dos embargos de declaração (em que o recurso só pode ser interposto fundado em alegação de obscuridade, contradição, omissão ou existência de erro material na decisão), do recurso extraordinário (que só pode fundar-se nas hipóteses previstas no art. 102, III, da Constituição) ou do recurso especial (que só pode ser interposto com fundamento em algum dos permissivos do art. 105, III, da Constituição). Quando o recurso é de fundamentação vinculada, portanto, a interposição do recurso por fundamento distinto daqueles previstos em lei acarreta a sua inadmissibilidade.

A segunda forma de classificar o recurso decorre do fato de que uma decisão judicial pode ser impugnada por inteiro ou apenas parcialmente. Chama-se recurso total aquele que ataca todo o conteúdo impugnável da decisão, e parcial o que deixa incólume parte desse conteúdo impugnável.

> **Atenção**
>
> Note-se que, ao definir o recurso total e o recurso parcial, não se fala em impugnar toda a decisão, ou parte dela, mas em atacar todo o conteúdo impugnável da decisão ou parte dele. Isso porque a lei pode limitar esse conteúdo, não se admitindo recurso contra toda a decisão, mas apenas contra parte dela. O recurso que ataque toda essa parte contra a qual se admite sua interposição será um recurso total.

Outra forma de classificação diz respeito ao recurso independente (ou autônomo) e ao subordinado. Nos termos do art. 997 do CPC, cada parte interpõe seu recurso no prazo, independentemente, e observadas as exigências legais. Pode ocorrer, assim, que ambas as partes recorram contra uma dada decisão. O recurso de cada uma delas será independente do outro e, por isso, chamado de recurso autônomo. Pode acontecer, porém, que numa hipótese de sucumbência recíproca, assim considerada aquela situação em que a decisão acarreta satisfação parcial dos interesses de ambas as partes, uma das partes fique, a princípio, satisfeita com a decisão, optando por aceitar o resultado do processo. A outra parte, porém, interpõe recurso (o qual será, obviamente, um recurso autônomo). Permite a lei (no mesmo art. 997 do CPC) que, nessa situação, a outra parte interponha recurso adesivo, ou seja, um recurso subordinado ao da outra parte. Esse recurso só será julgado se o recurso principal for admitido. Julgado inadmissível o recurso independente, automaticamente se terá por inadmissível o recurso adesivo, aplicando-se aqui a conhecida regra segundo a qual o acessório segue o principal. Nessa hipótese, ocorrerá o trânsito em julgado da decisão, o que – afinal de contas – havia sido considerado satisfatório pela parte que deixara de interpor recurso independente, optando por recorrer adesivamente. Tem-se aí, portanto, um interessante mecanismo destinado a evitar a interposição de recursos que a princípio não eram queridos: a interposição do recurso de forma subordinada.

É que, como visto, pode acontecer de uma das partes, mesmo vencida, considerar que a decisão proferida não lhe é de todo ruim, e, nesse caso, só pretender recorrer se a outra parte também tiver recorrido. Pois nesse caso se reconhece a existência de uma segunda oportunidade recursal. Em caso de sucumbência recíproca, pode qualquer das partes não recorrer no prazo de que normalmente disporia, limitando-se a esperar para ver se a parte contrária interpõe o seu recurso.

Importante

É preciso observar, porém, dois detalhes: primeiro, a denominação "recurso adesivo", embora tradicional no Direito brasileiro – já tendo sido adotada anteriormente, ao tempo do CPC de 1973 –, não é a mais adequada, pois o que se tem aí é, verdadeiramente, um recurso subordinado (enquanto o recurso da outra parte será o recurso principal ou independente); segundo, recurso adesivo não é uma espécie de recurso (como a apelação ou o agravo de instrumento), mas uma forma de interposição de certos recursos.

Assim, se for proferida uma sentença que produza sucumbência recíproca, poderá o autor ou o réu interpor apelação principal e a outra parte interpor sua apelação de forma adesiva. Não se tem, porém, propriamente uma adesão (não obstante o texto do § 1º do art. 997), já que o "recorrente adesivo" não adere propriamente ao recurso independente (pois não o apoia, não pretende que seja ele provido), mas interpõe recurso em que busca obter resultado que lhe é favorável (e, por consequência, é desfavorável àquele que interpôs o recurso principal).

O "recurso adesivo" é, pois, subordinado ao recurso principal (art. 997, § 2º, parte inicial). O exame de seu mérito depende não só do preenchimento de todos os requisitos de admissibilidade que a espécie recursal interposta normalmente exigiria (art. 997, § 2º), mas, além disso, exige, também, que se possa julgar o mérito do recurso principal (art. 997, § 2º, III). Desse modo, sempre que o tribunal deixar de conhecer do recurso principal (por ter havido desistência, ou por ser ele por qualquer razão reputado inadmissível), estará, automaticamente, fechada a porta para o exame do mérito do recurso adesivo, do qual não se conhecerá.

Apenas demandantes e demandados podem recorrer adesivamente (art. 997, § 1º, que fala em "autor e réu", afirmando que ao recurso "interposto por qualquer deles" poderá "o outro" aderir). O Ministério Público, na qualidade de fiscal da ordem jurídica, e terceiros eventualmente prejudicados não podem interpor recurso adesivo. A forma adesiva de interposição de recurso só é admissível na apelação, no recurso extraordinário e no recurso especial (art. 997, § 2º, II). Outros recursos, como o agravo de instrumento ou o agravo interno, não podem ser interpostos adesivamente, só sendo admissíveis se interpostos em caráter independente.

O recurso adesivo não é, porém, o único recurso subordinado que se encontra no sistema processual civil brasileiro. Também a apelação que se interpõe na mesma petição usada para apresentar contrarrazões à apelação da parte contrária, prevista no art. 1.009, § 1º, do CPC, é recurso subordinado, e se submete ao mesmo regime processual do recurso adesivo. Assim, dele não se conhecerá caso o recurso autônomo não seja admitido.

Há uma tendência doutrinária que tem se revelado dominante, a qual apresenta uma outra forma de classificação dos recursos, falando em recursos ordinários e excepcionais (ou extraordinários).

São ordinários os recursos cujo objeto imediato é a tutela do direito subjetivo, e excepcionais aqueles cujo fim imediato é a tutela do direito objetivo. Encontram-se na primeira espécie recursos como a apelação e o agravo de instrumento, e na segunda, o recurso extraordinário e o recurso especial.

Nos recursos ordinários, em que o objeto imediato é a tutela do direito subjetivo do recorrente, podem-se discutir questões de fato e de direito. Já nos recursos excepcionais, cujo objeto imediato é a tutela do direito objetivo (Constituição e Direito federal), e apenas mediatamente se tutela o direito subjetivo, somente questões de direito poderão ser suscitadas. Isso explica, por exemplo, a existência do Enunciado nº 7 da súmula da Jurisprudência Predominante do STJ, que proíbe a admissão de recurso especial para mero reexame de prova (afinal, as provas estão ligadas às alegações de fato, e não às de direito).

Diga-se, por fim, que é preferível falar em recursos excepcionais, e não em "recursos extraordinários", como muitos doutrinadores, porque o nome recurso extraordinário é tradicionalmente empregado no Direito brasileiro para designar uma espécie de recurso (espécie, aliás, que integra o gênero aqui denominado "recursos excepcionais").

1.3. Juízo de admissibilidade e juízo de mérito

O julgamento dos recursos divide-se em duas fases, denominadas juízo de admissibilidade e juízo de mérito. Na primeira delas, preliminar, verifica-se a presença dos requisitos de admissibilidade do recurso. Sendo positivo esse juízo, ou seja, admitido o recurso, passa-se, de imediato, ao juízo de mérito, fase do julgamento em que se examinará a procedência ou não da pretensão manifestada no recurso. Pode-se dizer que existe uma escalada de posições jurídicas, a ser assim considerada: a) direito de interpor o recurso; b) direito de ver o mérito do recurso julgado; c) direito de ver o recurso provido.

A primeira dessas posições é a mais ampla, sendo certo que qualquer pessoa pode interpor recurso. Já a segunda abrange um campo mais restrito, uma vez que apenas aqueles dentre os titulares do direito de interpor recurso que preencherem todos os requisitos de admissibilidade do recurso poderão ver se realizar o juízo de mérito. O resultado desse juízo de mérito, porém, pode ser de qualquer teor, favorável ou desfavorável, e ainda assim existirá essa posição jurídica aqui referida (b). Dentre os que têm direito ao juízo de mérito, apenas alguns terão direito ao provimento do recurso, a terceira posição. Esse direito é exclusivo daqueles que, além de terem direito ao juízo de mérito, manifestam – por meio de seu recurso – uma pretensão fundada, procedente. Somente estes verão o órgão judiciário competente para apreciar o recurso dar-lhe provimento, reformando, invalidando, esclarecendo ou integrando a decisão judicial impugnada.

Interposto o recurso, portanto, inicia-se a sua apreciação, o que se faz com a realização do juízo de admissibilidade. Este pode ser definido como a fase do julgamento do recurso em que se verifica a presença ou não dos requisitos de sua admissibilidade, revelando-se como preliminar do juízo de mérito.

Varia a forma como se realiza o juízo de admissibilidade, sendo tal variação determinada pela forma como a lei regulamenta o procedimento a ser observado em cada espécie de recurso. Há, porém, um sistema básico, observado como regra geral, e que raramente sofre alterações de maior vulto. Assim é que, em regra, o recurso é interposto perante o órgão *a quo* (ou seja, perante o órgão que proferiu a decisão recorrida). Esse órgão, porém, não exerce juízo de admissibilidade, que é exercido exclusivamente pelo órgão *ad quem* (ou seja, pelo órgão a que cabe julgar o mérito do recurso), primeiro pelo relator ali designado, e depois pelo órgão colegiado.

Exceções a essa regra geral são o agravo de instrumento (que não é interposto perante o órgão *a quo*, mas diretamente perante o tribunal *ad quem*) e os recursos especial e extraordinário, que se submetem a um primeiro juízo de admissibilidade no Tribunal *a quo*, como resulta do art. 1.030 do CPC.

Quando um recurso é admissível, diz-se que ele será conhecido. Não conhecer de um recurso (art. 76, § 2º, I; art. 101, § 2º; e art. 932, III), portanto, significa o mesmo que o declarar inadmissível.

Ultrapassado o juízo de admissibilidade (ou, em outros termos, tendo o órgão *ad quem* conhecido do recurso), passa-se ao juízo de mérito, no qual o órgão jurisdicional competente passa a conhecer da pretensão manifestada pelo recorrente em sua petição de interposição do recurso. Sendo procedente tal pretensão, dá-se provimento ao recurso. Em caso contrário, nega-se provimento a ele.

A distinção entre o juízo de admissibilidade e o juízo de mérito é importante por diversas razões, por exemplo, a produção do efeito de substituir ou invalidar a decisão recorrida, que apenas as decisões de mérito proferidas no julgamento dos recursos são aptas a produzir. Outro ponto capaz de revelar a importância dessa distinção é o do momento da formação da coisa julgada. Sendo negativo o juízo de admissibilidade,

O provimento que deixa de admitir o recurso tem conteúdo meramente declaratório, limitando-se a tornar certo que a decisão contra a qual se recorreu não admitia mais impugnação, e seu trânsito em julgado terá se dado no momento em que ao pronunciamento se tenha tornado irrecorrível, e não no momento do julgamento do recurso.

Vale lembrar que determinar o momento do trânsito em julgado de uma decisão é relevante por diversas razões, por exemplo, para se poder saber se essa decisão produz efeitos de modo provisório ou definitivo.

Outro fator importante na distinção entre admissibilidade e mérito do recurso diz respeito à competência para a rescisão das sentenças e acórdãos. Tendo sido admitido o recurso (e, por conseguinte, tendo sido seu mérito julgado), é a decisão do recurso, e não a decisão recorrida, que pode ser rescindida. Já na hipótese de se ter considerado o recurso inadmissível, permanece possível a propositura de "ação rescisória" com o fim de atacar a decisão impugnada pelo recurso que não se admitiu.

É de se afirmar aqui que seria impossível realizar um estudo sistemático do juízo de mérito, já que seu conteúdo variará conforme o caso concreto. Registre-se, aliás, que o mérito do recurso não corresponde, necessariamente, ao mérito do processo.

É possível, porém, uma análise sistemática do objeto da cognição exercida no juízo de admissibilidade, já que tal se compõe dos requisitos de admissibilidade dos recursos. Tais requisitos se dividem em genéricos e específicos. Aqueles são, em linha de princípio, aplicáveis a todos os recursos (salvo exceção expressamente prevista em lei), como, por exemplo, a tempestividade e o interesse em recorrer, enquanto os requisitos específicos dizem respeito a um (ou alguns) recurso, como é o caso do prequestionamento, requisito específico de admissibilidade dos recursos excepcionais.

1.3.1. *Requisitos de admissibilidade dos recursos*

Não há consenso doutrinário quanto a quais sejam esses requisitos e a um modo de classificá-los. Necessário, porém, para a compreensão da metodologia aqui proposta, afirmar que os requisitos de admissibilidade dos recursos nada mais são do que manifestações, em grau de recurso, das "condições da ação" e dos pressupostos processuais.

A interposição do recurso é uma forma de exercício do direito de ação. Aquele que recorre se dirige a um órgão jurisdicional e, por fundamentos que deduz, formula pedido cujo objeto é a produção de uma decisão que lhe favoreça. Pois isso nada mais é do que exercer o direito de ação. Afinal, sempre que alguém atua no processo ocupando uma posição ativa, buscando influenciar na formação do seu resultado, está-se diante de um ato de exercício do direito de ação.

Só será considerado admissível o recurso se estiverem presentes a legitimidade e o interesse. É preciso, porém, verificar como essas "condições" se manifestam em sede recursal. São, pois, requisitos de admissibilidade dos recursos as "condições do recurso" (legitimidade para recorrer e interesse em recorrer).

Cap. 11 – Recursos: Disposições Gerais

A apreciação do mérito do recurso exige que o processo se desenvolva, perante o tribunal, de forma regular, o que impõe a observância de alguns requisitos, necessários para o desenvolvimento válido e regular do processo, os pressupostos processuais. Também aqui, porém, é preciso verificar como os pressupostos processuais se manifestam em sede de recurso. A admissibilidade do recurso, portanto, exige o preenchimento dos pressupostos recursais (investidura do órgão *ad quem*, capacidade processual, regularidade formal da interposição do recurso).

Por fim, é sempre preciso recordar que o exame do mérito exige que não esteja presente nenhum impedimento processual, assim compreendidos os fatos cuja existência é impeditiva da admissibilidade da resolução do mérito. Pense-se, por exemplo, na litispendência, na coisa julgada ou na convenção de arbitragem. Pois também em grau de recurso não pode estar presente algum impedimento recursal (aceitação da decisão, desistência do recurso e renúncia ao direito de recorrer).

Para que seja admissível um recurso, é preciso que estejam presentes as "condições do recurso" e os pressupostos recursais, e que não esteja presente qualquer impedimento recursal.

Condições do recurso

As "condições do recurso" nada mais são do que projeções das "condições da ação". Assim sendo, há que se considerar aqui essas aplicações especiais da legitimidade das partes e do interesse de agir, que são a legitimidade para recorrer e o interesse em recorrer.

Legitimidade para recorrer é a aptidão que deve ter aquele que interpõe o recurso para, naquele caso concreto, impugnar a decisão judicial. Pois, nos termos do art. 996, têm legitimidade para recorrer as partes, o terceiro prejudicado e o Ministério Público.

O conceito de partes a ser empregado aqui é bastante amplo, de forma a compreender todos os sujeitos parciais do processo. Em outros termos, estão legitimadas a recorrer as partes do processo (e não só as partes da demanda, isto é, o demandante e o demandado). Assim, todo aquele que participa do processo como sujeito do contraditório (como é o caso do assistente, por exemplo) pode recorrer na qualidade de parte.

> **Importante**
>
> O *amicus curiae*, embora seja parte do processo em que intervém, só pode recorrer da decisão que aprecia o incidente de resolução de demandas repetitivas (art. 138, § 3º), e, por integrar o mesmo microssistema, também está ele legitimado a recorrer da decisão proferida no julgamento de recursos (especiais ou extraordinários) repetitivos ou do incidente de assunção de competência. Além disso, o *amicus curiae* só está legitimado a opor embargos de declaração.

Não basta ser parte para que se esteja legitimado a recorrer. Impõe-se, também, verificar que interesse pretende o recorrente ver protegido com seu recurso. É que, ao menos como regra geral, só se tem legitimidade para postular em juízo na defesa de interesses próprios (legitimidade ordinária), admitida a defesa, em nome próprio, de interesses alheios nos casos previstos no ordenamento jurídico (legitimidade extraordinária, prevista no art. 18).

Também se considera legitimado a recorrer o terceiro prejudicado. O recurso de terceiro é uma modalidade de intervenção voluntária de terceiro.

Pois, se um terceiro é titular de direito (ou está extraordinariamente legitimado a defender direito de outrem) que pode vir a ser afetado pela decisão judicial, deve-se admitir que interponha recurso contra tal decisão. Não é por outra razão, aliás, que o parágrafo único do art. 996 estabelece que "cumpre ao terceiro demonstrar a possibilidade de a decisão sobre a relação jurídica submetida à apreciação judicial atingir direito de que se afirme titular ou que possa discutir em juízo como substituto processual".

Por fim, o Ministério Público está legitimado a recorrer nos processos em que é parte (pela óbvia razão de que as partes estão legitimadas a recorrer), mas também nos casos em que intervém no processo como fiscal da ordem jurídica.

> **Importante**
>
> Discute-se a possibilidade de o Ministério Publico interveniente, nos processos em que tal intervenção se dá por haver interesse de incapaz, poder recorrer contra decisão favorável aos interesses da pessoa cuja presença no processo tornou obrigatória sua intervenção. Pois a resposta deve ser positiva. Não se pode admitir que o Ministério Público, guardião dos interesses maiores da sociedade, seja obrigado a se calar diante de uma decisão incorreta proferida num processo no qual é chamado a intervir como fiscal da ordem jurídica. O Ministério Público não pode ser chamado a defender o mau direito, pois sua função precípua não é a defesa dos interesses individuais de quem quer que seja, mas sim a dos interesses sociais.
>
> Vale registrar, ainda, que no STJ firmou-se o correto entendimento (sumulado no Enunciado nº 99) segundo o qual o Ministério Público tem legitimidade para recorrer nos processos em que atua como fiscal da lei mesmo que as partes não tenham recorrido.

Além de legitimidade, exige-se ainda que o recorrente tenha interesse em recorrer. Este se conceitua como a utilidade do recurso interposto. É que por meio do recurso deve o recorrente postular decisão capaz de lhe proporcionar situação jurídica mais favorável do que aquela que lhe é proporcionada pela decisão recorrida.

O interesse em recorrer se desdobra em dois elementos: interesse-necessidade e interesse-adequação.

O recurso é necessário se é o único meio capaz de proporcionar, no mesmo processo, o resultado pretendido. Assim, se houver outro meio além do recurso que se apresente como capaz de, no mesmo processo, produzir o resultado prático pretendido pelo recorrente, o recurso não se afigurará necessário e, portanto, faltará interesse em recorrer.

Tenha-se claro, porém, que a necessidade do recurso é examinada a partir da existência ou não de outros meios capazes de proporcionar o resultado pretendido *dentro do mesmo processo*. O fato de haver algum meio que permita buscar o resultado em processo autônomo não interfere na verificação da presença dessa "condição do recurso".

Além de necessário, o recurso deverá ser adequado.

No sistema processual brasileiro existe a previsão de várias espécies recursais distintas. Apelação, agravo de instrumento, agravo interno, recurso especial e recurso extraordinário são alguns desses recursos em espécie. E existe, sempre, a previsão dos casos em que a utilização de cada uma dessas espécies recursais é adequada. Assim, por exemplo, é adequada a interposição de apelação (e, portanto, de nenhum outro recurso) para impugnar uma sentença proferida por juízo de primeira instância. Já o recurso contra decisões monocráticas proferidas nos tribunais é o agravo interno. Veja-se, então, que, se um juiz de primeira instância indefere a petição inicial de um processo, o recurso adequado é a apelação, mas, se o relator indefere a petição inicial de um processo de competência originária do tribunal, o recurso adequado é o agravo interno.

Pois é preciso que se tenha interposto o recurso adequado para que este possa vir a ser admitido e, por conseguinte, julgado no mérito. A interposição de recurso inadequado implica, a princípio, sua inadmissibilidade por ausência de interesse recursal. Essa não é, porém, uma visão absoluta. É que, por força do princípio da primazia da resolução do mérito (art. 4º), deve-se sempre buscar sanar os vícios processuais que podem ser sanados. E isso se aplica, também, à admissibilidade dos recursos. Daí por que se pode afirmar a existência de duas regras que resultam daquele princípio (da primazia da resolução do mérito): a da convertibilidade dos recursos e a da fungibilidade dos recursos.

A regra da convertibilidade dos recursos se aplica em três casos apenas. A interposição de recurso especial em caso em que seria admissível o recurso extraordinário acarreta a conversão daquele neste, na forma do art. 1.032. Do mesmo modo, a interposição de recurso extraordinário em caso em que seria adequada a interposição de recurso especial também acarreta a conversão, nos termos do art. 1.033.

A terceira hipótese é a da apresentação de embargos de declaração quando, na verdade, o recurso adequado seria agravo interno (art. 1.024, § 3º). Nesse caso, determina-se a intimação do recorrente para complementar sua petição de forma a atender ao disposto no art. 1.021, § 1º, convertendo-se os embargos de declaração em agravo interno.

Já a regra da fungibilidade se aplica nos demais casos (Enunciado nº 104 do FPPC). Sempre que um recurso inadequado for interposto no lugar do recurso adequado, será possível admitir o "recurso errado" no lugar do "recurso certo" (sem que haja necessidade de conversão) se não houver erro grosseiro na sua interposição nem má-fé do recorrente. Em primeiro lugar, é preciso recordar a possibilidade de haver dúvida quanto ao recurso adequado. A dúvida de que aqui se trata, porém – e é preciso ter isso bem claro –, é a que resulta de divergência doutrinária ou jurisprudencial acerca do ponto.

Havendo divergência acerca do recurso adequado para impugnar determinado tipo de decisão judicial, será possível admitir (já que fungíveis entre si) qualquer dos recursos cujo cabimento seja sustentado por alguma das correntes doutrinárias ou jurisprudenciais em disputa. É o caso, por exemplo, da decisão que julga procedente o pedido formulado em "ação de exigir contas", encerrando a primeira fase desse procedimento especial. É que há autores que entendem ser cabível apelação, enquanto outros sustentam ser cabível agravo de instrumento. Em casos assim, então, os quais são absolutamente excepcionais, deve-se considerar aplicável a regra da fungibilidade recursal. Perceba-se que não se trata, aqui, de converter um recurso em outro, mas de admitir o "recurso errado" no lugar do "recurso correto".

É preciso, porém, que também não haja má-fé daquele que interpôs o recurso inadequado.

Pressupostos recursais

Além das "condições do recurso", legitimidade para recorrer e interesse recursal, a admissibilidade dos recursos exige a presença dos pressupostos recursais, os quais são manifestações, em sede de recurso, dos pressupostos processuais (em sentido amplo).

O primeiro pressuposto recursal é que o órgão jurisdicional a que se dirige o recurso, chamado juízo *ad quem* (na maioria dos casos um tribunal), esteja investido de jurisdição. A investidura de jurisdição do órgão julgador é a atribuição, por ele recebida da Constituição, de atuar em determinado tipo de causa. Pois é por força de norma constitucional que compete aos Tribunais Regionais Federais julgar, em grau de recurso, as causas decididas pelos juízos federais ou pelos juízos estaduais investidos de jurisdição federal (art. 108, II); assim como resulta diretamente da Constituição que será incumbência dos Tribunais Regionais do Trabalho julgar os recursos em matéria trabalhista (arts. 111, II, e 114 da Constituição). E isso vale para todos os tribunais.

Pode acontecer, porém, de um recurso ser dirigido a tribunal não investido de jurisdição. Basta pensar no caso de tramitar um processo perante juízo estadual investido de jurisdição federal e vir a interpor agravo de instrumento contra alguma decisão interlocutória perante o Tribunal de Justiça. Acontece que, como já visto, o órgão *ad quem* investido de jurisdição, nesse caso, é o Tribunal Regional Federal. Ausente, pois, um pressuposto recursal, o que não deverá acarretar a imediata inadmissibilidade do recurso. Nesse caso, por força do princípio da primazia da resolução do mérito, deverá o tribunal não investido de jurisdição determinar a remessa dos autos ao tribunal investido da função de julgar aquele recurso, sanando-se, desse modo, o vício.

O segundo pressuposto recursal é a capacidade processual. É que, para o recurso ter o seu mérito apreciado, é essencial que o recorrente tenha capacidade processual plena. Exige-se dele não só que tenha capacidade de ser parte e capacidade para estar em juízo (e, no caso de não estar esta presente, deverá ele ser representado ou assistido), mas também que tenha capacidade postulatória. Daí a razão pela qual é preciso tomar cuidado com o caso de alguém que é parte em processo que tramita perante Juizado Especial Cível sem se fazer representar por advogado (o que é expressamente permitido em alguns casos, nos termos do art. 9º da Lei nº 9.099/1995).

É que mesmo nesses casos a admissibilidade dos recursos exige a representação por profissional habilitado a advogar (art. 41, § 2º, da Lei nº 9.099/1995). Pode também acontecer de se verificar, em grau de recurso (seja nas instâncias ordinárias, seja nas instâncias excepcionais), que o recorrente não está regularmente representado por advogado (ou que, por qualquer outra razão, é processualmente incapaz). Pois, nesse caso, deverá ser determinada a correção do vício, em prazo que será assinado pelo relator, sob pena de não conhecimento do recurso (art. 76, § 2º, I). Perceba-se, porém, que, se a incapacidade processual (ou o defeito de representação) for do recorrido, e este não corrigir o vício, será determinado o desentranhamento dos autos de suas contrarrazões, julgando-se o mérito do recurso. Pode-se então afirmar, com segurança, que apenas a capacidade processual do recorrente é requisito de admissibilidade do recurso.

O terceiro e último pressuposto recursal é a regularidade formal da interposição do recurso. Apenas recursos regularmente interpostos podem ter seu mérito apreciado.

A regularidade formal exige tempestividade, preparo, forma e motivação do recurso interposto.

É preciso, então, e em primeiro lugar, que o recurso tenha sido interposto antes do término do prazo previsto. Como regra geral, esse prazo é de quinze dias (art. 1.003, § 5º, que ressalva o prazo para oposição de embargos de declaração, que é de cinco dias). Há casos, porém, em que se aplica alguma regra ensejadora de benefício de prazo (como se dá, por exemplo, no caso de ser o recorrente assistido pela Defensoria Pública, em que o prazo é computado em dobro, nos termos do art. 186). Impende, porém, recordar que o prazo pode vir a ser ampliado pelo juiz, por força das características do caso concreto, como forma de assegurar o amplo exercício das garantias constitucionais do processo (art. 139, VI), além de ser admissível a modificação dos prazos por força de negócio processual atípico (art. 190).

Recurso intempestivo é inadmissível, e esse é um dos poucos vícios processuais absolutamente insanáveis. Basta ver que, nos termos do art. 1.029, § 3º, o STF e o STJ podem "desconsiderar vício formal de recurso tempestivo ou determinar sua correção".

Exige-se, ainda – ao menos como regra geral –, o preparo do recurso. No jargão do Direito Processual Civil, chama-se preparo o adiantamento das custas relativas a um determinado ato processual. A lei processual, é certo, isenta de preparo alguns recursos (os interpostos pelo Ministério Público, pela União, pelo Distrito Federal, pelos Estados, pelos Municípios, suas respectivas autarquias, pelos que gozam de isenção legal – art. 1.007, § 1º; os embargos de declaração – art. 1.023, *in fine* – e o agravo em recurso especial ou extraordinário – art. 1.042, § 2º – são recursos que o CPC, expressamente, isenta de preparo).

Incumbe ao recorrente, no ato de interposição do recurso, comprovar o preparo que seja exigível (art. 1.007). Caso tenha o recorrente, ao interpor o recurso, requerido a concessão de gratuidade de justiça, estará dispensado de comprovar o preparo, incumbindo ao relator, nesse caso, apreciar o requerimento e, se o indeferir, fixar prazo para a comprovação do recolhimento (art. 99, § 7º).

Pode acontecer de se interpor um recurso com a comprovação de que se realizou preparo em valor insuficiente. Nesse caso, o recorrente deverá ser intimado para depositar a diferença no prazo de cinco dias (art. 1.007, § 2º), sob pena de deserção (termo tradicionalmente empregado na linguagem do Direito Processual Civil para designar a inadmissibilidade de recurso por vício relativo ao preparo).

Outra hipótese possível é a de ser interposto o recurso sem que se comprove preparo algum. Nesse caso, o recorrente deverá ser intimado para, em prazo a ser fixado judicialmente (e, não havendo assinação judicial do prazo, este é de cinco dias, nos termos do art. 218, § 3º), comprovar o recolhimento do valor em dobro (art. 1.007, § 4º). Registre-se, aqui, a existência do Enunciado nº 97 do FPPC, no sentido de que esse prazo sempre será de cinco dias, o que não parece correto diante do teor do já citado art. 218, § 3º.

Perceba-se que, nesse caso, não sendo comprovado o depósito integral do valor dobrado do preparo, será vedada sua complementação (art. 1.007, § 5º).

A regularidade da interposição do recurso exige, ainda, que este seja interposto pela forma correta. É que a lei processual exige, para a interposição do recurso, que este seja apresentado por petição (como se vê, por exemplo, nos arts. 1.010, 1.016, 1.021, 1.023, 1.030 e 1.042, § 2º). É preciso, porém, ter claro que a lei não exige expressamente que o ato seja praticado pela forma escrita, e, por força do princípio da instrumentalidade das formas (art. 188), ainda que houvesse essa exigência ela seria relativizada, reputando-se válido o ato que, realizado por modo diverso do prescrito em lei, revela-se capaz de atingir sua finalidade essencial.

Este é ponto que merece destaque, especialmente por força da relevância que têm, para o Direito Processual Civil brasileiro, os meios eletrônicos. Ora, nada impede que a petição seja elaborada sob a forma de um arquivo audiovisual, em que o advogado aparece argumentando (oralmente) e apresentando elementos gráficos e de mídia que queira destacar. Não é isso, porém, prática frequente.

De todo modo, a admissibilidade do recurso exige que seja ele interposto por petição. Não se admite o recurso por cota (ou termo) nos autos, prática autorizada pelo Código de Processo Penal (art. 578 do CPP).

E a petição de interposição do recurso deve ser motivada. A admissibilidade do recurso exige que, na petição de interposição, sejam apresentados os fundamentos pelos quais se recorre. Não é por outro motivo, aliás, que a peça de interposição de recurso é tradicionalmente chamada de razões (e a peça através da qual o recorrido impugna o recurso é conhecida como contrarrazões). Não basta, porém, que o recorrente afirme fundamentos quaisquer. É preciso que estes se prestem a impugnar a decisão recorrida. Por isso é que a lei processual expressamente declara inadmissível o recurso "que não tenha impugnado especificamente os fundamentos da decisão recorrida" (art. 932, III, parte final).

A isso tem-se dado o nome de ônus da dialeticidade recursal (sendo certo que haja quem fale em "princípio da dialeticidade", embora se esteja aqui diante de uma regra, e não de um princípio). Esse ônus deve ser entendido como a exigência de que o recurso "dialogue" com a decisão recorrida, impugnando-a de modo específico.

Impedimentos recursais

Os impedimentos recursais são fatos cuja presença torna vedada a interposição do recurso. Na hipótese de se interpor recurso em processo em que se tenha dado algum dos impedimentos, deverá ser proferido juízo negativo de admissibilidade, e não poderá o recurso ter seu mérito apreciado pelo órgão *ad quem*.

O primeiro impedimento recursal é a desistência. Trata-se do ato pelo qual o recorrente abre mão de ver julgado recurso já interposto. Esse ato não depende da anuência do recorrido (que não teria interesse em se opor à desistência, uma vez que a decisão recorrida prevalecerá, e ela lhe é favorável) nem dos litisconsortes do recorrente (art. 998). Manifestada a desistência do recurso, caberá ao relator, por decisão unipessoal, declarar inadmissível o recurso (art. 932, III).

Regra cuja inconstitucionalidade já foi afirmada é a que se obtém com a interpretação do parágrafo único do art. 998: no caso de recurso extraordinário cuja repercussão geral já tenha sido reconhecida pelo STF, assim como no caso de recurso especial ou extraordinário repetitivo que já tenha sido afetado para julgamento por essa especial técnica de criação de precedentes vinculantes, a desistência do recurso não obstaria a análise da questão de direito discutida no recurso de que se tenha desistido. Perceba-se que, nesse caso, o STF e o STJ atuariam como "tribunal de teses", isto é, caberia ao Tribunal de Superposição simplesmente definir a tese que, em casos futuros, será utilizada como precedente vinculante, sem julgar o caso concreto.

A regra pode parecer interessante, bastando pensar que, na eventualidade de a tese fixada pelo STF ou pelo STJ vir a ser favorável àquilo que o recorrente sustentava no recurso de que desistiu, seria ela aplicável aos casos futuros em que a mesma questão de direito fosse discutida, mas não poderia a mesma tese ser aplicada ao próprio caso concreto que deu origem ao processo em que fixada (Enunciado nº 213 do FPPC), uma vez que esse caso concreto, em razão da desistência do recurso, não terá sido julgado pelo Tribunal (e isso porque, em razão da desistência, a decisão recorrida terá transitado em julgado no momento da desistência). Todavia, como já afirmado anteriormente, não é compatível com o regime constitucional brasileiro a afirmação de que os Tribunais Superiores, ao julgarem recursos excepcionais, atuem como "tribunais de teses". Esses Tribunais julgam causas, casos concretos, e, em razão do caráter repetitivo desses recursos, havendo a desistência de um recurso, bastará selecionar outro recurso que seja representativo da mesma controvérsia para ser afetado e julgado.

O segundo impedimento recursal é a renúncia ao direito de recorrer (art. 999), ato pelo qual se abre mão do direito de interpor recurso contra uma determinada decisão. Difere a renúncia da desistência pelo momento em que a vontade é manifestada. Como visto, a desistência diz respeito a recurso já interposto, enquanto a renúncia é manifestada diante da decisão proferida, sem que o recurso já tenha sido interposto. O efeito prático, porém, é o mesmo: impedir o exame do mérito do recurso. A renúncia, como expresso no art. 999, independe da aceitação da outra parte.

Discute-se em doutrina a possibilidade de a parte que renunciou ao poder de recorrer interpor recurso adesivo. A resposta deve ser negativa, embora pareça possível a renúncia parcial ou com ressalva. Ao renunciar, a parte está abrindo mão de seu poder de recorrer, o que impede o seu exercício, por qualquer forma. Não pode, assim, a parte que renunciou interpor recurso, nem independente, nem adesivo. Nada impede, porém, que a parte renuncie ao poder de interpor recurso independente, ressalvando que mantém consigo o poder de interpor recurso adesivo, se a outra parte interpuser recurso autônomo.

O terceiro impedimento recursal expressamente previsto em lei é a aceitação da decisão (art. 1.000). Aquele que, expressa ou tacitamente, aceita o que ficou decidido não pode, posteriormente, interpor recurso contra a decisão que já aceitou. O reconhecimento desse impedimento recursal é manifestação do princípio da boa-fé objetiva (art. 5º), que tem entre seus corolários a vedação a comportamentos contraditórios (*nemo venire contra factum proprium*). Aceitar a decisão, expressa ou tacitamente, acarreta a perda da possibilidade de praticar ato incompatível com essa aceitação, como é a interposição de recurso contra a decisão que já se aceitou. Haverá, aí, uma preclusão lógica, fenômeno gerador da estabilização da decisão proferida e aceita.

Caso interessante – e que se vê com alguma frequência na prática – é o de se ter decisão concessiva de tutela provisória em que se determina o cumprimento de prestação em certo prazo, sob pena de multa. O demandado, então, cumpre a decisão dentro do prazo (para evitar a incidência da multa) e, depois, no prazo de quinze dias, interpõe o agravo de instrumento. Pois nesse caso o recurso deve ser reputado inadmissível, já que houve a aceitação tácita da decisão, salvo no caso de o demandado, ao cumprir a decisão, ressalvar expressamente sua intenção de posteriormente interpor recurso.

A solução deve ser essa, como dito, por força da boa-fé objetiva, que, sendo norma fundamental do processo civil, dá sustentação à preclusão lógica. O cumprimento sem qualquer ressalva da decisão é um comportamento que gera, objetivamente, em todos os demais sujeitos do processo, a legítima expectativa de que não haverá impugnação ao pronunciamento judicial já cumprido. Por isso o impedimento recursal. De outro lado, porém, no caso de o cumprimento da decisão se dar com a reserva expressa do direito de recorrer, a ninguém será dado afirmar que havia uma legítima expectativa de que não se recorreria, já que a parte expressamente afirmou que era essa a sua intenção.

Além desses três impedimentos recursais, todos previstos em lei, não se pode deixar de recordar a possibilidade de, mediante negócio processual atípico (art. 190), celebrar-se um pacto de não recorrer, cuja existência impedirá a apreciação do recurso que eventualmente venha a ser interposto.

1.4. Efeitos dos recursos

Vistos os requisitos de admissibilidade dos recursos, cujo preenchimento (ou, no caso dos impedimentos recursais, ausência) se revela essencial para que se chegue à apreciação do mérito do recurso, é chegado o momento de passar ao exame dos efeitos dos recursos. Dividem-se estes em dois grupos: efeitos da interposição e efeitos do julgamento.

1.4.1. Efeitos da interposição

Efeitos da interposição são aqueles que se produzem (ou que podem produzir-se) pelo simples fato de ter sido interposto um recurso.

A interposição de um recurso pode produzir até três efeitos. O primeiro destes é o efeito impeditivo. É que a interposição de recurso admissível produz, como consequência, um impedimento à preclusão da decisão recorrida ou ao seu trânsito em julgado. Trata-se, pois, de um efeito estabilizador da decisão.

É que, uma vez interposto recurso admissível, a decisão recorrida não se estabiliza, não se torna firme (não havendo que se falar em preclusão da matéria decidida nem em formação – se for o caso – de coisa julgada). Evidentemente, porém, esse efeito só se produz se o recurso é admissível, mas não se é ele inadmissível.

Tanto num caso como no outro, o que pode transitar em julgado é a nova decisão, e não o provimento recorrido, razão pela qual parece preferível mesmo afirmar que a interposição de recurso admissível impede (e não apenas "adia") o trânsito em julgado da decisão recorrida.

O efeito impeditivo, vale o registro, é o único efeito da interposição que todas as espécies recursais são, em tese, capazes de produzir. Certamente por isso é frequente, na linguagem processual, fazer alusão aos recursos que produzem, além deste, também os outros dois efeitos (devolutivo e suspensivo), afirmando-se que eles são dotados de "duplo efeito".

O segundo efeito da interposição dos recursos é o efeito devolutivo. Consiste tal efeito em transferir para órgão diverso daquele que proferiu a decisão recorrida o conhecimento da matéria impugnada. Pode-se, então, afirmar que (ressalvados casos excepcionais) o recurso transfere para outro órgão jurisdicional o conhecimento da matéria impugnada. Aqueles recursos cujo julgamento de mérito cabe ao próprio órgão prolator da decisão recorrida não produzem efeito devolutivo. É que só há devolução, na linguagem processual, quando há transferência da competência para conhecer da matéria para órgão jurisdicional distinto daquele que prolatou a decisão recorrida, chamado juízo *ad quem*.

O presente efeito está ligado ao brocardo romano *tantum devolutum quantum apellatum* e consiste em levar ao órgão *ad quem* o conhecimento do que foi objeto de impugnação. O efeito devolutivo é manifestação do princípio dispositivo, já que permite à parte estabelecer os limites dentro dos quais o órgão *ad quem* poderá apreciar a pretensão recursal manifestada.

Quer-se dizer, com isso, que o órgão *ad quem* está adstrito ao que tiver sido objeto de impugnação por meio do recurso, não podendo julgar *extra*, *ultra* ou *citra petita*. Devolve-se ao órgão *ad quem* aquilo que foi objeto de impugnação (salvo, obviamente, as matérias que, por força de lei, poderão ser apreciadas de ofício pelo órgão *ad quem*, como é o caso das questões de ordem pública – art. 485, § 3º, do CPC – e de outras previstas em lei).

Importante consequência do efeito devolutivo é que, por limitar a cognição a ser exercida pelo órgão *ad quem* ao que foi objeto de impugnação, tal efeito da interposição do recurso faz presente, no Direito brasileiro, a regra da personalidade dos recursos. Isso significa dizer que o recurso só aproveita ao recorrente, não podendo beneficiar a parte que não interpôs recurso.

Proíbe-se, assim, a *reformatio in pejus*, ou seja, a reforma para pior. Em outros termos, não se pode, no julgamento de um recurso, agravar a situação de quem recorreu em benefício de quem não recorreu.

O terceiro e último efeito que a interposição de um recurso pode produzir é o efeito suspensivo. É que a interposição de um recurso pode ser um obstáculo à produção de efeitos da decisão recorrida. O art. 520 estabelece que "o cumprimento provisório da sentença impugnada por recurso desprovido de efeito suspensivo será realizado da mesma forma que o cumprimento definitivo". É que só no caso de ser o recurso contra a decisão condenatória desprovido de efeito suspensivo será possível promover-se, desde logo, a execução (provisória) da decisão judicial.

Tal efeito pode se produzir qualquer que seja a eficácia da decisão recorrida, impedindo a produção de efeitos declaratórios, constitutivos ou condenatórios. Também podem ser suspensos efeitos meramente processuais.

Cap. 11 – Recursos: Disposições Gerais

No Direito Processual Civil brasileiro a regra geral é que o recurso não tenha efeito suspensivo (art. 995, *caput*). Há, porém, recursos dotados de efeito suspensivo *ope legis* (isto é, por determinação legal). É o que se dá naqueles casos em que a lei expressamente estabelece ser o recurso dotado de efeito suspensivo, como se tem na hipótese da apelação (art. 1.012) e dos recursos especial e extraordinário interpostos contra a decisão proferida no julgamento do incidente de resolução de demandas repetitivas (art. 987, § 1º).

Nos casos em que não se produz o efeito suspensivo de forma automática, por força de lei, ainda assim tal efeito pode ser atribuído ao recurso *ope iudicis*, ou seja, por meio de uma decisão judicial (art. 995). É que a lei processual autoriza o relator a, em decisão monocrática, atribuir efeito suspensivo a recurso que a princípio não o produziria, sempre que se verificar que da imediata produção de efeitos da decisão recorrida resulte risco de dano grave, de difícil ou impossível reparação (*periculum in mora*), e desde que esteja demonstrado ser provável que o recurso venha a ser provido (*fumus boni iuris*). A atribuição de efeito suspensivo ao recurso, pois, é uma modalidade de tutela de urgência, de natureza evidentemente cautelar, já que não antecipa o resultado a ser obtido com o julgamento do mérito do recurso, limitando-se a impedir que a decisão recorrida produza desde logo seus efeitos.

> **Atenção**
>
> Naqueles casos em que o efeito suspensivo se produz por força de lei, a decisão recorrível nasce ineficaz. Significa isso dizer, em outros termos, que, prolatada a sentença, ela já não é capaz de produzir seus efeitos, e, nessa hipótese, a interposição do recurso não produz, propriamente, a suspensão dos efeitos da decisão recorrida (já que tais efeitos já estavam suspensos). Em casos assim, nos quais o recurso é dotado de efeito suspensivo *ope legis*, a interposição do recurso não suspende os efeitos da decisão recorrida, mas prolonga sua suspensão, fazendo com que a decisão recorrida permaneça incapaz de produzir efeitos. Pode-se dizer, então, que, nesses casos de efeito suspensivo *ope legis*, esse não é propriamente um efeito da interposição do recurso, mas um efeito da recorribilidade (já que o mero fato de ser recorrível a decisão já obsta a produção de efeitos da decisão). Nessa situação, caso o recurso venha a ser interposto tempestivamente, a decisão recorrida permanecerá ineficaz até que o recurso seja julgado. De outro lado, porém, se o recurso é, por força de lei, desprovido de efeito suspensivo, a decisão por ele impugnável produz seus efeitos desde o momento em que se torna pública (como se dá nos casos previstos no § 1º do art. 1.012, que expressamente faz referência a "produzir efeitos imediatamente após a sua publicação a sentença" que se enquadra em algum dos casos ali enumerados). Nessas hipóteses, atribuído o efeito suspensivo por decisão judicial (efeito suspensivo *ope iudicis*), a decisão – que vinha produzindo efeitos – deixará de produzi-los. Pois, em casos

assim, o efeito suspensivo é, mesmo, um efeito da interposição do recurso, pois só a partir da decisão concessiva da eficácia suspensiva é que a decisão judicial estará com sua eficácia suspensa.

1.4.2. Efeitos do julgamento

Além dos efeitos da interposição, há que se falar dos efeitos do julgamento. Esse é o nome dado às consequências que se podem produzir pelo fato de ter havido o julgamento do mérito do recurso. Isso porque, se o resultado do julgamento do recurso foi no sentido de considerá-lo inadmissível, o efeito de tal decisão será tornar certo que o provimento recorrido já transitara em julgado.

Os efeitos do julgamento de mérito do recurso, como classicamente afirmado, podem ser dois: a anulação ou a substituição da decisão rescindenda. Frise-se, porém, que o julgamento do recurso produzirá, em regra, apenas um desses dois efeitos possíveis, não se admitindo que ambos se produzam simultaneamente, salvo nos excepcionais casos em que se aplica a "teoria da causa madura", que permite que, anulada a decisão recorrida, prossiga-se no julgamento do recurso para apreciação da questão de fundo. Como regra, porém, a anulação da decisão levará a que se determine ao órgão prolator do pronunciamento recorrido que profira nova decisão, sem o vício que levou à desconstituição da anterior; enquanto a substituição se dá pela prolação, pelo órgão *ad quem*, de uma nova decisão que ocupa o lugar anteriormente preenchido pelo pronunciamento recorrido.

Ao se julgar o mérito do recurso, diversas situações podem ocorrer: a) nega-se provimento ao recurso; b) dá-se provimento ao recurso, para reformar a decisão recorrida (caso de *error in judicando*); c) dá-se provimento ao recurso para invalidar a decisão recorrida (caso de *error in procedendo*). Nas duas primeiras hipóteses o julgamento do recurso substitui a decisão recorrida, enquanto na última o julgamento do recurso anula o provimento impugnado.

Nos casos em que se reconhece um *error in procedendo*, a decisão deve ser anulada, cassada, isto é, desconstituída. Já nos demais casos o efeito que se produz é a substituição da decisão recorrida por outra, proferida no julgamento do recurso. Esse efeito substitutivo se produz, inclusive, no caso de se negar provimento ao recurso. É que nessa hipótese a decisão prolatada pelo órgão *a quo* é substituída por outra (igual) proferida pelo juízo *ad quem* (art. 1.008). Esse é um ponto extremamente importante: ao negar provimento ao recurso, o tribunal não confirma a decisão recorrida – embora esta seja uma forma de expressão muito frequente na prática forense –, mas a substitui por outra decisão, de idêntico teor. Caso o recorrente permaneça insatisfeito, terá de recorrer contra a nova decisão, prolatada no julgamento do recurso (e não contra a originariamente proferida, que foi substituída). Do mesmo modo, se não for interposto novo recurso, será a decisão proferida no julgamento do recurso – e não a decisão ori-

Cap. 11 – Recursos: Disposições Gerais

ginariamente recorrida – que será alcançada pela coisa julgada, e só contra ela será possível ajuizar ação rescisória.

Pode-se, então, dizer que o art. 1.008 merece um complemento, devendo ser lido como se ali constasse que "o julgamento proferido pelo tribunal substituirá a decisão impugnada no que tiver sido objeto de recurso", ressalvados os casos de anulação.

EM RESUMO:

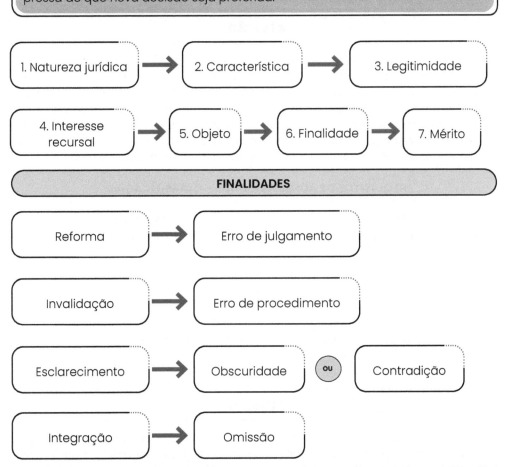

ATENÇÃO

Veda-se, entretanto, que, em caso de ausência de preparo, o recolhimento em dobro seja feito parcialmente, com possibilidade de complementação em momento posterior, o que permitiria, no caso prático, duas oportunidades seguidas de correção do vício recursal.

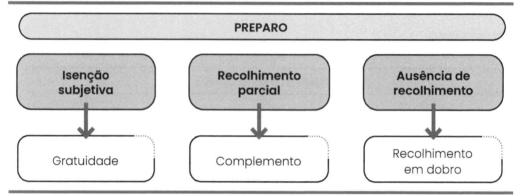

ATENÇÃO

O novo modelo cooperativo, já se sabe, impõe deveres a todos aqueles que de alguma forma participam da relação jurídico-processual. Essa norma fundamental, associada à primazia do mérito, legitima que se exija do relator, antes de eventual juízo de admissibilidade negativo, a comunicação das partes para a correção do vício. Nesse sentido, estabelece o parágrafo único do art. 932 do CPC: "Antes de considerar inadmissível o recurso, o relator concederá o prazo de 5 (cinco) dias ao recorrente para que seja sanado vício ou complementada a documentação exigível".

REQUISITOS DE ADMISSIBILIDADE – CLASSIFICAÇÃO

Intrínsecos (existência do direito ao recurso)	Extrínsecos (exercício do direito ao recurso)
– Possibilidade jurídica da revisão (cabimento); – Interesse recursal; – Legitimidade; – Inexistência de fato impeditivo, modificativo ou extintivo do direito de recorrer (desistência, renúncia e preclusão).	– Preparo; – Tempestividade; – Regularidade formal.

ATENÇÃO

Admite-se também que um mesmo recurso ataque decisões distintas. É o que acontece com a apelação, que, num caso concreto, pode ser utilizada para combater decisão interlocutória não agravável e a própria sentença.

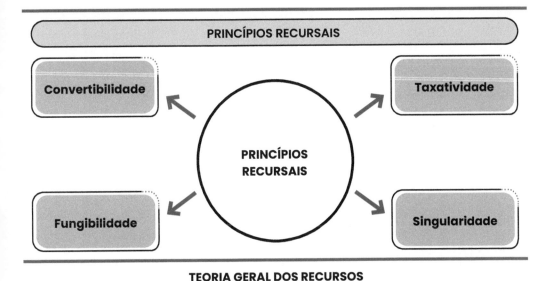

TEORIA GERAL DOS RECURSOS

Conceito	Instrumentos processuais voluntários, postos à disposição das partes, do MP ou de terceiros interessados, a fim de que obtenham a reforma, invalidação, esclarecimento ou integração de uma decisão judicial.
Natureza jurídica	Doutrina tradicional: recurso é um remédio processual. Nosso posicionamento: recurso é demanda.
Legitimidade	A legitimidade para a utilização dos recursos está prevista no art. 996 do CPC: partes, Ministério Público e terceiros.
Interesse recursal	Não somente aquele que sofre gravame, mas também aquele que pode ter sua situação melhorada pelo julgamento do recurso (ex.: o réu pode recorrer para trocar uma decisão terminativa por outra, de improcedência do pedido do autor).
Objeto	Pronunciamentos judiciais de conteúdo decisório: decisões interlocutórias, sentenças, decisões monocráticas e acórdãos.
Finalidades	Reforma: erro de julgamento. Invalidação: erro de procedimento. Esclarecimento: obscuridade ou contradição. Integração: omissão. Impedir a preclusão e a coisa julgada.
Pedido recursal	Há sempre um pedido de revisão da decisão. Deve-se observar, nesse aspecto, se o recurso foi total ou parcial.
Efeitos	Devolutivo; suspensivo; translativo; regressivo; expansivo.

Capítulo 12

Tutelas Provisórias

1. CONCEITO E ESPÉCIES

Tutelas provisórias são tutelas processuais não definitivas, fundadas em cognição sumária (isto é, fundadas em um exame menos profundo da causa, capaz de levar à prolação de decisões baseadas em juízo de probabilidade e não de certeza). É preciso, porém, fazer uma observação de ordem terminológica. O CPC denomina "provisórias" certas modalidades de tutela processual por estabelecer uma contraposição entre elas e a tutela processual definitiva, assim compreendida a que se apresenta como resultado final do processo. Assim, a tutela processual produzida ao final de um processo cognitivo ou executivo será chamada de *definitiva* e, de outro lado, a tutela processual não definitiva, fundada em cognição sumária (isto é, em juízo de probabilidade acerca da existência do direito), é chamada de *tutela provisória*.

Aqui será empregada a terminologia adotada pela lei processual, chamando-se toda e qualquer tutela processual sumária não definitiva de *tutela provisória*. E pode-se definir a tutela provisória como *a tutela processual não definitiva, fundada em cognição sumária (juízo de probabilidade)*.

Uma vez deferida a tutela provisória, ela conserva sua eficácia durante toda a pendência do processo (art. 296), ainda que este se encontre suspenso (e salvo decisão expressa em sentido contrário, nos termos do art. 296, parágrafo único).

Exatamente por não ser definitiva (ou, como diz o texto normativo, por ser *provisória*), pode ela ser revogada ou modificada a qualquer tempo (art. 296, parte final). Isso, na verdade, é consequência de fundar-se a decisão concessiva da tutela provisória em cognição sumária, ou seja, em um juízo de probabilidade da existência do direito material deduzido pela parte no processo. À medida que se aprofunda a cognição, sendo realizado um exame mais completo das alegações e provas que as partes trazem ao processo, é possível verificar-se que aquilo que parecia provável não existe, ou não tem as características que inicialmente se imagina que tivesse. Consequência disso é a possibilidade de modificação ou revogação da decisão concessiva da tutela provisória.

A modificação ou revogação da tutela provisória poderá, então, ocorrer por conta do possível surgimento de novos elementos, não considerados no momento da decisão que a deferiu, o que se revela possível dado o fato de que a cognição a ser exercida pelo juiz ao longo do processo tende a aprofundar-se, tornando-se exauriente (isto é, uma cognição capaz de permitir a formação de decisões fundadas em juízos de certeza).

A decisão que defere tutela provisória, a qual será substancialmente fundamentada (art. 298), será efetivada aplicando-se, no que couber, as normas referentes ao cumprimento provisório de sentença (art. 297, parágrafo único), cabendo ao juízo determinar a adoção das medidas executivas (sub-rogatórias ou coercitivas) necessárias para assegurar sua efetivação (art. 297). Aplica-se, aqui, porém, todo o sistema de atipicidade dos meios executivos que resulta do art. 139, IV, do CPC.

A tutela provisória pode ser de duas espécies: *tutela de urgência* e *tutela de evidência*.

Em ambas se exige, como requisito de concessão da medida, que se forme um juízo de probabilidade acerca da existência do direito material alegado pela parte no processo. Na primeira, porém, a este primeiro requisito se soma outro, o da existência de uma situação de perigo (urgência). Na tutela da evidência não se cogita da existência da situação de perigo de dano iminente como requisito de concessão da medida, mas a probabilidade exigida como requisito é qualificada.

2. TUTELA DE URGÊNCIA NÃO SATISFATIVA (TUTELA CAUTELAR)

Como visto, uma das modalidades de tutela provisória é a *tutela de urgência*, adequada em casos nos quais se verifica estar presente uma situação de perigo de dano iminente, que pode ser caracterizada como uma situação de urgência. Pois a tutela de urgência pode ser satisfativa ou meramente assecuratória. Esta última é chamada de *tutela cautelar*.

Chama-se tutela cautelar a tutela de urgência do processo, isto é, a tutela provisória urgente destinada a assegurar o futuro resultado útil do processo, nos casos em que uma situação de perigo ponha em risco sua efetividade. A tutela provisória cautelar, portanto, não é uma tutela de urgência satisfativa do direito (isto é, uma tutela de urgência capaz de viabilizar a imediata realização prática do direito), mas uma tutela de urgência não satisfativa, destinada a proteger a capacidade do processo de produzir resultados úteis.

Devem ser classificadas de duas formas: quanto ao momento da postulação e quanto à finalidade. No que concerne ao momento em que a tutela cautelar é postulada, podem-se considerar dois tipos: (a) tutela cautelar antecedente, pleiteada antes da formulação do pedido de tutela definitiva; e (b) tutela cautelar incidente (ou incidental), pleiteada junto ou posteriormente ao pedido de tutela processual definitiva. Quanto à finalidade, existem três categorias de medidas cautelares: (a) medidas de garantia da cognição, que se destinam a assegurar a efetividade da tutela processual que se busca produzir por meio de um procedimento cognitivo, como a medida de asseguração de prova ou a sustação de protesto cambiário; (b) medidas de garantia da execução, que se destinam a assegurar a efetividade da futura tutela processual executiva, evitando a dissipação dos bens sobre os quais incidirão os meios executivos, como são o arresto e o sequestro; e, finalmente, (c) medidas que consistem em uma caução, como é a contracautela, prevista na parte final do art. 300, § 1º, do CPC.

São características da tutela cautelar: **instrumentalidade hipotética, temporariedade, revogabilidade, modificabilidade** e **fungibilidade**.

A medida cautelar é deferida com base num juízo de probabilidade, pois cabe ao juiz que aprecia a pretensão de concessão da medida verificar se é provável a existência do direito material afirmado pelo demandante. Cabe, pois, ao juiz conceder a medida cautelar para a hipótese de, no processo, ser deferida a medida satisfativa do direito substancial. É por ser concedida como instrumento de tutela desta hipótese (a de o demandante ser vencedor no processo) que se afirma que a medida cautelar se caracteriza pela instrumentalidade hipotética. O juiz, diante de um requerimento de tutela cautelar, admite a premissa de que o desfecho do pleito principal possa revelar a existência efetiva do direito afirmado pelo requerente.

No estudo desta primeira característica das medidas cautelares se insere a análise do que se tem chamado de **referibilidade**, essencial às medidas cautelares. Toda medida cautelar se refere a uma situação substancial, que se quer proteger. É essa referibilidade a uma situação a ser acautelada, aliás, que explica a razão pela qual a tutela cautelar estará sempre ligada a uma tutela processual satisfativa. É que no processo será regulada a situação acautelada, a que se refere a medida cautelar que tenha sido concedida. A inexistência de referibilidade afasta a natureza cautelar da medida, e se terá de reconhecer a natureza satisfativa (e, por isso, não cautelar) da medida urgente.

A segunda característica da tutela cautelar é sua **temporariedade**. A tutela cautelar é temporária por não se destinar a existir até que venha a ser substituída por uma tutela definitiva.

A terceira característica das medidas cautelares é a **revogabilidade**. Trata-se de característica que decorre naturalmente da profundidade da cognição exigida para a formação do juízo acerca do requerimento de tutela cautelar. Isso porque, para a concessão desse tipo de provimento jurisdicional, exige-se do juiz que decida com base em cognição sumária, isto é, com base em juízo de probabilidade. É requisito essencial para a concessão da medida cautelar a probabilidade de existência do direito afirmado pelo demandante, a qual costuma ser designada pela expressão *fumus boni iuris*.

Sendo, pois, uma medida concedida com base em cognição sumária, a medida cautelar é, por natureza, revogável (art. 296 do CPC). Basta, para que ocorra tal revogação, que se verifique que o direito substancial afirmado pelo demandante, que parecia existir, em verdade não existe. Mas esta é característica de todas as tutelas provisórias.

Outra causa de revogação da medida cautelar é o desaparecimento da situação de perigo acautelada. Como sabido, um dos requisitos de concessão da tutela cautelar é a existência de uma situação de perigo para o processo, ou seja, é preciso que exista uma situação fática capaz de gerar o risco de que a demora na entrega da prestação jurisdicional principal a torne despida de efetividade, o que implicaria dano de difícil ou impossível reparação (*periculum in mora*). Desaparecida a situação de perigo, não há razão para que subsista a medida cautelar, a qual deverá ser revogada.

Os mesmos fundamentos da revogabilidade implicam também a presença de outra característica da tutela cautelar (e das demais tutelas provisórias): a modificabilidade. Tal característica, aliás, encontra-se registrada no mesmo art. 296 do CPC, que trata da revogabilidade, e que afirma que as tutelas provisórias podem ser modificadas a qualquer tempo.

Além de poder ocorrer a qualquer tempo, e de decorrer dos mesmos fundamentos que autorizam a revogação (mudança da situação de fato ou de direito), a modificação da tutela cautelar não depende de requerimento das partes.

A última característica da tutela cautelar é sua **fungibilidade**. É que a tutela cautelar postulada pela parte pode ser substituída, de ofício ou a requerimento de qualquer das partes, pela prestação de caução ou outra garantia menos gravosa para o requerido, sempre que adequada e suficiente para evitar a lesão ou repará-la integralmente. Destinando-se a tutela cautelar a assegurar a efetividade do futuro resultado do processo, não há razão para que não se estabeleça a regra segundo a qual tal garantia se dará pela forma menos gravosa possível para o demandado. Aplica-se, pois, às medidas cautelares um princípio análogo àquele que, para o processo executivo, vem estabelecido no art. 805 do CPC: o princípio da menor onerosidade possível.

A tutela cautelar postulada pela parte pode, portanto, ser substituída (todas as vezes que isso se revelar adequado e suficiente) por caução ou qualquer outra forma de garantia capaz de assegurar a efetividade do processo.

É de se referir, ainda, que a garantia substitutiva da medida cautelar pode ser real ou fidejussória.

A tutela cautelar será deferida se estiverem presentes dois requisitos cumulativos: a probabilidade de existência do direito material alegado pela parte e a existência de uma situação de urgência, de perigo de dano iminente, grave e de difícil ou impossível reparação.

O primeiro requisito de concessão da tutela cautelar é o designado pela expressão latina *fumus boni iuris*, que pode ser traduzida por "fumaça do bom direito".

Por tal razão, a concessão da tutela cautelar não pode estar condicionada à demonstração da existência do direito substancial afirmado pelo demandante, devendo o Estado-Juiz contentar-se com a demonstração da aparência de tal direito.

Verifica-se, pois, que a tutela cautelar será prestada com base em cognição sumária, e não em cognição exauriente (como se dá, como regra, com a tutela processual de natureza cognitiva). A exigência de certeza quanto à existência do direito substancial para que se pudesse prestar a tutela cautelar a tornaria um instrumento absolutamente inútil. Cabe ao Estado-Juiz, portanto, verificar a probabilidade de existência do direito afirmado pelo demandante, para que se torne possível a concessão da tutela cautelar.

Outro requisito, porém, é exigido para que se defira tutela cautelar, e a ele se dá, tradicionalmente, o nome de *periculum in mora* (ou seja, perigo na demora). Isso porque, como sabido, a tutela cautelar é modalidade de tutela de urgência, destinada a proteger a efetividade de um futuro provimento jurisdicional, que está diante da iminência de não alcançar os resultados práticos dele esperados.

Essa iminência de dano irreparável (ou de difícil reparação) não é capaz de afetar o direito substancial, mas gera perigo, tão somente, para a efetividade do processo. As situações de perigo para o direito substancial são protegidas por meio de outra modalidade de tutela de urgência, a tutela antecipada.

Há, assim, dois tipos de situação de perigo: a que gera risco de dano irreparável (ou de difícil reparação) para o direito substancial e a que provoca risco de dano (também aqui irreparável ou de difícil reparação) para a efetividade do processo. No primeiro caso, adequada será a tutela antecipada; no segundo, a tutela cautelar. Com base nisso, pode-se afirmar a existência de dois tipos distintos de situação de perigo, nos termos do que aqui se fez. Fala-se em *perigo de infrutuosidade* e em *perigo de morosidade*. O primeiro dos tipos de *periculum in mora* corresponde às situações de perigo para a efetividade do processo, já que este não seria frutuoso (ou seja, não produziria bons resultados). Para esses casos, adequada será a tutela cautelar. O segundo tipo de *periculum in mora* é o perigo de morosidade, em que se verifica a existência de risco de dano para o direito substancial, caso em que será adequada a tutela antecipada.

Assim, toda vez que houver fundado receio de que a efetividade de um processo venha a sofrer dano irreparável, ou de difícil reparação, em razão do tempo necessário para que possa ser entregue a tutela definitiva nele buscada, estará presente o requisito do *periculum in mora*, exigido para a concessão da tutela de urgência cautelar.

Havendo perigo de infrutuosidade, ou seja, havendo o fundado receio de que a efetividade do processo venha a sofrer um dano irreparável, ou de difícil reparação, estará presente o *periculum in mora* autorizador da concessão da tutela cautelar.

É de se notar que se exige o "fundado receio" de dano, o que significa dizer que não é suficiente, para a concessão da tutela cautelar, a existência de um receio meramente subjetivo. É preciso que o receio de dano esteja ligado a uma situação objetiva, demonstrável por meio de fatos concretos. Além disso, não é o risco de um dano qualquer que autoriza a concessão da medida cautelar: é preciso que se trate de risco de dano iminente, grave, de difícil ou impossível reparação.

A concessão de tutela cautelar (e isso também se aplica à tutela antecipada) exigirá a prestação de uma caução de contracautela, que pode ser real ou fidejussória, a fim de proteger a parte contrária contra o risco de que venha a sofrer danos indevidos (art. 300, § 1º). Trata-se de medida destinada a acautelar contra o assim chamado *periculum in mora* inverso, isto é, o perigo de que o demandado sofra, em razão da demora do processo, um dano de difícil ou impossível reparação (que só será identificado quando se verificar que, não obstante provável, o direito do demandante na verdade não existia). Deve-se, porém, dispensar a caução de contracautela nos casos em que o demandante, por ser economicamente hipossuficiente, não puder oferecê-la (art. 300, § 1º, parte final). Há entendimento (consolidado no Enunciado nº 497 do FPPC) segundo o qual as hipóteses de exigência de caução devem ser definidas à luz do art. 520, IV. A caução deve ser fixada sempre que houver *periculum in mora* inverso, e uma das hipóteses previstas no aludido dispositivo legal é, precisamente, esta (risco de grave dano ao demandado). De outro lado, deve-se dispensar a caução em todos os casos previstos no art. 521 (Enunciado nº 498 do FPPC).

A tutela cautelar pode ser deferida antes da oitiva da parte contrária (*inaudita altera parte*), liminarmente ou após a realização de uma audiência de justificação prévia (em que se permita ao demandante produzir prova oral destinada a demonstrar a presença dos requisitos de sua concessão). Trata-se de uma exceção ao princípio do contraditório, que exige debate prévio acerca do conteúdo das decisões capazes de afetar a esfera jurídica das pessoas, e que resulta do modelo constitucional de processo (art. 5º, LV, da Constituição da República) e constitui uma das normas fundamentais do CPC (arts. 9º e 10). Tem-se, aqui, porém, uma limitação inerente ao contraditório, o qual não pode ser transformado em um mecanismo obstativo do pleno acesso à justiça. Pois é exatamente por isso que o próprio CPC prevê expressamente a possibilidade de concessão de tutela provisória de urgência sem prévia oitiva da parte contra quem a decisão será proferida (art. 9º, parágrafo único, I).

O art. 301 do CPC traz uma enumeração meramente exemplificativa de medidas cautelares (arresto, sequestro, arrolamento de bens, registro de protesto contra alienação de bem), mas isso não afasta o acerto do que acaba de ser dito: o sistema processual brasileiro contenta-se com a atribuição, ao juiz, de um poder cautelar geral (e, sobre o ponto, é claro o Enunciado nº 31 do FPPC: "[o] poder geral de cautela está mantido no CPC").

Por ser baseada em cognição sumária, a decisão concessiva de tutela cautelar pode gerar para a parte contrária dano indevido. Assim, e independentemente da responsabilidade por dano processual (resultante, por exemplo, da configuração da litigância de má-fé), responde o requerente pela lesão que indevidamente o demandado tenha sofrido em razão da efetivação da tutela cautelar em alguns casos expressamente previstos em lei (art. 302). É de se notar que o tema da responsabilidade por danos indevidos causados por força da tutela cautelar tem sua relevância ampliada em razão da sumariedade da cognição exercida nesse caso. É que, como sabido, a tutela cautelar é deferida com base em juízo de probabilidade, bastando ao juiz afirmar a existência de *fumus boni iuris* para que a referida medida possa ser concedida. Pode, pois, ocorrer de ser prestada a tutela cautelar a quem, afinal, não se revele titular de direito algum, o que, certamente, poderá acarretar danos indevidos ao demandado, que era, como se verificou ao final do processo principal, o verdadeiro titular do direito à obtenção de tutela jurisdicional.

A responsabilidade por dano resultante da tutela cautelar é *objetiva*, isto é, independe de culpa da parte que obteve essa modalidade de tutela de urgência. Tal assertiva decorre não só do próprio teor do art. 302 do CPC, que afirma que os casos de responsabilidade processual civil ali previstos são estranhos à sistemática da litigância de má-fé, mas também do fato de ser a medida cautelar uma providência fundada em incerteza quanto à existência do direito substancial. É de se aplicar, pois, sistema análogo ao previsto para o cumprimento provisório de sentença (onde se tem título fundado em juízo de certeza, mas que pode ser modificado ou revogado no julgamento do recurso ainda pendente), que se faz por conta e risco do demandante.

Assim, pode-se afirmar que a efetivação da tutela cautelar se faz por conta e risco do demandante, que terá de reparar os danos sofridos indevidamente pelo demandado, nos casos previstos no art. 302 do CPC, independentemente da existência de algum elemento subjetivo dirigido à produção do resultado danoso. Trata-se, pois, de responsabilidade processual civil objetiva.

Os requisitos para que haja o dever de indenizar são dois: (a) que tenha havido prejuízo por parte do demandado; (b) que a medida cautelar tenha sido deferida e efetivada. A necessidade de que haja prejuízo é inerente ao próprio conceito de responsabilidade, pois, inexistindo dano, não há o que reparar. Quanto à necessidade de que a tutela cautelar tenha sido efetivada para que haja o dever de indenizar, tal requisito decorre do próprio teor do *caput* do art. 302 do CPC, que estabelece a responsabilidade pelo prejuízo que causar "a efetivação" da medida.

Assim, constatado – em cognição mais profunda – que o demandante efetivamente não tinha o direito alegado (e que, em um exame menos profundo da causa, pareceu ser provável), deverá ele responder pelos danos suportados pelo demandado. Essa hipótese engloba outra, que a rigor sequer precisava estar expressamente prevista: a do caso em que o juiz reconhece a prescrição ou a decadência (art. 302, IV). É de se notar, porém, que, pelos termos genéricos desse inciso I do art. 302, não é necessário que a sentença tenha concluído pela inexistência do direito substancial afirmado pelo demandante, julgando seu pedido improcedente. Também as sentenças meramente terminativas, que não contêm resolução do mérito, devem ser incluídas no conceito de "sentenças desfavoráveis ao demandante". Assim, basta que o processo tenha desfecho outro que não a prolação de provimento final favorável ao demandante, contenha o provimento desfavorável, ou não, resolução do mérito da causa, para que se configure esta primeira hipótese de responsabilidade processual civil do demandante de tutela cautelar.

O segundo caso de responsabilidade processual civil estabelecido no art. 302, II, do CPC é aquele em que a medida cautelar tenha sido deferida em caráter antecedente, e o demandante não forneça, no prazo de cinco dias, os meios necessários para a citação do demandado.

Quanto a esse caso, é preciso lembrar, em primeiro lugar, que a responsabilidade do demandante só surgirá se a tutela cautelar deferida em caráter antecedente tiver sido efetivada antes da citação do requerido. Isso porque, como visto anteriormente, não tendo havido atuação da medida, não se poderá falar em responsabilidade do demandante, em razão do que dispõe o *caput* do art. 302 do CPC.

Além disso, é preciso afirmar que o dever de indenizar só surge se o demandante não praticar os atos que lhe incumbem para que se torne possível a efetivação, pelo Estado, da citação. Caberá, pois, ao demandante, no prazo de cinco dias (se já não o tiver feito anteriormente), indicar o endereço onde o demandado pode ser encontrado, ou adiantar as custas judiciais referentes à realização da diligência de citação. Não se pode, porém, considerar existente o dever de indenizar se o atraso na citação não decorre da conduta do demandante, mas de problemas decorrentes da atuação do próprio Estado-Juiz, pois, nesta hipótese, não haverá nexo de causalidade entre a conduta do demandante e o prejuízo sofrido pelo demandado.

O art. 302, III, do CPC afirma a existência de responsabilidade do demandante "se ocorrer a cessação da eficácia da medida em qualquer hipótese legal".

O primeiro caso de cessação da eficácia da medida cautelar prevista no art. 309 é o de não ser deduzido o pedido principal no prazo de 30 dias a contar da efetivação da tutela cautelar. O descumprimento desse prazo implicará prejuízo indevido para o demandado, que deverá ser indenizado. É de se dizer, aliás, que o mero fato de ter estado sujeito, por prazo superior ao de 30 dias, a uma constrição de direito, sem que o processo principal esteja em curso, já é, por si só, suficiente para se permitir afirmar que o demandado terá sofrido prejuízo indevido.

O segundo caso de cessação de eficácia da tutela cautelar, previsto no art. 309 do CPC, é o de não efetivação da medida no prazo de 30 dias a contar de sua concessão. Aqui não parece possível admitir-se a existência de dever de reparar, já que a medida não terá sido efetivada, e sua atuação é requisito essencial para que surja o dever de indenizar previsto no art. 302 do CPC.

O terceiro caso de cessação da eficácia da medida cautelar, apontado como gerador do dever de indenizar (art. 309, III, do CPC), deve ser interpretado com todo o cuidado. Afirma-se que surge o dever de indenizar quando a medida cautelar perde eficácia por ter sido proferida sentença, seja ela terminativa ou definitiva, desfavorável ao demandante. Essa hipótese, porém, coincide por inteiro com o disposto no art. 302, I.

Em todos esses casos, a indenização a ser paga ao demandado será liquidada nos mesmos autos em que a medida de urgência tiver sido concedida (art. 302, parágrafo único – o qual estabelece que a liquidação será feita nos mesmos autos "sempre que possível", mas em qualquer caso essa possibilidade existirá).

Fundamental afirmar, aqui, que o direito à indenização do requerido é efeito secundário (ou anexo) dos fatos previstos no art. 302 do CPC. Assim, por exemplo, sendo proferida sentença desfavorável ao demandante, não será necessário que se afirme, expressamente, que terá ele de indenizar os danos indevidamente sofridos pelo demandado. Esse efeito, como todos os efeitos secundários dos fatos jurídicos, se produz de pleno direito, automaticamente, e independentemente de pronunciamento judicial. Tal afirmação se confirma, muito facilmente, quando se verifica que um dos casos em que há o dever de indenizar é não ter sido formulado o pedido principal no prazo legal nos casos de tutela cautelar antecedente. Não há, nesse caso, nenhuma sentença condenando o requerente a indenizar o requerido, pela simples razão de que o dever de indenizar decorre do mero fato de não se ter ajuizado a demanda principal em 30 dias a contar da efetivação da medida cautelar. O que ocorre aqui é, portanto, equiparável ao que se dá com a sentença penal condenatória, que tem como efeito secundário tornar certa a existência da obrigação do condenado de indenizar os danos causados pelo ato em razão do qual foi apenado. Para que possa o credor ver seu crédito satisfeito, será preciso, porém, liquidar a obrigação a fim de se determinar o valor devido.

Determina o parágrafo único do art. 302 do CPC que a obrigação será liquidada nos mesmos autos. Trata-se a liquidação de mero incidente processual, e a regra do citado parágrafo se limita a estabelecer a competência funcional do juízo do processo cautelar para o incidente de liquidação da obrigação. É preciso, porém, determinar qual será o objeto desse incidente de liquidação, pois este tem como objeto a determinação da existência dos danos e a fixação do valor da indenização a ser paga. A liquidação será feita pelo procedimento comum, já que, para a apreciação do seu objeto, faz-se necessária a apreciação de fatos novos, que ainda não haviam sido submetidos à cognição judicial. Aplicam-se, pois, os arts. 509, II, e 511 do CPC.

Uma vez prolatada a decisão do incidente de liquidação, será possível a instauração de um procedimento de cumprimento de sentença em face do requerente da medida cautelar. Parece claro que também para este módulo processual será competente o mesmo juízo.

A tutela cautelar (como acontece também com a antecipada) pode ser requerida em caráter antecedente ou incidente. Quando a tutela cautelar é requerida em caráter incidente, não há qualquer formalidade especial a ser observada. O requerimento poderá vir formulado na petição inicial, em que se postula a tutela processual definitiva (art. 308, § 1º), ou em petição formulada no curso do processo. Caberá ao juiz, então, decidir desde logo o requerimento, ouvindo-se a parte contrária anteriormente à decisão apenas nos casos em que essa oitiva não for capaz de retirar a efetividade da tutela cautelar postulada. Porém, há um procedimento a ser observado, regulado pelos arts. 305 a 310 do CPC.

A tutela cautelar antecedente é fenômeno de grande relevância prática, já que em muitos casos há interesse em sua postulação quando ainda não é sequer possível formular-se o pedido de tutela processual definitiva.

Pois em situações assim o processo começará pela apresentação de uma petição inicial destinada, tão somente, a deduzir o pedido de tutela cautelar. Essa petição inicial deverá indicar a causa principal, com seu fundamento e a exposição sumária do direito para o qual se buscará proteção, além da indicação do perigo de dano ou o risco para o resultado útil do processo (art. 305).

É de se notar que o texto normativo do art. 305 dispõe que a petição inicial deverá indicar "a lide e seu fundamento". Deve-se entender essa exigência no sentido de que o demandante deverá indicar os elementos da demanda principal, cuja efetividade se pretende assegurar.

Além desses requisitos mencionados no art. 305 do CPC, e apesar do silêncio do Código, não parece haver qualquer dúvida quanto à existência de outros requisitos, também essenciais para a regularidade formal da demanda cautelar. Assim, cabe ao demandante formular o pedido, com suas especificações; indicar o valor da causa e as provas com que o demandante pretender demonstrar suas alegações. Caso o juiz entenda que a medida postulada não é cautelar, mas satisfativa, deverá – depois de ouvir o demandante, por força do que dispõe o art. 10 – determinar que seja observado o regime previsto no art. 303, e ao processo se passará a aplicar o regime da tutela antecipada antecedente.

O parágrafo único do art. 305 deve ser entendido de forma ampla, capaz de englobar também a situação inversa (isto é, tendo o demandante se valido da técnica prevista no art. 303 para postular uma medida de urgência antecedente que o juiz repute cautelar, deverá o magistrado, depois de ouvir o demandante, determinar que se observe o regime previsto no art. 305, como se vê no Enunciado nº 502 do FPPC: "[c]aso o juiz entenda que o pedido de tutela antecipada em caráter antecedente tenha natureza cautelar, observará o disposto no art. 305 e seguintes"). Há, pois, uma convertibilidade entre essas duas técnicas processuais, sendo possível que o demandante tenha optado por uma e, por decisão judicial, a via eleita seja convertida na outra.

Observe-se que não se trata, aqui, propriamente, de fungibilidade, já que não será o caso de admitir-se o emprego de uma técnica em substituição a outra. O que se tem é, mesmo, convertibilidade, já que a técnica equivocadamente empregada será convertida em outra.

Proposta a demanda que tenha por objeto tutela cautelar antecedente, o réu será citado para, no prazo de cinco dias (art. 306), oferecer contestação e indicar as provas que pretende produzir. A citação pode se dar por qualquer dos meios previstos nos arts. 238 a 259.

É admissível que, antes mesmo de o demandado ser citado, o juiz já aprecie o requerimento de tutela cautelar antecedente (art. 9º, parágrafo único, I, do CPC). Caberá a ele, então, verificar se os requisitos da tutela cautelar estão ou não presentes e, caso estejam, desde logo deferi-la. O fato de não ser a medida deferida *inaudita altera parte*, porém, não impede que, após a resposta do demandado e a regular instrução, a tutela cautelar venha a ser deferida posteriormente.

Diz a lei processual que o demandado é citado para oferecer contestação, mas, além disso, pode ele arguir o impedimento ou a suspeição do juiz. Não se admite, nessa fase do processo, o oferecimento de reconvenção.

Não sendo contestado o pedido no prazo, serão presumidas (relativamente) verdadeiras as alegações feitas pelo autor a respeito dos fatos da causa, cabendo ao juiz decidir no prazo de cinco dias (art. 307). Logo, decorrido o prazo legal sem que o demandado ofereça contestação, ocorrerá sua revelia, a qual produz, no procedimento da tutela cautelar antecedente, os mesmos efeitos que seria capaz de produzir no processo cognitivo.

Nos casos em que a revelia no processo cognitivo não produziria efeitos, como ocorre nos casos em que a citação do demandado foi ficta (com hora certa ou por edital), ou quando a causa versa sobre direitos indisponíveis, o mesmo se dará no procedimento destinado à obtenção de tutela cautelar antecedente, e tais efeitos tampouco se produzirão nesta sede.

É de se notar, porém, que essa presunção de veracidade decorrente da revelia, no procedimento destinado à obtenção de tutela cautelar antecedente, não tem o mesmo alcance da revelia no processo de conhecimento, pois será capaz, tão somente, de levar o juiz a um juízo de probabilidade, mas não a um juízo de certeza quanto à existência da posição jurídica de vantagem por ele afirmada. É por isso, aliás, que só se poderá, nesta altura, decidir sobre o requerimento de tutela cautelar antecedente, mas não sobre ser ou não o caso de tutela processual definitiva. Oferecida a contestação, observar-se-á o procedimento comum (art. 307, parágrafo único).

Deferida a medida cautelar (o que pressupõe a presença conjunta de *fumus boni iuris* e *periculum in mora*), será ela efetivada, correndo – da data da efetivação – um prazo de trinta dias para que o demandante formule o pedido principal (se este já não tiver sido formulado na petição inicial, o que também é possível, nos termos do art. 308, § 1º, mas aí se terá tutela cautelar incidente, e não antecedente), o qual deverá ser apresentado nos mesmos autos, independentemente do recolhimento de novas custas (art. 308). No momento do ajuizamento do pedido principal, fica o demandante autorizado a aditar a causa de pedir, complementando-a (art. 308, § 2º). Formulado tempestivamente o pedido principal, as partes serão intimadas a participar de audiência de conciliação ou mediação, sem necessidade de realizar-se nova citação (já que não se estará diante de novo processo), nos termos do art. 308, § 3º. Não havendo autocomposição, correrá o prazo para oferecimento de contestação ao pedido principal (art. 308, § 4º), observando-se, daí por diante, o procedimento comum.

A medida cautelar deferida em caráter antecedente para de produzir efeitos se ocorrer qualquer das hipóteses previstas no art. 309. É que, exatamente em razão de ter sido postulada – e deferida – antes da formulação do pedido principal, impõe-se a previsão de mecanismos que assegurem que a medida urgente não se eternize, dada sua necessária temporariedade. E não é por outro motivo que a primeira hipótese prevista na lei de cessação da eficácia da medida cautelar antecedente é precisamente aquela em que o pedido principal não é formulado no prazo previsto no art. 308 (art. 309, I).

Também cessa a eficácia de medida cautelar antecedente que não venha a ser efetivada em 30 dias (art. 309, II). A demora exclusivamente imputável ao serviço judiciário, todavia, não pode acarretar prejuízo para o autor, motivo pelo qual se deve considerar que bastará ao demandante, no prazo de 30 dias, praticar todos os atos necessários para viabilizar a efetivação da medida (como recolhimento de custas ou fornecimento de endereço onde se deva praticar o ato de efetivação da medida cautelar), para que a decisão concessiva da tutela cautelar permaneça eficaz. Por fim, cessa a eficácia da medida cautelar se o pedido principal for julgado improcedente ou se o processo for extinto sem resolução do mérito (art. 309, III). Na primeira das hipóteses mencionadas, não se poderá considerar presente o *fumus boni iuris* se, em cognição exauriente, tiver o juiz decidido no sentido de que o direito substancial não existe. No segundo caso, não se poderá cogitar de *periculum in mora* (na modalidade perigo de infrutuosidade), pois não há risco para a efetividade do futuro resultado do processo se a produção de tal resultado é inviável, havendo obstáculo à apreciação do mérito da causa. Também cessa a eficácia da medida cautelar se o pedido vier a ser julgado procedente e o direito material vier a ser definitivamente efetivado e satisfeito (Enunciado nº 504 do FPPC), dada a temporariedade da tutela cautelar.

Em qualquer caso em que cesse a eficácia da medida cautelar antecedente, fica vedado ao demandante renovar o pedido de tutela provisória não satisfativa pelo mesmo fundamento (ressalvada, por óbvio, a possibilidade de se formular pedido idêntico por fundamento diverso), nos termos do art. 309, parágrafo único.

O indeferimento da medida cautelar (ou a cessação de sua eficácia nos casos previstos nos incisos I, II e III do art. 309) não impede a parte de formular o pedido principal, nem influi em seu julgamento (art. 310). Isso resulta do fato de que a decisão sobre o requerimento de tutela cautelar baseia-se em cognição sumária, não estando apto a alcançar a autoridade de coisa julgada. Ressalva-se, porém, o caso de ter sido a medida cautelar indeferida por reconhecimento de decadência ou prescrição (art. 310, parte final). É que, nesses casos, a decisão que indefere o requerimento de medida cautelar baseia-se em cognição exauriente, sendo capaz de afirmar a própria inexistência do direito material sustentado pelo demandante – e não meramente a improbabilidade de que ele exista – e, pois, é apta a fazer coisa julgada material. Nessa hipótese, não será possível, em razão da coisa julgada – autoridade que torna imutável e indiscutível o que tenha sido decidido –, formular-se o pedido principal e, caso este venha a ser deduzido, o processo terá de ser extinto sem resolução do mérito (art. 485, V).

O que se tem aqui é o deslocamento, para o procedimento da tutela cautelar antecedente, de questão que, em princípio, deveria ser conhecida no processo principal. Esse deslocamento da cognição deve ser considerado elemento capaz de provocar consequências importantes. Em primeiro lugar, reconhecida a decadência ou a prescrição, a decisão alcançará a coisa julgada material, tornando-se imutável e indiscutível seu conteúdo, que declara o desaparecimento do direito substancial do demandante. De outro lado, também, tendo o juízo se pronunciado sobre a decadência ou a prescrição para afirmar que ela não ocorreu, essa declaração se tornará imutável e indiscutível, não podendo a questão tornar a ser conhecida depois de formulado o pedido principal, de tutela definitiva.

3. TUTELA DE URGÊNCIA SATISFATIVA (TUTELA ANTECIPADA)

A segunda modalidade de tutela provisória de urgência é a *tutela antecipada*. Trata-se de uma tutela provisória satisfativa do próprio direito material deduzido no processo. É que a tutela de urgência satisfativa (ou tutela antecipada) se destina a permitir a imediata realização prática do direito alegado pelo demandante, revelando-se adequada em casos nos quais se afigure presente uma situação de perigo iminente para o próprio direito substancial (perigo de morosidade).

A tutela antecipada é fenômeno típico dos processos de conhecimento. Neste, como sabido, observa-se como regra geral o procedimento comum. Ocorre que esse procedimento é, por natureza, longo, uma vez que o juiz é chamado a proferir, nos processos que o seguem, julgamentos baseados em juízo de certeza. Há, porém, muitas situações em que não se pode esperar o tempo necessário à formação do juízo de certeza exigido para a prolação de sentença no processo cognitivo, havendo a necessidade, para se tutelar adequadamente o direito material, de se prestar uma tutela processual satisfativa mais rápida. Nessas hipóteses, porém, surge um dilema. O processo de conhecimento, em princípio, se mostra inadequado à busca desse tipo de tutela por ser naturalmente demorado. A tutela cautelar, por sua vez, embora célere, também se mostra inadequada por não ser capaz de satisfazer o direito material deduzido no processo. Impõe-se, então, a criação de uma forma diferenciada de prestação da tutela processual, em que se obtivesse tutela satisfativa com celeridade. Surge, assim, a tutela antecipada, forma de tutela sumária, em que o juiz presta tutela processual satisfativa, no bojo do processo de conhecimento, com base em juízo de probabilidade.

É de se notar que tal tutela processual provisória, consistente em permitir a produção dos efeitos (ou, ao menos, de alguns deles) da sentença de procedência do pedido do autor desde o início do processo (ou desde o momento em que o juiz tenha se convencido da probabilidade de existência do direito afirmado pelo demandante), exige alguns requisitos para sua concessão.

O primeiro desses requisitos é a *probabilidade de existência do direito material deduzido no processo*. Trata-se, aqui, do mesmo requisito já exigido também para a tutela cautelar.

Além desse requisito, outro se exige, cumulativamente. É que, sendo a tutela antecipada uma espécie de tutela provisória de urgência, também aqui se exige a presença de uma *situação de perigo de dano iminente, grave, de difícil ou impossível reparação*. Mas o *periculum in mora* exigido aqui, como requisito da concessão da tutela antecipada, não é o mesmo perigo de infrutuosidade que se exige para a concessão da tutela cautelar. O que se apresenta como requisito da concessão da tutela antecipada é o *perigo de morosidade*. Consiste o perigo de morosidade no risco de que, em razão da demora do processo, o direito material deduzido pela parte em juízo corra risco de dano grave, de difícil ou impossível reparação.

A tutela antecipada consiste, como o próprio nome indica, na possibilidade de produção, antes do momento em que normalmente isso ocorreria, dos efeitos do resultado final do processo. Importante, então, verificar qual (ou quais) desses efeitos pode ser antecipado.

Parece impossível a antecipação do efeito declaratório. Este consiste na certeza jurídica conferida à existência ou inexistência (ou modo de ser) do direito afirmado pelo autor em sua demanda. É impossível, porém, a antecipação da certeza com base em juízo de probabilidade. Haveria, aqui, verdadeiro paradoxo: o juiz estaria afirmando a existência de uma "provável certeza", a qual, obviamente, seria incapaz de satisfazer a pretensão de obter certeza.

O mesmo se diga com relação à antecipação dos efeitos constitutivos. Não parece admissível, em sede de tutela provisória, a antecipação desse tipo de efeito, consistente na criação, modificação ou extinção de uma relação jurídica. Isso porque os efeitos constitutivos, de ordinário, só podem se produzir depois da afirmação da existência de um direito à modificação de uma situação jurídica, o que exige cognição exauriente. Seria inócua a prolação de uma decisão que provisoriamente constituísse uma situação jurídica nova, sendo certo que decisões inúteis não devem ser prolatadas (mesmo porque faltaria interesse em sua obtenção). Não se pode negar, porém, que em algumas hipóteses a possibilidade de antecipação de efeito constitutivo da tutela processual se revela útil, tendo inegável caráter de antecipação de tutela e nítida eficácia constitutiva. Não se pode, portanto, negar a possibilidade de antecipação da tutela constitutiva quando se verificar a utilidade dessa medida. Como regra geral, então, somente a antecipação da tutela condenatória será possível. A eficácia condenatória, consistente na imposição ao demandado de uma prestação (de dar, fazer ou não fazer), pode ser concedida antes da obtenção da certeza quanto à existência ou não do direito afirmado pelo autor. É certo que tal condenação antecipada teria como principal efeito permitir, desde logo, a instauração de uma execução forçada, a qual estaria embasada em título provisório, instável, porque ainda sujeito à revisão judicial. A possibilidade de execução fundada em título instável, porém, não é estranha ao Direito brasileiro, em que se admite a execução provisória de sentenças ainda sujeitas a recurso (através do que se chama de *cumprimento provisório da sentença*). Tal execução, porém, será provisória como o título que serve de base para sua instauração.

Além dos dois requisitos já examinados, não se admite tutela de urgência satisfativa que seja capaz de produzir efeitos irreversíveis (art. 300, § 3º). É que não se revela compatível com uma decisão baseada em cognição sumária (e que, por isso mesmo, é provisória) a produção de resultados definitivos, irreversíveis.

Não se pode, porém, afastar a possibilidade de concessão de outra medida que, sem produzir efeitos irreversíveis, se revele adequada como ensejadora de tutela provisória. Além disso, casos há em que, não obstante a vedação encontrada no texto normativo, será possível a concessão de tutela provisória urgente satisfativa que produza efeitos irreversíveis (Enunciado nº 419 do FPPC: "[n]ão é absoluta a regra que proíbe a tutela provisória com efeitos irreversíveis").

É preciso, então, perceber a lógica por trás da regra que veda a concessão de tutela provisória satisfativa irreversível, o que permitirá compreender as exceções a ela. É que a vedação à concessão de tutela de urgência satisfativa (tutela antecipada) irreversível resulta da necessidade de impedir que uma decisão provisória produza efeitos definitivos. Casos há, porém, em que se estará diante da situação conhecida como *irreversibilidade recíproca*. Consiste isso na hipótese em que o juiz verifica que a concessão da medida produziria efeitos irreversíveis, mas sua denegação também teria efeitos irreversíveis.

Porém, nem sempre em todos os casos de irreversibilidade recíproca a tutela antecipada será deferida, pois o afastamento da vedação caberá ao juízo mediante verificação da presença dos seus requisitos.

Pode ser deferida a tutela antecipada liminarmente, até mesmo sem prévia oitiva da parte contrária (art. 9º, parágrafo único, I, do CPC), mas isso só deve acontecer quando a situação de perigo for tão iminente que não se possa esperar sequer o tempo necessário para a manifestação da outra parte. Sendo possível respeitar-se o contraditório prévio para só depois decidir, esta deverá ser a conduta do juiz. A concessão de tutela antecipada *inaudita altera parte* é uma exceção ao princípio do contraditório, que exige debate prévio acerca do conteúdo das decisões capazes de afetar a esfera jurídica das pessoas, e que resulta do modelo constitucional de processo (art. 5º, LV, da Constituição) e constitui uma das normas fundamentais do processo civil (arts. 9º e 10).

De outro lado, é possível que a prova documental acostada pelo demandante para tentar obter a tutela antecipada se revele insuficiente. Daí a possibilidade de realização de audiência de justificação (art. 300, § 2º, aplicável também à tutela cautelar). Nesse tipo de audiência colhe-se prova oral produzida apenas pela parte interessada na obtenção da tutela antecipada.

A efetivação da tutela antecipada, assim como acontece com a tutela cautelar, pode ser condicionada à prestação de uma caução, real ou fidejussória. E para que a medida seja efetivada aplicam-se, no que couber, as regras do cumprimento provisório de sentença (art. 297, *caput* e parágrafo único).

Responde aquele que obteve a tutela antecipada pelos danos indevidamente suportados pela parte contrária nas mesmas hipóteses em que essa responsabilidade existe para aquele que obteve tutela cautelar (art. 302).

Assim como acontece com a tutela cautelar, também a tutela antecipada pode ser requerida em caráter incidente ou antecedente.

O procedimento previsto no art. 303 será empregado apenas naqueles casos em que "a urgência for contemporânea à propositura da ação". Significa isso dizer que a postulação de tutela antecipada antecedente não é uma mera escolha do demandante (como se pudesse ele escolher entre usar este procedimento ou, desde logo, demandar a tutela processual definitiva). Deve-se interpretar o dispositivo no sentido de que será adequada a postulação de tutela antecipada antecedente apenas naqueles casos em que os fatos geradores da urgência exigem uma tutela processual tão imediata que não há tempo sequer para a elaboração de uma petição inicial completa, em que já se postule a tutela definitiva, indo-se ao Judiciário apenas para formular o pedido de tutela antecipada.

Embora não seja de emprego exclusivo nesses casos, parece claro que a postulação de tutela antecipada antecedente será adequada em muitos daqueles casos em que a necessidade de se postular uma tutela processual satisfativa urgente se manifesta durante os horários em que não há expediente forense regular, sendo preciso buscar o Plantão Judiciário (como se dá naqueles casos em que é preciso ir ao Judiciário durante a madrugada ou nos finais de semana).

Perceba-se, ainda, que, a fim de evitar confusão entre o caso em que a petição inicial é incompleta por conta da extrema urgência e aquele em que a petição inicial é simplesmente malfeita, exige a lei processual que o demandante, ao valer-se do benefício que lhe é assegurado pelo art. 303, afirme expressamente que o faz (art. 303, § 5º).

A demanda será, então, apreciada pelo juiz e, deferida a tutela de urgência satisfativa postulada, incumbirá ao demandante aditar a petição inicial, com a complementação de sua argumentação, a juntada de novos documentos e a confirmação do pedido de tutela final, em quinze dias (ou prazo maior que lhe seja expressamente assinado pelo juiz), nos termos do que determina o art. 303, § 1º, I.

O aditamento da petição inicial se fará nos mesmos autos, não se podendo exigir do demandante o recolhimento de novas custas processuais (art. 303, § 3º) além das que eventualmente já tenham sido recolhidas. É possível, porém, que os regimentos de custas prevejam que, por exemplo, nos casos de postulação diretamente ao Plantão Judiciário, não há necessidade de recolhimento de custas, devendo estas ser depositadas posteriormente. Não sendo feito o aditamento da petição inicial no prazo, o processo será extinto sem resolução do mérito (art. 303, § 2º).

Aditada a petição inicial, o réu será citado e intimado para comparecer à audiência de conciliação ou mediação e, não havendo acordo, correrá o prazo para oferecimento de contestação (art. 303, § 1º, II e III). Aqui há outro aspecto importante a considerar. Deferida a tutela antecipada antecedente, não há que se cogitar, ao menos nesse momento, de citação do demandado. Ele será, nessa altura, tão somente *intimado* da decisão concessiva da tutela antecipada antecedente, para dela tomar conhecimento e, eventualmente, praticar os atos necessários ao seu cumprimento. Só depois do aditamento da petição inicial é que o demandado será citado e intimado. E se o aditamento da petição inicial não ocorrer, o processo será extinto sem que o réu seja sequer citado.

4. TUTELA DA EVIDÊNCIA SATISFATIVA

Além da tutela antecipada, há outra forma de prestação de tutela processual provisória, a *tutela da evidência*. Trata-se de uma modalidade de tutela processual não definitiva, fundada em um juízo de probabilidade, e que dispensa, para sua concessão, a existência de uma situação de urgência. Não é por outra razão que o art. 311, ao tratar da tutela da evidência, afirma ser ela cabível "independentemente da demonstração de perigo de dano ou de risco ao resultado útil do processo".

A tutela da evidência, então, é a tutela provisória que independe, para ser concedida, da existência de *periculum in mora*.

De outro lado, porém, exige-se, para sua concessão, uma *probabilidade qualificada*, que nada mais é do que aquilo que a legislação processual denominou *evidência*.

Sempre postulada em caráter incidental, não se admitindo sua postulação antecedente, a tutela da evidência pode ser satisfativa ou assecuratória (assim como acontece com a tutela de urgência), e não se limita aos casos previstos no art. 311 do CPC. Diferentemente do que acontece em matéria de tutela de urgência, porém, não existe um *poder geral de tutela da evidência*, de modo que essa modalidade de tutela provisória só é admissível em casos expressamente descritos na lei. É que cabe ao texto legal indicar em que situações se pode considerar presente essa probabilidade qualificada (evidência) que justifica a concessão de tutela provisória independentemente da existência de uma situação de perigo de dano.

Consiste a tutela da evidência satisfativa em uma medida destinada a antecipar o próprio resultado prático final do processo, satisfazendo-se na prática o direito do demandante, independentemente da presença de *periculum in mora*. Está-se, aí, pois, diante de uma técnica de aceleração do resultado do processo, criada para casos em que se afigura evidente (isto é, dotada de probabilidade máxima) a existência do direito material.

Prevê o art. 311 um rol de quatro hipóteses em que será concedida tutela da evidência.

Defere-se a tutela da evidência, em primeiro lugar, quando "ficar caracterizado o abuso do direito de defesa ou o manifesto propósito protelatório da parte" (art. 311, I). Trata-se, aqui, da previsão de uma tutela provisória sancionatória, por força da qual a aceleração do resultado do processo se apresenta como uma sanção imposta àquele demandado que exerce seu direito de defesa de forma abusiva, com o único intuito de protelar o andamento do processo.

Tem-se, pois, verdadeira tutela provisória sancionatória, já que aqui a tutela da evidência atua como sanção punitiva contra o abuso do direito de defesa. A rigor, não há sanção mais grave para quem pretende protelar do que imprimir uma maior aceleração à entrega da prestação jurisdicional. Tal técnica de tutela processual provisória encontra pleno apoio no disposto no art. 5º, LXXVIII, da Constituição. Afinal, se existe a garantia constitucional de duração razoável do processo (ou, o que dá no mesmo, o direito, constitucionalmente assegurado, a um processo sem dilações indevidas, e se é dever do Estado criar os meios que assegurem a entrega da tutela processual de modo tempestivamente, é adequado que sejam criados meios destinados a inibir condutas processuais protelatórias, como se tem neste caso.

Outra hipótese de tutela da evidência (art. 311, II) é aquela em que as alegações de fato deduzidas pelo autor "puderem ser comprovadas apenas documentalmente e houver tese firmada em julgamento de casos repetitivos ou em súmula vinculante". Aqui, a concessão da tutela da evidência exige a presença cumulativa de dois requisitos: suficiência da prova documental pré-constituída e existência de tese firmada em precedente ou súmula vinculante.

Pois em casos nos quais o demandante demonstre, com sua petição inicial, ter direito líquido e certo, e exista precedente ou enunciado de súmula vinculante aplicável ao caso, justifica-se o deferimento de tutela provisória (da evidência), por ser muito provável que tenha ele razão e que seu pedido venha a ser julgado procedente.

A tutela da evidência pode ser deferida *inaudita altera parte*, antes mesmo da citação.

O terceiro caso de concessão de tutela da evidência (art. 311, III) é o da "ação de depósito" (nome tradicionalmente empregado para designar a demanda que, fundada em prova documental do contrato de depósito, tem por objeto a restituição da coisa depositada). Afirma o dispositivo legal que será deferida a tutela da evidência quando "se tratar de pedido reipersecutório fundado em prova documental adequada do contrato de depósito, caso em que será decretada a ordem de entrega do objeto custodiado, sob cominação de multa".

Afirma a lei processual que será deferida a tutela da evidência quando o demandante tiver postulado a restituição da coisa depositada, fundando seu pedido em "prova documental adequada" do contrato de depósito. Vale aqui recordar, porém, que o depósito voluntário só se prova por escrito (art. 646 do CC), regra também aplicável ao contrato de depósito necessário legal (arts. 647, I, e 648 do CC). O depósito miserável (art. 647, II, do CC) é demonstrável por qualquer meio de prova (art. 648, parágrafo único, do CC).

Assim, nos casos de demanda fundada em contrato de depósito voluntário ou de depósito necessário legal, a "prova documental adequada" a que se refere o art. 311, III, terá, necessariamente, de ser prova escrita. Já no caso de demanda fundada em depósito miserável, será admitida qualquer prova documental, ainda que não escrita (como fotografias ou vídeos).

Havendo prova suficiente do contrato de depósito, então, fará o demandante jus à concessão da tutela (provisória) da evidência, devendo ser proferida decisão que determine a entrega da coisa depositada em certo prazo, sob pena de multa pelo não cumprimento do preceito.

Nesse caso, vale registrar, também é admissível a concessão da medida *inaudita altera parte*, antes mesmo da citação do réu, como se verifica pelo disposto no parágrafo único do art. 311.

Por último (art. 311, IV), é cabível a tutela da evidência quando "a petição inicial for instruída com prova documental suficiente dos fatos constitutivos do direito do autor, a que o réu não oponha prova capaz de gerar dúvida razoável". Trata-se de mais um caso de tutela da evidência fundada em direito líquido e certo (isto é, em direito cujo fato constitutivo é demonstrável por meio de prova documental pré-constituída), mas, diferentemente do que se prevê no inciso II desse mesmo art. 311, aqui não há precedente ou enunciado de súmula vinculante aplicável ao caso. Nessa hipótese, então, a tutela da evidência exige que, além da prova documental suficiente a acompanhar a petição inicial, não tenha o demandado sido capaz de apresentar, com a contestação, elementos de prova capazes de gerar dúvida razoável acerca da veracidade das alegações feitas pelo autor a respeito dos fatos da causa. Pois nesse caso, da soma dos elementos probatórios trazidos pelo autor e da falta de elementos convincentes trazidos pelo réu, extrai-se a probabilidade máxima (evidência) da existência do direito substancial alegado pelo demandante.

Tendo o demandante ajuizado sua petição inicial acompanhada de prova documental suficiente de tudo aquilo cujo ônus da prova lhe incumbia, e não tendo o demandado, com sua contestação, produzido prova documental capaz de contraditar as provas trazidas pelo autor (ainda que tendo postulado pela produção de outros meios de prova, como pericial ou testemunhal), será desde logo cabível a concessão da tutela da evidência satisfativa, permitindo-se que o autor possa fruir do resultado prático que busca obter por meio do processo.

Pode-se verificar que o tutela da evidência satisfativa é um poderoso mecanismo de *redistribuição do ônus do tempo do processo*, que passa a pesar sobre o demandado.

É que, deferida a tutela da evidência, o demandante já poderá fruir do bem jurídico que postula, de modo que passa a interessar ao demandado que o processo tramite de forma célere, já que é dele o interesse em demonstrar que o demandante afinal de contas não tinha razão, e que a tutela da evidência – que é provisória – deve ser revogada.

Além dos casos previstos no art. 311, há outros exemplos de tutela da evidência satisfativa, que podem ser encontrados no próprio CPC (como a liminar em processos possessórios de força nova – art. 562; ou a adjudicação antecipada a herdeiro de bem do monte – art. 647, parágrafo único) ou em legislação extravagante (como é o caso da fixação de aluguel provisório em "ação revisional de aluguel" – art. 68, II, da Lei nº 8.245/1991).

5. TUTELA DA EVIDÊNCIA NÃO SATISFATIVA

Fora do art. 311 do CPC podem ser encontrados casos de tutela da evidência não satisfativa, de caráter meramente assecuratório. Essas medidas se aproximam muito da tutela cautelar, mas dela diferem por não serem *tutelas de urgência*.

A tutela da evidência assecuratória (ou não satisfativa) é uma tutela provisória que prescinde da urgência para ser deferida, mas não satisfaz de modo prático a pretensão da parte, limitando-se a assegurar a futura produção desse resultado prático.

É o caso, para ficar em um exemplo que pode ser encontrado no próprio CPC, da atribuição de efeito suspensivo a embargos à execução (art. 919, § 1º, do CPC, que permite a atribuição judicial de efeito suspensivo aos embargos à execução quando presentes os requisitos de concessão da tutela provisória, seja ela de urgência ou da evidência).

O que se tem nesta hipótese é uma tutela provisória assecuratória (não satisfativa) cuja concessão não depende da existência de uma situação de perigo, a qual, pois, não precisa ser demonstrada. Não se está aí, portanto, diante de uma tutela de urgência, mas de tutela da evidência.

Porém, se é assim, então não é adequado chamar essa figura de *cautelar*, já que esse termo qualifica a tutela meramente assecuratória *de urgência*. O que se tem aqui, pois, é *tutela da evidência assecuratória*.

Atenção

Nem toda tutela processual não definitiva meramente assecuratória do futuro resultado do processo é propriamente cautelar. Também a tutela da evidência pode ser meramente assecuratória, não satisfativa do direito material deduzido no processo.

Cap. 12 – Tutelas Provisórias

EM RESUMO:

ESPÉCIES DE TUTELA PROVISÓRIA

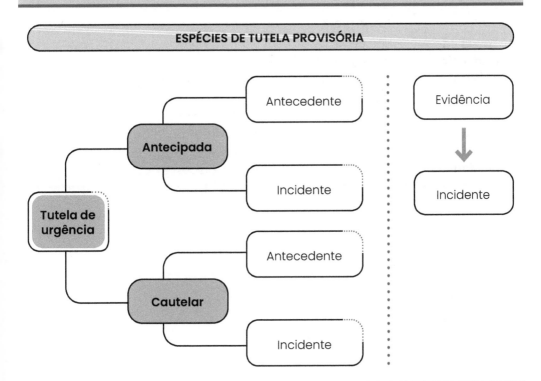

TUTELAS PROVISÓRIAS

Tutela de urgência não satisfativa (tutela cautelar)	– Destina-se a assegurar o futuro resultado útil do processo, nos casos em que uma situação de perigo ponha em risco sua efetividade. – Concessão depende de *fumus boni iuris* e *periculum in mora*. – Tipos: (a) tutela cautelar antecedente, pleiteada antes da formulação do pedido de tutela definitiva; e (b) tutela cautelar incidente (ou incidental), pleiteada junto ou posteriormente ao pedido de tutela processual definitiva. – Características: referibilidade, temporariedade, revogabilidade e fungibilidade.
Tutela de urgência satisfativa (tutela antecipada)	– Permite a imediata realização prática do direito alegado. – Exigida situação de perigo de dano iminente, grave, de difícil ou impossível reparação.

	TUTELAS PROVISÓRIAS
Tutela da evidência satisfativa	– Tutela processual não definitiva. – Não depende de *periculum in mora*. – Caráter incidental. – Somente admitida entre as quatro hipóteses elencadas no art. 311 do CPC.
Tutela da evidência não satisfativa	– Hipóteses não elencadas no art. 311 do CPC. – Não satisfaz de modo prático a pretensão da parte, limitando-se a assegurar a futura produção desse resultado.

Capítulo 13

Execução – Parte Geral

1. EXECUÇÃO EM GERAL

Execução é, havendo algum ato certificador de um direito (como uma sentença, ou algum ato cuja eficácia lhe seja equiparada), a atividade processual destinada a transformar em realidade prática aquele direito, satisfazendo seu titular, chama-se execução. A princípio, o que se espera é que o devedor da obrigação a realize voluntariamente, adimplindo seu dever jurídico (ou seja, executando voluntariamente a prestação). Caso não ocorra a execução voluntária, porém, é lícito ao credor postular a execução forçada.

Não há muita dúvida acerca da natureza jurisdicional da execução forçada. Esta, porém, deve ser vista como uma opção política.

A execução de que se trata no Direito Processual Civil é sempre forçada. Esse adjetivo estará subentendido quando se falar de execução no campo processual civil. E é explicitamente utilizado no art. 778 e no art. 788.

A execução é uma atividade de agressão patrimonial (e, no caso da execução de prestação alimentícia, também de agressão corporal, tendo em vista a possibilidade de prisão civil do devedor) que se legitima pela existência de título executivo.

Quando a execução se funda em título executivo judicial, o procedimento executivo é chamado pelos textos normativos de *cumprimento de sentença*, regulado precipuamente nos arts. 513 a 538 (localizados no Título II do Livro I da Parte Especial do CPC), a eles se aplicando subsidiariamente o disposto no Livro II da Parte Especial (art. 771). Desenvolve-se, normalmente, como uma fase complementar do mesmo processo em que o título judicial se tenha formado ("processo de conhecimento"). Em alguns casos, porém, o cumprimento de sentença constitui processo executivo autônomo (o que acontece quando o título executivo é um daqueles previstos nos incisos VI a IX do art. 515). É que naqueles casos a atividade executiva não é mera fase complementar do processo de formação do título, o qual se terá desenvolvido no âmbito penal (art. 515, VI), arbitral (art. 515, VII) ou perante o STJ, competente para homologar sentenças estrangeiras e conceder *exequatur* às cartas rogatórias (art. 515, VIII e IX). Pois nesses casos será necessário instaurar um processo autônomo, motivo pelo qual a lei processual exige que o devedor seja citado (art. 515, § 1º).

De outro lado, quando a execução se funda em título executivo extrajudicial, tem-se o *processo de execução*, de que cuida o Livro II da Parte Especial do CPC, a ele se aplicando, subsidiariamente, o regime estabelecido pelo Livro I da Parte Especial (art. 771, parágrafo único).

O procedimento executivo destina-se a realizar o crédito exequendo. Fala-se, por isso, em um "princípio" do desfecho único. É que a extinção da execução sem que o crédito esteja satisfeito é anômala. E é precisamente por isso que o art. 797 estabelece que a execução se realiza no interesse do exequente. Ressalvam-se, apenas, as chamadas execuções universais (falência e insolvência civil), já que nestas se identifica um interesse na recuperação do executado, de modo a permitir que ele volte a gerir adequadamente seu patrimônio, o qual se tornou insuficiente para a satisfação de todas as suas dívidas (art. 797).

Não se pense com isso que a "ação de execução" é concreta (mediante direito substancial). A "ação de execução" é, também, abstrata, e sua existência independe do direito material afirmado pelo demandante. Ocorre que, por sua própria finalidade, a execução forçada é toda estruturada tendo em vista a realização do direito afirmado pelo demandante, e, no caso de tal posição jurídica de vantagem não existir, o desfecho da execução forçada não será aquele para o qual esta se direcionou, mas, pois, anômalo do processo.

Sendo a atividade executiva realizada no interesse do exequente, fica fácil compreender a regra por força da qual incumbe ao juiz da execução "determinar que os sujeitos indicados pelo exequente forneçam informações em geral relacionadas ao objeto da execução, tais como documentos e dados que tenham em seu poder, assinando-lhes prazo razoável" (art. 772, III). Trata-se não só de manifestação do princípio da cooperação (art. 6º), mas também de uma exigência prática, já que há informações que o exequente não poderia mesmo obter por conta própria, como saldos bancários ou declarações de bens. Nesse caso, então, deverá o juiz – de ofício ou mediante requerimento – determinar as medidas necessárias ao cumprimento da ordem de entrega de documentos e dados (art. 773), preservando o sigilo dos dados confidenciais (art. 773, parágrafo único). Assim, por exemplo, caso seja remetida aos autos da execução uma cópia da declaração de rendimentos e bens do executado, deverá o juiz cuidar para que o processo passe a tramitar em segredo de justiça, a fim de preservar ao máximo a confidencialidade das informações protegidas pelo sigilo fiscal. Obtidas as informações necessárias (por exemplo, tendo sido identificados os bens sobre os quais a atividade executiva poderá incidir), o documento sigiloso deverá ser restituído ao executado, permitindo-se, dessa forma, que o processo volte a tramitar publicamente. Ocorre, assim, a quebra de sigilo bancário ou fiscal (que é possível em sede de execução: Enunciado nº 536 do

FPPC), respeitadas as exigências resultantes do princípio constitucional da proporcionalidade.

Na execução se exige de todos os sujeitos do processo, inclusive e especialmente do executado, que atuem de forma cooperativa e de boa-fé. Por isso, incumbe ao juiz advertir o executado de que seu modo de proceder constitui ato atentatório à dignidade da justiça (art. 772, II). E é atentatória à dignidade da justiça a conduta do executado que frauda a execução; se opõe maliciosamente à execução, empregando ardis e meios artificiosos (como seria, por exemplo, esconder todo o seu patrimônio em nome de "laranjas"); dificulta ou embaraça a realização da penhora; resiste injustificadamente às ordens judiciais; ou, intimado, não indica ao juiz quais são e onde estão os bens sujeitos à penhora e os respectivos valores, nem exibe prova de sua propriedade e, se for o caso, certidão negativa de ônus (art. 774).

Tendo o executado cometido ato atentatório à dignidade da justiça, o juiz fixará multa de até 20% sobre o valor atualizado do débito em execução, a qual reverterá em proveito do exequente, sendo exigível nos próprios autos (art. 774, parágrafo único). Essa sanção é cumulável com outras, de natureza material ou processual. A execução dessa multa (e de outras que sejam impostas durante o procedimento executivo), bem assim das condenações resultantes da litigância de má-fé, dar-se-á nos mesmos autos em que se processa a execução (art. 777).

Como a atividade executiva se desenvolve no interesse do exequente, pode ele, a qualquer tempo, e independentemente de consentimento do executado, desistir da execução (ou da prática de algum ato executivo), nos termos do art. 775. Ocorrendo a desistência da execução, será o procedimento executivo extinto. Pode ocorrer, porém, de o exequente desistir da execução depois de o executado ter oferecido sua defesa (que, conforme o caso, será oferecida mediante embargos ou impugnação). Pois nesse caso, versando a defesa do executado apenas sobre questões processuais, dever-se-á extinguir também a impugnação ou os embargos, cabendo ao exequente arcar com todas as despesas processuais e honorários advocatícios (art. 775, parágrafo único, I). Já se a defesa do executado versar também sobre o mérito, a desistência implicará a extinção do procedimento executivo, mas a impugnação prosseguirá, assim como os embargos, como processo autônomo, só ocorrendo sua extinção se o executado consentir (art. 775, parágrafo único, II).

Não obstante a execução se desenvolva no interesse do exequente, é preciso observar o princípio da menor onerosidade possível (art. 805). Caso o executado alegue que a execução está a desenvolver-se de forma mais gravosa, é ônus seu indicar outros meios mais eficazes e menos onerosos, sob pena de manutenção dos atos executivos já determinados (art. 805, parágrafo único).

A execução de crédito inexistente gera, para o exequente, a obrigação de reparar os danos indevidamente suportados pelo executado (art. 776). Assim, caso venha uma sentença a declarar inexistente, no todo ou em parte, o crédito exequendo, o exequente responderá, independentemente da verificação de culpa sua, por esses danos.

Desenvolve-se a atividade executiva por intermédio de dois grupos de mecanismos: os meios de coerção e os meios de sub-rogação.

Chama-se meio de coerção o mecanismo empregado pelo Estado-juiz para constranger psicologicamente o executado, a fim de que este pratique os atos necessários à realização do crédito exequendo. Nessa categoria são encontrados mecanismos como a multa periódica pelo atraso no cumprimento da obrigação (conhecida como astreinte), a prisão civil do devedor inescusável de alimentos e o protesto de título executivo ou a anotação do nome do devedor em cadastros de devedores inadimplentes.

A respeito destes últimos, estabelece o art. 782, § 3º, que, "a requerimento da parte, o juiz pode determinar a inclusão do nome do executado em cadastros de inadimplentes" (mas não se pense que essa disposição exclua a possibilidade de o registro do nome do devedor inadimplente ser feito pelo próprio credor ou pelo órgão de proteção ao crédito: Enunciado nº 190 do FPPC). Só se cancela a inscrição determinada pelo juiz se e quando for efetuado o pagamento, se for garantida a execução ou se esta for extinta por qualquer outro motivo (art. 782, § 4º). Trata-se de disposição aplicável tanto aos títulos executivos judiciais como aos extrajudiciais (art. 782, § 5º).

Além disso, prevê o art. 517 que a decisão judicial transitada em julgado (que tenha eficácia de título executivo) pode ser levada a protesto depois de transcorrido o prazo indicado no art. 523 para pagamento voluntário. Para efetivar o protesto, basta ao exequente apresentar certidão de inteiro teor da decisão (art. 517, § 1º), a qual lhe será fornecida pelo escrivão no prazo de três dias, indicando o nome e a qualificação do exequente e do executado, o número do processo, o valor da dívida e a data do decurso do prazo para pagamento voluntário (art. 517, § 2º).

Admite-se a anotação, à margem do protesto – a requerimento do executado, à sua custa e sob sua responsabilidade –, de que foi proposta "ação rescisória" para impugnar a decisão judicial (art. 517, § 3º).

O protesto só será cancelado mediante ofício expedido pelo cartório, a requerimento do executado, desde que comprovada a satisfação integral da obrigação (art. 517, § 4º).

De outro lado, meios de sub-rogação são aqueles por meio dos quais o Estado-juiz desenvolve atividade que substitui a atuação do executado, dispensando-a, e que se revela capaz de produzir resultado prático equivalente ao que se teria se o próprio executado tivesse adimplido a prestação. Tanto os meios de coerção quanto os de sub-rogação, pois, compõem aquilo que, genericamente, pode-se chamar de meios executivos.

A atividade executiva se submete, como não poderia deixar de ser, a todas as normas fundamentais do processo civil, como os princípios do contraditório e da cooperação, havendo, porém, alguns princípios específicos da execução.

O primeiro é o princípio da efetividade da execução. Trata-se de mera aplicação, *in executivis*, do princípio da efetividade do processo. Segundo Giuseppe Chiovenda: o processo deve ser capaz de dar, na medida do que seja possível na prática, a quem tenha um direito, tudo aquilo e exatamente aquilo que ele tenha direito de conseguir.

De toda sorte, a opção do sistema processual brasileiro é pela execução específica, em que se busca assegurar ao titular do direito precisamente aquilo a que ele tem direito. Apenas excepcionalmente se admite a execução genérica, em que o credor é levado a se contentar com um substitutivo pecuniário, em vez de receber aquilo a que faria jus conforme os ditames do direito substancial.

Quanto ao princípio da menor onerosidade possível, previsto no art. 805 do CPC, "[q]uando por vários meios o exequente puder promover a execução, o juiz mandará que se faça pelo modo menos gravoso para o executado". Trata-se de princípio decorrente da própria evolução histórica da execução. À medida que o Direito evolui, passa a buscar uma proteção cada vez maior para o executado. Assim é que vão se estabelecer alguns limites políticos à invasão patrimonial que a execução permite, como é o caso das impenhorabilidades (impedindo-se que sejam apreendidos bens necessários à sobrevivência do devedor e de sua família, assim as utilidades domésticas correspondentes a um médio padrão de vida ou os instrumentos necessários ou úteis ao exercício de profissão).

Não se pode deixar de falar, também, do princípio do desfecho único. Esse princípio é, em verdade, corolário da própria finalidade da execução forçada, a satisfação do crédito exequendo, com a realização concreta do direito subjetivo do exequente. Assim é que o único fim normal do processo executivo (ou da fase executiva de um processo, ou fase de cumprimento de sentença) é a satisfação do crédito exequendo. Qualquer outro desfecho será considerado anômalo. Em todas as hipóteses figuradas, ou em outras em que o resultado final do processo executivo (ou da fase de cumprimento de sentença) seja favorável ao executado, ocorrerá a extinção anômala da execução. O único desfecho normal é a satisfação do crédito alegado pelo demandante.

Esse princípio gera consequências, por exemplo, na desistência da execução. Ao contrário do que ocorre no processo de conhecimento, em que a desistência da ação manifestada após a contestação só levará à extinção do processo se com ela consentir o réu, no processo executivo (ou na fase de cumprimento de sentença), em que o desfecho normal é necessariamente favorável ao demandante, o demandado não precisa manifestar seu consentimento para que a desistência acarrete a extinção do processo (art. 775 do CPC).

Essa afirmação é verdadeira, ainda que o executado tenha oferecido embargos à execução (ou impugnação ao cumprimento de sentença). Mesmo nessa hipótese, a desistência da execução independe da concordância do demandado. Já os efeitos dessa desistência sobre os embargos opostos (ou impugnação oferecida) pelo executado é que variarão, conforme tais embargos ou impugnação versem ou não sobre o mérito da execução (art. 775, parágrafo único). Assim é que, versando os embargos apenas sobre matéria processual (por exemplo, se os embargos [ou impugnação] versarem unicamente sobre falta de legitimidade das partes para a demanda executiva), a desistência da execução implica necessariamente a extinção dos embargos. Tratando-se, porém, de embargos (ou impugnação) que versem sobre matéria de mérito da execução (por exemplo, embargos em que se alegue a inexistência da obrigação), a desistência da execução só levará à extinção dos embargos (ou da impugnação) se com isso concordar o executado. Poderá, pois, o executado optar por manter pendente o processo instaurado em razão de seus embargos (ou o processo em que oferecida a impugnação), devendo-se dizer que, a partir de agora, estar-se-á diante de uma "ação declaratória autônoma".

Pode-se pensar na hipótese de a execução chegar a seu desfecho normal sem que tenha sido declarada a inexistência do direito substancial, num caso em que tal direito, em verdade, não existe. A hipótese se assemelha à da sentença injusta, que afirma existente um direito que não existe. A diferença é que a sentença injusta, após alcançar a autoridade de coisa julgada, não mais poderá ser atacada. De outro lado, porém, a execução não embargada, e que chegou à satisfação do crédito exequendo, é extinta por sentença desprovida de conteúdo declaratório da existência do direito material, o que significa dizer que tal sentença não é coberta pela coisa julgada material. Assim, será possível ao executado, nesta hipótese de "execução injusta", demandar em face do exequente, pleiteando a repetição do que foi pago indevidamente, buscando, assim, o restabelecimento de seu patrimônio.

2. PARTES NO PROCEDIMENTO EXECUTIVO

O procedimento executivo terá um (ou mais de um) sujeito a ocupar posição ativa e, de outro lado, um (ou mais de um) sujeito a ocupar posição passiva. A quem ocupa posição ativa dá-se o nome de exequente. Quem ocupa posição passiva é chamado de executado.

Tem legitimidade ativa para a execução aquele a quem a lei confere título executivo (art. 778). Assim, aquele que a sentença reconhece como credor, o credor apontado no cheque ou na nota promissória, aquele em favor de quem se confessa um crédito, entre outros, são legitimados ativos para a execução. E sua legitimidade ativa é originária. Trata-se de legitimidade ordinária primária, já que aquele que se diz titular do direito de crédito estará demandando em nome próprio, na defesa de seu próprio interesse, sendo ele o sujeito original da relação jurídica obrigacional afirmada no processo. É de se notar que o título executivo não tem por função conferir legitimidade às partes da demanda executiva, mas – e isto é inegável – tal título simplifica a pesquisa da legitimidade para a demanda. Tal simplificação, porém, é desprovida de qualquer relevância teórica ou sistemática, mesmo porque há outras pessoas legitimadas à execução, e que não aparecem no título executivo.

Outro legitimado ativo originário é o Ministério Público (art. 778, § 1º, I), nos casos previstos em lei. É o que se dá, por exemplo, com o reconhecimento de legitimidade ativa executiva do Ministério Público para a execução de sentença proferida em "ação civil pública" (art. 97 do CDC), ou para a execução de sentença de procedência, proferida em "ação popular", se o demandante ou outro qualquer cidadão não demandar a execução no prazo de sessenta dias da publicação da decisão de segundo grau de jurisdição (art. 16 da Lei nº 4.717/1965).

São legitimados secundários supervenientes o espólio, os herdeiros ou sucessores do credor, sempre que, por morte deste, lhes for transmitido o direito reconhecido no título executivo (art. 778, § 1º, II). Trata-se, aqui também, de legitimidade ordinária, já que os sucessores do credor estarão em juízo demandando a execução na busca de tutela para um interesse próprio. Não figurando eles, porém, no título executivo, fala-se em legitimidade ordinária superveniente (distinguindo-se, assim, da legitimidade ordinária primária atribuída ao credor original). É de se notar que, nesta hipótese, os legitimados aqui referidos não só podem demandar a execução como dar prosseguimento ao processo instaurado por demanda do credor apontado no título executivo, legitimado ordinário primário, que tenha falecido no curso do processo.

Também é legitimado secundário (ou superveniente) o cessionário, quando o direito reconhecido no título executivo lhe tiver sido transferido por ato *inter vivos* (art. 778, § 1º, III; arts. 286 a 298 do CC). Havendo cessão do crédito exequendo, pouco importando se a título oneroso ou gratuito, surge a legitimidade ordinária superveniente do cessionário. Mais uma vez, permite-se ao legitimado ordinário superveniente não só a iniciativa da execução como prosseguir no processo já instaurado pelo legitimado ordinário primário. É de se notar, aqui, porém, que a cessão do crédito exequendo que se dê no curso do procedimento executivo é verdadeira alienação do direito litigioso (art. 109 do CPC), o que significa dizer que a legitimidade das partes não é alterada. Em outros termos, nada impede que, a despeito da cessão do crédito exequendo, o cedente permaneça no procedimento executivo, agora atuando em nome próprio na defesa de interesse alheio (do cessionário), como substituto processual.

A lei também confere legitimidade ordinária secundária ao sub-rogado, nos casos de sub-rogação legal ou convencional (arts. 346 e 347 do CC). Como é sabido, denomina-se sub-rogação a transferência da qualidade de credor para aquele que solveu obrigação alheia ou emprestou o necessário para isso. Significa isso dizer que, na sub-rogação, há uma substituição na posição jurídica de vantagem, que deixa de ser ocupada pelo credor original e passa a ser exercida pelo sub-rogado. A sub-rogação pode ser legal (quando decorre da própria lei) ou convencional (quando o credor, recebendo o pagamento de terceiro, transfere-lhe todos os seus direitos; e quando o terceiro empresta ao devedor a quantia precisa para solver o débito, sob a condição de ficar investido nos direitos do credor satisfeito).

Verifica-se, assim, que há uma certa proximidade entre a sub-rogação e a cessão de crédito, principalmente quando se tem diante dos olhos a sub-rogação convencional decorrente de declaração de vontade do credor. Ainda aqui, porém, não se confundem os dois institutos, razão pela qual andou bem o texto normativo ao separar as duas hipóteses, conferindo legitimidade ordinária superveniente de forma expressa, tanto ao cessionário do crédito como ao sub-rogado. É de se lembrar, por fim, que o sub-rogado não precisará demandar nova execução. Ocorrendo o pagamento com sub-rogação no curso do procedimento executivo, ocorrerá a sucessão processual, e o sub-rogado poderá prosseguir no mesmo procedimento em busca da satisfação de seu crédito.

Todos os legitimados ordinários secundários podem não só instaurar a execução, mas nela prosseguir em caso de morte do exequente original, não dependendo a sucessão processual de consentimento do executado (art. 778, § 2º).

Já a legitimidade passiva originária é do "devedor, reconhecido como tal no título executivo" (art. 779, I). Não é apenas o caso daquele que o título judicial condena ao cumprimento da obrigação, mas também o emitente do cheque ou da nota promissória, o sacado na letra de câmbio, entre outros. Trata-se de legitimidade ordinária primária, já que a pessoa indicada como devedora no título executivo é o sujeito original da relação obrigacional. Aplicam-se aqui todas as afirmações feitas a respeito da legitimidade ordinária primária ativa do credor que figura no título executivo (inclusive a afirmação feita anteriormente de que a função do título executivo não é servir de instrumento da legitimidade), razão pela qual se torna dispensável qualquer outra consideração a respeito dessa hipótese de legitimidade passiva.

Também têm legitimidade passiva (secundária ou superveniente): o espólio ou os sucessores do devedor original (art. 779, II). Trata-se de legitimidade ordinária superveniente, decorrente da sucessão *mortis causa*. Aplicáveis aqui, pois, as conclusões apresentadas na interpretação do art. 778, § 1º, II, do CPC, que trata da legitimidade ordinária superveniente ativa por sucessão *mortis causa* do credor. Há que se referir, aqui, porém, que os sucessores *mortis causa* só respondem pelas dívidas do falecido nas forças da herança, isto é, até o limite do quinhão sucessório que lhes tenha sido adjudicado. É o que se costuma denominar benefício de inventário, regra existente no Direito Civil brasileiro, segundo a qual o sucessor só é responsável pelas dívidas do falecido nos limites das forças da herança.

Outra observação que não se pode deixar de fazer, com referência ao art. 779, II, do CPC, é que, apesar de seu texto, interpretado literalmente, dizer respeito apenas à sucessão *mortis causa*, nele se enquadram, também, as hipóteses de incorporação, cisão e fusão de sociedades, tendo legitimidade passiva ordinária superveniente para a execução a sociedade sucessora da que originalmente figurava como devedora.

Na sequência, a lei processual atribui legitimidade ordinária passiva superveniente ao novo devedor que assumiu, com o consentimento do credor, a obrigação resultante do título executivo (art. 779, III; art. 299 do CC). Trata a lei, nesse passo, da figura da assunção de dívida, que pode ser definida como o negócio jurídico pelo qual o devedor, com a atestação do credor, transfere a um terceiro os encargos obrigacionais.

É de se verificar que, ao contrário do que se dá com a cessão de crédito, em que a sucessão na relação jurídica substancial independe da vontade do devedor, na assunção de dívida só haverá cessão do débito se com ela o credor concordar. A sucessão na relação de direito material acarretará a sucessão processual, sendo certo que não será possível, após a assunção da dívida, que a execução continue a incidir sobre o patrimônio do devedor original, já que este não mais estará sujeito ao cumprimento forçado da obrigação (salvo, obviamente, na hipótese de coassunção, em que o terceiro assume a dívida sem que dela se afaste o devedor original). É também legitimado passivo o fiador do débito constante de título executivo extrajudicial (art. 779, IV), mas não o fiador de débito representado por título judicial, salvo se tiver participado do processo de conhecimento (art. 513, § 5º). Trata-se de legitimidade ordinária, já que o fiador é responsável pelo cumprimento da obrigação, e a execução será realizada por meio da invasão do seu patrimônio próprio (fazendo ele jus, porém, e salvo renúncia expressa, ao "benefício de ordem", que garante a incidência dos atos executivos, em primeiro lugar, sobre o patrimônio do afiançado). É, ainda, legitimado ordinário passivo secundário o responsável titular do bem vinculado por garantia real (hipoteca, penhor, anticrese) ao pagamento do débito (art. 779, V). Trata-se, aqui, de caso em que a garantia real incide sobre bem que não pertence ao devedor, mas ao terceiro. A atribuição de legitimidade passiva ao titular do bem dado em garantia é, pois, consequência lógica do disposto no art. 784, V, do CPC, que inclui entre os títulos executivos os contratos garantidos por hipoteca, penhor, anticrese ou outro direito real de garantia.

Por fim, é legitimado passivo o responsável tributário, assim definido em lei (art. 779, VI; art. 121, parágrafo único, II, do CTN). Este pode ser definido como aquele que, não sendo contribuinte, esteja obrigado ao pagamento do tributo ou penalidade pecuniário por expressa disposição de lei (art. 121, parágrafo único, II, do CTN). Na responsabilidade tributária estão englobadas todas as hipóteses de sujeição passiva indireta: *transferência* (em que a passagem da sujeição passiva se dá por força de fato superveniente ao nascimento da obrigação, podendo ser por solidariedade, sucessão ou responsabilidade); ou *substituição* (hipótese em que, independentemente de fato novo posterior ao nascimento da obrigação tributária, a lei desde logo a define como surgindo contra pessoa diversa daquela que auferiu vantagem do ato, fato ou negócio tributário).

A legitimidade passiva do responsável tributário é ordinária (solidariedade e sucessão) ou extraordinária (substituição), conforme o caso.

Contra todos esses legitimados passivos pode a execução instaurar-se ou passar a se desenvolver (ingressando o legitimado secundário no processo por sucessão processual).

2.1. Competência

Há, no sistema processual civil brasileiro, dois diferentes regimes de regulamentação da competência em sede executiva: o primeiro diz respeito às execuções fundadas em títulos executivos judiciais (cumprimento de sentença); o segundo incide nas execuções fundadas em títulos executivos extrajudiciais (processo de execução).

Inicia-se, então, o exame da matéria pela competência para o cumprimento da sentença.

Assim é que, em primeiro lugar, tem-se de afirmar a competência do juízo do processo de conhecimento em que se originou a decisão condenatória para o procedimento executivo nela fundado. Trata-se de competência funcional e, por isso mesmo, inderrogável (embora a própria lei preveja exceções a essa inderrogabilidade). Essa é uma forma sintética de afirmar o que vai contido no art. 516, I e II, do CPC. Trata-se de modelo adotado por poucos sistemas processuais, mas que, sem sombra de dúvida, facilita imensamente a fixação da competência executiva.

Quando o processo de conhecimento for de competência originária de tribunal (como se dá, por exemplo, quando proposta "ação rescisória"), será competente (por aplicação do critério funcional de fixação da competência interna) para a execução o próprio tribunal (art. 516, I). Essa é regra aplicável a todos os tribunais, inclusive aos Tribunais Superiores e ao Supremo Tribunal Federal, nos casos de sua competência originária. Pois nessas hipóteses será preciso verificar, no Regimento Interno do Tribunal, a quem compete atuar como juiz da execução.

Nos casos em que o processo de conhecimento (*rectius*, fase cognitiva do processo sincrético) tiver tramitado originariamente perante juízo de primeira instância, será do mesmo órgão jurisdicional a competência funcional para a execução (art. 516, II). Poderá, porém, o exequente promover uma cisão de competência funcional, optando por promover a execução no foro do atual domicílio do executado, no foro onde se encontrem bens sujeitos à execução, ou no foro em que deva ser cumprida a obrigação de fazer ou não fazer. Para manifestar essa opção, deverá o exequente requerer ao juízo original do processo a remessa dos autos ao foro onde a execução tramitará (art. 516, parágrafo único), o que pode dispensar a expedição de cartas precatórias (ou o emprego de algum outro mecanismo de cooperação judiciária) para a realização da execução nesse caso.

Por fim, nos casos de execução de sentença penal condenatória, de sentença arbitral ou de sentença estrangeira homologada pelo STJ, a competência será fixada pelas regras gerais de determinação da competência interna (art. 516, III, e arts. 42 a 66). Vale aqui recordar que, no caso específico de execução de sentença estrangeira homologada, a competência é da Justiça Federal (art. 109, X, da Constituição).

Nesses três casos, também poderá o exequente optar por promover execução, além dos foros que seriam competentes por força das regras gerais suprarreferidas, no foro do domicílio atual do executado, no do lugar onde se encontrem os bens sujeitos à execução ou no do lugar onde deve ser cumprida a obrigação de fazer ou não fazer (art. 516, parágrafo único), sendo todos esses foros concorrentemente competentes com aqueles que já seriam competentes por força das disposições gerais sobre competência interna.

Quando se trata da execução civil da sentença penal, há a necessidade de considerações adicionais. É que será competente, em regra, a Justiça Estadual. A Justiça Federal só terá competência quando for parte (como exequente) a União, autarquia federal ou empresa pública federal. No mais, a competência será da Justiça Estadual, ainda que a sentença penal tenha sido proferida por juízo federal (da Justiça Federal propriamente dita ou da Justiça Militar). Quanto à competência territorial, será do foro onde o delito tiver sido cometido ou, ainda, do foro do domicílio do exequente (tratando-se de competência concorrente, o que permite ao demandante escolher, livremente, entre um e outro). Há que se frisar, porém (e mais tarde tornarei ao tema com mais detalhes), que a competência aqui estabelecida é, em verdade, para o processo de liquidação e comprimento da sentença, já que a sentença penal condenatória, por ter como efeito secundário a fixação de certeza quanto à existência da obrigação de indenizar, mas não contendo elementos capazes de estabelecer o *quantum debeatur* (salvo, e disso é que se tratará adiante, a indicação de um valor indenizatório mínimo), é, em verdade, título hábil a permitir a instauração do incidente de "liquidação de sentença", que integrará um processo de natureza executiva, que seguirá os trâmites previstos para o cumprimento de sentença (uma vez que a liquidez da obrigação é essencial para a adequação da via executiva).

Não se pode deixar de referir aqui, por fim, a possibilidade de a execução civil da sentença penal ser da competência do próprio juízo em que se proferiu o provimento penal. Isso ocorrerá nas comarcas pequenas, em que o juízo único agrega as duas competências (cível e criminal).

Outra situação a considerar é a da execução de sentença estrangeira homologada (art. 516, III). Como se sabe, compete ao Superior Tribunal de Justiça a homologação de sentenças estrangeiras, para que possam produzir efeitos no Brasil. Uma vez homologadas, as sentenças estrangeiras que tenham eficácia condenatória poderão ser executadas, sendo a execução de competência do juízo federal de primeira instância (art. 109, X, da Constituição) do foro do domicílio do executado (salvo se for parte a União, caso em que a competência será do foro do domicílio da outra parte, seja ela demandante ou demandada).

Não se pode, aqui, deixar de fazer uma observação: há, no texto do art. 516, III, uma referência à competência para execução fundada em acórdão proferido pelo Tribunal Marítimo. Trata-se, porém, de disposição ineficaz, já que o dispositivo legal que atribuía aos acórdãos do Tribunal Marítimo eficácia de título executivo judicial (art. 515, X) foi vetado, não integrando o Código de Processo Civil.

Já no que diz respeito à competência para a execução fundada em título extrajudicial, o regime é distinto. A regra geral é a da fixação da competência pelos critérios gerais de determinação da competência interna (art. 781, *caput*), o que remete para os arts. 42 a 66 o trato da matéria. Sempre se observará, todavia, o seguinte: a execução poderá ser proposta no foro do domicílio do executado, de eleição constante do título ou, ainda, do lugar onde situados os bens a ela sujeitos (art. 781, I); tendo mais de um domicílio o executado, poderá a execução instaurar-se em qualquer deles (art. 781, II); sendo incerto ou desconhecido o domicílio do executado, a execução poderá ser proposta no lugar onde for encontrado ou no foro do domicílio do exequente (art. 781, III); havendo mais de um executado, com domicílios diferentes, a execução poderá ser proposta em qualquer desses foros, por opção do exequente (art. 781, IV); a execução poderá sempre ser proposta no foro onde se praticou o ato ou em que ocorreu o fato que deu origem ao título, mesmo que nele não resida o executado (art. 781, V).

É de se lembrar, apenas, que as regras de fixação da competência de foro são derrogáveis, e o ajuizamento da execução perante juízo relativamente incompetente não impede a prorrogação de sua competência, nos mesmos moldes em que tal prorrogação se dá no processo cognitivo.

2.2. Requisitos da execução

O CPC apresenta dois requisitos como sendo necessários para qualquer execução: o título executivo e a exigibilidade da obrigação. Este último, porém, não é requisito da execução. Na hipótese de o devedor já ter adimplido sua obrigação, por exemplo, o exequente não será titular do direito de crédito afirmado em juízo e a execução deverá ser extinta. A instauração da execução não pressupõe sequer a existência da obrigação, já que com a apresentação do título executivo se poderá instaurar o procedimento executivo, ainda que depois se verifique que o crédito exequendo nem mesmo existia. A verdadeira exigência é a de que o exequente, ao demandar a execução, afirme a existência de obrigação certa, líquida e exigível representada por título executivo, sob pena de se considerar ausente o interesse de agir.

Na hipótese, porém, de a defesa não ser suscitada, pode até acontecer de executar-se dívida inexistente ou que não está revestida dos atributos da certeza, liquidez e exigibilidade. Daí a razão para afirmar que o verdadeiro requisito para que se instaure e se desenvolva a execução é a afirmação, feita pelo exequente, de que é credor de obrigação certa, líquida e exigível, representada por título executivo. Mas isso nada mais é do que dizer que só pode demandar a execução quem tenha legítimo interesse processual.

3. TÍTULO EXECUTIVO

A teoria do título executivo é tema extremamente complexo, que gera uma série de divergências doutrinárias. É possível sistematizar o conceito de título executivo, já que há,

Cap. 13 – Execução – Parte Geral

ao menos, um elemento comum a todas: é adequada a execução como meio de realização da atividade jurisdicional. Entendemos que o título executivo é um ato (ou fato) jurídico a que o ordenamento jurídico (por meio da lei ou de um negócio processual atípico) atribui eficácia executiva, tornando adequada a utilização da via executiva como forma de fazer atuar a responsabilidade patrimonial.

A verdadeira função do título executivo se liga ao interesse de agir. O título executivo é, pois, responsável por tornar adequada a via executiva como instrumento de busca de tutela processual.

Em verdade, o título executivo é espécie de um gênero mais amplo, que é o de *título*. Há, no Direito, uma série de atos e fatos jurídicos que têm por função tornar adequada determinada via como meio de busca de tutela processual. A propositura de de demanda sem o título que as torna adequadas implica "carência de ação", por faltar ao demandante interesse de agir, uma vez que a via eleita para a obtenção da tutela processual pretendida não se revela adequada para solucionar a crise que levou a parte ao Judiciário.

Aquele que dispõe de um título dessa espécie terá, como adequada para solucionar a crise de adimplemento que o leva a pleitear em seu favor a prestação da tutela processual, a "ação de execução" (instaurando-se, conforme o caso, processo de execução ou cumprimento de sentença). É "carecedor de ação" (por falta de interesse-adequação, ou seja, por falta de interesse de agir) aquele que propõe "ação de execução" sem dispor de título executivo.

A exigência de que exista um título executivo para que possa desenvolver-se a execução é um mecanismo de proteção do demandado. Sem essa exigência, qualquer pessoa que se dissesse credora de outra poderia demandar a execução forçada.

Exigindo a lei, porém, que exista título executivo para que isso ocorra, protege-se o devedor, que só poderá ter seu patrimônio agredido se o demandante apresentar um título executivo. Afinal, nunca é demais recordar que ninguém será privado de seus bens sem o devido processo (art. 5º, LIV, da Constituição), e só há devido processo executivo se o demandante tiver um título executivo que o sustente.

Já aquele que tem título executivo extrajudicial pode abrir mão da eficácia executiva de seu título e optar pelo processo de conhecimento (inclusive pelo procedimento monitório: Enunciado nº 446 do FPPC), a fim de obter título executivo judicial (art. 785), já que isso aumenta ainda mais a proteção do demandado (que terá mais amplas chances de exercer seu direito de defesa antes de iniciar-se a atividade executiva). Será, porém, sempre adequada a utilização da via processual executiva por aquele que se apresente em juízo como detentor de um título executivo (judicial ou extrajudicial).

Assim, denomina-se título executivo judicial aquele que é formado por meio de um processo.

> **Importante**
>
> O título judicial não se forma, necessariamente, por meio de um processo que se desenvolve perante o Poder Judiciário. Também a "sentença arbitral" (art. 515, VII) é título judicial, embora sua formação se dê em processo que se desenvolve à margem do Estado, perante um órgão privado, o Tribunal Arbitral. Título extrajudicial, assim, será o formado "fora do processo", como a nota promissória e o cheque.

A execução dos títulos judiciais se submete ao regime do cumprimento da sentença, enquanto a execução dos títulos extrajudiciais se faz por meio do processo de execução. A regulamentação do cumprimento da sentença consta do Livro I da Parte Especial do CPC, só se aplicando o regramento do processo de execução em caráter subsidiário; a regulamentação do processo de execução está no Livro II da Parte Especial do CPC, sendo-lhe aplicáveis, subsidiariamente, as disposições acerca do cumprimento de sentença.

O meio de defesa do executado no cumprimento de sentença é a impugnação; no processo de execução são os embargos do executado. Na impugnação há limitações cognitivas intensas, o que não acontece nos embargos do executado. Outra diferença é a possibilidade de emprego das medidas executivas atípicas, que é restrita aos casos em que a execução se funda em título judicial.

Vale registrar, por fim, que nada impede a criação de título executivo extrajudicial por negócio processual (art. 190). Assim, por exemplo, admite-se que haja uma confissão de dívida por instrumento particular assinado pelo devedor, mas sem qualquer testemunha (o que a lei exige como requisito do título executivo extrajudicial previsto no art. 784, III), a que se atribua eficácia de título executivo por convenção das partes.

São títulos executivos judiciais os elencados no art. 515 do CPC (além de outros que eventualmente sejam previstos em outras disposições legais, como é o caso do título judicial formado por meio do procedimento especial da "ação monitória" em que não são opostos embargos).

a) Decisões que reconhecem a exigibilidade de obrigação

O título executivo judicial por excelência é a decisão que, proferida no processo civil, reconhece a exigibilidade de uma obrigação (art. 515, I). O texto normativo fala em "reconhecer a exigibilidade de obrigação de pagar quantia, de fazer, de não fazer ou de entregar coisa". Como, porém, estão incluídas nessa enumeração todas as espécies de obrigação conhecidas, basta fazer alusão às decisões que reconhecem a exigibilidade de obrigação (seja de que natureza for).

Tais decisões condenatórias são títulos hábeis a permitir a instauração da atividade executiva. Portanto, o pronunciamento judicial condenatório tem eficácia de título executivo judicial qualquer que seja sua espécie (decisão interlocutória ou sentença; proferida monocraticamente ou acórdão).

Evidentemente, caso a decisão judicial tenha dois ou mais capítulos, e nem todos tenham a mesma natureza, será título executivo judicial o capítulo condenatório de qualquer decisão.

É de se frisar, ainda, que apenas a chamada "condenação ordinária" – assim entendida a decisão condenatória que determina o objeto da prestação devida – é, verdadeiramente, título executivo. A "condenação genérica", ou seja, a decisão condenatória que deixa de estabelecer o valor ou objeto devido (também conhecida como "decisão ilíquida"), não é, em verdade, título executivo, mas sim título hábil a tornar adequada a "liquidação de sentença".

É importante observar que a redação do art. 515, I, do CPC não se vale da consagrada expressão "sentença condenatória", mas isso não altera o que até aqui se afirmou. A decisão condenatória é título executivo, e não têm essa natureza (salvo expressa determinação legal, como se dá no caso da sentença que adjudica quinhão sucessório) as sentenças meramente declaratórias e constitutivas. É certo que nesse inciso I do art. 515 não se fala em decisão condenatória, mas o art. 523, por exemplo, exige que tenha havido condenação para que se possa promover a execução. Não pode prosperar, portanto, o entendimento segundo o qual a decisão meramente declaratória da existência de obrigação certa, líquida e exigível teria eficácia de título executivo. Na verdade, toda decisão que, reconhecendo a existência e exigibilidade de uma obrigação certa, líquida e exigível, constitua título executivo judicial será considerada de natureza condenatória.

b) Decisão homologatória de autocomposição judicial

Caso as partes, no curso de um processo, cheguem a uma solução consensual do litígio, esta deverá ser homologada (art. 487, III) por meio de um pronunciamento judicial que servirá como título executivo judicial se as obrigações assumidas no acordo não forem cumpridas (art. 515, II). Caso a solução consensual inclua todo o objeto do processo, sua homologação se dará por sentença (art. 354). Na hipótese de uma solução consensual que abranja apenas parte do objeto do processo, a homologação se dará por decisão interlocutória (art. 354, parágrafo único). Tanto em um caso como no outro, o pronunciamento judicial homologatório de autocomposição alcançada no curso do processo será título executivo judicial.

Admite-se, ainda, que a autocomposição judicial envolva sujeito estranho ao processo ou verse sobre relação jurídica que não tenha sido deduzida em juízo (art. 515, § 2º). Significa isso dizer que, no caso de as partes, no curso do processo, celebrarem um acordo, este poderá ser subjetiva ou objetivamente mais amplo que o processo.

Haverá autocomposição subjetivamente mais ampla do que o processo quando dela participarem sujeitos que não eram partes. Homologado o acordo, a decisão que o homologa terá eficácia executiva em relação a todos os seus sujeitos, inclusive àquele que não era parte no processo.

De outro lado, haverá autocomposição objetivamente mais ampla que o processo quando nela forem incluídas questões que eram estranhas ao objeto da cognição.

c) Decisão homologatória de autocomposição extrajudicial de qualquer natureza

Há casos em que existe um conflito instaurado entre as partes, mas ainda não há processo judicial entre elas, e, não obstante isso, alcançam elas uma solução consensual para seu litígio. Nesse caso, é perfeitamente possível que as partes, já de comum acordo, queiram dar ao ato autocompositivo que celebraram eficácia de título executivo judicial. Para isso, deverão instaurar um processo de jurisdição voluntária (art. 725, VIII), por meio do qual pedirão ao juízo competente que homologue a autocomposição que celebraram. Uma vez proferida a sentença homologatória, esta terá eficácia de título executivo judicial (art. 515, III).

> **Atenção**
>
> É extremamente importante estabelecer com precisão a diferença entre esse título executivo, previsto no inciso III do art. 515, e o que foi examinado anteriormente a este, previsto no inciso II do mesmo artigo. Afinal, em ambos os casos o título é uma decisão judicial homologatória de autocomposição celebrada pelas partes. A diferença está em que, em um caso, o acordo foi celebrado quando já havia processo judicial em curso (art. 515, II); enquanto na outra hipótese o acordo foi celebrado sem que houvesse processo instaurado, e este teve início para que se apreciasse a pretensão de homologação do acordo já celebrado (art. 515, III). Tem-se, aqui, pois, a chamada transação pré-processual (pré-judicial), que pode se tornar título executivo judicial se submetida à homologação.
>
> O que se tem aqui, então, é um procedimento de jurisdição voluntária que gerará um título executivo judicial, cuja execução se dará em um procedimento executivo, de cumprimento de sentença, que se desenvolverá no mesmo processo em que se realizou aquele primeiro procedimento.
>
> Vale lembrar, porém, que a autocomposição pré-processual que não seja submetida a um processo de homologação judicial poderá constituir título executivo extrajudicial.

d) Decisão que adjudica quinhão sucessório

O inciso IV do art. 515 inclui no rol dos títulos executivos judiciais "o formal e a certidão de partilha, exclusivamente em relação ao inventariante, aos herdeiros e aos sucessores a título singular ou universal". Daí se extrai que é título executivo a decisão judicial que adjudica quinhão sucessório. Pode acontecer, porém, de o bem que tenha cabido a um sucessor esteja em poder de outrem. Pois se a pessoa com quem está o bem for algum dos sujeitos do processo de inventário e partilha (inventariante, herdeiro ou legatário), será possível instaurar-se desde logo o procedimento de cumprimento da sentença, para exigir o dinheiro ou a entrega da coisa que ao sucessor tenha sido adjudicada. Vale registrar, aqui, que o texto da lei faz a alusão a herdeiros e sucessores a título universal, como se fossem pessoas diversas. É sabido, porém, que as expressões são sinônimas perfeitas. Mas o que é preciso ter claro é que aquele a quem tenha sido adjudicado o quinhão sucessório só poderá demandar a execução forçada em face das pessoas que participaram do processo de inventário e partilha. Estando o bem que integra seu quinhão com pessoa diversa das enumeradas na parte final do inciso IV do art. 515 do CPC, será adequado o ajuizamento de demanda cognitiva.

O título executivo, tenha-se claro, é a decisão judicial, e não (como equivocadamente consta do texto normativo) o formal ou a certidão de partilha. Formal de partilha é um documento entregue ao sucessor (art. 655) e que lhe permite praticar atos. A certidão de partilha substitui o formal nos casos em que o quinhão sucessório não exceder de cinco vezes o salário mínimo. Conforme a natureza do bem que integra o quinhão sucessório, a execução fundada nesse título poderá ser por quantia certa (quando o bem for dinheiro) ou para entrega de coisa (quando se tratar de qualquer outro bem), mas em qualquer desses casos a execução não será processo autônomo, mas mero prolongamento do processo de inventário e partilha, e se dará por meio da instauração de uma fase de cumprimento de sentença. Não se admite, porém, a execução de obrigação de fazer ou não fazer com base no título que ora se analisa.

Importante ainda observar que, no caso de se ter procedido a inventário e partilha extrajudicial (art. 610, §§ 1º e 2º), a escritura pública de inventário e partilha não é título executivo judicial, mas extrajudicial (art. 784, II).

e) Decisão judicial que aprova crédito de auxiliar da justiça

Há casos em que um auxiliar da justiça tem crédito a receber de alguma das partes. Basta pensar, por exemplo, nos honorários do perito ou do intérprete. Pois, nos casos em que esse crédito tenha sido aprovado por decisão judicial, haverá título executivo judicial.

Trata-se de título executivo que é de escassa utilização prática. Isso porque a descrição abstrata do título, no texto legal, exige que o crédito do auxiliar da justiça tenha sido "aprovado por decisão judicial".

Ocorre que, na imensa maioria dos casos, o valor das custas e emolumentos pelos atos praticados pelos auxiliares da justiça está previsto em um regimento de custas, previamente elaborado, o que faz com que tais valores independam de aprovação pelo juiz. Assim, porque são acertados por lei, e não em razão de decisão judicial, não se forma o título executivo. Situações há, porém, notadamente nos casos em que se está diante da atuação de um auxiliar eventual da justiça (como costumam ser os peritos), em que se exige a aprovação judicial do valor a ser pago ao auxiliar.

Mesmo nessas hipóteses, porém, e se não for levado em conta o caso dos beneficiários da gratuidade de justiça, tais auxiliares só realizam a atividade para a qual foram convocados depois de depositados seus honorários à disposição do juízo. Tal prática, consistente em exigir o depósito prévio dos honorários, é prevista expressamente na hipótese de perícia (art. 95, § 1º, do CPC), em disposição aplicável por analogia a todos os demais auxiliares eventuais da justiça. Verifica-se, assim, a pouca utilidade prática desse título executivo.

f) Sentença penal condenatória transitada em julgado

A condenação penal é título hábil a permitir a instauração da execução civil. É que, nos termos do art. 91, I, do Código Penal, é efeito da condenação "tornar certa a obrigação de indenizar o dano causado pelo crime". Trata-se de efeito secundário da sentença penal condenatória, ou seja, efeito da sentença que se produz por força de lei, ainda que tal declaração não conste expressamente da sentença. Como se trata de indenização, a hipótese é de obrigação pecuniária, que só pode ser executada se, além de certa, for líquida. O art. 387, IV, do Código de Processo Penal dispõe que na sentença penal condenatória deverá ser fixado "valor mínimo para reparação dos danos causados pela infração, considerando os prejuízos sofridos pelo ofendido". E, transitada em julgado a sentença penal condenatória, será possível ao próprio ofendido, seu representante legal ou seus herdeiros promover a execução civil, cujo objeto será a reparação do dano (art. 63 do CPP). Caso o ofendido (ou seus sucessores) esteja de acordo com o valor fixado na sentença penal condenatória, será possível que se promova, desde logo, a execução civil do valor. De outro lado, considerando o ofendido (ou seus sucessores) que o valor fixado na condenação penal a título de indenização mínima é insuficiente, poderá promover a execução do quanto já fixado e, simultaneamente, postular a liquidação do dano efetivamente sofrido (para que, posteriormente, eventual diferença também possa ser objeto de execução), nos termos do disposto no art. 63, parágrafo único, do CPP.

Importante ter claro que a sentença penal condenatória só tem eficácia executiva contra aquele que foi condenado no processo penal (e, após sua morte, contra seu espólio ou seus sucessores). Não é possível, portanto, promover execução civil fundada em condenação penal contra algum outro responsável civil pelo dano que não tenha sido condenado criminalmente, sob pena de violar-se gravemente o princípio do con-

Cap. 13 – Execução – Parte Geral

traditório. Somente aquele que tenha sido condenado pela prática do crime, portanto, vê tornar-se certa sua obrigação de indenizar.

Outro aspecto a considerar é que, em razão do art. 51 do Código Penal, "transitada em julgado a sentença condenatória, a multa será executada perante o juiz da execução penal e será considerada dívida de valor, aplicáveis as normas relativas à dívida ativa da Fazenda Pública, inclusive no que concerne às causas interruptivas e suspensivas da prescrição". Em razão dessa disposição normativa, a sentença penal condenatória que impõe pena de multa é título executivo civil, hábil a tornar adequada a instauração de procedimento de execução fiscal (Lei nº 6.830/1980), a fim de permitir a satisfação da pretensão estatal de recebimento da multa devida pelo condenado. Nessa hipótese, aliás, a sentença penal condenatória é sempre verdadeiro título executivo, e não mero título para a liquidação de sentença, uma vez que contém a determinação do valor devido. Deve-se observar, porém, que essa execução fiscal, de natureza civil, tramitará perante o juízo penal (o que é disposição, para dizer o mínimo, de constitucionalidade duvidosa, já que não poderia a lei federal dispor sobre a organização judiciária dos Estados).

Não se pode deixar de falar sobre a possibilidade de, após o trânsito em julgado da sentença penal condenatória (estando, assim, formado o título a que se refere o inciso VI do art. 515 do CPC), sobrevir revisão criminal que rescinda tal condenação, declarando a absolvição daquele que anteriormente fora condenado. Diverge a doutrina acerca das consequências civis dessa revisão.

Porém, a solução dessa questão deve levar em conta dois aspectos: o fundamento da absolvição em sede de revisão criminal e o momento em que ela ocorre.

Caso a revisão aconteça antes de iniciada a execução civil, ou no seu curso, não se poderá admitir sua consumação, devendo ser extinto o procedimento executivo, por ter desaparecido o título que o embasava. Ocorrendo a revisão após o desfecho normal da execução, porém, é de se considerar as seguintes hipóteses:

– a absolvição se deu por causa que não exclui a responsabilidade civil (por exemplo, estado de neces2sidade ou prescrição penal): não será possível repetir-se o que foi pago;

– a absolvição teve por fundamento uma causa de exclusão da responsabilidade civil (como o reconhecimento de que o condenado não foi o autor do ato lesivo ou que agiu em legítima defesa). Nesse caso, deve-se verificar se o processo da revisão criminal foi instaurado antes ou depois do decurso de dois anos do trânsito em julgado da última decisão proferida no processo em que se prolatou a sentença penal condenatória.

Falamos aqui num prazo de dois anos a contar do trânsito em julgado da última decisão proferida no processo penal por ser o mesmo da "ação rescisória", já que, após o decurso do biênio, os efeitos civis da sentença penal condenatória ficam cobertos pela autoridade de "coisa soberanamente julgada" (embora não o fiquem os efeitos penais, que podem ser rescindidos a todo tempo), tornando-se impossível a repetição do que já houver sido pago. Essa parece ser a única forma de equiparar a eficácia dos títulos executivos judiciais, ou seja, somente assim se estaria a tratar igualmente a vítima do crime que optou por ajuizar demanda civil de reparação do dano, e aquela outra, que optou por esperar a sentença penal condenatória e, com base nesta, ajuizou demanda executiva.

g) Sentença arbitral

Pessoas capazes de contratar podem valer-se da arbitragem para solucionar conflitos relativos a direitos patrimoniais disponíveis (art. 1º da Lei nº 9.307/1996). Caso o façam, deverão celebrar uma convenção de arbitragem (art. 3º da Lei nº 9.307/1996), submetendo seu litígio à decisão de um ou mais árbitros (art. 13, § 1º, da Lei nº 9.307/1996).

O árbitro (ou o tribunal arbitral, no caso de constituir-se um colegiado), observado um procedimento que se desenvolve em contraditório (art. 21, § 2º, da Lei nº 9.307/1996), proferirá decisão, a qual recebe da lei de regência a denominação de sentença arbitral (art. 23 da Lei nº 9.307/1996). Também se admite a prolação de sentença arbitral parcial (art. 23, § 1º, da Lei de Arbitragem), pronunciamento que, pela sistemática do CPC, seria verdadeiramente uma decisão interlocutória, que, caso seja condenatória (em verdadeiro julgamento antecipado parcial do mérito do processo arbitral), também será título executivo judicial.

Dispõe o art. 31 da Lei de Arbitragem que "[a] sentença arbitral produz, entre as partes e seus sucessores, os mesmos efeitos da sentença proferida pelos órgãos do Poder Judiciário e, sendo condenatória, constitui título executivo". Há, pois, uma equiparação de eficácias entre a sentença arbitral e a proferida pelos órgãos do Poder Judiciário. Resulta isso do reconhecimento da arbitragem como equivalente jurisdicional, o que é possível especialmente em razão do fato de que o procedimento arbitral, por se desenvolver em contraditório, é verdadeiro processo. Sendo a sentença arbitral condenatória (isto é, reconhecendo a existência e exigibilidade de obrigação cujo adimplemento exija a prática de atos posteriores destinados à sua efetivação), será ela título executivo judicial (art. 515, VII).

Pode acontecer de a sentença arbitral ter condenado ao cumprimento de obrigação ilíquida. Nesse caso, será possível desenvolver-se, antes do início da atividade executiva, o incidente de liquidação de sentença (art. 515, § 1º).

O cumprimento da sentença arbitral não será mero prolongamento do mesmo processo em que se formou o título executivo. Afinal, o processo de conhecimento se desenvolveu perante o árbitro (ou tribunal arbitral), enquanto o procedimento executivo se desenvolverá perante o Poder Judiciário. Por conta disso, será sempre preciso ter em mente a necessidade de que o interessado ajuíze uma petição inicial para formular sua demanda executiva, e, preenchendo ela todos os requisitos, será determinada a citação do demandado (art. 515, § 1º) para o regular desenvolvimento do procedimento executivo.

h) Decisão homologatória de sentença estrangeira e decisão concessiva de *exequatur* à carta rogatória para cumprimento de decisão interlocutória estrangeira

Existem casos em que uma sentença proferida por órgão jurisdicional estrangeiro se destina a produzir efeitos em território brasileiro. Em outros, o que se destina a produzir efeitos no Brasil é uma decisão interlocutória oriunda de Estado estrangeiro. Pois, em qualquer dos dois casos, o pronunciamento judicial estrangeiro só produz efeitos no Brasil após a homologação da sentença ou a concessão de *exequatur* à carta rogatória, salvo disposição expressa em lei ou tratado (art. 961).

Realmente, pode haver caso de lei que dispense alguma sentença estrangeira de homologação para produzir efeitos no Brasil (como faz o art. 961, § 5º, que dispensa de homologação para produzir efeitos em território brasileiro a sentença estrangeira de divórcio consensual). Em outros casos, a dispensa vem de tratado internacional de que o Brasil é parte (como se dá, por exemplo, no caso previsto no art. 19 do Protocolo de Medidas Cautelares firmado pelos países componentes do Mercosul [e que integra o ordenamento jurídico brasileiro por força do Decreto nº 2.626/1998], o qual dispensa da concessão de *exequatur* as cartas rogatórias para cumprimento de medidas cautelares quando transmitidas entre juízos e tribunais das zonas fronteiriças). Ressalvados esses casos, porém, a decisão judicial estrangeira só produz efeitos no Brasil depois de homologada a sentença ou concedido o *exequatur* à carta rogatória.

Incumbe ao STJ, originariamente, praticar o ato necessário à importação da eficácia dos provimentos jurisdicionais estrangeiros, homologando sentença estrangeira ou concedendo *exequatur* à carta rogatória.

É importante observar que o verdadeiro título executivo é a decisão do STJ que homologa decisão estrangeira (ou que concede *exequatur* à carta rogatória). Não se executa a decisão estrangeira, mas a decisão brasileira homologatória da decisão estrangeira.

Também aqui o procedimento executivo ("cumprimento de sentença") exigirá a instauração de processo autônomo (art. 515, § 1º), o qual tramitará originariamente na Justiça Federal (art. 109, X, da Constituição).

3.1. Títulos executivos extrajudiciais

A rigor, os títulos executivos extrajudiciais não são objeto de estudo do Direito Processual Civil. Isso se diz porque tais títulos são atos jurídicos estudados por outras áreas do Direito (como a letra de câmbio e a debênture, que são estudadas pelo Direito Empresarial, ou o contrato de seguro de vida, fenômeno estudado pelo Direito Civil), a que o Direito Processual Civil agrega eficácia executiva, transformando-os em títulos executivos.

Além dos títulos executivos arrolados no art. 784, o CPC reconhece que outras leis preveem outros títulos executivos extrajudiciais. É o caso, por exemplo, da cédula de crédito imobiliário (art. 20 da Lei nº 10.931/2004) e da cédula de crédito bancário (art. 28 da Lei nº 10.931/2004). Além disso, porém, é sempre bom recordar que, por força da cláusula geral de negócios processuais (art. 190), nada impede que as partes criem títulos executivos extrajudiciais, como seria o caso, por exemplo, de uma confissão de dívida por instrumento particular subscrita apenas pelo devedor, sem assinatura de testemunhas, de que constasse uma cláusula atribuindo ao ato eficácia de título executivo.

Como já se viu, o título executivo é o ato ou fato jurídico a que a lei confere a eficácia de tornar adequada a via executiva como meio de atender à pretensão manifestada pelo demandante. Essa ideia se completa com a disposição do art. 783, segundo a qual "a execução para cobrança de crédito fundar-se-á sempre em título de obrigação certa, líquida e exigível".

É preciso dizer, em primeiro lugar, que por certeza do direito exequendo não se deve entender a indiscutibilidade de sua existência. A possibilidade de oferecimento de embargos à execução (ou de impugnação ao cumprimento de sentença), em que se poderá demonstrar a inexistência do direito afirmado pelo exequente, é prova cabal disso. Em verdade, nenhum título executivo seria capaz de representar um direito de existência incontestável. Mesmo o mais idôneo deles, a decisão judicial proferida no processo civil, seria capaz de gerar certeza quanto à existência do direito no momento de sua prolação, sendo impossível a ela estabelecer certeza quanto à existência do direito por ela afirmado no momento da instauração do procedimento executivo. Basta pensar na possibilidade de o devedor, condenado por sentença a pagar certa quantia, efetuar o pagamento logo após a prolação da decisão. A sentença condenatória continuaria, ainda assim, como título executivo, hábil a permitir a instauração de uma execução, apesar de não mais existir o direito nela acertado. Por certeza do direito deve-se entender a necessidade de que do título executivo transpareça a definição de seus elementos. Seria, assim, certo o direito se definida a natureza da relação jurídica e de seu objeto. Essa definição do que seja a certeza do direito exequendo é a única forma de compreender a necessidade de sua colocação entre os requisitos necessários para que um direito possa ser satisfeito por meio da atividade executiva. A certeza tem por fim delimitar a espécie de execução a ser observada (pois, no Direito brasileiro, a espécie de execução varia conforme a natureza da relação jurídica e de seu objeto, falando-se em execução para entrega de coisa, execução de obrigação de fazer, execução de obrigação de não fazer, execução por quantia certa). Assim, ao se verificar se a relação de direito material definida no título executivo é uma obrigação de dar coisa, por exemplo, estará definido, por consequência, que a execução, na hipótese, será para entrega de coisa.

Esse requisito da certeza sofre, em duas hipóteses, certa atenuação, podendo-se falar em uma relativização. É o que se dá nas obrigações de entregar coisa incerta (art.

811 do CPC) e nas obrigações alternativas. Nesses casos não há, no título executivo, a exata determinação do objeto da prestação. Fala-se, porém, em relativização da certeza por haver, no título executivo, elementos capazes de evitar uma total indeterminação do objeto. Assim, por exemplo, nas obrigações de entregar coisa incerta, pelo menos o gênero e a quantidade da coisa a ser entregue deverão constar do título. Nas obrigações alternativas, a indeterminação é ainda menor, uma vez que todos os meios pelos quais a obrigação pode ser cumprida encontram-se previstos no título. Nesses casos, deverá haver um incidente inicial no procedimento executivo, dirigido à concentração da obrigação, ou seja, à completa determinação do objeto da prestação, alcançando-se, dessa forma, a certeza exigida para que se possa proceder à execução. Assim, por exemplo, no caso de execução para entrega de coisa incerta, deverá haver, ao início do procedimento, a escolha da coisa a ser entregue, na forma prevista no art. 811 do CPC.

O segundo requisito do direito exequendo é a sua liquidez. Esta deve ser entendida como a determinabilidade do *quantum debeatur*, ou seja, é preciso que o título executivo contenha todos os elementos necessários para que se possa conhecer a quantidade devida ao titular do direito.

Verifica-se, assim, que o requisito de que aqui se trata, a liquidez, vem complementar o requisito anterior, da certeza. Assim, por exemplo, um título que afirma a existência de uma dívida consistente em pagar dinheiro representa um direito certo, por afirmar o *quid debeatur* ("o que se deve"). Será líquido o direito, porém, apenas se o título disser a quantidade de dinheiro devida (*quantum debeatur*).

É de se notar que a liquidez só é requisito do direito quando a obrigação é de entregar coisa fungível. Isso porque, nas demais obrigações, o requisito da certeza já é capaz de permitir o conhecimento completo da prestação devida. A liquidez, que se relaciona com a ideia de *quantum debeatur*, só pode estar ligada a obrigações de entregar coisas que possam ser quantificadas, e estas são as coisas fungíveis.

Observe-se que não é preciso que o título executivo afirme com precisão o *quantum debeatur* para que o direito seja líquido, bastando que essa quantidade seja determinável. É exatamente por isso que o parágrafo único do art. 786 do CPC estabelece que "[a] necessidade de simples operações aritméticas para apurar o crédito exequendo não retira a liquidez da obrigação constante do título". Não se pode deixar de lembrar que em alguns casos o título judicial não representa um direito líquido (como se dá, por exemplo, no caso das "sentenças condenatórias genéricas", ou no caso da sentença penal condenatória [neste último caso, quando a vítima do dano não reputa suficiente o valor mínimo da indenização indicado na sentença penal]). Nesses casos, em verdade, não se tem título executivo, fazendo-se necessária a realização de um procedimento de liquidação da obrigação (chamado de "liquidação de sentença"), após o qual se poderá, aí sim, instaurar o procedimento executivo.

A impossibilidade de aferir qualquer desses requisitos pela análise do título faz com que a este falte eficácia executiva.

E nem mesmo por negócio processual se poderia suprir tal falta. A inclusão, através de convenção celebrada pelas partes, de um negócio processual pelo qual as partes estabelecem eficácia executiva a um título que representa obrigação que não é certa, ou que não é líquida, não será capaz de transformá-lo em título executivo, dada a absoluta impossibilidade de promover-se atividade executiva quando falta qualquer um deles. A exigibilidade, de outro lado, não guarda nenhuma relação com a teoria do título executivo. Basta dizer que uma nota promissória (que, por sua própria natureza, representa um direito certo e líquido) é título executivo ainda antes do vencimento da obrigação.

Diz-se exigível uma obrigação quando seu cumprimento não está sujeito a termo, condição ou qualquer outra limitação. Consiste esse requisito, assim, em demonstrar que é chegado o momento de realização prática do direito subjetivo, por meio da satisfação do direito do credor. Sendo exigível a obrigação, e não tendo o devedor cumprido a prestação devida, tem o credor a necessidade da tutela processual, meio hábil a permitir que se realize seu direito subjetivo.

É preciso, assim, para que haja interesse de agir em sede executiva, que o direito seja exigível ("interesse-necessidade") e que o título executivo represente direito certo e líquido ("interesse-adequação").

EM RESUMO:

EXECUÇÃO: PARTE GERAL

Conceito	A execução é uma atividade processual, exercida pelo Estado para assegurar a satisfação concreta de um direito de crédito.
Finalidade	Transformar a realidade fática, para que reflita o mesmo resultado do cumprimento voluntário da obrigação.
Classificação	**Natureza do título:** judicial ou extrajudicial. **Tipo de obrigação:** fazer, não fazer, entregar coisa certa ou incerta, ou quantia certa contra devedor solvente ou insolvente. **Estabilidade:** provisória ou definitiva. **Rito:** comum ou especial. **Estrutura:** cumprimento de sentença ou processo de execução. Obs.: Embora o processo de execução se destine aos títulos extrajudiciais, admite-se que o autor, portador desse título, opte pelo processo de conhecimento.
Princípios da execução	Contraditório; desfecho único; patrimonialidade; menor onerosidade; efetividade; cooperação.

	EXECUÇÃO: PARTE GERAL
Competência para o cumprimento de sentença	Funcional, com ressalvas feitas às execuções cíveis de sentenças penais condenatórias, sentenças arbitrais, decisões estrangeiras ou acórdãos do Tribunal Marítimo. Territorial, com orientação dada pelos arts. 781 e 782 do CPC.
Requisitos	**Interesse de agir:** inadimplemento do devedor e existência de título executivo. **Legitimidade ativa:** o credor, o MP, o espólio, os herdeiros ou sucessores do credor, o cessionário ou o sub-rogado, pela via legal ou convencional. **Legitimidade passiva:** aqueles assim reconhecidos no título executivo, o novo devedor, o fiador do débito, o espólio, os herdeiros ou sucessores do devedor e o responsável tributário.

Capítulo 14

Liquidação e Cumprimento de Sentença

1. LIQUIDAÇÃO DE SENTENÇA

Há hipóteses em que o título judicial apresenta todos os elementos identificadores do direito (o *an debeatur*, ou seja, a existência da dívida, e o *quid debeatur*, isto é, a qualidade do objeto da prestação), mas não revela o *quantum debeatur* (ou seja, a quantidade devida). Nesses casos, estar-se-á diante da chamada condenação genérica.

A condenação genérica é excepcional, uma vez que a sentença deve ser uma resposta ao pedido formulado pelo demandante. Devendo ser o pedido certo e determinado, ou seja, exigindo a lei processual que o demandante identifique, em sua demanda, não só o bem da vida pretendido, mas também a quantidade desejada (quando, obviamente, tratar-se de um bem da vida quantificável, como dinheiro), deverá a sentença responder a tal pedido, contendo a determinação do *quantum debeatur*.

Ocorre, porém, que há casos em que se permite que o demandante formule pedido genérico, assim entendido o pedido que não determina a quantidade do bem da vida pretendido que o demandante entende devida (art. 324, § 1º, II e III). O inciso I do mesmo dispositivo legal, embora também permita a formulação de pedido genérico, não se enquadra adequadamente na situação aqui considerada, eis que se refere às universalidades de bens e de direitos, como uma biblioteca ou uma herança, razão pela qual não se terá verdadeira indeterminação do *quantum debeatur*.

Pois nesses casos, e quando não for possível, ao longo do procedimento de conhecimento condenatório, tal determinação, o juiz se limitará a prolatar sentença condenatória genérica, impondo ao demandado o cumprimento de uma prestação de dar coisa fungível (dinheiro ou qualquer outro bem móvel de idêntica natureza), mas sem determinar a quantidade devida ao demandante.

Discute-se, em doutrina, a natureza da sentença condenatória genérica, havendo quem negue sua natureza condenatória, preferindo afirmar ter tal sentença conteúdo meramente declaratório. Outros, porém, afirmam a natureza condenatória de tal sentença. Esta última é, em verdade, a melhor posição. A sentença condenatória tem (assim como a constitutiva) dois momentos lógicos em sua formação: um declaratório e outro propriamente condenatório. No primeiro momento declara-se a existência da obrigação, e no segundo impõe-se ao condenado o seu cumprimento.

Na sentença condenatória ordinária, o momento declaratório acerta a existência da obrigação (*an debeatur*), a qualidade do bem da vida devido (*quid debeatur*) e, quando tal bem da vida for coisa fungível, a quantidade devida (*quantum debeatur*). Tal sentença, no momento propriamente condenatório, impõe ao devedor o cumprimento da prestação acertada no momento declaratório.

A sentença condenatória genérica, por sua vez, difere da ordinária no momento declaratório, uma vez que não determina o *quantum debeatur*. Nenhuma diferença há entre elas no segundo momento lógico da sentença, o propriamente condenatório. Daí por que se deve reconhecer a natureza condenatória de tal sentença.

É certo que a sentença condenatória genérica não é título executivo, uma vez que não representa um direito líquido. A ausência do efeito executivo, porém, não é capaz de alterar a classificação da sentença, que deve ser feita à luz de seu conteúdo. Sendo ilíquido o direito do credor, é preciso determinar o *quantum debeatur*, para que se torne adequada a via executiva para a satisfação de sua pretensão. Faz-se mister, assim, a realização da liquidação da obrigação representada pela sentença, o que se faz por meio da "liquidação de sentença".

O art. 509 do CPC estabelece que haverá necessidade de instauração do incidente de liquidação de sentença quando a decisão condenar ao pagamento de *quantia* ilíquida. Não obstante se faça uso, no texto legal, do termo *quantia*, há casos em que, para determinar o objeto da prestação (quando se tratar de universalidades de bens ou direitos), deverá ser utilizado o sistema da liquidação de sentença para permitir-se tal individuação. É de se dizer, também, que o art. 509 do CPC fala, apenas, em determinação do valor, mas tem de ser interpretado extensivamente, para que se considere adequada a utilização da liquidação de sentença sempre que se precisar determinar a quantidade de coisas fungíveis a ser entregue ao credor, mesmo que não se trate de dinheiro.

Assim, pode-se definir a liquidação de sentença como o instituto processual destinado a tornar adequada a tutela processual executiva, mediante outorga do predicado de liquidez à obrigação, que a decisão condenatória genérica não é capaz de outorgar.

A liquidação de sentença é mero incidente processual, de natureza cognitiva, que se coloca entre o módulo processual de conhecimento (onde se produziu o título liquidando) e o módulo processual executivo (o qual só se tornará adequado após a realização da liquidação, uma vez que o direito acertado na decisão condenatória não determinou o *quantum debeatur*).

Cap. 14 – Liquidação e Cumprimento de Sentença

Sendo mero incidente processual, a liquidação de sentença será julgada por uma decisão interlocutória. Afinal, nem se trata do pronunciamento que põe fim ao procedimento comum (a qual já terá sido proferida), nem é o pronunciamento que extingue a execução (atividade que ainda nem terá começado). Assim, o recurso adequado para impugnar o pronunciamento que julga a liquidação de sentença sempre será o agravo de instrumento.

A decisão que julga a liquidação é meramente declaratória. Trata-se de provimento que se limita a tornar certo o *quantum debeatur*. Ora, sendo assim, a obrigação já tinha, antes mesmo de sua existência ter sido objeto de acertamento pela condenação genérica, um *quantum debeatur* determinado (embora desconhecido). A decisão na liquidação se limita a revelar esse *quantum*, tornando certa a quantidade devida do bem devido ao credor.

Dessa natureza surge, como corolário inafastável, a legitimidade ativa tanto do credor como do devedor. Nada impede que o condenado, pretendendo ter acertado o *quantum debeatur* de sua obrigação, vá ao juízo pedir a prolação de decisão declaratória de tal quantidade. A liquidação pode ser requerida pelo credor ou pelo devedor. E é extremamente importante deixar clara a legitimidade do devedor para postular a liquidação, já que tem ele o direito de pagar e exonerar-se da obrigação, o que só será possível após sua liquidação. Ora, fosse apenas do credor a legitimidade para requerer a liquidação, estaria o devedor impedido de praticar os atos necessários à realização desse seu direito de se exonerar da obrigação, extinguindo-a pelo pagamento.

Na liquidação de sentença a pretensão é de acertamento do *quantum debeatur*, e a atividade cognitiva deverá incidir sobre essa questão. Não se pode admitir, no incidente da liquidação de sentença, qualquer discussão sobre matéria estranha a esse objeto (salvo, obviamente, as questões relacionadas aos demais elementos integrantes do objeto da cognição judicial, que são prévios ao mérito: questões preliminares e prejudiciais – se existirem –, incluindo-se aí a cognição acerca das "condições da ação" e das questões sobre o processo).

É por essa razão que o art. 509, § 4º, do CPC afirma que "na liquidação é vedado discutir de novo a lide ou modificar a sentença que a julgou". A decisão a ser proferida na liquidação de sentença deve se limitar a responder ao pedido formulado pelo demandante, qual seja, a determinação do *quantum debeatur*.

Nada impede, obviamente, que a liquidação se inicie antes do trânsito em julgado da sentença condenatória genérica (ainda que ela esteja sujeita a recurso provido de efeito suspensivo – art. 512). Nesse caso, apesar de não haver o óbice da coisa julgada, também se mostra inadmissível pretender nova discussão acerca da existência ou não do direito do credor no incidente da liquidação de sentença. O obstáculo, aqui, virá da vedação ao *bis in idem*, pois essa questão já terá sido submetida ao Estado-juiz em outro módulo processual pendente. De qualquer forma, pois, inadmissível que se torne a discutir aquela questão.

Outro aspecto extremamente importante, e ligado ao que vem sendo afirmado, é o da possibilidade de o resultado da liquidação de sentença ser no sentido de afirmar-se nada haver a ser pago. É o conhecido problema da liquidação que conclui pelo "valor zero".

É perfeitamente possível que o resultado da liquidação seja no sentido de afirmar a inexistência do *quantum debeatur*, declarando-se não existir qualquer valor a pagar. Defender o contrário, aliás, seria afirmar a natureza concreta da "ação de liquidação de sentença", pois esta seria o poder de obter do juízo um provimento favorável. A natureza abstrata do poder de ação implica, necessariamente, a possibilidade de ser ajuizada uma demanda (como a de liquidação de sentença) e o resultado final ser desfavorável ao demandante.

> **Importante**
>
> O fato de a liquidação de sentença não ser processo autônomo não afasta o acerto da afirmação segundo a qual o pedido de liquidação constitui ato de exercício do poder de ação (que é o poder – exercido ao longo de todo o processo – de instar o Estado a prestar tutela jurisdicional). Assim, continua possível falar em "ação de liquidação" ou em demanda de liquidação, ainda que não se possa falar em "processo (autônomo) de liquidação".

Iniciada a liquidação da sentença, para apuração do *quantum debeatur* referente à segunda parte da sentença, pode ocorrer que o autor não consiga demonstrar nenhum fato novo, nenhuma nova despesa referente a tratamento médico em razão dos danos sofridos naquele acidente. Deverá, então, ser julgado improcedente o pedido de liquidação da sentença, por ter-se chegado à conclusão de que o valor devido em razão da condenação é zero.

Essa decisão não rescinde a sentença condenatória genérica, pois esta se mantém íntegra em seu conteúdo. A declaração posterior de que nada havia a pagar não infirma a existência de relação obrigacional entre as partes, mas tão somente nega a existência de valoração econômica da prestação devida.

A afirmação contrária, de que não se pode alcançar o valor zero, é que, a rigor, contraria a lógica. Determinar ao juiz que declare um valor quando não está convencido de que este seja o correto (ou, pior, quando estiver convencido de que nenhum valor seria certo, porque na hipótese nada é devido) seria violar, indevidamente, o princípio da juridicidade (já que acabaria por impor a alguém o dever de pagar algo que não é devido). Além disso, convencido o juiz de que nada há a pagar, ou seja, de que o valor da prestação devida é zero, qualquer valor que viesse a ser fixado na decisão do incidente de liquidação seria arbitrário.

Não se considera ilíquida a obrigação reconhecida na decisão quando a apuração do *quantum* depende de apensa de cálculo aritmético (art. 509, § 2º).

Cap. 14 – Liquidação e Cumprimento de Sentença

Nos demais casos, quando a determinação do *quantum debeatur* não depender apenas de operações aritméticas, será preciso instaurar-se o incidente de liquidação de sentença.

A condenação genérica pode ser proferida em duas situações, apenas. A primeira delas é o caso em que tenha sido formulado pedido genérico (ou seja, pedido que não indica o *quantum* postulado) e, ao longo do processo, não tenha sido possível desenvolver-se contraditório pleno e efetivo acerca da determinação do valor de modo definitivo (art. 491, I). O outro caso em que se admite a prolação de condenação genérica é aquele em que, não obstante tenha sido formulado pedido determinado, a fixação do *quantum debeatur* exigiria a colheita de prova de realização demorada ou excessivamente dispendiosa, assim reconhecida na sentença (art. 491, II). Nesse caso, será proferida decisão condenatória genérica e, mesmo que esteja pendente recurso contra essa decisão, será possível a instauração do incidente de liquidação de sentença. Isso permitirá assegurar-se uma duração mais razoável para o processo, pois o processamento do recurso contra a sentença (que, normalmente, tem efeito suspensivo) e o desenvolvimento do incidente de liquidação de sentença poderão se dar simultaneamente.

O Código de Processo Civil conhece apenas duas espécies de liquidação de sentença: liquidação por arbitramento e liquidação pelo procedimento comum. Há, ainda, uma terceira espécie, estranha ao sistema codificado, regulada no Código de Defesa do Consumidor, e que pode ser denominada de "liquidação individual da sentença coletiva" (art. 97 do CDC), da qual não se tratará aqui.

A liquidação por arbitramento é utilizada toda vez que, para determinar o *quantum debeatur*, seja necessária a nomeação de um perito para se atribuir valor a uma coisa, a um serviço ou a um prejuízo. O arbitramento é, em suma, uma perícia (que, nesse processo, funcionará – mais do que como mero meio de prova – como uma forma de liquidar a obrigação), feita pelo arbitrador (perito).

A liquidação de sentença se fará, então, por arbitramento nos casos em que já estejam disponíveis nos autos todos os elementos necessários para a determinação do *quantum debeatur*, só havendo necessidade de produção de uma perícia para a fixação da quantidade devida. Requerida, então, a liquidação por arbitramento, deverá o juiz determinar a intimação de ambas as partes para que apresentem pareceres ou documentos elucidativos, no prazo que fixar (art. 510). O material apresentado pelas partes pode até ser suficiente para dispensar a perícia formal, caso em que o juiz decidirá de plano, declarando o *quantum debeatur*. Caso isso não seja possível, todavia, deverá o juiz nomear perito, e, a partir daí, observar-se-á o procedimento previsto para a produção de prova pericial (art. 510, *in fine*). Ao final do procedimento, o juiz decidirá, declarando o valor da obrigação.

Já a liquidação pelo procedimento comum é adequada naqueles casos em que a apuração do *quantum debeatur* dependa da alegação e prova de algum fato novo. O fato, evidentemente, só pode dizer respeito ao *quantum*, e a nada mais, já que na liquidação de sentença não é permitido rediscutir o que já foi decidido (art. 509, § 4º). E deve ficar claro desde logo que fato novo não é sinônimo de fato superveniente à sentença. Dizer que na liquidação de sentença pelo procedimento comum haverá alegação e prova de fato novo significa dizer que nesse procedimento se exercerá cognição sobre fato inédito, isto é, que jamais tenha sido submetido à apreciação ao longo do processo de conhecimento, ainda que prévio à sentença (e que diga respeito, exclusivamente, à determinação do *quantum debeatur*).

Desde que tal fato diga respeito ao *quantum debeatur*, será adequada a liquidação pelo procedimento comum. Pode-se dizer, então, que fato novo é o fato pertinente ao valor que não foi considerado na sentença, e não fato superveniente. O fato pode ser até anterior à sentença, mas novo para o processo porque não serviu de fundamento da decisão.

Pode-se dizer, então, acerca da liquidação de sentença, que há uma escalada de situações envolvendo a sentença condenatória (sendo certo que essa é uma "escalada descendente", em que se apresenta, em primeiro lugar, a mais completa das sentenças condenatórias, caminhando-se em direção àquela que está mais distante de permitir a instauração do cumprimento de sentença): a) a sentença condenatória ordinária que já contém a determinação precisa do *quantum debeatur*, prescindindo de qualquer atividade posterior para que possa ser instaurada a execução; b) a sentença condenatória ordinária que exige, para a determinação do *quantum debeatur*, a realização de cálculos aritméticos, os quais deverão ser realizados pelo credor, para que se possa iniciar o cumprimento de sentença; c) a sentença condenatória genérica em que, para a determinação do *quantum debeatur*, faz-se necessária uma avaliação de coisas, serviços ou prejuízos, hipótese em que será necessária a liquidação da obrigação por arbitramento; d) a sentença condenatória genérica em que, para determinação do *quantum debeatur*, faz-se necessário alegar e provar fato novo, caso em que será necessário, para a instauração do cumprimento de sentença, que se faça a liquidação pelo procedimento comum.

Requerida a liquidação pelo procedimento comum, será determinada a intimação do requerido, na pessoa de seu advogado (ou da sociedade de advogados a que seu patrono esteja vinculado), para contestar no prazo de quinze dias. A partir daí, observa-se o procedimento comum do processo de conhecimento. Sendo a liquidação de sentença, porém, mero incidente processual, sua resolução se dá por decisão interlocutória, impugnável por agravo de instrumento (art. 1.015, parágrafo único), ainda quando realizada pelo procedimento comum.

Permite o art. 512 que a liquidação de sentença se desenvolva ainda que pendente recurso contra a sentença. Nesse caso, pouco importa se o recurso é ou não dotado de efeito suspensivo. Ainda que o seja (o que impediria a instauração de procedimento executivo baseado no pronunciamento judicial recorrido), será possível iniciar-se desde logo a atividade de liquidação, o que certamente será capaz de proporcionar tremendo ganho de tempo. Basta pensar que, realizada desde logo a liquidação da obrigação, uma vez julgado o recurso (e mantida a condenação, evidentemente), já será possível iniciar-se o procedimento executivo, não sendo preciso desenvolver-se a atividade – a essa altura já realizada – destinada a determinar o *quantum debeatur*. Trata-se, pois, de disposição normativa perfeitamente compatível com o princípio da duração razoável do processo (art. 5º, LXXVIII, da Constituição c/c art. 4º do CPC).

2. CUMPRIMENTO DE SENTENÇA

2.1. Introdução e disposições gerais

Denomina-se cumprimento de sentença o procedimento executivo adequado para os casos em que a execução se funda em título executivo judicial. E da natureza executiva desse procedimento não se pode duvidar. A própria lei processual, ao regular o cumprimento de sentença, emprega os termos: executivo, exequente e executado em diversos artigos do CPC. Parece não poder haver dúvidas, então, de que o assim chamado "cumprimento de sentença" nada mais é que o procedimento executivo adequado para os casos em que a execução se funda em título executivo judicial.

Regula-se o cumprimento de sentença pelo disposto nos arts. 513 a 538, a ele se aplicando, subsidiariamente, as disposições referentes ao processo de execução de títulos extrajudiciais (art. 513 e art. 771). Trata-se, em regra, de uma fase complementar do mesmo processo em que se formou o título executivo judicial (motivo pelo qual se fala em "processo sincrético", nele se conjugando uma fase cognitiva e outra executiva). Terá, porém, o cumprimento de sentença natureza de processo autônomo quando o título executivo for um dos previstos nos incisos VI a IX do art. 515 (como se pode verificar pelo § 1º do próprio art. 515, que fala em citação do devedor), já que nesses casos a execução não pode se dar em uma mera fase complementar do mesmo processo (uma vez que o processo cognitivo terá se desenvolvido perante juízo criminal, tribunal arbitral, ou terá sido destinado, no STJ, a homologar a sentença estrangeira ou conceder *exequatur* a carta rogatória). Nos demais casos, porém (dos títulos previstos nos incisos I a V do art. 515), em que o título executivo é formado perante o mesmo juízo em que se poderá desenvolver a atividade executiva, o cumprimento de sentença será mera fase complementar do mesmo processo em que o título se tenha formado.

Quando se tiver necessidade de processo autônomo para que se desenvolva o procedimento de cumprimento de sentença, evidentemente, será preciso considerar a inércia, característica essencial da jurisdição, motivo suficiente para que a instauração do processo dependa de provocação da parte (art. 2º). Nos casos, porém, em que o cumprimento de sentença é mera fase complementar do mesmo processo em que formado o título executivo, a regra geral (por força da regra do impulso oficial, também estabelecida a partir do art. 2º) é a de que se admite a atuação *ex officio* do juízo, que está autorizado a instaurar a fase de cumprimento de sentença independentemente de requerimento. Assim não é, porém, no caso de cumprimento de sentença que condena a pagar dinheiro, caso em que a instauração da fase executiva depende de requerimento do exequente (art. 513, § 1º). Também nos casos de cumprimento provisório (isto é, instaurado antes do trânsito em julgado da decisão que serve como título executivo) se exige a provocação do interessado, e aí não interessa a natureza da obrigação (art. 520, I, aplicável também às obrigações de fazer, não fazer e entregar coisa por força do art. 520, § 5º).

Instaurado o procedimento executivo (cumprimento de sentença), deverá o executado ser intimado para cumprir a obrigação reconhecida na sentença (art. 513, § 2º). Caso tenha ele advogado constituído nos autos, a intimação se fará na pessoa de seu patrono, pela imprensa oficial (art. 513, § 2º, I). Quando o executado for patrocinado pela Defensoria Pública ou quando não tiver advogado constituído, será ele intimado pessoalmente, por carta com aviso de recebimento (art. 513, § 2º, II). Se o devedor sem advogado constituído nos autos for pessoa jurídica (que não seja microempresa ou empresa de pequeno porte), a intimação se fará por meio eletrônico, nos termos do art. 246, § 1º (art. 513, § 2º, III). Por fim, se o executado tiver sido citado por edital e permanecido revel na fase de conhecimento, será ele intimado por edital (art. 513, § 2º, IV).

Nos casos de intimação postal ou por meio eletrônico, reputa-se válida a intimação encaminhada ao endereço da parte, eletrônico ou não, que tenha sido informado ao juízo se, tendo havido alguma mudança de endereço, esta não tiver sido devidamente comunicada nos autos (art. 513, § 3º).

Tendo, porém, sido feito o requerimento de cumprimento da sentença quando decorrido mais de um ano do trânsito em julgado do provimento judicial que se pretende ver cumprido, a intimação será feita pessoalmente ao devedor, por meio de carta com aviso de recebimento (art. 513, § 4º).

Não sendo cumprida a obrigação reconhecida pela decisão judicial no prazo previsto em lei ou na própria decisão, deverá se desenvolver o procedimento executivo, o qual será distinto conforme a natureza da obrigação exequenda. Ao longo do procedimento, porém, e seja qual for a espécie de obrigação, todas as questões relativas à sua validade e dos atos executivos subsequentes a esse momento inicial poderão ser arguidas pelo executado por petição simples, sem qualquer formalidade essencial, nos próprios autos, cabendo ao juízo da execução decidi-los desde logo (art. 518), observado o contraditório prévio e efetivo (arts. 9º e 10).

2.2. Cumprimento de sentença no caso de obrigação pecuniária

Sem dúvida a mais comum e mais importante das espécies de cumprimento de sentença é a que se refere às obrigações pecuniárias, isto é, de pagar quantia em dinheiro. Sendo essa a natureza da obrigação, prevê a lei processual um procedimento a ser observado no caso de execução provisória (assim compreendida aquela que se desenvolve com base em decisão judicial ainda não transitada em julgado, enquanto pendente de julgamento recurso desprovido de efeito suspensivo) e outro a ser empregado, como regra geral, no caso de ser a execução definitiva. Além disso, existem no CPC dois outros procedimentos especiais: um específico para o cumprimento das

Cap. 14 – Liquidação e Cumprimento de Sentença

decisões que condenam a pagar prestações de natureza alimentícia, outro para os casos em que a devedora é a Fazenda Pública.

2.2.1. Cumprimento provisório

Trata o CPC, em seus arts. 520 a 522, de um instituto conhecido como cumprimento provisório de sentença. Esse é o nome dado à execução do pronunciamento judicial ainda não transitado em julgado, iniciada quando ainda pendente de julgamento algum recurso desprovido de efeito suspensivo. Já houve quem a definisse como a execução da sentença que adquire eficácia imediata excepcional (isto é, antes do trânsito em julgado), sujeita à prestação de garantias pelo exequente para permitir a recondução das partes ao estado anterior, na eventualidade de vir a tornar-se injusta. Mais simples e preciso, porém, é defini-la com base na lei, já que o art. 520 é expresso em afirmar que cumprimento provisório é o que tem por base "sentença impugnada por recurso desprovido de efeito suspensivo", o que o distingue, portanto, do cumprimento definitivo de sentença, que é a execução da decisão judicial transitada em julgado.

A classificação da atividade executiva em definitiva e provisória só faz sentido quando se trata do cumprimento de sentença. O processo de execução, porque fundado em título extrajudicial, jamais poderá levar ao desenvolvimento de uma atividade executiva provisória.

É que, na verdade, a terminologia adotada pelo CPC, de uso tradicional, não é perfeita. A execução fundada em decisão ainda não transitada em julgado não é, propriamente, uma execução provisória. O que se tem aí, a rigor, é uma "execução fundada em título provisório", já que a provisoriedade é do título executivo que, ainda não transitado em julgado, tende a ser substituído pela decisão definitiva a ser proferida no julgamento do recurso, nos termos do que dispõe o art. 1.008 do CPC. De toda sorte, a expressão "execução provisória" (assim como a usada na lei, "cumprimento provisório") é tradicional, empregada por toda a doutrina e na prática forense, não havendo qualquer razão para que não continue a ser empregada. É provisória, então, a execução fundada em provimento judicial ainda não transitado em julgado, mas já capaz de produzir efeitos, já que impugnado por recurso desprovido de efeito suspensivo. O cumprimento provisório se desenvolve aplicando-se, no que couber, o mesmo regime do cumprimento definitivo, na forma do que dispõe o art. 520 do CPC, conforme se passa a examinar.

> **Atenção**
>
> Deve-se dizer, porém, e em primeiro lugar, que é cabível cumprimento provisório de qualquer modalidade de obrigação. Em outras palavras, pode haver execução provisória de obrigação de fazer ou não fazer; de entregar coisa; e de obrigação pecuniária, sendo imprescindível examinar o art. 520, § 5º, do CPC.

Inicia-se o cumprimento provisório sempre por iniciativa do credor (art. 520, I).

Além disso, o cumprimento provisório (nos termos do inciso I do art. 520) se desenvolve sob a responsabilidade do exequente. Portanto, no caso de vir a ser cassada ou reformada a decisão que serve de base à execução e, por conseguinte, vindo a ser extinto o procedimento de cumprimento provisório, caberá ao exequente a obrigação de reparar todos os danos que o executado tenha indevidamente suportado, e que lhe tenham sido causados pela atividade executiva. Frise-se que essa responsabilidade é objetiva, isto é, independe de culpa do exequente.

Como é provisório, esse procedimento executivo será extinto ("fica sem efeito", na dicção do inciso II do art. 520) se sobrevier decisão que a modifique ou anule, tudo devendo ser reposto no estado anterior. Eventuais danos que o executado tenha indevidamente suportado serão reparados pelo exequente (responsável, como visto, independentemente de culpa), cabendo sua liquidação, por arbitramento, nos próprios autos.

A reposição no estado anterior, porém, fica limitada às partes. Os efeitos que a execução provisória eventualmente tenha produzido em relação a terceiros de boa-fé têm de ser respeitados, como resulta do art. 520, § 4º. Se assim não for, e tais efeitos se desfizerem, de nada valerá a execução provisória, que nenhuma segurança jurídica produzirá, e provavelmente não se verá quem a queira instaurar.

Pode acontecer de a decisão que serve de base para o cumprimento provisório ser reformada ou anulada apenas em parte. Ocorrendo uma hipótese como essa, o procedimento de cumprimento provisório não deverá ser extinto, mas tão somente ter seu objeto reduzido, prosseguindo (em caráter provisório ou definitivo, conforme tenha ou não ocorrido o trânsito em julgado) em relação à condenação que foi mantida. É nesse sentido que dispõe o art. 520, III, segundo o qual, "se a sentença provisória for modificada ou anulada apenas em parte, somente nesta ficará sem efeito a execução".

No procedimento de cumprimento provisório de sentença desenvolve-se uma execução completa, isto é, uma execução que pode se desenvolver até a produção do resultado satisfativo do crédito exequendo. Assim, é perfeitamente possível que em um cumprimento provisório sejam praticados atos que impliquem a transferência da propriedade ou o levantamento de dinheiro pelo exequente. Exige o inciso IV do art. 520 do CPC, porém, para que esses atos (ou outros de que possa resultar para o executado grave dano) sejam praticados, que o exequente preste caução "suficiente e idônea". A caução, que será arbitrada pelo juízo da execução e prestada nos próprios autos, poderá ser real ou fidejussória. A caução aqui atua como uma medida de contracautela, destinada a proteger o executado contra o risco de vir a sofrer dano grave, de reparação difícil ou impossível (acautelando, portanto, contra o assim chamado *periculum in mora* inverso).

Dispensa-se a prestação dessa caução, porém, em algumas hipóteses, expressamente previstas no art. 521 do CPC.

Não haverá, todavia, a dispensa da caução quando dessa dispensa resulte risco de dano grave, de difícil ou incerta reparação (art. 521, parágrafo único), caso em que o juízo da execução exercerá seu poder cautelar e determinará a prestação da caução como mecanismo de contracautela.

Como o cumprimento provisório nunca poderá ter início de ofício, sempre se exigirá a formulação de um requerimento executivo. A petição pela qual se requer o cumprimento provisório da sentença deve ser dirigida ao juízo competente (art. 522) e, não sendo eletrônicos os autos, deverá vir acompanhada de cópias de peças dos autos do processo, cuja autenticidade poderá ser afirmada pelo próprio advogado, sob sua responsabilidade pessoal (art. 522, parágrafo único). Será essencial a juntada, pelo menos, de cópias das seguintes peças: decisão exequenda, certidão de interposição do recurso não dotado de efeito suspensivo, procurações outorgadas por ambas as partes e decisão de habilitação (se for o caso). Além disso, o exequente poderá, facultativamente, juntar outras peças que considere necessárias para demonstrar a existência do crédito (como seria, por exemplo, cópia da decisão proferida em sede de liquidação de sentença). Sendo eletrônicos os autos, porém, o exequente não precisará juntar qualquer cópia, já que as peças continuarão disponíveis para o juízo e as partes, não obstante estejam os autos em grau de jurisdição superior.

No procedimento executivo destinado ao cumprimento provisório da sentença que condena a pagar dinheiro, o executado poderá defender-se mediante impugnação (art. 520, § 1º). Caso prefira, porém, poderá o executado deixar para oferecer sua impugnação apenas quando o procedimento executivo se tornar definitivo.

Nesse procedimento, ainda, serão devidos honorários advocatícios e a multa pelo não adimplemento voluntário da obrigação no prazo de quinze dias a contar da intimação do devedor para cumprir a decisão (art. 520, § 2º, e art. 523, § 1º). Para livrar-se da multa e dos honorários, poderá o executado, todavia, comparecer tempestivamente e depositar o valor exequendo, ato este que não será reputado incompatível com o recurso por ele interposto (art. 520, § 3º) e, portanto, não violador do princípio da boa-fé (art. 5º).

Tudo quanto dito sobre o procedimento do cumprimento provisório da sentença que condena a pagar dinheiro é aplicável, no que couber, à execução provisória de decisão que imponha dever jurídico de fazer, não fazer ou entregar coisa (art. 520, § 5º), inclusive – e especialmente – a vedação à instauração *ex officio* do procedimento (art. 520, I), afastando-se, como já visto, a regra que permite a iniciativa oficial do juízo para dar início a essas execuções (o que só poderá ocorrer, então, quando se trate de execução definitiva).

2.2.2. Cumprimento definitivo

Como já dito, chama-se cumprimento definitivo o procedimento executivo que tem por base um título executivo judicial já transitado em julgado. No caso específico das obrigações de pagar quantia, que aqui interessam mais de perto, o CPC regula três procedimentos diferentes. Há um procedimento padrão, comum, que se emprega como regra geral. Há, ainda, dois procedimentos especiais, um para o cumprimento da sentença que reconhece a exigibilidade de obrigação alimentícia e outro para o cumprimento de sentença em que é executada a Fazenda Pública.

Assim, tendo sido o devedor condenado ao pagamento de quantia certa – ou tendo sido o valor determinado em liquidação de sentença –, assim como no caso de se ter decisão interlocutória sobre parcela incontroversa, o procedimento executivo terá início por requerimento do exequente (art. 523), o qual deverá ser instruído com demonstrativo discriminado e atualizado do crédito (art. 524). A petição por meio da qual se formula o requerimento executivo deverá, ainda, conter os nomes completos e os números de inscrição no CPF ou no CNPJ, tanto do exequente quanto do executado, requisito este que poderá ser dispensado se já constar dos autos, observando-se, ainda, o disposto nos incisos do art. 524. Caso o valor apontado no demonstrativo apresentado pelo exequente pareça exceder os limites da condenação, a execução será iniciada pelo valor pretendido, mas a penhora incidirá, nos termos do disposto no art. 524, § 1º, sobre valor a ser apontado pelo juiz (que, evidentemente, terá de fundamentar de forma suficiente a decisão que profira, justificando o valor indicado). Para chegar a esse valor, o juiz deverá valer-se do auxílio de contabilista judicial, que terá o prazo de trinta dias – salvo se outro for o assinado pelo juízo – para efetuar o cálculo (art. 524, § 2º). Só deverá o juiz, porém, determinar a elaboração de cálculo por contabilista judicial se o valor apontado pelo exequente aparentemente exceder os limites da condenação. Caso contrário, tudo se desenvolverá nos termos indicados pelo exequente, cabendo ao executado, posteriormente, o ônus de impugnar o valor pretendido pelo exequente.

Casos há em que o exequente não consegue elaborar o demonstrativo de cálculo que lhe incumbe, por não dispor de dados que estão em poder de terceiro ou do próprio devedor. Nesse caso, deverá ele requerer ao juízo que os requisite, sob cominação do crime de desobediência (art. 524, § 3º). Caso a complementação do demonstrativo dependa de dados adicionais em poder do executado, o juízo da execução, sempre a requerimento do exequente, deverá requisitá-los, fixando prazo de até trinta dias para sua apresentação (art. 524, § 4º). Não sendo cumprida a determinação judicial injustificadamente, serão considerados corretos os cálculos apresentados pelo exequente com base nos dados de que dispõe (art. 524, § 5º).

Estando corretamente elaborado o requerimento executivo, deverá o juiz determinar que seja o executado intimado, por uma das formas previstas no art. 513, § 2º, para efetuar o pagamento no prazo de quinze dias, acrescido de custas, se houver (art. 523).

Efetuado o pagamento integral no prazo de quinze dias, o credor poderá levantar o valor, encerrando-se desde logo o processo. Perceba-se que aqui se trata da possibilidade de o devedor, dentro do prazo de quinze dias, realmente pagar o valor apontado pelo credor ao requerer o cumprimento da sentença. Não se aplica, pois, o quanto acaba de ser dito se o devedor, por exemplo, depositar o valor em juízo no prazo de quinze dias para o fim de garantir o juízo.

Não efetuado o pagamento no prazo de quinze dias, incidirá sobre o valor pretendido pelo exequente uma multa, de 10% sobre o total, além de honorários advocatícios, também de 10% (art. 523, § 1º). Caso o executado, no prazo de quinze dias, efetue pagamento parcial, a multa e os honorários incidirão sobre o saldo, isto é, sobre o valor não pago (art. 523, § 2º). Havendo impugnação ao cumprimento de sentença que venha a ser rejeitada, os honorários poderão, por aplicação analógica do disposto no art. 827, § 2º, ser ampliados, ao final do procedimento executivo, para até 20% do valor do crédito exequendo (Enunciado nº 450 do FPPC). Fica superado, assim, o Enunciado nº 519 da súmula do STJ, aprovada ao tempo do CPC de 1973, e que se revela incompatível com a vigente sistemática.

Ultrapassado o prazo de quinze dias sem que tenha havido pagamento voluntário do total do crédito exequendo, começa a correr, automaticamente, independentemente de penhora ou de qualquer outra intimação, o prazo para que o executado apresente sua defesa (impugnação ao cumprimento de sentença), nos termos do que dispõe o art. 525. Além disso, porém, e por não ter a impugnação – ao menos em regra – o condão de suspender o andamento do procedimento executivo (art. 525, § 6º), deverá desde logo expedir-se mandado de penhora e de avaliação de bens, seguindo-se, a partir daí, a prática dos atos de expropriação (art. 523, § 3º).

Sobre o modo como são realizadas a penhora, a avaliação, a expropriação de bens e, posteriormente, a satisfação forçada do crédito exequendo, nada há na lei processual que se refira especificamente ao procedimento do cumprimento de sentença, razão pela qual devem tais atos ser regidos pelas disposições concernentes ao processo de execução fundado em título extrajudicial, nos termos do que estabelece o art. 771.

Todo esse procedimento de cumprimento de sentença, porém, pode ser evitado se o réu, antes de ter sido, a requerimento do credor, intimado a cumprir a obrigação reconhecida no título judicial, comparecer em juízo e oferecer em pagamento o valor que entender devido, apresentando memória discriminada de cálculo que demonstre como chegou ao valor oferecido (art. 526). Caso o credor não se oponha ao valor depositado, o levantará, devendo o juiz proferir sentença que declarará satisfeita a obrigação, encerrando-se desde logo o processo (art. 526, § 3º). Poderá, porém, o credor levantar a quantia depositada (que será incontroversa) e impugnar o cálculo elaborado pelo devedor, afirmando ser credor de valor superior ao depositado (art. 526, § 1º). Nesse caso, caberá ao juiz apurar o valor efetivamente devido e, caso conclua pela insuficiência do depósito, fará incidir, sobre a diferença entre o depositado e o efetivamente devido, multa de 10% e honorários advocatícios (também de 10%), seguindo-se a partir daí a execução, com realização da penhora e prática dos atos executivos a ela subsequentes (art. 526, § 2º). Pode-se afirmar que a lei processual criou, para esse caso específico de réu condenado a pagar quantia certa e que pretende cumprir a obrigação desde logo, sem aguardar a intimação para fazê-lo, um procedimento especialíssimo de pagamento por consignação, cuja utilização dispensa o emprego do procedimento especial da "ação de consignação em pagamento" regido pelos arts. 539 a 549.

2.2.3. Cumprimento de sentença no caso de prestação alimentícia

Quando se trate de cumprimento de decisão judicial que tenha reconhecido obrigação de prestar alimentos, será observado um procedimento especial, regido pelos arts. 528 a 533, e que será adequado tanto no caso de alimentos definitivos como na hipótese de se pretender executar alimentos provisórios (art. 531). Trata-se de modalidade especial de cumprimento de sentença que reconhece a exigibilidade de obrigação pecuniária, que merece tratamento diferenciado em razão da natureza da prestação cujo cumprimento se pretende. O procedimento de que se passa a tratar tem características bastante especiais, como se verificará na análise dos meios de pagamento de que se pode utilizar (bastando lembrar, neste passo, que os salários e verbas análogas, como soldos e vencimentos, que são impenhoráveis, podem ser apreendidos para garantir o pagamento de prestações alimentares). Ademais, na execução de prestação alimentícia existe a possibilidade de utilização de um meio de coerção pessoal, consistente na prisão civil do devedor.

Esse procedimento, porém, só poderá ser empregado para execução das três prestações imediatamente anteriores ao requerimento executivo e das que se vencerem no curso do processo (art. 528, § 7º). Para prestações vencidas anteriormente, só o procedimento padrão do cumprimento de sentença será adequado, já que tais prestações, em razão do decurso do tempo, já terão perdido seu caráter alimentício, tendo assumido natureza meramente indenizatória.

Nada impede, porém, a cumulação dos dois pedidos (o de execução das prestações que mantêm seu caráter alimentício e o das prestações mais antigas) em um só processo, adotando-se o procedimento padrão do cumprimento de sentença das obrigações pecuniárias, mas ali se aplicando, também, as técnicas processuais diferenciadas do procedimento especial, as quais podem ser transportadas para o procedimento padrão por força do que dispõe o art. 327, § 2º, do CPC, aplicável aos procedimentos executivos. Assim, embora se empregue o procedimento padrão, será possível decretar a prisão civil do devedor, ou utilizar a técnica de expropriação mediante desconto em folha de pagamento, exclusivamente para as prestações que ainda tenham natureza alimentícia.

No caso de execução de alimentos fixados em sentença transitada em julgado, esta se processará nos mesmos autos em que se documentaram os atos do processo de conhecimento; já a execução de alimentos provisórios e a de alimentos fixados em sentença ainda não transitada em julgado serão processadas em autos apartados (art. 531, §§ 1º e 2º).

O emprego do procedimento especial de que aqui se trata, porém, se dá por opção do credor. Pode ele preferir utilizar-se do procedimento padrão do cumprimento de sentença, caso em que não será admissível a prisão do executado, mas, recaindo a penhora sobre dinheiro, eventual concessão de efeito suspensivo à impugnação não impedirá que o exequente levante, mensalmente, a importância da prestação que lhe é devida (art. 528, § 8º).

O procedimento executivo destinado ao cumprimento de decisão que reconhece obrigação de prestar alimentos, como em qualquer outro caso de obrigações pecuniárias, só pode ter início por requerimento do credor (art. 528), o qual deverá ser dirigido ao juízo competente. Aqui, além das hipóteses previstas no art. 516, *caput* e parágrafo único, também pode o credor optar por promover o cumprimento da decisão no juízo de seu próprio domicílio (art. 528, § 9º).

Optando o credor por promover a execução da prestação alimentícia pelo procedimento especial de que aqui se trata, o juiz mandará intimar pessoalmente o executado para que, no prazo de três dias, efetue o pagamento do débito, prove que já pagou ou apresente justificativa da impossibilidade de efetuá-lo (art. 528).

Caso o executado, no prazo de três dias, pague o valor integral da dívida, ou comprove que já havia efetuado o pagamento (e no conceito de pagamento deve-se ter como incluído todo e qualquer fato extintivo ou impeditivo da obrigação, como a novação e a transação), o processo será extinto. Poderá, ainda, o executado apresentar uma justificativa da impossibilidade absoluta de efetuar o pagamento (art. 528, § 2º), caso em que o processo deverá ser suspenso até que desapareça a causa da impossibilidade. A impossibilidade que se pode alegar aqui, contudo, é apenas a temporária. A impossibilidade definitiva só pode ser alegada em demanda própria, destinada a fazer desaparecer a própria obrigação alimentar.

Se o executado, no prazo de três dias, não pagar, não provar que pagou, nem apresentar justificativa aceita pelo juízo, deverá ser determinado o protesto da decisão judicial (art. 528). Além disso, deverá ser desde logo decretada a prisão civil do devedor, pelo prazo de um a três meses (art. 528, § 3º). Essa prisão é um meio de coerção, destinado a pressionar psicologicamente o devedor, a fim de que este efetue o pagamento, tanto assim que, paga a dívida, o juiz deverá imediatamente suspender a ordem de prisão (art. 528, § 6º). Não se está, pois, diante de uma pena, uma sanção penal, não obstante a literalidade do texto do § 5º do art. 528. É mero meio de coerção, incidente sobre a pessoa do devedor, e que encontra guarida no disposto no art. 5º, LXVII, da Constituição e no art. 7º, nº 8, do Pacto de São José da Costa Rica.

A prisão do devedor de alimentos deve ser cumprida em regime fechado (art. 528, § 4º), devendo o preso ficar separado dos presos por razões penais. O cumprimento da prisão não exime, porém, o executado de efetuar o pagamento das prestações devidas, vencidas e vincendas (art. 528, § 5º).

Sendo a prisão e o protesto da decisão judicial meros meios de coerção, destinados a pressionar o devedor a efetuar o pagamento, mas deste não o eximindo, o fato de ter sido preso o executado não impede o prosseguimento do procedimento executivo, que se dirige à satisfação do crédito exequendo.

Assim, ainda que preso o executado e protestada a decisão que fixou os alimentos, o procedimento executivo prosseguirá para a prática de atos de apreensão e expropriação de bens, a fim de viabilizar a satisfação do crédito exequendo. Este é ponto que merece destaque: os atos de constrição e expropriação de bens do executado, como a penhora ou a realização de leilão de bens, não devem ser realizados apenas depois de esgotado o prazo da prisão civil. Mesmo com o executado ainda preso esses atos já devem começar a ser realizados.

Caso o executado seja servidor público, civil ou militar, diretor ou gerente de empresa, ou empregado sujeito à legislação trabalhista, o exequente poderá requerer ao juízo da execução que determine o desconto em folha de pagamento da importância da prestação alimentícia (art. 529). Ao deferir esse requerimento, o juízo oficiará à autoridade, empresa ou empregador, determinando – sob pena de crime de desobediência – o desconto a partir da primeira remuneração posterior do executado, a contar do protocolo do ofício (art. 529, § 1º). Além de crime de desobediência, o responsável por efetuar os descontos fica também sujeito, se descumprir a decisão judicial, ao pagamento de multa pela prática de ato atentatório à dignidade da justiça (art. 77, IV, e §§ 1º e 2º), a qual será de até 20% do valor da causa.

O ofício dirigido à autoridade, ao empregador ou à empresa conterá o nome, o número de inscrição no CPF do exequente e do executado, a importância a ser descontada mensalmente, o tempo de sua duração e a conta bancária em que deverá ser feito o depósito (art. 529, § 2º).

Esse sistema de execução por desconto em folha, sem prejuízo do pagamento dos alimentos vincendos, poderá ser usado também para a satisfação do crédito referente às prestações já vencidas, descontando-se dos rendimentos ou rendas do executado, de forma parcelada, o necessário para a realização do crédito exequendo, assegurando-se, porém, que a soma dos descontos (referentes ao pagamento da parcela vincenda e à amortização da dívida relativa às parcelas vencidas) não ultrapasse 50% dos ganhos líquidos do executado (art. 529, § 3º).

Além disso, poderá prosseguir a execução com a prática dos atos executivos necessários à penhora, avaliação e expropriação de bens do executado, destinados à satisfação do crédito exequendo, aplicando-se quanto a tais atos as regras do processo de execução fundado em título extrajudicial (art. 530).

Caso o juiz verifique que o executado tem, no curso do procedimento executivo, conduta procrastinatória, deverá, se reputar presentes indícios da prática do crime de abandono material (art. 244 do Código Penal), dar ciência ao Ministério Público desse fato (art. 532). Recorde-se que o abandono material consiste em deixar, sem justa causa, de prover a subsistência do cônjuge, ou de filho menor de dezoito anos ou inapto para o trabalho, ou de ascendente inválido ou maior de 60 sessenta anos, não lhes proporcionando os recursos necessários ou faltando ao pagamento de pensão alimentícia judicialmente acordada, fixada ou majorada; deixar, sem justa causa, de socorrer descendente ou ascendente gravemente enfermo.

No caso de os alimentos serem devidos em função de condenação por ato ilícito (arts. 948 a 951 do CC), caso em que a pensão poderá ter seu valor fixado em salários mínimos (art. 533, § 4º), caberá ao executado, a requerimento do exequente, constituir capital cuja renda assegure o pagamento do valor mensal da pensão (art. 533). Esse capital, representado por imóveis ou por direitos reais sobre imóveis suscetíveis de alienação, títulos da dívida pública ou aplicações financeiras em banco oficial, será inalienável e impenhorável enquanto durar a obrigação do executado, constituindo patrimônio de afetação (art. 533, § 1º). Poderá, porém, a constituição do capital ser substituída pela inclusão do exequente em folha de pagamento de pessoa jurídica de notória capacidade econômica ou, a requerimento do executado, por fiança bancária ou garantia real, em valor a ser fixado pelo juiz (art. 533, § 2º). Finda a obrigação alimentar, o juiz mandará liberar o capital, cessar o desconto em folha ou cancelar as garantias prestadas (art. 533, § 5º).

Sobrevindo modificação nas condições econômicas de qualquer das partes, poderá o interessado requerer a redução ou o aumento da prestação (art. 533, § 3º), ou até mesmo sua extinção, nos próprios autos, independentemente de processo autônomo.

2.2.4. Cumprimento de sentença contra a Fazenda Pública

O ordenamento jurídico brasileiro, a fim de evitar os males de um conflito entre os "Poderes" Executivo e Judiciário, estabelece, com sede constitucional, um sistema diferenciado para a execução por quantia certa contra a Fazenda Pública. Tal sistema é todo construído a partir de uma premissa essencial: os bens públicos são inalienáveis e, por conseguinte, impenhoráveis. A inalienabilidade dos bens públicos, como sabido, existe enquanto eles estão afetados ao uso público. Podem ser alienados a partir da edição de lei de desafetação, a qual prevê, porém, o meio pelo qual o bem será alienado. A penhora e a arrematação (ou a adjudicação), contudo, não são meios previstos na lei de desafetação, o que torna inviável a utilização de tais atos executivos para o fim de realizar o direito do credor. Por tais razões é que se estabeleceu um sistema diferenciado.

Como se verá melhor adiante, a principal característica da atividade executiva contra a Fazenda Pública no caso das obrigações pecuniárias está em não haver, aqui, qualquer ato de apreensão de bens. A execução por quantia certa contra a Fazenda Pública é verdadeira atividade executiva, apesar de não haver apreensão forçada de bens do executado. No caso de cumprimento de sentença que impõe à Fazenda Pública obrigação pecuniária, incumbirá ao exequente requerer a instauração do procedimento executivo (cumprimento de sentença), apresentando demonstrativo discriminado e atualizado de seu crédito. A petição que veicula o requerimento executivo deverá conter o nome completo e o número de inscrição no CPF ou CNPJ do exequente (se ainda não estiverem nos autos), o índice de correção monetária empregado no cálculo, os juros aplicados e as respectivas taxas, o termo inicial e o termo final dos juros e da correção monetária, a periodicidade de capitalização dos juros, se for o caso, e a especificação de eventuais descontos obrigatórios (art. 534). Sendo vários os exequentes, cada um deverá apresentar o seu próprio demonstrativo (art. 534, § 1º), a fim de que se possa verificar qual será o regime de pagamento (por precatório ou mediante expedição de requisição de pequeno valor) a ser aplicado para cada um dos credores.

A Fazenda Pública, então, será intimada para impugnar a execução no prazo de trinta dias (art. 535), a ela não se aplicando a multa de 10% a que se refere o art. 523, § 1º (art. 534, § 2º). Não impugnada a execução, ou rejeitada a impugnação, seguirá o procedimento, o qual será diferente conforme o valor do crédito exequendo (art. 535, § 3º).

Como regra geral, deverá o juízo da execução requisitar ao Presidente do Tribunal a que esteja vinculado a expedição do precatório em favor do exequente (art. 535, § 3º, I), devendo-se a partir daí observar o regime do precatório estabelecido pelo art. 100 da Constituição.

Os precatórios serão pagos na ordem de suas apresentações à Fazenda Pública, observados os critérios estabelecidos no art. 100 da Constituição.

Observado esse critério, serão estabelecidas dotações orçamentárias para o pagamento de tais créditos, devendo o dinheiro ser consignado à disposição do tribunal, para que seu Presidente possa determinar que sejam efetuados os pagamentos na ordem de apresentação dos precatórios.

Há que se considerar, assim, a existência de duas ordens a serem respeitadas: uma primeira ordem, privilegiada, dos precatórios referentes a créditos de natureza alimentícia, e uma segunda, que só começará a ser paga após a satisfação dos créditos privilegiados, em que estarão os precatórios referentes a créditos de natureza diversa daquela.

Entre os créditos alimentícios, porém, a ordem cronológica de apresentação dos precatórios não é observada de forma absoluta quando da efetivação dos pagamentos. É que, nos termos do § 2º do art. 100 da Constituição, entre esses créditos devem ser pagos prioritariamente aqueles cujos titulares, originários ou por sucessão hereditária, tenham sessenta anos de idade ou mais, ou sejam portadores de doença grave, ou pessoas com deficiência (devendo as doenças e os tipos de deficiência ser definidos em lei).

Esses credores "superprioritários", porém, só receberão, antes da chegada de sua posição na ordem cronológica de seus precatórios, aquilo que lhes seja devido e que não ultrapasse o triplo do valor máximo que poderiam receber mediante requisição de pequeno valor. Caso haja algum excedente disso a lhes ser pago, esse excedente só será recebido pelo credor na ordem cronológica de apresentação dos precatórios (o que, em outros termos, significa dizer que seus créditos serão cindidos, sendo uma parte recebida com prioridade sobre todos os demais créditos alimentícios, e o saldo observará a ordem dos pagamentos).

Tratando-se, de outro lado, de obrigação de pequeno valor (assim definida em lei federal, no caso das dívidas da União, e em lei local, nos casos das dívidas dos Estados, do Distrito Federal e dos Municípios), o próprio juízo da execução expedirá a requisição de pequeno valor (RPV), a qual será dirigida à autoridade na pessoa de quem o ente público tenha sido citado para o processo, caso em que o pagamento deverá ser realizado no prazo de dois meses contado da entrega da requisição, mediante depósito na agência bancária mais próxima da residência do credor (art. 535, § 3º, II). Vale registrar que o texto do CPC falava em "banco oficial", mas o STF, ao julgar as ADIs 5.492 e 5.737, reputou essa expressão inconstitucional, afirmando poder ser o depósito feito em agência de banco público ou privado.

> **Atenção**
>
> Aplica-se, aqui, o regime constitucional estabelecido para as obrigações de pequeno valor (art. 100, §§ 3º e 4º, da Constituição, e art. 87 do ADCT).

2.3. Cumprimento de sentença nos casos de obrigação de fazer, não fazer e entregar coisa

No caso de sentença que condena ao cumprimento de obrigação de fazer ou de não fazer, o procedimento executivo poderá instaurar-se de ofício ou mediante requerimento do credor (art. 536), tendo por fim a efetivação da tutela específica ou a obtenção de tutela pelo resultado prático equivalente. Para que esse resultado seja alcançado, deverão ser determinadas as medidas necessárias para a satisfação do direito do exequente (art. 536, *in fine*). Para isso, o juiz se valerá das medidas executivas, de sub-rogação ou de coerção, que se revelem adequadas para o caso concreto. O regime aqui estabelecido é aplicado não só às obrigações de fazer e de não fazer em sentido estrito, que tenham conteúdo econômico, como também a outros deveres jurídicos de fazer e de não fazer, de natureza não obrigacional (já que desprovidos de conteúdo econômico imediato), como seria o dever jurídico de reflorestar uma área indevidamente desmatada (art. 536, § 5º).

A lei processual vale-se, então, de um sistema de atipicidade dos meios executivos, não descrevendo em minúcias todos os meios de execução que podem ser empregados nos casos concretos. E isso é adequado quando se considera que obrigações de fazer e de não fazer podem ser muito diferentes umas das outras, e um sistema fundado em meios executivos típicos certamente seria incapaz de se revelar adequado para todos os diferentes tipos de casos que podem surgir na vida real.

De toda sorte, apresenta a lei, no § 1º do art. 536, uma enumeração exemplificativa de meios executivos que podem ser empregados.

Além disso, o executado que injustificadamente descumprir a determinação judicial de cumprimento da obrigação incidirá nas penas da litigância de má-fé, se sujeitará às sanções penais pelo crime de desobediência (art. 536, § 3º) e, ainda, terá praticado ato atentatório à dignidade da justiça, sujeitando-se ao pagamento de multa que reverterá em favor do fundo de modernização do Poder Judiciário (art. 77, IV e §§ 2º e 3º). Nesse sentido, aliás, é expresso o Enunciado nº 533 do FPPC.

Vale registrar que, não obstante fale a lei em crime de desobediência, não cabe ao juízo da execução determinar a prisão do executado, mas tão somente determinar a extração de peças para o Ministério Público, a fim de que este tome as providências que reputar adequadas no caso concreto, na forma do disposto no art. 40 do Código de Processo Penal.

No caso de se determinar a realização de uma busca e apreensão – de pessoas ou coisas –, o mandado deverá ser cumprido por dois oficiais de justiça, devendo-se observar o disposto nos §§ 1º a 4º do art. 846 se houver necessidade de arrombamento (art. 536, § 2º).

Entre os meios executivos empregados para a satisfação do direito do credor ao cumprimento de obrigação de fazer e de não fazer, o mais conhecido e empregado na prática é, sem dúvida, a multa pelo atraso no cumprimento, conhecido como *astreinte*, denominação originária do Direito francês. Trata-se de multa periódica, fixada por decisão judicial (que pode ser proferida na fase de conhecimento, em tutela provisória ou na sentença, ou na fase de execução, como esclarece o art. 537), que incide após o decurso do prazo de que o executado dispõe para cumprir a decisão, prazo este que tem início quando o executado é intimado, na forma do disposto no art. 513, § 2º. É preciso, porém, ter sempre claro que a multa não é o único meio executivo e, ademais, em muitos casos sequer será o melhor.

Casos haverá, porém, em que a multa será um mecanismo bastante eficiente de coerção, servindo ao propósito de constranger o devedor a cumprir a decisão judicial que lhe impôs condenação a fazer ou a não fazer. Em casos assim, deverá ela ser fixada, de ofício ou a requerimento do interessado, devendo ser suficiente e compatível com a obrigação a ser cumprida, sendo necessário fixar prazo razoável para o cumprimento do preceito (art. 537), já que apenas depois do decurso do prazo é que a multa incidirá.

É muito importante perceber que a multa deve ser suficiente para constranger o devedor. Assim, deve ela ser fixada de acordo com a capacidade patrimonial do demandado, e não em conformidade com o valor da obrigação, ao qual a multa não se vincula em hipótese alguma.

Isso deve ser interpretado no sentido de que a multa deve ser *suficiente* para efetivamente constranger o executado a cumprir a decisão, além de *compatível* com a natureza (não com o valor) da obrigação.

Caso a decisão, porém, não seja cumprida no prazo assinado, começará a incidir a multa, que será devida desde o término do prazo, quando se configura o descumprimento da decisão, e incidirá até que a decisão seja efetivamente cumprida (art. 537, § 4º). Pode acontecer, porém, de, já incidindo a multa, o credor optar por requerer a conversão da obrigação em perdas e danos (art. 499). Nesse caso, a partir do dia em que postulada a conversão, a multa parará de incidir, mas aquela que se tenha vencido será devida juntamente com a indenização que venha a ser fixada (art. 500).

A *astreinte* que seja devida em razão do descumprimento da decisão judicial deverá ser paga ao exequente (art. 537, § 2º), que poderá promover sua execução. Caso ainda não haja sentença judicial transitada em julgado, será possível promover o cumprimento provisório da decisão que impôs a multa, caso em que o valor devido será depositado em juízo, só se permitindo o levantamento após o trânsito em julgado da sentença favorável ao credor (art. 537, § 3º).

Permite a lei que o juiz, de ofício ou a requerimento, modifique o valor ou a periodicidade da multa vincenda, ou a exclua, caso verifique que se tornou insuficiente ou excessiva, ou se o obrigado demonstrar cumprimento parcial superveniente da obrigação ou justa causa para o descumprimento (art. 537, § 1º). Importante ter claro, porém, que só se pode reduzir ou aumentar multa vincenda, não sendo admissível a alteração de valor de multa já vencida, o que implicaria a redução do valor de um crédito já configurado do demandante, violando-se seu direito adquirido. Apenas multas vincendas, portanto, podem ter seu valor ou periodicidade modificados por decisão judicial.

Outro corolário da ligação entre o instituto da *astreinte* e o princípio da efetividade do processo é que a multa pode crescer indefinidamente, sem guardar qualquer relação com a extensão de eventual prejuízo que o credor tenha experimentado. É que, diferentemente das perdas e danos, falta à *astreinte* o caráter correlativo, de proporcionalidade legal, entre o dano sofrido e a indenização reparatória. Não se deve, portanto, considerar que haja qualquer relação entre o valor da multa e o valor do prejuízo que o credor eventualmente tenha sofrido em razão do atraso no cumprimento da obrigação. Aliás – e se pede perdão pela insistência nesse ponto –, sequer é necessário que o credor tenha experimentado algum prejuízo para que o devedor tenha de pagar a multa devida em razão de seu atraso.

Não há qualquer ligação entre *astreintes* e perdas e danos, assim como não há qualquer ligação entre *astreintes* e cláusula penal. A *astreinte* não tem função reparatória, não se destina a ressarcir o credor de prejuízos que tenha sofrido. Destina-se o instituto a fortalecer a autoridade da decisão judicial, pressionando o devedor a realizar a prestação devida em prazo que lhe tenha sido assinado. Isso não significa, evidentemente, que não se possa reduzir (ou aumentar) o valor da multa fixada pelo juízo, mas são inaplicáveis os dispositivos que tratam da redução da cláusula penal, instituto de direito privado e que tem uma razão de ser completamente diferente. É claro que a *astreinte* tem um limite de crescimento, mas esse limite é a sua própria capacidade de pressionar psicologicamente o devedor a cumprir a prestação.

Impende que se admita o crescimento da *astreinte* além do valor da prestação inadimplida para que se possa ter nesse meio de coerção um mecanismo eficiente de acesso à justiça e, pois, de asseguração da efetividade do processo civil.

Daí não resulta, porém, a impossibilidade de se modificar o valor ou a periodicidade da multa, o que está, inclusive, previsto na lei processual. Essa possibilidade, porém, deve ser bem compreendida.

Observe-se, então, que a modificação do valor da multa só pode acontecer se houver alguma modificação das circunstâncias que estavam presentes no momento da fixação do valor original. Logo, a *astreinte* tem seu valor, sempre, fixado *rebus sic stantibus*.

A alteração do valor da multa só pode acontecer *ex nunc*, jamais *ex tunc*. Não fosse assim, no caso de diminuição do valor, haveria um "perdão judicial" de dívida já vencida. E jamais se pode admitir que o juiz perdoe o devedor de sua obrigação de pagar uma multa que legitimamente se venceu. Além disso, a redução *ex nunc* do valor da multa implica violação a direito adquirido.

No sistema jurídico brasileiro, o destinatário da multa é o credor da obrigação inadimplida. Pode-se, certamente, questionar o acerto dessa escolha legislativa. O que não se pode, porém, é negar ao credor da obrigação inadimplida a condição de credor também da multa que, eventualmente, venha a se tornar exigível.

Assim sendo, a partir do momento em que se vence a multa, incorpora-se ao patrimônio de seu credor o direito de exigir seu pagamento. E direito incorporado ao patrimônio, que já pode ser exercido. Trata-se, pois, indubitavelmente, de direito adquirido. Afinal, o que se tem aí é um direito subjetivo ainda não exercido, mas exercitável e exigível à vontade de seu titular.

> **Atenção**
>
> Sempre vale lembrar que direitos adquiridos não podem ser suprimidos nem mesmo por emenda constitucional.

É, portanto, absolutamente inaceitável a redução retroativa do valor da *astreinte* já vencida.

Apesar do quanto aqui se expôs, tende a jurisprudência a admitir a redução da *astreinte* já vencida, atribuindo-se à decisão redutora da multa eficácia retroativa. E isso é feito, com todas as vênias devidas, com apoio em argumentos que não se sustentam. Basta ver que o entendimento atual do STJ acerca do assunto, fixado no acórdão proferido no AgInt no REsp 1.846.190/SP, julgado em 20.04.2020, é no sentido de que, "enquanto houver discussão acerca do montante a ser pago a título da multa cominatória, não há falar em multa vencida". Ora, mas é sempre preciso considerar que essa discussão se dá quando já instaurado o procedimento executivo destinado à satisfação do direito do credor ao recebimento da multa. E, se essa discussão acerca do valor implica dizer, como afirma o STJ, que ainda não se pode falar em multa vencida, então se estabelece um paradoxo. Afinal, se essa multa ainda não está vencida, não é ela ainda exigível. E, se não é ela exigível, então não poderia haver ainda execução (que pressupõe um crédito certo, líquido e *exigível*). Perceba-se o paradoxo: o debate sobre o valor que deve ser pago se dá no curso de um procedimento executivo.

Impõe-se aqui, porém, observar outro ponto. É que, nessas decisões que reduzem multas já vencidas, há uma preocupação comum, manifestada pelos magistrados que as proferiram: o enriquecimento sem causa do credor com o valor exagerado da multa, a qual acaba se tornando mais atraente para o credor do que a própria obrigação principal (o que levaria o credor, muitas vezes, a quedar-se inerte, esperando por um cumprimento voluntário da decisão que jamais chegará, na esperança de que a multa cresça e ele enriqueça).

É preciso, em primeiro lugar, afastar a ideia – assente nas decisões citadas e em outras que seguem a mesma linha – de que, no caso de ter a multa alcançado valores muito altos, haveria enriquecimento sem causa do credor.

A respeito do enriquecimento sem causa, afirma o art. 884 do Código Civil que "aquele que, sem justa causa, se enriquecer à custa de outrem, será obrigado a restituir o indevidamente auferido, feita a atualização dos valores monetários". Verifica-se, então, que só há enriquecimento sem causa quando alguém se locupleta sem justa causa. E só há enriquecimento sem justa causa quando ocorre um acréscimo patrimonial *sem título jurídico que o justifique*. Ora, no caso que aqui se examina um ponto é certo: o enriquecimento do credor que eventualmente ocorra não é sem causa. Trata-se de enriquecimento com causa. Afinal, o enriquecimento do credor, aqui, é causado pela demora do devedor em efetivar o comando contido na sentença judicial. O enriquecimento, então, é consequência de uma previsão contida em um provimento judicial. Há, assim, um meio válido, um adequado título jurídico, que fundamenta o enriquecimento. Inadmissível, portanto, que se lhe considere ilícito. Por isso é preciso observar, com rigor, a literalidade do comando normativo. Apenas multas vincendas podem ser alteradas.

Visto o modo como se dá o cumprimento das decisões que reconhecem a exigibilidade das obrigações de fazer e de não fazer, é preciso passar à análise do procedimento destinado ao cumprimento das decisões que reconhecem a exigibilidade de obrigação de entregar coisa.

Pois, no caso de decisão judicial que tenha imposto obrigação de entregar coisa, esta deverá ser cumprida no prazo fixado no pronunciamento judicial (o qual correrá a partir da intimação do executado, realizada nos termos do art. 513, § 2º). Decorrido o prazo sem que tenha sido cumprida a decisão, será expedido mandado de busca e apreensão ou de imissão na posse em favor do exequente, conforme se trate, respectivamente, de coisa móvel ou imóvel (art. 538).

No procedimento destinado ao cumprimento de sentença que condena a entregar coisa é vedada qualquer discussão acerca de eventual direito de retenção ou indenização por benfeitorias, matéria que deve ter sido alegada na contestação e debatida na fase de conhecimento (art. 538, §§ 1º e 2º).

Quanto ao mais, aplica-se ao procedimento executivo do cumprimento de sentença que condena a cumprir obrigação de entregar coisa, no que couber, o regime do cumprimento de sentença que reconhece dever jurídico de fazer ou de não fazer (art. 538, § 3º), especialmente quanto à atipicidade dos meios executivos. É, pois, inteiramente aplicável no cumprimento de sentença que condena a entregar coisa o regime da *astreinte*, mecanismo coercitivo que, para a efetivação da tutela processual específica relativa às obrigações de entregar coisa, pode ser tremendamente eficiente, já que – sendo a multa fixada em valor verdadeiramente suficiente para constranger o devedor – a *astreinte* poderá revelar-se capaz de exercer pressão psicológica sobre o demandado, fazendo com que ele cumpra seu dever jurídico de entregar a coisa ao demandante, dela se desapossando.

EM RESUMO:

LIQUIDAÇÃO DE SENTENÇA	
Definição	Pode-se definir a liquidação de sentença como o instituto processual destinado a tornar adequada a tutela processual executiva, mediante outorga do predicado de liquidez à obrigação, que a decisão condenatória genérica não é capaz de outorgar.
Natureza jurídica	A liquidação de sentença é mero incidente processual, de natureza cognitiva, que se coloca entre o módulo processual de conhecimento (em que se produziu o título liquidando) e o módulo processual executivo (o qual só se tornará adequado após a realização da liquidação, uma vez que o direito acertado na decisão condenatória não determinou o *quantum debeatur*).
Espécie de liquidação de sentença	
Liquidação por arbitramento	A liquidação de sentença se fará por arbitramento nos casos em que já estejam disponíveis nos autos todos os elementos necessários para a determinação do *quantum debeatur*, só havendo necessidade de produção de uma perícia para a fixação da quantidade devida.
Liquidação pelo procedimento comum	A liquidação pelo procedimento comum é adequada naqueles casos em que a apuração do *quantum debeatur* dependa da alegação e prova de algum fato novo. O fato, evidentemente, só pode dizer respeito ao *quantum*, e a nada mais, já que na liquidação de sentença não é permitido rediscutir o que já foi decidido.

Cap. 14 – Liquidação e Cumprimento de Sentença

CUMPRIMENTO DE SENTENÇA

Definição	Denomina-se cumprimento de sentença o procedimento executivo adequado para os casos em que a execução se funda em título executivo judicial.
Natureza jurídica	Da natureza executiva desse procedimento não se pode duvidar. A própria lei processual, ao regular o cumprimento de sentença, emprega o termo "executivo" (art. 515; art. 525, § 12).

Cumprimento de sentença no caso de obrigação pecuniária

Cumprimento provisório	É o que tem por base "sentença impugnada por recurso desprovido de efeito suspensivo".
Cumprimento definitivo	Chama-se cumprimento definitivo o procedimento executivo que tem por base um título executivo judicial já transitado em julgado.

Cumprimento de sentença no caso de prestação alimentícia

1) O procedimento de que se passa a tratar tem características bastante especiais, como se verificará na análise dos meios de pagamento de que se pode utilizar (bastando lembrar, neste passo, que os salários e verbas análogas, como soldos e vencimentos, que são impenhoráveis, podem ser apreendidos para garantir o pagamento de prestações alimentares). Ademais, na execução de prestação alimentícia existe a possibilidade de utilização de um meio de coerção pessoal, consistente na prisão civil do devedor.

2) Conforme a Súmula nº 621 do STJ sobre pensão alimentícia: "Os efeitos da sentença que reduz, majora ou exonera o alimentante do pagamento retroagem à data da citação, vedadas a compensação e a repetibilidade".

Cumprimento de sentença contra a Fazenda Pública

A execução por quantia certa contra a Fazenda Pública é verdadeira atividade executiva, apesar de não haver apreensão forçada de bens do executado.

Cumprimento de sentença nos casos de obrigação de fazer, não fazer e entregar coisa

No caso de sentença que condena ao cumprimento de obrigação de fazer ou de não fazer, o procedimento executivo poderá instaurar-se de ofício ou mediante requerimento do credor (art. 536), tendo por fim a efetivação da tutela específica ou a obtenção de tutela pelo resultado prático equivalente.

Capítulo 15

IRDR e Incidente de Assunção de Competência

1. INCIDENTES DE FORMAÇÃO CONCENTRADA DE PADRÕES DECISÓRIOS VINCULANTES – CONSIDERAÇÕES GERAIS

Impende ter claro que os padrões decisórios vinculantes são formados, no ordenamento jurídico brasileiro, por meio de alguns procedimentos específicos, tendo dois deles natureza de incidentes processuais que se desenvolvem em Tribunais: o *incidente de resolução de demandas repetitivas* e o *incidente de assunção de competência*.

> **Importante**
>
> Além desses dois incidentes, porém, há outros mecanismos de formação concentrada de padrões decisórios vinculantes: os processos de controle direto da constitucionalidade das leis e atos normativos, os processos administrativos de aprovação de enunciados de súmula vinculante (que, evidentemente, não são incidentes processuais) e o procedimento de julgamento dos recursos repetitivos.

2. O INCIDENTE DE RESOLUÇÃO DE DEMANDAS REPETITIVAS

O primeiro procedimento destinado à produção de decisões judiciais que terão eficácia vinculante a ser examinado é o incidente de resolução de demandas repetitivas (IRDR). Trata-se de mecanismo a ser usado para assegurar solução uniforme a demandas repetitivas, como o próprio nome indica, motivo pelo qual é preciso, antes de tudo, examinar esse conceito.

Entendem-se por demandas repetitivas aquelas demandas idênticas (objeto e causa de pedir idênticos, ainda que partes diferentes), seriais, que, em grandes quantidades, são propostas perante o Judiciário. Diz-se que elas são idênticas por terem objeto e causa de pedir idênticos, ainda que mudem as partes.

> **Atenção**
>
> Perceba-se que se trata de fenômeno inconfundível com o da conexão.

Nesta, duas ou mais demandas têm a mesma causa de pedir ou o mesmo objeto. Se dois acionistas de uma companhia ajuízam demandas individuais e autônomas para postular a anulação de certa assembleia geral, essas duas demandas terão o mesmo objeto (já que em ambas se busca a invalidação do mesmo ato). Se um condomínio edilício ajuíza, em face de dois diferentes condôminos, demandas de cobrança de quotas condominiais atrasadas, essas demandas não têm o mesmo objeto (já que em cada uma delas se busca o pagamento de uma dívida diferente).

Não se pode, pois, confundir os conceitos de *igual* (que pressupõe a existência de dois ou mais entes que, comparados, revelam-se idênticos) e de *mesmo* (que pressupõe a existência de um só ente, que se manifesta mais de uma vez). Um exemplo simples pontuará bem a diferença: aberta uma caixa de fósforos, é possível riscar e acender dezenas de palitos de fósforos *iguais*, mas não se conseguiria riscar e acender duas vezes o *mesmo* palito de fósforo.

Pois bem: a conexão exige, para configurar-se, que duas ou mais demandas tenham o mesmo objeto ou a mesma causa de pedir. Não é disso, definitivamente, que se trata quando se está diante de demandas repetitivas. Muito frequentemente, porém, essas demandas repetitivas receberam, do Judiciário brasileiro, tratamentos diferentes, o que levou a incompreensíveis quebras de isonomia. É que muitos juízes e tribunais, em nome de uma suposta "liberdade decisória", davam a casos rigorosamente iguais soluções completamente diferentes. Inaugurou-se, então, no Brasil o que se chegou a chamar de jurisprudência lotérica, já que o resultado do processo muitas vezes dependia da distribuição por sorteio, e, dependendo do juízo para o qual o processo fosse distribuído, o resultado final poderia variar completamente.

Por conta disso, o CPC de 2015 criou um mecanismo destinado a assegurar que casos iguais recebam resultados iguais: o IRDR, que pode ser instaurado perante os tribunais de segunda instância (Tribunais de Justiça e Tribunais Regionais Federais ou do Trabalho: Enunciado nº 343 do FPPC).

> **Importante**
>
> Também nos Tribunais de Superposição, STF e STJ, o IRDR pode ser instaurado, mas tão somente nos casos em que as demandas repetitivas lhes cheguem por força de sua competência originária ou por meio de recursos ordinários (já que nos casos em que a repetição lhes chega por meio de recursos excepcionais o que se deve fazer para padronizar os julgamentos é empregar a técnica de julgamento

> dos recursos extraordinários ou especiais repetitivos). Esse entendimento, aliás, já foi adotado pelo STJ, no AgInt na Pet 11.838/MS, julgado em 07.08.2019. Deve-se registrar, porém, que no STF (equivocadamente, registre-se) já se entendeu não ser admissível o IRDR. Trata-se, aqui, da decisão monocrática proferida pelo Min. Dias Toffoli na Pet 8.245, datada de 10.10.2019. Além de não considerar que não se poderia aplicar, nos casos de recursos ordinários e de processos de competência originária, os regimes da repercussão geral e dos recursos repetitivos, que são restritos ao recurso extraordinário, ainda se teve decisão monocrática de inadmissibilidade do IRDR, o que é contrário ao sistema.

O IRDR é um incidente processual destinado a, por meio do julgamento de um caso-piloto, estabelecer um precedente dotado de eficácia vinculante capaz de fazer com que casos idênticos recebam (dentro dos limites da competência territorial do tribunal) soluções idênticas, sem com isso esbarrar nos entraves típicos do processo coletivo, a que já se fez referência. Por meio desse incidente, então, produz-se uma decisão que, dotada de eficácia vinculante, assegura isonomia (já que casos iguais serão tratados igualmente) e segurança jurídica (uma vez que, estabelecido o padrão decisório a ser observado, de forma vinculativa, pelos órgãos jurisdicionais em casos idênticos, será possível falar em previsibilidade do resultado do processo).

Para a instauração do incidente de resolução de demandas repetitivas é preciso que sejam preenchidos alguns requisitos cumulativos (art. 976).

O primeiro requisito é o da existência de efetiva repetição de processos que contenham controvérsia sobre a mesma questão unicamente de direito (art. 976, I). Verifica-se, aí, em primeiro lugar, que o IRDR não pode ser instaurado em caráter preventivo, exigindo que já exista uma efetiva repetição de processos. Além disso, fica claro que o incidente se destina à definição de um padrão decisório para as questões de direito, e não para as questões fáticas (as quais, evidentemente, podem variar de um caso concreto para outro). Não é preciso, porém, que o número de processos instaurados já seja muito grande, bastando haver repetição de processos de que já se possa inferir o caráter repetitivo daquele tipo de demanda (Enunciado nº 87 do FPPC).

Há um entendimento que tem contado com o apoio de grande parte da doutrina e da jurisprudência, que, ao interpretar esse art. 976, I (que fala em questão de direito, sem distinguir o tipo de questão), em conjunto com o art. 928, parágrafo único, tem considerado possível a instauração do IRDR para buscar a padronização do modo de resolução de quaisquer questões de direito repetitivas. Pois, a prevalecer esse entendimento, o IRDR seria, na verdade, um incidente de resolução de *questões* repetitivas.

Não parece ser essa, porém, a melhor interpretação. O instituto deve ter seu cabimento mais restrito, limitando-se à busca da padronização do modo como se decidem *demandas* repetitivas, isto é, demandas seriais, nas quais se veiculam pretensões isomórficas (aquelas que apresentam causas de pedir e pedidos iguais). Isso não significa, porém, que não haja mecanismo para a padronização decisória de outras questões de direito repetitivas, que não configurem as questões principais de demandas repetitivas. Nesse caso, deve-se ter por admissível o incidente de assunção de competência (IAC).

Perceba-se, então, que aqueles que adotarem a interpretação mais ampla do cabimento do IRDR acabarão por, inevitavelmente, defender um cabimento mais restrito para o incidente de assunção de competência. E aqueles que adotarem a interpretação aqui proposta, que é mais restritiva em relação ao cabimento do IRDR, admitirão um cabimento mais amplo do incidente de assunção de competência. Tudo isso só reforça o que foi anteriormente dito: esse ponto, somado ao fato de que os dois incidentes são fungíveis entre si, torna claro que o ordenamento se aperfeiçoaria com a fusão desses dois incidentes processuais em um só.

O segundo requisito é a existência de risco de ofensa à isonomia e à segurança jurídica (art. 976, II). Portanto, o IRDR só deve ser instaurado quando se verifica a existência de decisões divergentes. Enquanto as demandas idênticas estiverem a ser, todas, decididas no mesmo sentido, não há utilidade (e, pois, falta interesse) na instauração do incidente de resolução de demandas repetitivas. Insista-se neste ponto: o IRDR não é um mecanismo preventivo.

O fato de já haver uma jurisprudência uniforme acerca de determinada matéria não impede a formação de padrões decisórios. Nesse caso, será adequada a aprovação de enunciado de súmula.

Terceiro requisito, que não está expresso na lei, mas resulta necessariamente do sistema, é que já haja pelo menos um processo pendente perante o tribunal (seja recurso, remessa necessária ou processo de competência originária do próprio tribunal: Enunciado nº 344 do FPPC). É que, uma vez instaurado o IRDR, o processo em que tal instauração ocorra será afetado para julgamento por órgão a que se tenha especificamente atribuído a competência para conhecer do incidente, o qual julgará o caso concreto como uma verdadeira causa-piloto, devendo o julgamento desse caso concreto ser, além de decisão do caso efetivamente julgado, um precedente que funcionará como padrão decisório para outros casos, pendentes ou futuros. Assim, por força da exigência legal de que o tribunal não se limite a fixar a tese, mas julgue, como causa-piloto, o processo em que instaurado o incidente, impõe-se que já haja pelo menos um processo pendente perante o tribunal, sob pena de se promover uma inadequada e ilegítima supressão de instância.

Nesse sentido já se manifestou o Superior Tribunal de Justiça (AREsp 1.470.017/SP, j. 15.10.2019), e assim tem sido entendido pelos Tribunais em geral: se não há caso pendente perante o Tribunal, não se pode admitir o IRDR. Impõe-se, então, que haja pelo menos um caso, o caso-piloto, que será julgado pelo órgão colegiado competente para conhecer do IRDR (em um único acórdão, de cujos fundamentos determinantes resultará a eficácia de precedente daquela decisão).

Há, ainda, um requisito negativo (art. 976, § 4º): não se admite a instauração do IRDR se algum tribunal superior, ou o Supremo Tribunal Federal, já tiver, no âmbito de sua competência, afetado recurso (especial ou extraordinário) para definição da tese sobre a mesma questão repetitiva. Afinal, se já está instaurado um procedimento destinado a estabelecer um precedente que terá eficácia vinculante em todo o território nacional, não há utilidade (e, pois, interesse) na instauração de um procedimento que só permitiria a produção de um padrão decisório a ser empregado em um Estado ou região.

Só será instaurado o IRDR se estiverem presentes todos os seus requisitos de admissibilidade, mas é preciso ter claro que sua eventual inadmissão não impede que, posteriormente, e uma vez satisfeito o requisito que antes faltava, o incidente venha a ser novamente suscitado (art. 976, § 3º).

O IRDR não está sujeito a pagamento de custas (art. 976, § 5º).

São legitimados a provocar a instauração do IRDR qualquer juiz ou relator que tenha, sob sua direção, processo instaurado por ajuizamento de demanda repetitiva (art. 977, I); qualquer das partes daqueles processos (art. 977, II); o Ministério Público e a Defensoria Pública (art. 977, III).

Veja-se que é perfeitamente possível que o incidente seja provocado por alguém que não atua no processo em que ele será instaurado. Problema sério para ser enfrentado (e para o qual o capítulo do CPC que regula a matéria não dá solução), então, é o da definição do caso concreto em que o IRDR será instaurado. A única possível solução para o problema, legítima em razão do reconhecimento da existência de um microssistema de formação de precedentes vinculantes, é a aplicação, à hipótese, e com as adaptações necessárias, do disposto no art. 1.036, § 6º (que trata da seleção de recursos especiais ou extraordinários repetitivos para afetação ao órgão que criará o acórdão paradigma a ser empregado como padrão decisório e que, portanto, terá eficácia vinculante): é preciso que se escolha processo que, pendente perante o tribunal, preencha todos os seus requisitos de admissibilidade – de forma a viabilizar o julgamento do mérito – e que contenha "abrangente argumentação e discussão a respeito da questão a ser decidida". Impende, então, que o tribunal verifique qual é o processo que, representativo da controvérsia, permitirá a mais completa discussão da questão de direito a ser resolvida.

No caso de ser o incidente suscitado por juiz ou relator, isso se fará por meio de ofício encaminhado ao Presidente do Tribunal. Partes, Ministério Público e Defensoria Pública requererão sua instauração por petição, também esta dirigida ao Presidente do Tribunal (art. 977, I a III). Tanto o ofício como a petição devem ser instruídos com os documentos necessários à demonstração do preenchimento dos pressupostos de admissibilidade do incidente (art. 977, parágrafo único).

O IRDR deverá, então, ser distribuído ao órgão colegiado indicado no regimento interno do tribunal, que deve ser o mesmo que detém competência para a uniformização de sua jurisprudência (art. 978), o que deve ser interpretado no sentido de que deverá caber ao mesmo órgão colegiado a competência para conhecer do incidente de resolução de demandas repetitivas e do incidente de assunção de competência. Será, porém, do Plenário ou do Órgão Especial a competência sempre que o julgamento da causa-piloto (e, por conseguinte, do IRDR) exigir a solução de questão constitucional, respeitando-se, desse modo, a cláusula de reserva de plenário (art. 97 da Constituição).

Esse órgão colegiado, competente para fixar o padrão decisório por meio do IRDR, não se limitará a estabelecer a tese. A ele competirá, também, julgar o caso concreto (recurso, remessa necessária ou processo de competência originária do tribunal), nos termos do art. 978, parágrafo único. Daí a razão pela qual se tem, aqui, falado que o processo em que se instaura o incidente funciona como verdadeira causa-piloto. É que esse processo será usado mesmo como piloto (empregado o termo no sentido, encontrado nos dicionários, de "realização em dimensões reduzidas, para experimentação ou melhor adaptação de certos processos tecnológicos"; "que é experimental, inicial, podendo vir a ser melhorado ou continuado"; "que serve de modelo e como experiência"; "qualquer experiência inovadora que sirva de modelo ou exemplo"), nele se proferindo uma decisão que servirá de modelo, de padrão, para a decisão posterior de casos idênticos (e que, evidentemente, poderá depois ser melhorado ou continuado).

Distribuído o incidente, haverá uma primeira sessão de julgamento, a ser realizada pelo órgão colegiado competente, e que será destinada única e exclusivamente a que se decida sobre sua admissibilidade (art. 981). Será esse, então, o momento de se verificar a presença dos requisitos de admissibilidade do IRDR. A decisão sobre a admissibilidade do incidente é necessariamente colegiada, vedada a decisão monocrática (Enunciado nº 91 do FPPC). Vale aqui afirmar, ainda uma vez, que se tem admitido, corretamente, a existência de fungibilidade entre o IRDR e o IAC, o que resulta do reconhecimento de uma "zona cinzenta" entre os casos de cabimento de um e de outro desses incidentes. Por conta disso, deve-se admitir o IRDR em caso em que seria adequada a utilização do IAC (e vice-versa).

Admitido o incidente (por decisão majoritária ou unânime), estará ele instaurado, o que deve receber ampla e específica divulgação e publicidade, por meio de registro eletrônico junto ao CNJ (art. 979), o que permitirá que pessoas e entidades de todo o país tomem conhecimento da instauração do IRDR.

Incumbe, assim, aos tribunais manter banco eletrônico de dados, atualizado com informações específicas sobre as questões de direito submetidas ao incidente de resolução de demandas repetitivas, devendo comunicar imediatamente sua instauração ao CNJ para inclusão no cadastro nacional (art. 979, § 1º). Esse cadastro, a ser feito duplamente (no tribunal de origem do incidente e no CNJ), deverá conter, no mínimo, os fundamentos determinantes da decisão (que admitiu o incidente) e os dispositivos normativos a ela relacionados (art. 979, § 2º).

Além disso, uma vez admitido o incidente, o relator determinará a suspensão de todos os processos pendentes, individuais ou coletivos, que tramitem no Estado (se o

IRDR se tiver instaurado perante Tribunal de Justiça) ou região (se a instauração se der perante Tribunal Regional), nos termos do art. 982, I. Claro que, apesar do silêncio da lei, caso o incidente seja instaurado perante Tribunal de Superposição, a suspensão alcançará todos os processos em curso sobre a matéria no Brasil.

A suspensão deverá ser comunicada aos órgãos jurisdicionais competentes (art. 982, § 1º), onde serão sobrestados os processos já em curso, assim como aqueles que venham a instaurar-se antes do julgamento de mérito do IRDR, e que tenham sido instaurados por demandas idênticas. Durante a suspensão desses processos, eventual requerimento de tutela de urgência deverá ser dirigido ao juízo perante o qual tramita o processo suspenso (art. 982, § 2º).

Ademais, deverá o relator, sempre que houver necessidade, requisitar informações a juízos perante os quais tramitam processos em que se discute a matéria objeto do incidente, que – em razão de seu dever de cooperação judiciária – as prestarão no prazo de quinze dias (art. 982, II).

Deverá, ainda, o relator determinar a intimação do Ministério Público para manifestar-se na qualidade de fiscal da ordem jurídica, no prazo de quinze dias (art. 982, III), salvo nos casos em que o próprio MP tenha sido o requerente da instauração do incidente (art. 976, § 2º).

Instaurado o incidente, e com o objetivo de garantir a segurança jurídica, qualquer dos legitimados a provocar a instauração do IRDR poderá requerer ao STF ou ao STJ (conforme haja, na hipótese, questão constitucional ou questão federal a resolver) a suspensão de todos os processos individuais ou coletivos em curso no território nacional que versem sobre a mesma matéria (art. 982, § 3º). Tal requerimento, frise-se, pode inclusive ser formulado por quem é parte em processo idêntico em curso fora do Estado ou Região a que corresponde o tribunal em que instaurado o incidente (art. 982, § 4º). Expandida a suspensão para todo o território nacional, a decisão que a tenha decretado deixará de produzir efeitos se, contra o acórdão que venha a julgar o IRDR, não se interpuser recurso extraordinário ou especial (art. 982, § 5º).

Incumbe ao relator ouvir as partes e demais interessados (aqui incluídos aqueles que são partes em processos idênticos), inclusive pessoas, órgãos e entidades com interesse na controvérsia (que poderão intervir como *amici curiae*), no prazo comum de quinze dias. Poderão eles, então, requerer a juntada de documentos, bem como a realização de diligências que reputem necessárias para a elucidação da questão de direito controvertida (art. 983). Para complementar a instrução do incidente, poderá também ser realizada audiência pública, para colheita de depoimentos de pessoas com experiência e conhecimento na matéria (art. 983, § 1º). Tem-se, aí, pois, uma ampliação do contraditório – com a possibilidade de participação de interessados e *amici curiae* e com a realização de audiências públicas –, que confere legitimidade constitucional à decisão que se proferirá para servir como padrão decisório dotado de eficácia vinculante.

A primeira forma de ampliação do contraditório que se prevê para o incidente de resolução de demandas repetitivas, portanto, é a participação daqueles que são (ou podem vir a ser) partes em processos de demandas idênticas. Há quem sustente que aqueles que são partes nos demais processos repetitivos poderão intervir no procedimento do incidente de resolução de demandas repetitivas na qualidade de assistentes litisconsorciais das partes do processo em que o incidente tenha sido instaurado. Assim não é, porém. O assistente litisconsorcial, como cediço, é sujeito da própria relação jurídica substancial que se discute no processo. Pois não é esse o caso de quem é parte em processo instaurado por demanda isomórfica àquela que tenha levado à instauração do processo no qual se tenha suscitado o incidente de resolução de demandas repetitivas. As partes dos processos seriais, instaurados por força de demandas repetitivas, podem ter interesses iguais. Não terão, porém, o mesmo interesse, já que não são sujeitos da mesma relação jurídica. Não se tem aí, evidentemente, assistência litisconsorcial.

Nem de assistência simples se poderia aí cogitar, já que nessa modalidade de intervenção de terceiro o assistente é sujeito de relação jurídica distinta, mas vinculada à que se discute no processo em que intervém. Pois não existe qualquer vinculação entre a relação jurídica deduzida no processo em que se tenha instaurado o incidente de resolução de demandas repetitivas e aquela outra, deduzida no processo instaurado por outra demanda, isomórfica, de que outro sujeito é parte. Afinal, o que se decidir na parte dispositiva da sentença do primeiro processo não será capaz de afetar, nem direta nem indiretamente, os sujeitos do segundo processo. Não há, aí, pois, qualquer tipo de assistência.

Também não se trata, evidentemente, de intervenção de *amicus curiae*. Afinal, não se trata de admitir alguém no processo em razão de sua contributividade adequada (art. 138). Diferentemente disso, trata-se de aceitar sua intervenção pelo simples fato de ser parte (ou poder vir a ser) em processo instaurado por demanda isomórfica e, por tal razão, ser um interessado na fixação da tese que, uma vez determinada, será aplicada ao seu caso concreto com eficácia vinculante. A sujeitabilidade daquele terceiro à eficácia vinculante da decisão que será produzida por meio do procedimento do incidente de resolução de demandas repetitivas, portanto, é suficiente para legitimar sua intervenção naquele procedimento, como resultado do modelo constitucional de processo, de modo a ampliar subjetivamente o contraditório, que, como sabido, é característica essencial do processo. É que, se não for assim, ter-se-á de considerar que a decisão produzida no incidente de resolução de demandas repetitivas produz efeitos vinculantes sobre a esfera jurídica de pessoas que não foram, nem puderam ser, atores do procedimento de construção do padrão decisório paradigma. E isso vai contra todo o modelo de processo comparticipativo, de contraditório substancial e efetivo, que se constrói a partir da Constituição da República de 1988 e do paradigma do Estado Democrático de Direito. Afinal, não se terá aí assegurada a participação igualitária, que é elemento essencial da democracia.

Cap. 15 – IRDR e Incidente de Assunção de Competência

Importante também é a previsão da realização de audiências públicas. Ao final, será ouvido o Ministério Público, também no prazo de quinze dias (art. 983, parte final).

> **Atenção**
>
> Pode acontecer de, durante a instrução, haver desistência (do recurso ou da ação) ou abandono do processo. Isso, porém, ainda que acarrete a impossibilidade de julgamento do mérito do caso concreto, não impediria, segundo o texto da lei, a fixação da tese e, por conseguinte, do padrão decisório (art. 976, § 1º), impondo a lei processual que o Ministério Público assuma a titularidade do incidente, atuando nele como parte (art. 976, § 2º). Como dito anteriormente, porém, essa é disposição que deve ser tida por inconstitucional, já que levaria o Tribunal a fixar um entendimento de forma abstrata, atuando como mero órgão de consulta, o que é incompatível com a função jurisdicional. O que se deve considerar é que, havendo desistência ou abandono no caso-piloto, caberá ao Tribunal selecionar outro caso, que passará a ser o caso-piloto (e não deve ser difícil realizar essa seleção, já que se está diante de casos repetitivos). Não havendo, porém, qualquer outro caso pendente perante o Tribunal, deve-se considerar prejudicado o incidente, que poderá ser posteriormente instaurado mais uma vez, demonstrado o preenchimento dos seus requisitos de admissibilidade.

Concluída a instrução, o relator pedirá a designação de dia para julgamento (art. 983, § 2º). Prevê a lei processual (art. 980) que o IRDR seja julgado no prazo de um ano, tendo, para isso, preferência no andamento sobre todos os demais processos, ressalvados, apenas, aqueles que envolvam réus presos ou os processos de *habeas corpus* (se, evidentemente, o órgão colegiado competente para conhecer do IRDR for, também, competente para conhecer dessas outras causas). Superado o prazo de um ano, cessa a suspensão dos processos individuais e coletivos que versam sobre idêntica matéria, salvo decisão fundamentada do relator em sentido contrário (art. 980, parágrafo único).

O julgamento do incidente será, então, realizado pelo órgão colegiado competente, em sessão de julgamento em cuja pauta o processo tenha sido incluído. Nessa sessão, o relator fará, de início, a exposição da matéria, relatando-a (art. 984, I). Em seguida, haverá oportunidade para apresentação de sustentações orais. O autor e o réu do processo em que se instaurou o incidente poderão falar, cada um dispondo do prazo de trinta minutos (e sempre valendo recordar que no julgamento não haverá apenas a fixação da tese, mas também o julgamento do caso concreto). Em seguida, poderá falar o Ministério Público, também por trinta minutos (art. 984, II, *a*). Depois, será possível a apresentação de sustentações orais por outros interessados, desde que tenham se inscrito com pelo menos dois dias de antecedência (art. 984, II, *b*). Entre esses interessados será dividido um prazo comum de trinta minutos, podendo esse prazo ser ampliado em razão do número de inscritos (art. 984, § 1º). Após as sustentações orais, serão colhidos os votos dos integrantes do colegiado.

No acórdão deverão ser examinados todos os fundamentos suscitados concernentes à tese jurídica discutida, sejam eles favoráveis ou contrários à conclusão a que o colegiado tenha chegado (art. 984, § 2º). É preciso, então, que em todos os votos haja expressa manifestação sobre todos os fundamentos suscitados, de modo que se possa identificar quais foram os fundamentos efetivamente acolhidos pela maioria dos integrantes do órgão julgador (e que serão, pois, os fundamentos determinantes, *rationes decidendi*, do acórdão, viabilizando, assim, sua futura aplicação como precedente vinculante). Em razão disso, é extremamente importante que na ementa – que o acórdão conterá (art. 943, § 1º) – haja a expressa indicação de quais foram os fundamentos examinados, com menção de quais foram acolhidos e quais foram rejeitados, de modo a facilitar a correta pesquisa e aplicação do precedente vinculante (Enunciado nº 305 do FPPC: "No julgamento de casos repetitivos, o tribunal deverá enfrentar todos os argumentos contrários e favoráveis à tese jurídica discutida, inclusive os suscitados pelos interessados").

Contra o julgamento do mérito do incidente caberá, conforme haja questão constitucional ou infraconstitucional, recurso extraordinário ou especial (art. 987). Excepcionalmente nesse caso, o recurso extraordinário e o recurso especial têm efeito suspensivo, e, no caso específico do recurso extraordinário, há presunção absoluta de existência da repercussão geral da questão constitucional (art. 987, § 1º). Julgado o mérito do recurso extraordinário (pelo STF) ou do recurso especial (pelo STJ), a decisão aí proferida servirá como padrão decisório dotado de eficácia vinculante em todo o território nacional, devendo ser aplicada em todos os processos individuais ou coletivos que versem sobre a mesma questão de direito (art. 987, § 2º). O resultado do julgamento deve receber ampla e específica divulgação e publicidade, também devendo ser registrado pelo CNJ (art. 979), motivo pelo qual também o julgamento deve ser inserido no banco de dados do tribunal (art. 979, § 1º). Tanto no tribunal de origem como no CNJ deverá haver expressa menção aos fundamentos determinantes da decisão e os dispositivos legais a ela relacionados (art. 979, § 2º).

Estabelece a lei processual que, uma vez julgado o IRDR, a tese jurídica fixada na decisão será aplicada (art. 985) a todos os processos individuais ou coletivos que versem sobre causas idênticas e que tramitem na área de atuação do respectivo tribunal (Estado ou região, conforme o caso), inclusive àqueles que tramitam perante os Juizados Especiais (art. 985, I) e, ainda, aos casos futuros que versem sobre a mesma questão de direito e que venham a tramitar no território de competência do respectivo tribunal (art. 985, II).

Quanto aos casos futuros, sempre que se demandar contra precedente vinculante fixado em incidente de resolução de demandas repetitivas, será caso de se proferir julgamento de improcedência liminar (art. 332, III). De outro lado, sempre que se vier a demandar postulando algo que tenha apoio em tese fundada em julgamento de IRDR, podendo as alegações ser comprovadas apenas documentalmente, será caso de concessão de tutela da evidência (art. 311, II), a qual poderá até mesmo ser deferida *inaudita altera parte* (art. 311, parágrafo único). Além disso, se a decisão do incidente versar sobre questão relativa à prestação de serviço concedido, permitido ou autorizado, o resultado do julgamento deverá ser comunicado ao órgão, ente ou agência responsável pela regulação do setor, para que fiscalize sua efetiva aplicação por parte dos entes sujeitos à regulação (art. 985, § 2º). Essa é medida que pode vir a ter importantíssima função, já que o respeito à tese fixada no precedente pelos prestadores dos serviços pode ser um poderoso fator de diminuição de processos, contribuindo para o desafogamento do Poder Judiciário.

Não observada a tese fixada no precedente vinculante, caberá reclamação (art. 985, § 1º).

A tese fixada no acórdão paradigma terá eficácia vinculante até que seja revista (art. 985, II, parte final; art. 986). Tal revisão – que deverá ser precedida de procedimento em que se assegure o amplo e efetivo contraditório típico dos procedimentos destinados à produção de precedentes vinculantes, com intervenção de *amici curiae* e realização de audiência pública – poderá ser realizada pelo mesmo tribunal que fixou o padrão decisório, de ofício ou mediante requerimento (art. 986). Um detalhe importante é que o texto normativo do art. 986 só faz expressa alusão à legitimidade do Ministério Público e da Defensoria Pública para provocar a instauração do procedimento destinado à revisão da tese, não se referindo às partes dos processos em que a matéria é discutida. Não se pode, porém, negar a possibilidade de que as partes provoquem o tribunal. É que, como cediço, tudo que pode ser feito de ofício pode ser requerido pelas partes. Assim, tendo a lei expressamente autorizado a instauração de ofício do procedimento de revisão da tese, torna-se, por conseguinte, possível a qualquer parte, de qualquer processo em que a matéria seja objeto de discussão, requerer ao tribunal que instaure tal incidente de revisão (Enunciado nº 473 do FPPC: "a possibilidade de o tribunal revisar de ofício a tese jurídica do incidente de resolução de demandas repetitivas autoriza as partes a requerê-la").

3. O INCIDENTE DE ASSUNÇÃO DE COMPETÊNCIA

Outro procedimento previsto no CPC para a criação de precedentes vinculantes é o incidente de assunção de competência (IAC), regulado no art. 947. Trata-se de incidente processual a ser instaurado quando, na dicção da lei, o julgamento de recurso, de remessa necessária ou de processo de competência originária de tribunal de segunda instância envolver relevante questão de direito, com grande repercussão social, sem repetição em múltiplos processos.

Trata-se, pois, de mecanismo a ser usado fora do estrito âmbito dos casos repetitivos (art. 928 do CPC c/c Enunciado nº 334 do FPPC). Há, porém, questões de direito – material ou processual – que, manifestando-se fora daquele estrito campo, têm grande repercussão social e podem gerar divergência jurisprudencial, o que deve ser evitado para assegurar-se a estabilidade, integridade e coerência da jurisprudência. Assim é que, nos termos do disposto no § 4º do art. 947, o IAC deve ser empregado "quando ocorrer relevante questão de direito a respeito da qual seja conveniente a prevenção ou a composição de divergência entre câmaras ou turmas do tribunal".

Perceba-se, assim, que o texto do § 4º do art. 947 complementa o teor de seu *caput*, permitindo que se verifique exatamente qual o campo de incidência da assunção de competência. Esta deve ser utilizada quando houver questão de direito repetitiva que surge em processos de causas distintas, que não podem ser consideradas demandas seriais.

A fim de prevenir ou compor divergências entre câmaras ou turmas do tribunal (isto é, divergências *intra muros*, internas a um mesmo tribunal), produzindo-se uma decisão que terá eficácia de precedente vinculante, é que se deve utilizar o incidente de assunção de competência.

> **Atenção**
>
> O IRDR e o IAC são – e precisam ser – fungíveis entre si, o que resulta do princípio da primazia da resolução do mérito (CPC, art. 4º), não fazendo sentido deixar de admitir um dos incidentes simplesmente por se considerar que o outro seria o adequado, quando ambos se destinam a produzir resultados absolutamente equivalentes.

O incidente de assunção de competência pode ser suscitado de ofício pelo relator (ou por qualquer outro integrante do órgão colegiado fracionário), ou por requerimento de parte, do Ministério Público ou da Defensoria Pública (art. 947, § 1º). Ao colegiado, então, incumbirá votar para decidir se estão ou não presentes os requisitos da instauração do incidente, e, caso seus componentes entendam – por maioria ou por unanimidade – pela sua presença, será instaurado o incidente. O processo, então, será encaminhado ao órgão colegiado indicado pelo Regimento Interno do Tribunal, que (por aplicação das regras previstas para o IRDR, o que resulta do fato de que ambos esses incidentes compõem o microssistema de formação concentrada de precedentes vinculantes) realizará uma sessão de julgamento destinada a apreciar a admissibilidade do incidente. Caso o incidente não seja admitido, o processo retornará ao órgão colegiado de origem, que prosseguirá em seu julgamento. De outro lado, admitido o incidente (por maioria ou por unanimidade), o órgão colegiado mais amplo assumirá a competência para julgar a causa. Nesse caso, então, a competência para julgar o processo de competência originária, a remessa necessária ou o recurso será assumida por outro órgão, mais amplo, indicado pelo regimento interno do tribunal. A esse órgão caberá, reconhecendo a presença dos requisitos de admissibilidade do incidente, assumir competência que originalmente não lhe cabia e julgar o caso concreto (art. 947, § 2º). Ao órgão que assume competência caberá, além de fixar a tese para que esta seja posteriormente aplicada pelo órgão originariamente competente, julgar o caso concreto.

A decisão proferida pelo órgão que assume competência, como dito, terá eficácia de precedente vinculante. É o que resulta da interpretação do § 3º do art. 947, por força do qual "o acórdão proferido em assunção de competência vinculará todos os juízes e órgãos fracionários, exceto se houver revisão de tese". Deve-se, então, considerar que o incidente de assunção de competência é um dos integrantes de um microssistema de formação de precedentes vinculantes (composto, também, pelos julgamentos de casos repetitivos) que se insere no corpo do CPC. Pois a admissão da existência desse microssistema implica a necessidade de que as disposições relativas aos institutos que o compõem sejam invocadas para complementar a regulamentação dos demais institutos que o integram.

EM RESUMO:

IRDR	Incidente processual destinado a, por meio do julgamento de um caso-piloto, estabelecer um precedente dotado de eficácia vinculante capaz de fazer com que casos idênticos recebam (dentro dos limites da competência territorial do tribunal) soluções idênticas, sem com isso esbarrar nos entraves típicos do processo coletivo, a que já se fez referência. Por meio desse incidente, então, produz-se uma decisão que, dotada de eficácia vinculante, assegura isonomia e segurança jurídica (previsibilidade do resultado do processo).
IAC	Incidente processual a ser instaurado quando, na dicção da lei, o julgamento de recurso, de remessa necessária ou de processo de competência originária de tribunal de segunda instância envolver relevante questão de direito, com grande repercussão social, sem repetição em múltiplos processos.

Quando for o caso de se padronizar o modo como devem ser decididas demandas seriais, repetitivas, que veiculam pretensões isomórficas (com causas de pedir iguais e pedidos idênticos), emprega-se o IRDR. De outro lado, quando for o caso de se prevenir ou compor divergência jurisprudencial acerca de matéria de direito, material ou processual, que surge de modo repetitivo em processos que versam sobre pretensões heteromórficas (fundados em causas de pedir díspares e nos quais são formulados pedidos totalmente diferentes), será cabível o IAC.

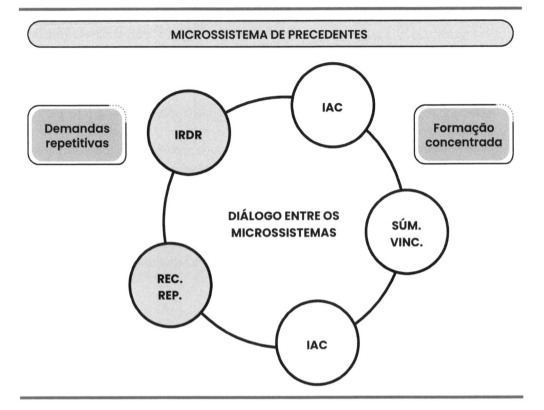

CARACTERÍSTICAS COMUNS

IMPROCEDÊNCIA LIMINAR

Art. 332. Nas causas que dispensem a fase instrutória, o juiz, independentemente da citação do réu, julgará liminarmente improcedente o pedido que contrariar:

I - enunciado de súmula do Supremo Tribunal Federal ou do Superior Tribunal de Justiça;

II - acórdão proferido pelo Supremo Tribunal Federal ou pelo Superior Tribunal de Justiça em julgamento de recursos repetitivos;

III - entendimento firmado em incidente de resolução de demandas repetitivas ou de assunção de competência;

IV - enunciado de súmula de tribunal de justiça sobre direito local

TUTELA DE EVIDÊNCIA

Art. 311. A tutela da evidência será concedida independentemente da demonstração de perigo de dano ou de risco ao resultado útil do processo, quando:

II - as alegações de fato puderem ser comprovadas apenas documentalmente e houver tese firmada em julgamento de casos repetitivos ou em súmula vinculante;

Parágrafo único. Nas hipóteses dos incisos II e III, o juiz poderá decidir liminarmente.

REMESSA NECESSÁRIA

Art. 496. Está sujeita ao duplo grau de jurisdição, não produzindo efeito senão depois de confirmada pelo tribunal, a sentença:

§ 4º Também não se aplica o disposto neste artigo quando a sentença estiver fundada em:

I – súmula de tribunal superior;

II – acórdão proferido pelo Supremo Tribunal Federal ou pelo Superior Tribunal de Justiça em julgamento de recursos repetitivos;

III – entendimento firmado em incidente de resolução de demandas repetitivas ou de assunção de competência.

IMPROVIMENTO MONOCRÁTICO

Art. 932. Incumbe ao relator:

IV - negar provimento a recurso que for contrário a:

a) súmula do Supremo Tribunal Federal do Superior Tribunal de Justiça ou do próprio tribunal;

b) acórdão proferido pelo Supremo Tribunal Federal ou pelo Superior Tribunal de Justiça em julgamento de recursos repetitivos;

c) entendimento firmado em incidente de resolução de demandas repetitivas ou de assunção de competência.